MANFRED MATZKA

DIE STAATSKANZLEI

300 Jahre Macht und Intrige am Ballhausplatz

Brandstätter

Inhalt

Vorwort 6

1 Am Ottakringer Bach – die Vorgeschichte (bis 1717) 10

2 Die Geheime Hof- und Staatskanzlei (1717–1753) 24

3 Der erste große Kanzler (1753–1792) 45

4 Konservative Wende am Ballhausplatz (1792–1809) 63

5 Metternich und der Wiener Kongress (1809–1815) 79

6 Vormärz (1815–1848) 102

7 Das Ministerium des Kaiserlichen Hauses
und des Äußeren (1848–1912) 124

8 Auf dem Weg zum und aus dem
Ersten Weltkrieg (1912–1918) 149

INHALT

9   Die Erste Republik – Umbrüche im Palais (1918–1934) 164

10   Der Austrofaschismus – Mord am Ballhausplatz (1934–1938) 184

11   In dunkler Zeit (1938–1945) 196

12   Die Konsolidierung der Republik (1945–1953) 212

13   Große Koalition am Ballhausplatz (1953–1966) 229

14   Die Kanzlerdemokratie (1966–1999) 246

15   Das neue Jahrtausend (ab 2000) 262

Nachwort 280

Literaturhinweise 284

Bildquellen 287

„Die Fenster des schönen alten Palais
am Ballhausplatz [...] warfen oft noch spät
abends Licht in die kahlen Bäume
des gegenüberliegenden Gartens, und gebildete
Bummler, wenn sie nachts vorbeikamen,
fasste Schauer an. Denn so wie der heilige Josef
den gewöhnlichen Zimmermann Josef
durchdringt, durchdrang der Name
,der Ballhausplatz' den dort stehenden Palast
mit dem Geheimnis, eine des halben
Dutzends mysteriöser Küchen zu sein,
wo hinter verhängten Fenstern das Geschick
der Menschheit bereitet wurde."

———

(Robert Musil, *Der Mann ohne Eigenschaften*)

Vorwort

ls ich das erste Mal ins Palais kam, es war Dienstag, der 1. April 1980, empfand ich sofort Respekt vor seiner Aura. Der hohe stuckverzierte Eingang, die Torwache, das Bewusstsein, dass da oben der bewunderte Kreisky arbeitete, die Ruhe in den Höfen, die spürbare ernsthafte Betriebsamkeit hinter den Fenstern – all das war etwas Besonderes, mehr als nur eine künftige Arbeitsstätte, anders als jedes andere Verwaltungsgebäude, das ich kannte. Ich nahm die hintere Stiege, die für die ganz normalen Menschen, die direkt in alle fünf Büroetagen führt. Die feierliche Feststiege war nämlich nicht für mich bestimmt, noch lange nicht. Man wusste, wo sie war, wie man sie erreichte, aber es gehörte sich nicht, sie so einfach zu benutzen. Erst Jahrzehnte später wurde sie zu meinem normalen Weg ins Büro. Später, als ich die Verantwortung für das ganze Haus übertragen bekam, als die Hauswache schon aus einer solchen Entfernung respektvoll grüßte, dass ich mich beeilen musste, ihr wenigstens ab und zu zuvorzukommen, und als ich meinen siebenten Chef als Bundeskanzler begrüßen konnte.

Dazwischen lagen viele Jahre der Entdeckung dieses Mikrokosmos. Zunächst die intellektuelle Arbeitsatmosphäre im Verfassungsdienst, dem Gral der Jurisprudenz, umgeben von den Büchern der Handbibliothek, die alle Größen der Wiener Schule des öffentlichen Rechts versammelte, und Tür an Tür mit den qualifiziertesten Kollegen, die man sich nur wünschen konnte, wenn es ums Abklopfen der Tragfähigkeit von Argumenten ging. Es folgten vorsichtige Erkundungen des großen alten Bauwerks. Zuerst die sechs Stiegenhäuser, dann die Logik der Nutzung, dann die besonderen Ereignisse in den Repräsentationsräumen, dann die Verbindungen bis hinunter ins Kellergeschoß. Und mit der Zeit kamen auch die vielen kleinen Informationen auf mich zu, die erklärten, Besonderheiten markierten, Persönlichkeiten zitierten, Staatsgeschichte erzählten.

In den späteren Jahren ging ich oft am Abend, als kaum mehr jemand im Haus war, durch die dunklen Gänge, bog um viele Ecken, stieg sämtliche Treppen hinauf und hinunter – und da begann mir das Haus wirklich lebendig zu werden und zu erzählen: das Entree von mächtigen Barockfürsten unter ihren Perücken, der Marmorecksalon von Mord und Diktatur, die schmalen Zimmer des dritten Stocks von der unglücklichen schwindsüchtigen Clementine Metternich, das alte Kanzlerzimmer vom Fensterglas, das man im Winter '45 so dringend gebraucht hätte, das Hochparterre von jungen kriegslüsternen Schnöseln des Jahres 1914, der Kanzlertrakt von rechten Prälaten und linken Revolutionären, der Ministerratssaal von plötzlichem Tod im Amt, die Balkone von Volkstribunen, das Archiv von der Goldenen Bulle, der Unterkeller von türkischen Mineuren und der Dachboden von französischen Kanonenkugeln.

Ich begann, Details zu entdecken, die allgemein kaum beachtet wurden: die leeren und wegen ihrer geringen Höhe nicht verwendbaren Räume über einem Teil der Fürstenwohnung, die durch eine recht verpfuschte Angliederung des alten Gerichtsgebäudes an das Palais entstanden waren; den in der Hälfte auseinandergeschnittenen Altar der Kapelle; die Reste der Wendeltreppe, die den Keller mit dem Dach verband und die Dollfuß nicht mehr erreichen konnte. Ich quälte mich durch einen Schluf in den mythenumrankten Raum über dem Kongresssaal, um festzustellen, dass er groß, weit, hoch und hell war und wert, wieder für Besucher geöffnet zu werden. Ich zählte die Fensterachsen und verglich sie mit alten Stichen, um authentisch zu ergründen, wo Metternichs Schlafzimmer wirklich gewesen war. Ich erhielt als besonderes, makabres Geschenk jenes verhängnisvolle Zeichenblatt, das den Putschisten 1934 ihren Weg durchs Palais zeigte. Ich roch in den Kaminen noch immer ganz schwach die Asche der vielen, vielen verbrannten Korrespondenzen, welche die Minister ihren Nachfolgern nicht hatten hinterlassen wollen. Und mitunter war mir, als hörte ich in den Gängen die Intrigen und das Geraune, mit denen Nachfolger ihre Vorgänger zu Fall gebracht hatten.

Dieses barocke Palais am Wiener Ballhausplatz 2 ist seit vielen Jahrzehnten der Sitz des österreichischen Bundeskanzleramtes und seit drei Jahrhunderten in unterschiedlichen Konstellationen Arbeitsstätte des Außenministeriums und der Regierungsspitze.

Das Haus ist wirklich weit mehr als bloß ein Amts- oder Ministeriumsgebäude. Das 1717 errichtete Bauwerk und seine Adresse sind Symbol und Synonym für eine von hier ausgehende 300-jährige ununterbrochene politische Entwicklung und Verwaltungsentwicklung, für die Lenkung und Steuerung eines Staatswesens, das in der ersten Phase der Geschichte des Hauses so groß war, dass darin „die Sonne nicht unterging". Auf dem Platz vor diesem Haus wurden 1683 buchstäblich in letzter Sekunde die Türken zurückgeschlagen, in diesem Haus wurde Habsburgs Außenpolitik gemacht und europäische Geschichte geschrieben – mit weltweiten Auswirkungen, wie etwa durch die „Umkehr der Allianzen" am Beginn des Siebenjährigen Krieges, durch den Wiener Kongress 1814/15, durch die von hier ausgehenden verhängnisvollen Depeschen zur Kriegserklärung 1914. Von hier aus wurden in der schreienden Not der ersten Monate nach den beiden Weltkriegen Nahrung, Sicherheit und Hoffnung organisiert. Hier wurden die Erste wie die Zweite Republik in ihren ersten Tagen ebenso wie in ihren schwierigen Zeiten geformt. Hier putschten und mordeten Nazis 1934 gegen das autokratische System des Austrofaschismus, hier wurde 1938 Österreichs Selbstständigkeit aufgegeben. Von hier aus wurde Österreich nach dem Zweiten Weltkrieg wieder aufgebaut, wurde das kleine Land ein anerkannter Player im internationalen Kontext, nahmen die Reformen der 1970er-Jahre ihren Ausgang, und hier wird Österreich regiert.

Es ist der älteste Regierungssitz Europas, der noch immer in Funktion ist, achtzehn Jahre älter als Downing Street 10. Das Palais ist im wahrsten Sinn des Wortes ein Haus, eigentlich *das* Haus der Geschichte Österreichs.

Dass Regieren und Verwalten unter modernen Rahmenbedingungen auch in einem 300 Jahre alten Gebäude heute noch gut möglich ist, zeugt von der hervorragenden Qualität seiner Architektur. Auch sie ist mit der Geschichte mitgewachsen, und die Erweiterungen und Umbauten sind das steinerne Zeugnis dessen, was hier geschah und was sich hier entwickelte. Sie ist untrennbar mit Jahrhunderten politischer Geschichte und Verwaltungsgeschichte verwoben, die an jeder Ecke und in jedem Detail des Gebäudes zum Vorschein kommen, wenn man nur alles richtig zu lesen versteht. Es gibt keinen Raum, keinen Flur, keine Treppe, wo nicht deren eigene Geschichte in der Geschichte geschrieben wurde.

Mit dem und im Palais lebt die Erinnerung an – bedeutende und weniger bedeutende – Menschen, die hier gehandelt, Entscheidungen getroffen, Schicksale beeinflusst, gesiegt und versagt haben. In diesem Haus wurde verwaltet, regiert und intrigiert, aber auch gelebt, geliebt, gefeiert, gelitten, geboren und gestorben – war es doch auch rund zweihundert Jahre lang das Wohnpalais von zwei Dutzend Ministern, Kanzlern, Regierungschefs, ihren Familien und Kindern. Sie erfüllten die Mauern mit ihrem Leben und mit ihren persönlichen Schicksalen, und auch diesen kann man anhand des Vorhandenen noch gut nachspüren.

Die historische Bedeutung des Ambientes versteht und spürt jeder, der sich mit wachen Sinnen darin aufhält und sich damit auseinandersetzt, und je tiefer man gräbt, umso spannender wird es. Das Haus erweckt Respekt und Ehrfurcht vor der Geschichte, vor der eines Staates, einer guten Verwaltung ebenso wie vor der von interessanten Menschen, und es ist es daher wohl wert, ihm seinetwegen zum 300. Geburtstag ein Geschenk zu machen. Das Geschenk ist ein Buch, das beschreibt, wieder lebendig macht, neues Licht auf bisher Unbekanntes wirft, die Einheit von Verwaltung und wirklichem Leben vermittelt – und denen, die darin heute und in den nächsten Jahrhunderten wirken, hilft, den Kontext ihrer Arbeit besser zu verstehen und vielleicht auch Fehler zu vermeiden, die hier schon einmal gemacht wurden.

Ich bin im Zusammenhang mit der Arbeit an diesem Buch vielen Menschen zu Dank verpflichtet. Zuerst all jenen, die meine lange und schöne Arbeitszeit im Bundeskanzleramt ermöglichten – sei es absichtlich als Förderer, sei es unabsichtlich dadurch, dass sie andere Karrieremöglichkeiten verhindert haben. Ich bin insbesondere vielen verbunden, die mir in meiner Zeit als Präsidialchef Dokumente, Tipps, Pläne, Gedankensplitter zugeliefert und mich motiviert haben, weil sie meine Idee unterstützten, ein Buch über ihr Haus vorzubereiten. Ich bedanke mich bei den Mitarbeitern des Bundeskanzleramtes und des Österreichischen Staatsarchivs, die mich zuvorkommend und hochprofessionell unterstützt und beraten haben. Namentlich für sie alle will ich Susanne Bürger, Karin Holzer, Wolfgang Maderthaner, Lorenz Mikoletzky und Josef Ostermayer nennen.

Meine Frau Anica hat es mir nie übel genommen, dass ich wohl viel zu viele Stunden in „meinem" Amt, hinter Folianten, am Computer und mit Erzählungen über den Ballhausplatz, den Wiener Kongress und die Verwaltungsgeschichte verbracht habe. Sie hat mir zu dieser Arbeit Mut gemacht und immer daran geglaubt, dass sie zu einem guten Ende kommen wird. Dafür danke ich ihr ganz besonders.

1 Am Ottakringer Bach – die Vorgeschichte

(BIS 1717)

Zur Römerzeit, in der das heutige Wien und das Stückchen Erde, um das sich dieses Buch dreht, erstmals in die Zivilisationsgeschichte eintritt, gibt es auf diesem Fleck weder Gebäude noch einen angelegten Platz. Am Rand einer pulsierenden Stadt, zur Blütezeit des römischen Militärlagers im zweiten und dritten Jahrhundert, liegt das Areal des heutigen Palais am Ballhausplatz etwas abseits des städtischen Geschehens.

Hier breitet sich von der Lagervorstadt nach Westen eine unbebaute, blumenreiche, leicht abschüssige Wiese aus, durchzogen vom Ottakringer Bach, der – der heutigen Geografie nach – die Neustiftgasse herunterkommt, den Volksgarten durchquert, die Bruno-Kreisky-Gasse und die Landhausgasse abwärts entlang der Strauchgasse fließt und schließlich in den Tiefen Graben mündet. Dort bildet er mit seinem Einschnitt die westliche Flanke des großen Militärlagers. Die Fläche ist unbebaut, aber nie einsam, liegt sie doch unmittelbar am Rand einer Ansiedlung mit mehr als 30.000 Menschen.

Rekonstruktion des römischen Wien, im Kasten rechts oben die Lage des heutigen Ballhausplatzes

Von dieser Wiese aus kann man im Norden, hinter der von Fuhrwerken stark frequentierten Herrengasse, der Verkehrstangente Vindobonas, noch stückweise die Lagermauern sehen. Sie beherrschen von der Naglergasse bis zur Peterskirche den Horizont. Gegen Westen aber hat man eine recht freie Sicht auf das Donautal, nur ein wenig eingeschränkt durch drei oder vier Villen diesseits der Straße, von denen die prachtvollste das heute zum Bundeskanzleramt gehörende Palais Porcia ist, in dessen Mauern man noch immer die römischen Steine und Ziegel und unter dessen Fußboden man nach wie vor einen gut erhaltenen Abwasserstrang sehen kann. In der Richtung zum heutigen Rathaus erstreckt sich eine freie Fläche. Nach Osten hin liegen die Ausläufer der Lagervorstadt dort, wo sich heute die Hofburg verzweigt. Und hier stehen entlang der Schauflergasse bis zum Michaelerplatz mehrere kleine Buden, die letzten Gebäude der Vergnügungsmeile der Soldaten am Kohlmarkt, an der sich Wirtshäuser, Ramschläden und Bordelle drängen. Von dort führt die Herrengasse weiter in die Zivilstadt im heutigen dritten Bezirk, wo es wesentlich gesitteter zugeht, und dann weiter die Donau entlang zur Provinzhauptstadt Carnuntum.

Hier aber, an der Hauptzufahrt zum Lager und bei der großen Kreuzung am Michaelerplatz, ist Tag und Nacht was los, und die nahe gelegene Wiese am Ballhausplatz ist so etwas wie die Jesuitenwiese heute: An schönen Tagen lungern Soldaten herum, die gerade frei haben, dazwischen spielen untertags die Kinder, ab und zu führt einer seine Ziegen an die Bachweide oder Pferde zur Tränke, am Abend geht in einer grölenden Runde der Weinkrug herum, und in der Nacht finden hier unkompliziert die Mädchen und ihre Freier zueinander.

Als das Lager im folgenden Jahrhundert an Bedeutung verliert und die Garnison schrumpft, wird es auch auf dieser Wiese ruhiger, und in der Folge richtet sich wohl die eine oder andere Familie am Bachufer – dem heutigen Minoritenplatz – einen Schrebergarten oder eine kleine Schafweide ein. Schließlich ziehen aber viele dieser Familien weg, die Buden und Wirtshäuser verfallen ebenso wie die schönen Villen in der Herrengasse mit ihren Badezimmern und Fresken. Das Gebiet rund um das Legionslager wird still, es verödet aber nicht ganz, sondern bleibt als einer der wenigen Teile des späteren Wien permanent besiedelt – auch in den kommenden dunklen Zeiten.

Denn im 5. Jahrhundert kommt die große Katastrophe über die Siedlung: Die Vandalen zerstören das, was vom Lager noch übrig ist, und die klein gewordene Stadt. Im Wesentlichen bleibt nur die Lager„burg" im Bereich Judengasse/ Sankt Ruprecht bestehen, die Lagervorstadt hin zum Ballhausplatz aber verödet völlig. Sie ist auch bald wie die Bauten an der Via Dominorum von einer Schicht aus Ruß und Schutt überzogen, der vormals gepflegte Anger am Ballhausplatz und die Felder ringsum verwildern und sind von Gestrüpp überwachsen.

Obwohl der Ort Vindobona an sich bestehen bleibt und ständig von etwa 1.000 Menschen bewohnt ist, verliert sich mehr als 400 Jahre lang jede überlieferte Spur und jede Dokumentation Wiens, und der trostlose Zustand der Ruinensiedlung, in deren wenigen noch erhaltenen festen Bögen und Gewölben man sich Hütten zusammenzimmert, bleibt lange Zeit bestehen. In dieser Zeit hat sich der Ballhausplatz wahrscheinlich sukzessive in eine Aulandschaft verwandelt.

Die nächste Erwähnung der Stadt findet sich erst 881, als ein Scharmützel zwischen Franken und Magyaren „ad Weniam" dokumentiert wird. Die Ungarn positionieren Militär im „Berghof", der dann mehrfach zwischen ihnen und den Ottonen den Besitzer wechselt. 1023 findet im „Rückzugsstädtchen" Wien erstmals ein Hoftag statt, 1146 rettet sich Heinrich Jasomirgott hierher, aber es entsteht noch keine dauerhafte richtige Stadt. Das Gelände am Ottakringer Bach allerdings wird aufgrund seiner guten Lage langsam wieder zum bewirtschafteten Dorfanger, umliegend entsteht eine kleine Ansammlung von Hütten, und von Westen her weiten ein paar Dörfer (Nußdorf, Währing und Sievering) ihr Ackerland wieder bis zum Bereich der heutigen westlichen Ringstraße aus.

In dieser Zeit entwickeln sich in Wien jene drei Faktoren, die das Wesen einer mittelalterlichen Stadt ausmachen: Burg, Hoher Markt und Ruprechtskirche. Dies veranlasst wohl die Babenberger Mitte des 12. Jahrhunderts, ihre Residenz von Klosterneuburg an diesen verkehrsgünstigeren Ort in der Nähe des Ottakringer Bachs zu verlegen, was zum raschen Ausbau der Stadt führt. Die Grundstücke neben der Wiese am Ballhausplatz werden jetzt Planungsareal für die zu errichtende Burg des Herrschergeschlechts. 1137 stecken die Babenberger dafür die Grundrisse ab, die etwa die heutige Hofburg umfassen, allerdings ohne dass sie den Ballhausplatz selbst einbeziehen. Bis 1156 bleibt nämlich noch die Residenz Am Hof, im Schutz der römischen Mauerreste, bestehen.

1193 wird ein neuer Befestigungsring rund um die Stadt gelegt. Finanziert wird dieser aus dem Lösegeld, das die Babenberger für die Freilassung von Richard Löwenherz erhalten – immerhin 10 Tonnen Silber. Die neue Mauer umschließt das gesamte Gebiet der Hofburg und geht von da nach Westen weiter entlang des Ballhausplatzes und der ganzen heutigen Löwelstraße. Das Areal wird damit von einer Wiesen- und Felderlandschaft zu einem attraktiven, aber noch leeren Bauhoffnungsgebiet in der Stadt, die mittlerweile auf 12.000 Menschen angewachsen ist.

Als Erste investieren im Nordwestzipfel des eingefriedeten Areals die schottischen Benediktinermönche, die ihr Kloster ab 1155 an der Freyung bauen, die ja nun ebenfalls von der Stadtmauer geschützt wird. Gleich danach folgen – im allgemeinen Bauboom nach dem Mauerbau – unmittelbar am Bachufer die Minoriten; Herzog Leopold VI. holt sie 1224 nach Wien und gibt ihnen auf dem leeren Grundstück westlich der Burg einen Bauplatz für Kirche und Kloster. Dieser ist weit größer, als es der heutige Minoritenplatz erkennen lässt: Er reicht von der Löwelstraße über die Bankgasse fast bis zur Herrengasse und dann in einem großen Bogen bis zur Schauflergasse.

Noch immer ist der heutige Ballhausplatz selbst nicht bebaut, aber zunehmend mehr Menschen frequentieren den Platz und die hier neu gebaute kleine

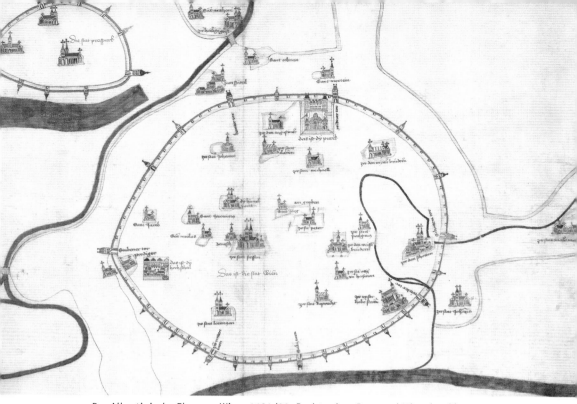

Der Albertinische Plan von Wien, 1421/22. Rechts oben Burg und Minoritenkloster

Brücke über den Bach. Unter ihnen sehen wir auch prachtvoll in byzantinische Tracht gekleidete Höflinge, die das nun errichtete Gasthaus neben dem Minoritenkloster – also am Ort der heutigen Bruno-Kreisky-Gasse, direkt an der Fassade des heutigen Palaisgebäudes – aufsuchen.

1251 sind die Arbeiten am Bau des ersten Bauwerks am Platz, der Kirche „Zum Heiligen Kreuz", abgeschlossen, um 1300 wird die Katharinenkapelle angefügt, im 14. Jahrhundert wird dann die Klosterkirche der Minoriten beträchtlich erweitert und an der Stelle, wo heute der Flügel des Haus-, Hof- und Staatsarchivs steht, wird das Konventsgebäude errichtet. Zwischen ihm und der Kirche baut man einen Kreuzgang, der bis an die heutige Metastasiogasse reicht.

Auch an der anderen Seite der Freifläche wird fest gewerkt: 1275 baut Ottokar II. Přemysl den Vierkanter der Hofburg direkt an die Stadtmauer – im Wesentlichen so, wie er heute noch den Schweizerhof umschließt.

Der weitere Bau des Hofburgkomplexes erfolgt in fünf, immer noch anhand der Bausubstanz gut erkennbaren Phasen: Als erste Erweiterung wird der – anfangs noch alleinstehende – Cillierhof im 14. Jahrhundert hinter dem Turnierplatz errichtet; er wird später zur Amalienburg am Ballhausplatz umgebaut, und eine Reitschule ergänzt den Komplex (1575); um 1660 entsteht entlang der Stadtmauer der Leopoldinische Trakt als repräsentativer Anbau an die alte Burg, und mit dem Reichskanzleitrakt wird ein Jahrhundert später

Turnier anlässlich der Hochzeit von Karl von Innerösterreich und Maria von Bayern 1571, innerer Burghof, rechts die Amalienburg

(1723) der innere Burghof zur Gänze umschlossen. Nach der Schleifung der Stadtmauer errichtet man schließlich 1881 den ersten Teil der Neuen Burg – zur Fertigstellung des kompletten „Kaiserforums" kommt es dann allerdings nicht mehr.

Doch im 14. Jahrhundert wird das Viertel trotz seines etwas düsteren Ambientes direkt an der Stadtmauer zunehmend zum „Hofviertel", und der Ballhausplatz wird geschäftig: 1278 lässt Rudolf von Habsburg die Leiche Ottokars 30 Wochen lang in der Minoritenkirche aufbahren, was für einigen Zulauf von Schaulustigen und Offiziellen sorgt. Margarete Maultasch wohnt im 14. Jahrhundert in einem Haus am Minoritenplatz, Adelsfamilien bauen Palais in der Herrengasse teilweise auf den römischen Villenruinen, wie im Fall des Palais Porcia, und die niederösterreichischen Landstände setzen sich dort repräsentativ fest. Die Bürgerschaft sorgt für wirtschaftlichen Aufschwung. Zu Ende des Jahrhunderts leben bereits 40.000 Menschen in der Stadt.

1350 wird endlich die große Minoritenkirche fertiggestellt. Ansonsten aber werden die Zeiten krisenhafter: 1421 werden in einem – behördlich mehr als geduldeten – Pogrom unzählige Juden ermordet. Mehrfach fallen die Hussiten ein. Auf dem Areal der heutigen Amalienburg geraten die Grafen von Cilli und der Cillierhof in ein schlechtes Licht: Der Graf spielt in diesen turbulenten

Jahren eine politisch zwielichtige Rolle, und allerlei Freischärler und Desperados treiben sich auf dem Ballhausplatz herum. Nach dem Aussterben der Familie Cilli wird das Gebäude vom Hof zunächst auch nicht mehr für Wohnzwecke genutzt, sondern bloß als Geschützdepot verwendet.

Zur Zeit der ersten Hofburgerweiterung entstehen zwischen dem Minoritenkloster und dem Bach ein zweiter Klosterhof, ein neues Refektorium, ein Dormitorium und schließlich der Gutshof direkt an der Stelle des späteren Palais am Ballhausplatz. Wo sich heute der Eingangsbereich befindet, steht schon seit Längerem die Pfisterei – die Bäckerei des Klosters (vom lateinischen pistor = Bäcker), die 1347 explizit erwähnt wird –, und an der Stelle des (in seiner letzten Zeit übel beleumdeten) Gasthauses wird das Haus des Provinzials errichtet.

Die Situation in der Stadt wird allerdings immer unsicherer: 1460 bis 1465 tobt ein veritabler Bürgerkrieg, 1519 bis 1527 schlagen die Habsburger mehrere Aufstände des Bürgertums blutig nieder, zahllose Hinrichtungen von Bürgermeistern, Lutheranern, aber auch unzuverlässigen Adeligen kennzeichnen diese Phase ihrer brutalen absoluten Herrschaft über die Stadt. Dennoch scheint auch in dieser Welt zumindest für die Herrschenden das Vergnügen nicht zu kurz zu kommen: Genau in dieser Zeit vor 1520 errichten die Habsburger das erste Ballhaus hinter dem Cillierhof, um dort einem aus Spanien importierten Vergnügen zu frönen, das darin besteht, mit löffelförmigen hölzernen Schlägern einen aus Stoff zusammengenähten kleinen Ball hin und her zu schupfen. Das ist also das erste Mal, dass an dieser Stelle ein Ballhaus steht, das später dem Ort

Plan des Ballhausplatzareals vor 1717

Schema des Ballhausplatzbereiches

unter Verwendung alter Pläne gezeichnet von Walther Brauneis

A Hofspital
1 Serava-Trakt (bis 1758)
2 Nördlicher Arkadentrakt
3 Östlicher Arkadentrakt
4 Schwibbogen über die Schauflergasse
5 Meierhof mit ehemaliger Kapelle (bis 1717)
6 Katharinenkapelle

B Ballhaus (nach 1740)

C Bundeskanzleramt
7 Hof- und Staatskanzlei (mit Brücke zum Basteigärtchen)
8 Erweiterungsbau von 1882 (auf ehemaligem Klostergrund)
9 Staatsarchiv (1903)

D Hofburg, Amalientrakt
E Scalvinionisches Haus (bis 1764); später Areal des Ballhausplatzes
F Haus der Italienischen Congregation
G Minoritenkirche und -kloster
H Bastei

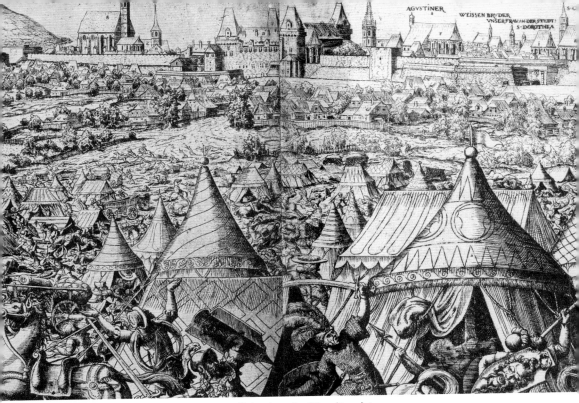

Die Belagerung von Wien 1683, links oben der Minoritenplatz

den Namen geben sollte – allerdings gibt es rundum noch keinen „Platz", sondern nur eine krumme Gasse, die an der Sporthalle vorbeiführt.

Das Ballspiel, vor allem das in geschlossenen Räumen gespielte *courte paume*, wurde vom französischen Hof importiert. Es ist das Spiel der Könige, denn nur der hohe Adel hat die Muße und die Geldmittel dazu. Es wird zunächst mit der flachen Hand gespielt, erst im 16. Jahrhundert setzen sich die Schläger, die sogenannten *raquettes*, durch. Ludwig XIV., der Sonnenkönig, spielt es ebenso wie Heinrich II., da können die Habsburger nicht abseits stehen, und die Sportart hält sich über Jahrhunderte – Napoleon III. errichtet sogar noch 1862 das Jeu de Paume im Zentrum von Paris –, was sich daran zeigt, dass immer wieder, auch in Wien, neue Ballhäuser gebaut werden.

1525 zerstört in der kaiserlichen Haupt- und Residenzstadt ein Großbrand 416 Häuser, darunter auch den Cillierhof und das erst jüngst errichtete hölzerne Ballhaus nach recht kurzer Nutzungszeit. Ein neues Ballhaus ist also nötig, es entsteht aber erst Jahre später an anderer Stelle, nämlich am Rand des heutigen Michaelerplatzes. Rund um den Ballhausplatz aber kehrt zunächst wieder einmal eine dumpfe Ära der Zerstörung, Angst und Not ein.

Denn jetzt kommen Kriegszeiten: 1529 belagern die Türken erstmals die Stadt, und das betrifft unmittelbar auch das Gelände des heutigen Ballhausplatzes. Als deren Heer vor Wien anrückt, lässt nämlich Graf Salm jenseits der Mauer vorsorglich die Vorstadt niederbrennen. Vom 27. September bis zum 14. Oktober toben die Gefechte direkt an den Mauern, Minen werden gelegt, Breschen in die Befestigungen geschlagen, und auch der Ballhausplatz wird unmittelbares Frontgebiet im Häuserkampf und in den unterirdischen Gängen.

Man kann sich auch gut vorstellen, dass die am Stadtrand über die Mauer hinausragende Minoritenkirche ein beliebtes Objekt für Zielschüsse der Artillerie des Sultans ist. Der hohe, schlanke Turm, der vor der imposanten Ostfassade anstelle eines Mittelchors steht, verliert seine Spitze – zum ersten Mal. Erst 1633 wird diese Spitze des Turms wiederhergestellt werden, aber auch 50 Jahre später während der Zweiten Türkenbelagerung muss der Turm wieder als Zielscheibe herhalten. Er verliert erst seine Glocken und dann zum zweiten Mal die Spitze. Den wackligen Rest bedroht 1761 ein starker Sturm, und da reicht es den Kirchenvätern: Der zerstörte Helm wird durch ein flaches Kegeldach ersetzt, mit dem es keine Probleme mehr geben sollte und das wir heute noch immer in diesem geduckten Zustand sehen, obgleich wohl keine Gefahr seitens einer morgenländischen Artillerie mehr droht.

Nachdem es 1529 gelungen ist, die Türken zurückzuschlagen, wird ein weiterer Ausbau der Stadtmauer durchgeführt. Die neue Mauer mit fünf Toren und 19 Türmen verläuft innerhalb der heutigen Ringstraße im Bereich des Ballhausplatzes am äußeren Rand der Löwelstraße, und sie ist fast zwei Stockwerke hoch. Vor der Stadtmauer befindet sich der tiefe Burggraben, der in Friedenszeiten mit Futtergras bepflanzt wird und in dem Fischteiche angelegt sind. Mächtige Befestigungswerke verstärken die Mauer, eine davon unmittelbar vor dem Ballhausplatz.

1537 erwirbt Don Diego de Serava, Zuchtmeister Seiner Majestät Edelknaben und ein sozial engagierter Höfling, den östlichen Garten des Minoritenklosters, das ist etwa der Platz des heutigen Innenministeriumsgebäudes und der halbe Platz davor bis zum U-Bahn-Abgang. Er beginnt sofort mit dem Bau eines Spitals, welches das alte Hofspital ersetzen soll. Kaiser Ferdinand und seine Frau Anna schätzen die Initiative und stiften 1545 36 Betreuungsplätze im Gegenwert von 1.200 Gulden (das entspricht etwa 120.000 Euro) jährlich zur Aufnahme von Invaliden und Siechen, was auch notwendig wird, da 1529 die außerhalb der befestigten Stadtmauern gelegenen Spitäler und Siechenhäuser bei der Belagerung Wiens durch Sultan Süleyman und sein Heer völlig zerstört worden sind. Als Anna 1547 bei der Geburt ihres fünfzehnten Kindes stirbt, vermacht sie dem Spital auch noch die Einkünfte der Herrschaft Wolkersdorf.

Um 1540 wütet – nicht zum ersten Mal – die Pest in der Stadt, und auch die folgenden Jahrzehnte sind alles andere als ruhig oder friedlich, sodass Wien für mehr als ein Jahrhundert bei einer Einwohnerzahl von 50.000 stagniert. Dennoch wird im 16. Jahrhundert – mitten im heutigen Bundeskanzleramt – der zweite, kleine Kreuzgang des Minoritenklosters errichtet.

1547 zeigt der Stadtplan von Bonifazius Wolmuet schon die fertige Gestalt des ersten Hofspitalbaus und seiner Umgebung am Ballhausplatz: einen langen ebenerdigen Bau entlang der Schauflergasse, von dem einige Flügel nach hinten hinausgehen. Schon bald wird die Anlage allerdings zu klein, und außerdem soll sie modernisiert werden. Auch soll ein Meierhof die Spitalsversorgung sicherstellen. Daher beginnt man 1550 auf den bisherigen Gründen der Minoriten mit dem Bau einer vierflügeligen, zweigeschoßigen Anlage mit prächtigen Arkaden um einen quadratischen Innenhof, die über das bestehende Grundstück hinausgehen soll. Die Minoriten müssen daher noch ein Stück Weingarten (an der Stelle des heutigen Muhr-Brunnens) abtreten, ihre Katharinenkapelle wird Spitalskirche, und mit den Dietrichsteins wird gar wegen einer illegal zugebauten Ecke prozessiert.

1564 sind zwei Flügel des neuen Spitalbaus fertiggestellt – und dabei bleibt es dann auch, weil Geld und Gründergeist zu Ende gehen. Die Front zur Schauflergasse bildet somit weiterhin der alte Langbau, zur Minoritenkirche hinüber bleiben noch alte Peripherieanbauten bestehen, und an der Südflanke verbleibt die Meierei – ein veritabler Bauernhof mit Stall, Heustadl und Schlachthaus exakt an der Stelle des späteren Palais. Der Meierhof beliefert bis ins 18. Jahrhundert die Kaiserkinder mit frischer Milch, die man in der Silberkanne über den heutigen Ballhausplatz trägt.

1559 bis 1620 nehmen Protestanten die Minoritenkirche gewaltsam in Besitz – die Schäden sind noch heute am rechten Seitenportal zu erkennen. Und von 1575 bis 1610 wird am Ballhausplatz auf den Fundamenten des Cillierhofs in mehreren Bauetappen, immer wieder unterbrochen durch finanziell bedingte längere Pausen, die Amalienburg in ihrer heutigen Gestalt errichtet.

Das Spital hingegen scheint schlecht geführt zu werden. Während des Dreißigjährigen Krieges ist es unterbelegt – so quartiert sich die Kammerregistratur in ein paar Zimmern ein, und sie geht bis zum Neubau des Haus-, Hof- und Staatsarchivs aus dem Hintertrakt nicht mehr hinaus. Der alte Trakt zur Schauflergasse wird hingegen immer baufälliger. Die Ecke hinter der Hofburg bei der Bastei mit der zerbröselnden Spitalsfassade und dem alten Bauernhof verkommt zusehends.

Erst nach dem Ende des Dreißigjährigen Krieges geht es langsam wieder aufwärts. Am Ballhausplatz ist das wieder an einer Großbaustelle zu merken, diesmal zur Errichtung des Leopoldinischen Trakts der Hofburg, mit dem der Komplex der alten Burg mit der bisher abseits stehenden Amalienburg verbunden wird.

Die Aufbauphase, die zu einer vollständigen Verbauung der Fläche innerhalb der Mauern führt, geht allerdings nicht lange ungestört voran. 1683 sind die Türken wieder da – und die Habsburger fliehen samt ihrem Hof nach Linz. Die Hofburg und die Wiener Bürger müssen sich in diesen heißen Sommertagen erneut selbst verteidigen.

Am 7. Juli schlagen die Türken die Kavallerie vernichtend vor der Stadt. Ab 14. Juli nehmen 250.000 Mann die Belagerung auf, am 16. Juli wird der Belagerungsring geschlossen, und ausgerechnet das Mauerstück beim Ballhausplatz wird aufgrund des militärisch gut gelegenen freien Glacis davor eines der Hauptziele der Angriffe und damit direktes Operationsgebiet. Die Belagerer graben zahlreiche Laufgräben bis zur Stadtmauer und sogar Tunnels unter der Mauer

Reste der Arkadenbögen des Hofspitals

durch bis unter das heutige Palais und in Richtung der Palais Dietrichstein und Starhemberg (heute Bildungsministerium), in dem der alte Fürst sogar einmal das Briefeschreiben unterbricht, weil er unter sich dumpfes Grollen zu verspüren glaubt. Anfang August richten zwei gewaltige Explosionen große Schäden im Bereich des heutigen Volksgartens an. Am 4. September sprengt direkt bei der Burgbastei und beim Burgravelin (in der heutigen Volksgartennische und vor dem Bellariator der Hofburg) eine starke türkische Mine ein riesiges Loch in die Stadtmauer. Am 9. oder 10. September erfolgen weitere Sprengungen. Infanteristen drängen durch die Breschen herein, binnen kürzester Zeit entbrennen hier, wo heute die östliche Ecke des Volksgartens das Deserteursdenkmal umschließt, zwischen Heldenplatz und Schauflergasse und am gesamten Ballhausplatz die schwersten Kämpfe der ganzen Belagerungszeit. Der Burgravelin muss dabei zeitweilig aufgegeben werden, die Löwelbastei wird letztendlich gesprengt.

Buchstäblich in letzter Sekunde vor dem endgültigen Zusammenbruch der Verteidiger kommt aber am 12. September um 5 Uhr früh doch noch das Entsatzheer und rettet Wien, weil die vom Nachschub abgeschnittenen türkischen Truppen Reißaus nehmen. Der Ballhausplatz aber ist ein blutiges Schlacht- und Trümmerfeld, das erst mühsam wiederhergestellt werden muss.

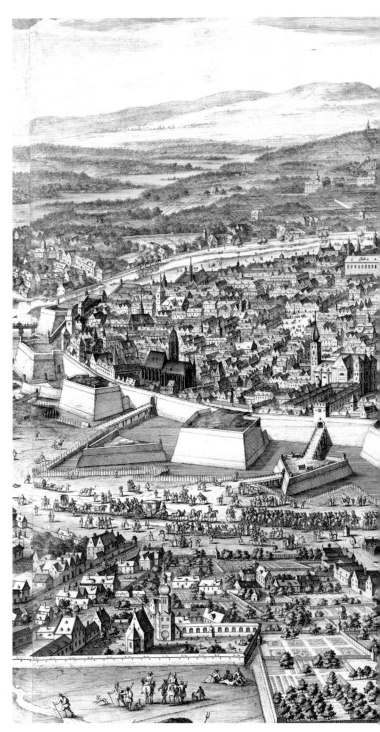

Löwel- und Burgbastei, aus
der Ansicht von Wien nach
Folpert von Allen, 1680

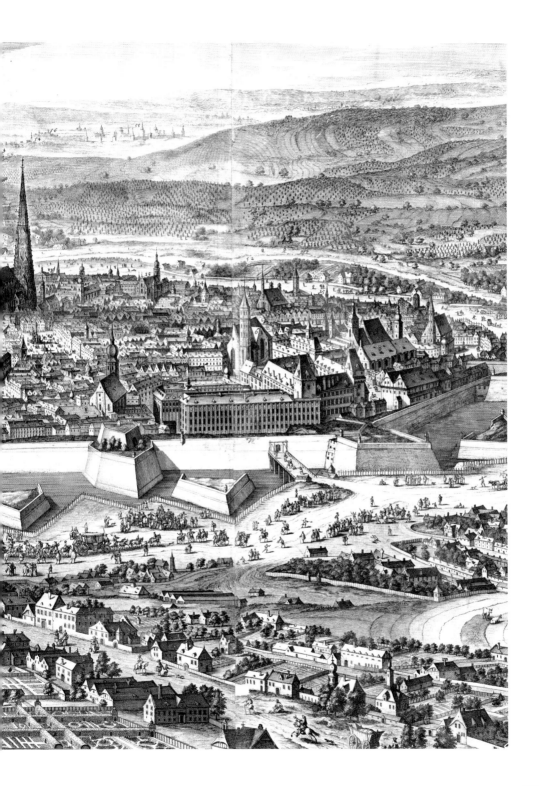

Aber nicht nur in baulicher Hinsicht besteht Renovierungsbedarf, auch der Staat verlangt dringend Reformen. Diese sind einerseits auf militärischem Gebiet notwendig, wie man gesehen hat, andererseits ist aber auch das Finanzwesen auf solidere und effizientere Fundamente zu stellen, und schließlich erkennt die Führungselite, dass es angesichts der Größe des Staates und der habsburgischen Reichsverwaltung an der Zeit ist, die öffentlichen Angelegenheiten nicht mehr en famille zu besorgen – vielmehr muss eine professionelle, auf Dauer organisierte staatliche Struktur her.

Die vormalige Pfisterei ist irgendwann davor in kaiserlichen Besitz übergegangen, möglicherweise bereits 1551 – aber das lässt sich nicht so präzise nachvollziehen. Jedenfalls gibt es hier schon ein kleines Verwaltungsgebäude, das gegen 1700 „römisch-kaiserliche geheime Hofkanzlei" genannt wird. Wenige Jahre später wird es allerdings wegen seiner Baufälligkeit abgerissen, und damit wird das Areal völlig frei. Auch der frühere Bauernhof des Hofspitals daneben ist nicht mehr in bestem Zustand.

Dennoch ist diese Gesamtfläche sehr beengt, denn vis-à-vis vor der Amalienburg duckt sich noch ein weiteres Gebäude, das niedrige dreieckige Haus des Reichsfreiherrn Scalvinioni. An der Südseite engt die düstere hohe Mauer den Platz ein, und gegen den Komplex der Minoriten hin ragen gleich

Kämpfe in den Minen unter dem Ballhausplatz 1683

Stadtplan von Wien 1547, unten links an der Stadtmauer die leere Fläche des Bauplatzes für die spätere Staatskanzlei

mehrere Baukörper unterschiedlicher Gestalt und Höhe in den Platz herein. Über die Schauflergasse führt ein zunächst hölzerner Gang von der Hofburg ins Kaiserspital, der um 1700 durch einen gemauerten Bogen ersetzt wird.

Als nun 1707 ein Teil des Spitalsgebäudes abbrennt, denkt man erstmals daran, den Meierhof gänzlich zu verlegen, da seine Heu- und Strohvorräte ein zusätzliches Brandrisiko darstellen. 1711 entdeckt man schwere Schäden am Arkadengang des Spitals und muss die Bögen wegen Einsturzgefahr zumauern. 1717 muss man schließlich erkennen, dass der Meierhof auch aufgrund seiner schlechten Bausubstanz nicht mehr wirklich zu erhalten ist, selbst wenn man dafür in Kauf nehmen muss, dass nach einem Abriss die frische Milch für die jungen Herrschaften nicht mehr täglich über den kleinen Platz zugeliefert werden kann. So werden die Pläne immer konkreter, hier ein neues Hofkanzleigebäude zu errichten.

Doch wer auch immer hier an eine Verbauung mit einem einigermaßen repräsentativen Haus denkt und was auch immer dieses für eine Funktion haben soll, eines ist klar: Es gibt hier zwar ausreichend Platz, aber es wird einen wirklich guten Architekten brauchen, um auf diesem unregelmäßigen, eingequetschten Restbaugrund in denkbar schlechter Lage etwas Ordentliches zustande zu bringen. Nichtsdestotrotz plant man am Hof Karls VI. bereits recht konkret ein repräsentatives Kanzleigebäude an genau dieser Stelle.

2 Die Geheime Hof- und Staatskanzlei

(1717–1753)

1717 ordnet der mächtige Obersthofkanzler des Europa beherrschenden Kaisers Karl VI., Philipp Ludwig Wenzel Graf von Sinzendorf, an, in der ungenutzten Ecke an der Stadtmauer hinter der Amalienburg den Bauernhof des Hofspitals zu schleifen, störende Bauteile des Spitals und des Provinzialhauses des Minoritenklosters zu beseitigen und hier ein großes Kanzleigebäude für Regierungszwecke, nämlich für die Hofkanzlei, deren Chef er ist, zu planen.

Das Projekt hat einen verwaltungspolitischen Hintergrund, folgt aber auch einleuchtenden städtebaulichen Überlegungen: Als man nämlich 1683 endgültig die Türken besiegt und dafür vorgesorgt hat, dass die Stadt nach menschlichem Ermessen nie mehr von ihnen überrannt werden würde, kann man den Bau eines neuen Verteidigungssystems in Angriff nehmen. Dafür wird weit draußen vor den Vorstädten und Dörfern der Linienwall errichtet, der zu einer tatsächlichen Vergrößerung der Stadt und damit einhergehend zu einer wirtschaftlichen Verwertung und teilweisen Besiedlung der freien Flächen unmittelbar außerhalb der Stadtmauer führt. Das hat auch für die Meierei der Minoriten Konsequenzen – es gibt lukrative Verkaufsmöglichkeiten der zur heutigen Josefstadt hin gelegenen Felder, denn man kann sie jetzt profitabel an Kleinhäusler und Händler vergeben, ja die Stadt fordert und fördert hier sogar den Hausbau und die Besiedlung – und damit wird ein alter Bauernhof innerhalb der Stadtmauern unsinnig und überflüssig.

In den Nachkriegsjahren gibt es ökonomisch und in der Wiener Stadtgestaltung ohnedies eine schnelle und dynamische Aufwärtsentwicklung. Ein geradezu fieberhafter barocker Bauboom verändert die Stadt völlig: 1695 baut Fischer von Erlach das Stadtpalais des Prinzen Eugen in der Himmelpfortgasse, in dem dieser seinen sagenhaften Reichtum zur Schau stellen kann. 1700 beginnen die eifersüchtigen Habsburger, vom selben Architekten den Mitteltrakt des Schlosses Schönbrunn errichten zu lassen. 1708 folgt der große Zweckbau der Böhmischen Hofkanzlei am heutigen Judenplatz, und zur gleichen Zeit entsteht vor den Toren der Stadt das Gartenschloss der Familie Liechtenstein.

1710 wachsen in Sichtweite des Ballhausplatzes der Neubau des Palais Auersperg und im gleichen Jahr der des Palais Trautson in die Höhe.

1716 lässt sich der Kaiser abermals mit einem Projekt Fischer von Erlachs huldigen, nämlich mit der Karlskirche unmittelbar vor den Toren der Stadt und in Sichtweite der Burg. 1720 entsteht die prächtige Hofbibliothek und 1721 das Belvedere – diesmal beauftragt Prinz Eugen Johann Lucas von Hildebrandt mit der Planung.

Diese überhitzte Konjunktur der Feudalbauten wird allerdings von ungeheurem sozialem Elend in der Hauptstadt begleitet. Massenhaft strömen Baugesellen aus dem ganzen Reich nach Wien, wodurch die Löhne verfallen. Ab 1710 kommt es mehrfach zu Streiks der hungernden Gesellen. Auch die Immobilien-Kreditwirtschaft bricht in der entstehenden Blase zusammen, und 1703 kann nur ein Akt kaiserlicher Willkür gegenüber dem Bankhaus Oppenheimer einen Staatsbankrott abwehren. Die Habsburger und ihre politische Herrschaft berührt das aber kaum, sie lenken die Geschicke des Staatswesens nach ihren Interessen mit eiserner Hand und großen Erfolgen: Kaiser Karl VI. hat ein riesiges Imperium aufgebaut und arbeitet mit seinen Beratern und Ministern konsequent daran, es in alle Richtungen gut zu organisieren und abzusichern. Dies ist vor allem in der Außenpolitik wichtig, da es jetzt darum geht, die Anerkennung

Das Hofspital und seine Umgebung um 1683. Ausschnitt aus Daniel Suttingers Vogelschau

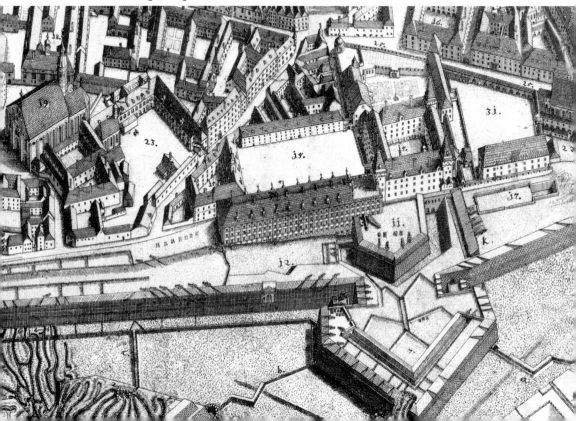

Blick vom Ballhausplatz durch den Schwibbogen, den letzten Rest des Hofspitals, in die Schauflergasse um 1885

der Thronfolgeregelung – auch jener der weiblichen Linie, denn der Kaiser hat keinen Sohn – international und im mosaikhaft zusammengesetzten Großreich abzusichern.

Dafür braucht es gute Leute und eine professionelle Struktur. Und genau dafür wird im Geburtsjahr von Karls Tochter Maria Theresia, 1717, der Neubau der künftigen Hof- und Staatskanzlei begonnen. Im verwinkelten Platzbereich an der Stadtmauer ist man ohnedies bereits seit Jahren an das Baugeschehen gewöhnt: Die Pfisterei ist kürzlich abgerissen worden, detto das Scalvinioni-Haus, und das Hofspital ist schon seit Langem eine permanente Baustelle – erst jüngst ist bei Umbauarbeiten ein Teil des Spitalmeistertraktes eingestürzt, und seit dem Brand von 1707 stellt man fest, dass sich die Sandsteinsäulen des Arka-dengangs „dergestalten schöllen", dass der ganze Oberstock abzustürzen droht. Jetzt entsteht hier also eine Großbaustelle, wobei zuerst der noch verbliebene Teil des Meierhofes abgerissen und die Meierei nach Lerchenfeld verlegt wird.

Das neue Haus und seine Institution, die hier entstehen sollen, sind kein Produkt einer feudalen Laune Sinzendorfs, der einfach größer repräsentieren will, es hat auch einen manifesten politisch-administrativen Hintergrund, ohne den der Aufwand nicht verständlich wäre:

In früheren Zeiten haben sich die habsburgischen Herrscher in wichtigen Fragen primär ad hoc mit einzelnen vertrauten Personen beraten – ihren Räten bzw. geheimen Räten, entweder einzeln, zunehmend aber als Kollegium, das immer häufiger, zeitweise sogar täglich zusammenkam. Eine kontinuierliche Verwaltungsstruktur mit fixem Personal und fest zugewiesenen Geschäften zur Vorbereitung und Umsetzung der Entscheidungen bestand aber noch nicht.

Im 16. und 17. Jahrhundert ist es nur gelungen, mit dem Hofkriegsrat für die militärischen Angelegenheiten und mit der Hofkammer für die finanziellen Belange zwei permanente zentrale Strukturen für den einheitlich zu führenden Staat zu schaffen. Für die Zentralisierung der allgemeinen Verwaltung und der Außenpolitik hingegen gibt es zunächst nur kleinere Ansätze, so insbesondere im Frühjahr 1620 die Einrichtung der Österreichischen Hofkanzlei, durch deren Konstruktion man auch die österreichischen Angelegenheiten bewusst von de-nen des Kaiserreichs schied, und 1659 die Einrichtung der Geheimen Konferenz unter Vorsitz des Obersthofmeisters, die aber keinen organisierten Vollzugs-apparat hat. 1709 wird dieses Kollegium verkleinert und in „Ständige Konfe-renz" umbenannt.

Mit dem Ende des Spanischen Erbfolgekrieges erreicht Karl VI. die größte bisherige Ausdehnung seines Reichs – mit entsprechend großen administrati-ven Herausforderungen. Vor allem muss man sich noch stärker auf die habs-burgischen Interessen konzentrieren und nicht nur auf die des Gesamtreichs. Mit der Unterzeichnung der Friedensverträge entsteht immer deutlicher die Idee einer österreichischen Monarchie, eines besonderen selbstständigen habs-burgischen Staatswesens, als Herzstück des übernationalen Kaiserreichs.

Die Schaffung einer solchen Monarchie verlangt zwangsläufig nach neuen Wegen in der Verwaltung, die es jetzt zu realisieren gilt, wobei man auf solide „verwaltungswissenschaftliche" Grundlagen zurückgreifen kann: Der Merkantilist und Kameralist Philipp Wilhelm von Hörnigk hat schon 1684 seine wirtschaftspolitische Kampfschrift „Österreich über alles, wann es nur will" herausgebracht. In dieser versteht er unter Österreich die Gesamtsumme der Länder des Erzhauses – im Gegensatz zum Heiligen Römischen Reich Deutscher Nation – und sieht diesen Staat als zentral regierten Verwaltungs- und Beamtenstaat ohne Selbstständigkeit der Länder und Landstände.

Das leuchtet ein, und so geht in den Jahrzehnten nach 1700 die Reichspolitik des Kaisers auf der einen und die an den Interessen der Monarchia Austriaca orientierte Politik des Wiener Hofes auf der anderen Seite immer weiter auseinander. Die österreichische Monarchie wird in den für eine Staatsbildung wichtigen Bereichen – der Entwicklung von Zentralbehörden, der Kriegsführung und der Finanzen – vom Heiligen Römischen Reich abgesondert und eigenständig verwaltet.

Ein solcher Staat erfordert auch eine neu konzipierte, leistungsfähigere professionelle Regierungsstelle für die inneren und äußeren Angelegenheiten, und dafür macht sich Obersthofkanzler Sinzendorf mit seinem Bauprojekt stark. Die Österreichische Hofkanzlei hat unter seiner dynamischen Führung gegenüber der Reichskanzlei bereits zusehends an Bedeutung gewonnen. Dies gilt vor allem für die äußeren Angelegenheiten, für die er schon 1705 erstmals eine außenpolitische Abteilung gegründet hat und die bald auch die Bezeichnung Staatskanzlei führt. Das entspricht auch dem internationalen Trend, denn im 18. Jahrhundert wird die Außenpolitik europaweit ein selbstständiger Bereich der Politik, und die Diplomatie wird von den sonstigen politischen Agenden getrennt. In vielen Ländern entstehen dafür eigene Verwaltungsorganisationen, die professionell und unterstützt durch Archive die Außenpolitik routiniert betreiben, und diese Entwicklung beeindruckt auch Karl VI. und seinen Stab.

Das neue Amt braucht, auch wenn man zunächst nur an wenige Mitarbeiter denkt, Platz – Platz, der in der Hofburg selbst nicht mehr zu finden ist. Zugleich soll aber auch eine angemessene und zweckmäßige Kanzlerresidenz eingerichtet werden, weil es nicht mehr machbar scheint, dass der Kanzler gewissermaßen „von zu Hause aus" in irgendeinem entlegenen Familienpalais den Staat regiert.

Die Professionalisierung der Verwaltung mit speziell ausgebildeten Beamten, festen internen Regeln, Abläufen und funktionierenden dauerhaften Strukturen ist die Vision für dieses neue Amt. Der Umstand, dass es im habsburgischen Interesse darüber hinaus dringend geboten scheint, den landständischen Adelsverwaltungen eine zentrale Institution entgegenzusetzen, ist ein zweites Motiv. Ein drittes ist die Erkenntnis, dass man gerade jetzt nach der Geburt einer Tochter des Kaisers einen fähigen diplomatischen Apparat brauchen wird, wenn man der Pragmatischen Sanktion für deren Erbfolge auch außenpolitisch nachhaltig Anerkennung verschaffen will – für die Habsburger eine Überlebensfrage.

Doch ist noch keine feste Umschreibung von Zuständigkeiten im heutigen Verständnis ins Auge gefasst. Die Aufgaben diverser Kommissionen, Hof- und Staatsämter überschneiden sich daher, Aufgaben werden parallel wahrgenommen, und Rangstreitereien behindern ebenso wie Nichtinformation das Funktionieren des Staates. Zur besseren Koordination soll das neue Amt Hausangelegenheiten (Familienangelegenheiten der Habsburger), vor allem aber Hofangelegenheiten (Protokollarisches und Herrscherbezogenes) sowie Staatsangelegenheiten (innere und auswärtige Aufgaben) primär und koordinierend besorgen. Dies aber noch in Konkurrenz zu anderen Institutionen, etwa zum Hofkriegsrat und zur Reichskanzlei mit ihren Referaten und sogenannten „Expeditionen" für diverse Weltgegenden.

An einem Frühlingstag des Jahres 1717 erteilt Sinzendorf formell den Bauauftrag mit dem Wunsch, das Projekt raschestmöglich umzusetzen. Der Grundstein wird am 13. September gelegt. Unverzüglich ergeht auch an die Landstände das Ersuchen, diesen Bau des neuen Gebäudes für die Österreichische Hofkanzlei zu finanzieren. Die sorgfältige Unterbringung der Archivalien, die bisher verstreut und unter widrigen Umständen aufbewahrt wurden, liege

Grundriss des ursprünglichen Palaisgebäudes 1717

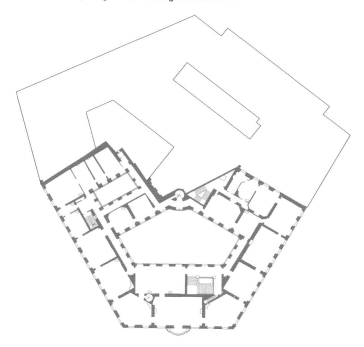

Prospect der Geheimen Hoff-Cantzley 1750

ja auch in ihrem Interesse, meint Sinzendorf. Die weitere Deckung der Baukosten soll aus einer neuen Steuer „auf jedes bey allhiesiger Stadt Wienn und in denen Vorstätten innern denen Linien aushackenden Pfund Rindfleisch" erfolgen. Diese wird dann aber zum Teil für eine Gehaltserhöhung der niederösterreichischen Beamten verwendet, sodass die Arbeiter zunächst nicht bezahlt werden können und weitere Mittel nachbewilligt werden müssen. Trotz dieser Widrigkeiten wird der Bau 1721 fertiggestellt.

Noch während der Bautätigkeiten arbeitet Sinzendorf auf Anordnung des Kaisers im Sommer 1719 ein Statut aus, das dem Ersten Hofkanzler die auswärtigen Angelegenheiten und die Protokollführung der Ständigen Konferenz zuweist. Er soll also zugleich Regierungschef und Außenminister sein. Neben ihm gibt es einen zweiten Hofkanzler und unter diesem einen Vizekanzler als Kanzleileiter und neun Hofräte. Für dieses kleine Team, dessen Hilfspersonal sowie die Sitzungen der Kollegien für Inneres und Justizielles ist die neue Kanzlei primär gedacht. Ihre Bezeichnung ist noch nicht recht klar, zunächst firmiert das Amt unter Österreichische Hofkanzlei, später aber auch als Geheime Hof- und Staatskanzlei.

Die Pläne für den Neubau hat der 1668 in Genua geborene Johann Lucas von Hildebrandt entworfen, der seit 1700 den Titel Kaiserlicher Hofingenieur und Hofarchitekt trägt. Dieser Prominentenarchitekt, der bereits das Untere Belvedere für Prinz Eugen geschaffen hat, erfreut sich der besonderen Gunst

Graf Sinzendorfs, der ihn am 1. Mai 1720 sogar in den Reichsadelsstand erheben lässt. Der Bau der Staatskanzlei erregt in der Stadt so viel Aufsehen, dass Reichsvizekanzler Schönborn darüber sogar brieflich an seinen Onkel berichtet und ihm Pläne übermittelt. Der ausführende Baumeister ist Christian Alexander Oedtl.

Ein Bild von der ersten äußeren Gestalt des Baues können wir uns aufgrund eines Kupferstiches von Salomon Kleiner machen, der seit den späten 1720er-Jahren als penibler Chronist die barocke Umgestaltung Wiens nach den Türkenkriegen festhält. Kleiner, der Hildebrandt erwiesenermaßen kennt, dürfte die Entwürfe für seine Stiche auch nach den Plänen des Architekten gezeichnet haben. Jedenfalls ist die Abbildung derart präzise, dass man heute noch feststellen kann, dass die ursprüngliche Fassade zur heutigen Löwelstraße kürzer war – und ab welcher Fensterfront der spätere Zubau beginnt.

Hildebrandt muss sich dem unregelmäßigen Bauplatz fügen und will zudem die Front des Hauses den Bauten vis-à-vis anpassen. Er ordnet daher fünf Gebäudeflügel um einen Innenhof an – ein Grundriss, der sich in dieser Form bis zum Pentagon in Washington auf der Welt kein zweites Mal findet. Der Hintertrakt der Hofkanzlei aber verzahnt sich so eng mit Gebäudeteilen des Minoritenklosters, dass das neue Palais an einer Ecke nur eineinhalb Meter tief ist. Gegenüber liegt die Amalienburg, und die Enge des Platzes an der düsteren hohen Stadtmauer bedeutet eine gewisse Einschränkung in der Fassadengestaltung. Eine prächtige breite Schaufassade geht sich einfach nicht aus, und so behilft sich der Architekt mit einer relativ schmalen fünfachsigen Front, kann aber infolge der fünfeckigen Konstruktion die Seitenflügel so weit nach vorne verschwenken, dass optisch doch der repräsentative Eindruck einer beachtlichen Breite entsteht. Zudem reagiert Hildebrandt auf den engen Blickwinkel mit einer zarten Gliederung der Fassade. Weitere Akzente erhält das Bauwerk durch die statuenbekrönte Dachbalustrade, den leicht über das Einfahrtstor vorgewölbten Balkon und die Giebel über den Fenstern des Hauptgeschoßes.

Die bauliche Struktur des Hauses ist exakt so, wie man im Wiener Barock alle derartigen offiziellen Bauten errichtet und wie sie sich auch in anderen Palais findet – vom Winterpalais des Prinzen Eugen in der Himmelpfortgasse (heute Teil des Bundesministeriums für Finanzen) über das Palais Modena in der Herrengasse (dem heutigen Innenministerium), das Starhemberg am Minoritenplatz (nunmehr Bildungsministerium) bis zum Trautson (Justizministerium) und vielen anderen.

Die Einfahrt und die große Treppe fallen trotz des insgesamt eher bescheidenen Auftretens des neuen Palais recht eindrucksvoll aus, sie werden als Schaubühne für das barocke Zeremoniell gestaltet. Man fährt standesgemäß mit der Kutsche in eine hohe dreischiffige Einfahrt, die mit Rundnischen und Stuck verziert ist, lässt den rechten Wagenschlag öffnen und betritt die Prunkstiege, die in einer großzügigen architektonischen Gestaltung direkt zur Beletage in die Repräsentationsräume hinaufführt. Im Halbstock kann man in die Amtsräume der

Kanzlei abzweigen, die schwere geschnitzte Holztür ist aber üblicherweise geschlossen. Das Stiegenhaus ist zweigeschoßig, und von der Decke schütten Putten und Adler Füllhörner über den Neuankömmling aus, der von einem riesigen Gobelin an der Stirnwand geradezu erschlagen wird. An jedem Treppenabsatz stehen schmiedeeiserne Luster, und große Fenster lassen reichlich Licht herein.

Die Beletage ist in einen Privat- und in einen Amtsflügel aufgeteilt, denn die Amtsinhaber sollen ja auch in diesem Palais wohnen. Im Haus am Ballhausplatz liegt der Office Wing links zum heutigen Volksgarten, die Privatwohnung rechts Richtung Minoritenplatz mit einigen wenigen, als Boudoir der Dame des Hauses gedachten, sonnigen Räumen in der Mitte, die auf den ruhigen Innenhof hinausgehen. Angesichts der relativen Kleinheit des Hauses macht der Architekt den Kompromiss, eine zentrale Raumgruppe für beide Funktionen nutzbar zu gestalten – den steinernen Empfangssaal, den großen Ballsaal/Konferenzsaal und die beiden an ihn angrenzenden fünfeckigen Salons.

Die Räume sind 5,70 Meter hoch, nur der große Saal ist um fast zwei Meter höher – muss man doch ausreichend Raum zwischen den hohen Perücken der Damen und den Lusterkerzen bzw. zwischen diesen und dem Plafond lassen. Die Säle liegen an der Außenseite und sind mit breiten Flügeltüren verbunden, hinter ihnen an der Hoffront verlaufen schmale, wie manche Zeitgenossen meinen zu schmale, Gänge für die Dienstboten. Für diese baut man auch zwei Wendeltreppen zu beiden Seiten des großen Saals ein, die hinunter in die Küche und den Keller führen, eine davon auch hinauf in den zweiten Stock und ganz nach oben in den über dem Saal liegenden Raum.

Die Repräsentationswohnung ist durchaus gemütlich angelegt: Vom Treppenhaus führt zunächst ein schmaler Gang in den zentralen Vorraum, der direkt mit dem Speisesaal, dem Wohnzimmer der Hausherrin, dem Zimmer des Kanzlers und den beiden Schlafräumen des Ehepaars verbunden ist. Hinter diesen liegen Ankleideraum/Waschraum und ein Dienstbotenzimmer. Eine Hintertreppe führt in den zweiten Stock hinauf und in den Hof hinunter. Geht man vom großen Saal in die Wohnung, so hält man sich zunächst im blauen Gesellschaftssaal auf; durch ein weiteres großes Wohnzimmer kommt man in den Säulensaal, den größten Raum des Appartements, an dessen beiden Schmalseiten sich jeweils ein durch zwei Säulen optisch abgetrennter Alkoven befindet. Dies ist der Speisesaal mit einer großen Tafel in der Mitte und perfekten Möglichkeiten für das Personal, in den beiden Nischen die Gänge anzurichten. Nur ein schmaler Durchgang führt von hier in das Zimmer des Kanzlers, von dem aus links das Schlafzimmer und der Vorraum erreicht werden.

Im Amtsflügel muss der Besucher zunächst im schlichten Steinsaal warten und von dort entweder einen kleinen fünfeckigen Salon oder einen großen Besprechungsraum durchqueren, dann erst erreicht er das Vorzimmer des Kanzlers und von diesem schließlich dessen Amtszimmer. Hinter diesem liegt eine Kanzlei, daneben die erst viel später, nämlich 1766, dem heiligen Nepomuk

Zentraler Ballsaal, heute Kongresssaal

geweihte Hauskapelle, und dazwischen führt wieder eine Treppe in die wirklich privaten Wohnräume der Familie im zweiten Stock hinauf, von denen man über die Stadtmauer hinweg einen weiten Blick auf die Karlskirche, das Glacis und die Vororte bis hinüber zum Kahlenberg genießen kann.

Zentral zwischen beiden Flügeln liegt der siebeneinhalb Meter hohe große Saal. Seine drei Fenster schauen auf den kleinen Platz vor der Amalienburg, das mittlere ist gleichzeitig die Doppeltür auf den Balkon hinaus. Halbsäulen lassen die Mauern noch höher streben als sie bereits sind, vergoldete Stuckaturen, Friese und Simse zieren die Wände und den Plafond, in dem sich vier Lüftungsgitter in den darüber liegenden Raum öffnen. Sie werden später zur Zeit des Wiener Kongresses noch große Berühmtheit erlangen. Insgesamt fünf schwere Luster funkeln mit ihren Kristallen und erleuchten den Saal für die nächtlichen Festlichkeiten. Hier kann ein Kanzler schon Hof halten – auch wenn das gesamte Gebäude im Vergleich zu den Palais der wirklich reichen Potentaten, etwa Prinz Eugen oder die Liechtensteins, recht bescheiden wirkt.

Das Geschoß unter dieser Beletage, also das Hochparterre, ist, was Raumhöhe und Ausstattung anlangt, schlichter angelegt. Hier sollen ja auch nur die Beamten der Behörde arbeiten. Der Platz für die leitenden Herren, deren Schreibstuben und die Registratur reicht für etwa 40 Personen, die niedrigeren Chargen sollen sich jeweils einen Raum zu mehreren teilen. Der Platz für die außenpolitische Abteilung ist eng bemessen – zwei oder drei Räume –, und die Kanzler arbeiten ohnedies auch in ihrer Wohnung.

Plan des Tiefparterres, im linken Flügel zwei Stallungen, im rechten die große Küche

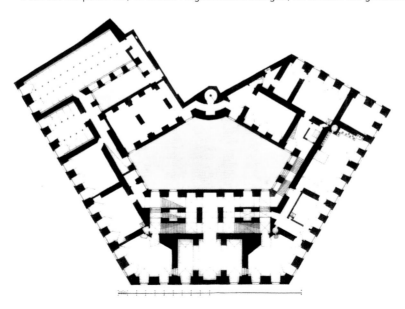

Noch eine Ebene darunter, im Tiefparterre, liegt die Infrastruktur: unter dem Privatflügel die große Küche, die Vorratsräume und die Gesindestube, unter dem Amtsflügel der Stall – bis heute existiert die schräge Rampe, über welche die Pferde hinuntergeführt wurden – und die Räume der Stallburschen. Dass hier, in einem kleinen zweiten Hof, der Misthaufen untergebracht ist, hat zwar einen gewissen Geruchseffekt, aber das ist angesichts der damaligen hygienischen Verhältnisse in der Stadt nicht sonderlich störend.

Im zweiten Stock schließlich, über der Beletage, wohnt die Familie des Kanzlers. Hier finden sich wohnliche, niedrigere Wohn- und Schlafräume, die Zimmer der Kinder und ihrer Hauslehrer sowie die Räume für die höheren Dienstboten – Kammerherren und Kammerzofen –, die permanent zu Diensten stehen.

Alles ist auf den äußeren Eindruck, auf barocke Lebensart ausgerichtet, in gewisser Weise ist das gesamte Palais Kulisse – sogar der schöne fünfeckige Innenhof, der an allen Seiten von einer repräsentativen Fassade umschlossen ist, auch wenn das ganze Bauwerk an der engsten Stelle zum Minoritenkloster hin nur einen Flur breit ist, aber das sieht man ja nicht.

Mit der Fertigstellung des Palais wird die interne Reorganisation der österreichischen Hofkanzlei auch äußerlich abgeschlossen. Sie ist nunmehr in drei Bereiche untergliedert: in die politische Verwaltung, die Justiz und die Außenpolitik, um die sich der für die gesamte Kanzlei zuständige Sinzendorf persönlich in besonderer Weise kümmert.

In diesem Gebäude sollen künftig die für die Außenpolitik zuständigen Kanzler, Vizekanzler und Hofräte arbeiten und die Kanzler selbst auch standesgemäß leben. Es sind große, gewichtige, bedeutsame Feudalherren des Hofes, welche die ersten Jahrzehnte des neuen Hauses prägen. Man muss sich nur das Porträt des Ersten Hofkanzlers Philipp Ludwig Wenzel Graf von Sinzendorf ansehen. Da steht ein Mann, der zu herrschen weiß und dem Prunk und Pomp nicht fremd sind. Er und seine Nachfolger sind barocke Figuren aus alten Familien des Reichs, mit einer Ahnenreihe in höchsten Staats- oder Armeefunktionen, im Hochadel bestens vernetzt, mit exzellenten Beziehungen zur Person des Kaisers und einem soliden Reichtum im Hintergrund. Fast verwundert es, dass sich solche Magnaten mit der Residenz in dem kleinen Palais in unscheinbarer Lage abfinden, sind sie doch weit pompösere Familienschlösser auf dem Land gewohnt. Aber angesichts der Macht, die mit der Funktion des Kanzlers verbunden ist und der begrenzten Zeit, die man in Amtsgeschäften verbringt, nimmt man das in Kauf, zumal man die Sommer ohnehin im Landschloss verbringt.

Schon der Vater des ersten Hausherrn Sinzendorf war Hofkammerpräsident, was einem heutigen Finanzminister entspricht. Allerdings nahm er ein unrühmliches Ende, als er mit seiner Seidenfabrik in Walpersdorf scheiterte und wegen Meineid und Unterschlagung seines Amtes enthoben und zu einer Strafe von fast zwei Millionen Gulden verurteilt wurde. Das Urteil wurde erst durch das energische Eintreten seiner Frau Elisabeth in einen Hausarrest im

Familienschloss umgewandelt, und die Sinzendorfs gehörten weiterhin zur Führungsschicht des Landes. Der 1671 geborene Philipp Ludwig ist zunächst für den geistlichen Stand bestimmt. Als er dem Kaiser positiv auffällt, wird er zunächst Kämmerer, 1695 erst 24-jährig Reichshofrat und vier Jahre später außerordentlicher Gesandter in Frankreich. Dazwischen heiratet er die Gräfin Rosina Katharina von Waldstein, mit der er vier Kinder hat, die zur Zeit seines Einzugs ins Palais gerade erwachsen werden. 1701 wird er zum geheimen Rat ernannt, die Gunst des späteren Kaisers Joseph I. erwirbt er sich, als er ihn 1702 auf den Feldzug gegen die Festung Landau begleitet.

Joseph ernennt ihn bei seinem Amtsantritt 1705 zum Hofkanzler und später zum Obersthofkanzler. Sinzendorf stellt sein besonderes diplomatisches Geschick unter Beweis: 1706 verhandelt er erfolgreich mit den Niederlanden und ist 1709 neben Eugen von Savoyen Delegationsleiter bei den Friedensverhandlungen. Vom Tod des Kaisers Joseph I. 1711 wird er in Den Haag überrascht und reist sofort nach Frankfurt am Main ab, um die Kurfürsten zur Wahl

Philipp Ludwig Wenzel
Graf von Sinzendorf,
1728

Karls VI. zu bewegen. Von dort fährt er nach Mailand, wo er den neuen Herrscher in Empfang nimmt, der ihn daraufhin in seinen Ämtern bestätigt. Ja mehr noch, ihn zum Ritter vom Goldenen Vlies ernennt und ihm die Herrschaften Hals und Schärding in Bayern verleiht.

1713 wird er zum Geheimen Konferenzminister ernannt und ist damit im Kollegium für die Führung der Außen- und Innenpolitik zuständig. Materiell nützt ihm diese Karriere, denn 1714 kauft Sinzendorf auch noch die mährische Herrschaft Seelowitz, wo er sich zwischen 1722 und 1728, also zur Zeit seiner Amtsausübung am Ballhausplatz, von Fischer von Erlach ein prachtvolles Barockschloss errichten lässt. Zusätzlich erhält er 1721 auch noch die einträgliche Funktion des Direktors der Orientalischen Handelskompanie.

Philipp Ludwig Wenzel Graf von Sinzendorf ist zum Zeitpunkt der Fertigstellung des Palais knapp fünfzig Jahre alt und schon seit 16 Jahren in Spitzenfunktionen für den Hof tätig. Er wird in dem neuen Amt noch mehr als zwanzig Jahre amtieren und dann insgesamt drei Herrschern in dieser Funktion gedient haben. Ab wann er im neuen Palais tatsächlich Wohnung nimmt, ist heute nicht mehr ganz präzise nachvollziehbar: Der Schematismus der Hofämter enthält nämlich bis 1726 keine Wohnangabe, erst ab 1729 wird ausdrücklich dokumentiert, dass Sinzendorf „nächst der Löwelbastei in seinem Haus" wohnt, also offenbar schon vor einiger Zeit in die wohlvorbereiteten Gemächer des Residenzflügels eingezogen ist.

Er wohnt aber nicht ständig im Haus. Neben Aufenthalten in seinem Landschloss ist er auch viel in diplomatischer Funktion unterwegs. Er eröffnet etwa den Kongress von Soissons zur Beendigung des Englisch-Spanischen Krieges und ist bei den Verhandlungen mit den Protestanten Ungarns 1734 als einziger Nicht-Geistlicher anwesend. Nur logisch, dass er am Ballhausplatz Stellvertreter braucht, die sich um die tägliche Arbeit kümmern. Es sind dies für die Hofkanzlei die Grafen von Stürgkh und von Seilern und für die Staatskanzlei die Hofräte Buol und danach der ehrgeizige Johann Christoph von Bartenstein.

Diese Spitzenbeamten und das übrige Personal des Ballhausplatzes werden vierteljährlich besoldet. Das Geld kommt aus Taxen und Sporteln – also Geldzahlungen von Verfahrensparteien – und anderen externen Quellen, aber es reicht oftmals nicht. Der Kaiser und später die Königin müssen kräftig zuschießen. Dabei erfordert die Hofkanzlei den weitaus größeren Aufwand, der Anteil der Staatskanzlei ist vergleichsweise bescheiden. Hier gibt es ja vorerst auch nur wenige Beamte, und ihr sind auch nur ein paar Räume im Hochparterre zugewiesen, ja es fehlt, wie Bartenstein einmal bitter beklagt, sogar ein eigenes Zimmer für die Aufbewahrung der wichtigen Staatsschriften.

An der Seite des älter werdenden Sinzendorf gewinnt der brillante junge Bürgerliche Bartenstein in den 1720er-Jahren zunehmend Profil und Einfluss in der österreichischen Außenpolitik und im Haus am Ballhausplatz. Er ist 1689 geboren, kommt aus Straßburg und ist schon früh in den österreichischen diplomatischen Dienst eingetreten – Konvertierung zum katholischen Glauben inklusive. Zunächst wird er Sekretär der Geheimen Konferenz, 1726 Hofrat und 1732/33 Geheimer Rat und Vizekanzler in der Staatskanzlei – also Behörden-leiter unter dem Kanzler. Vor allem als Konferenzsekretär erwirbt er sich das volle Vertrauen Kaiser Karl VI. – und den Hass des Hochadels, der mit seiner Verachtung für den „Schreiber" vom Ballhausplatz nicht hinter dem Berg hält. In seiner Ministeriumsfunktion sorgt er mit seinen zwei Konzipisten, zwei Kanzlisten, einem Registrator und einem Expeditor im neuen Haus am Ball-hausplatz aber dafür, dass die Pragmatische Sanktion außenpolitisch akzeptiert wird – und auch bei der Anbahnung der Ehe Maria Theresias mit Franz Stephan von Lothringen (Hochzeit 1736) sowie später bei dessen Krönung zum Kaiser des Heiligen Römischen Reiches Deutscher Nation (1745).

Als Karl VI. 1740 überraschend stirbt, nehmen diese Ergebnisse seiner Arbeit auch die ursprünglich etwas zurückhaltende junge Königin Maria Theresia rasch für ihn ein. In diplomatischen Kreisen bleibt der für seine große Gelehrsamkeit sowie für seine scharfe Zunge gleichermaßen bekannte Aufstei-ger Bartenstein aber weiterhin umstritten: Zeitgenossen mokieren sich vor allem über sein kriecherisches Wesen gegenüber der Krone und sein arrogantes Auf-treten gegenüber ausländischen Diplomaten. Maria Theresia aber urteilt über Bartenstein, er sei „ein großer Staatsmann" und betont, „daß ihme allein schul-dig die Erhaltung dieser Monarchie. Ohne seiner wäre Alles zu Grund gegan-gen". Außer Maria Theresia hat der Einzelgänger allerdings keine Hausmacht und kein Netzwerk an persönlichen Beziehungen, das ihm auch über Krisenzei-ten hinweggeholfen hätte. Und der Österreich stets loyal ergebene Diplomat ist von zu niedrigem Stand, als dass er Hausherr am Ballhausplatz werden könnte.

Innenpolitisch hat sich auch sein Chef Sinzendorf als entschlossener Befür-worter der Heirat von Maria Theresia mit Franz Stephan von Lothringen expo-niert – wohl auch, weil er sich davon materielle Vorteile erhoffte. Das Konzept geht auf, doch dann bricht eine dramatische außenpolitische Krise über den Ball-hausplatz herein: Nach Karls Tod am 20. Oktober 1740 werden die Erbfolge und das Verfassungsgefüge der Pragmatischen Sanktion nicht allseits anerkannt, vielmehr machen sich die anderen europäischen Mächte – allen voran Preußen – daran, sich am Staat und Reichtum Habsburgs gütlich zu tun. Selbstverständ-lich sind hier Sinzendorf, Bartenstein und ihre Kanzlei gefordert und werden auch sofort aktiv. Vorbehaltlos und mit all ihrer Erfahrung unterstützen sie die junge Königin bei der Durchsetzung ihrer Erbansprüche. In dieser Zeit wird viel konzipiert, geschrieben, abgeschrieben und expediert im neuen Haus am Ballhaus-platz, und Bartenstein beschwert sich mehr als einmal über die ständig wachsende Fülle an täglicher Routinearbeit, mit der keine Personalvermehrung einhergeht. Er selbst ist allerdings auch kein großer Delegierer, sondern erledigt seine Aufgaben lieber im Alleingang. Tag und Nacht arbeitet er hier im Hochparterre, er lebt aber nicht im Haus, da die Residenz dem Kanzler allein vorbehalten ist.

Die außenpolitischen Aufgaben des alten Sinzendorf und seines ersten Mitarbeiters scheinen tatsächlich schier unbewältigbar: Die Könige von Bayern und Sachsen, beide mit Habsburg-Töchtern verheiratet, bestreiten grundsätzlich Maria Theresias Erbanspruch, und der ehrgeizige junge Preußenkönig Friedrich II. sieht die Chance, ohne jeden Rechtsgrund, aber mit umso größerer Entschlossenheit einen militärischen Erfolg an den Beginn seiner Herrschaft zu setzen. Im Dezember 1740 fordert er ultimativ Schlesien – allerdings gegen die Anerkennung der Pragmatischen Sanktion. Das bedeutet Krieg, und für einen solchen ist Österreich nicht gut aufgestellt, seine schlecht ausgerüsteten, schlecht bezahlten und schlecht geführten Truppen erleiden eine Niederlage nach der anderen. Im Oktober 1741 schließt man daher mit Preußen einen recht schmählichen Waffenstillstand.

Johann Christoph
Freiherr von Bartenstein

Kurz darauf wird Karl Albrecht von Bayern zum Kaiser des Heiligen Römischen Reiches gekrönt, was eine neuerliche Schwächung Habsburgs und der internationalen Positionierung Österreichs bedeutet. Als Folge wachsen jetzt, da ja die Reichskanzlei mit ihren außenpolitischen Aufgaben nach München abgewandert ist, dem rein österreichischen außenpolitischen Amt, der Staatskanzlei am Ballhausplatz, noch mehr Aufgaben zu. Der Krieg fordert alle Kräfte. Mit Unterstützung der Ungarn kann Habsburg zwar Linz und kurzfristig sogar München erobern, doch der preußische Druck von Norden nimmt unbarmherzig zu.

Genau in dieser dramatischen Situation stirbt Kanzler Sinzendorf am 8. Februar 1742. Kurz macht sich Bartenstein Hoffnungen auf die Nachfolge, hat er doch in den letzten Jahren praktisch im Alleingang für den 70-jährigen Minister große Bereiche des Amtes geführt und täglichen Kontakt mit der Königin gehalten. Diese aber entscheidet sich aus Standesgründen anders: Nachfolger Sinzendorfs soll nicht Bartenstein – der tatsächliche Leiter der Außenpolitik – werden,

Bild Maria Theresias
im heutigen Steinsaal

sondern ein Karrierediplomat von höherem Adelsrang, Anton Corfiz Graf von Ulfeldt. Gleichzeitig soll die Hofkanzlei von der Staatskanzlei getrennt werden, weil man dem neuen Minister aufgrund der Erfahrung, dass das Ressort zu groß ist, nicht den gesamten Aufgabenbereich Sinzendorfs zumuten will. Bartenstein wird sich also nach wie vor formell primär auf seine Funktion als Sekretär der Konferenz stützen, er bleibt aber weiterhin die graue Eminenz am Ballhausplatz.

Ulfeldt entspricht in sämtlichen Belangen dem Typus der höchsten Hofbeamten. Schon sein Großvater war dänischer Reichskanzler, verwickelte sich aber in Putschversuche und wurde in Abwesenheit zum Tod verurteilt. Sein Sohn Leo floh nach Österreich, trat in die kaiserliche Armee ein und zeichnete sich dort so sehr aus, dass er 1706 zum Generalfeldmarschall und danach zum Vizekönig von Katalonien ernannt wurde. Anton Corfiz, geboren 1699, schlägt zunächst eine militärische Laufbahn ein, lässt sich jedoch 1724 zum Reichshofrat versetzen. 1738 geht er als Gesandter des Kaisers nach Den Haag und 1739 nach Abschluss des Friedens von Belgrad als Botschafter nach Konstantinopel – sein prachtvoller Einzug dort ist gut überliefert. Dann aber wird er ein Opfer von Intrigen und kehrt 1741 nach Wien zurück, wo er im August zum Konferenzminister ernannt wird. Mit dem Tod seines weitschichtigen Verwandten Sinzendorf schlägt im Februar 1742 seine große Stunde. Er wird Geheimer Hof- und Staatskanzler mit der Verantwortung für Österreichs Außenpolitik – sogar auf Vorschlag Bartensteins, obwohl dieser ihm reserviert gegenüberstand.

Ulfeldt ist keine so starke Persönlichkeit wie sein Vorgänger. Vor allem auf die Innenpolitik hat er so gut wie keinen Einfluss, und in der Außenpolitik lenkt nach wie vor Bartenstein die Geschicke Österreichs. Zeitgenossen meinen, „wenn Ulfeldt auf der einen Seite Fleiß, Genauigkeit in den Geschäften, Redlichkeit und Unbestechlichkeit nachgerühmt wurden, so hegte man andererseits nur eine geringe Meinung von seiner geistigen Befähigung. Auch seine Umgangsformen erfuhren manch herben Tadel, und dass ihm dennoch das wichtigste Ressort des Staates anvertraut wurde, schrieb man hauptsächlich der Einwirkung Bartensteins zu. Man beschuldigte diesen, die Berufung Ulfeldts nur deshalb veranlasst zu haben, um durch die Wahl eines geistig so wenig bedeutenden Mannes seinen eigenen Einfluss nicht geschmälert, sondern womöglich noch gesteigert zu sehen."

Bartenstein geht es bei der Bestellung des Außenministers vor allem darum, sich keinen ebenbürtigen Konkurrenten ins Haus zu holen. Gesellschaftlich muss er aufgrund seines niedrigen Adelsrangs ohnedies im Hintergrund bleiben und kann auch nicht in das Palais einziehen – auch wenn ihn der Amtsschematismus fast immer gleichberechtigt mit dem Kanzler Ulfeldt nennt. Er bleibt in seinem Privathaus in der „Beckenstraße" wohnen.

„Als Ulfeldt die Leitung der auswärtigen Angelegenheiten übernahm, zählte er noch nicht fünfzig Jahre. Er war von ziemlich großer und schlanker

Gestalt" – so schildert ihn ein Biograf Maria Theresias –, „seine gebräunte Gesichtsfarbe, die hellblauen aber tiefliegenden, etwas düster blickenden Augen, die dichten schwarzen Haare und Augenbrauen, die etwas aufgetriebenen Wangen gaben seiner äußeren Erscheinung nichts Anziehendes, wenn man auch auf den ersten Blick den vornehmen Mann in ihm erkennen mochte. Die eisige Kälte, mit der er Allen begegnete, welche mit ihm zu tun hatten, die auffallende Langsamkeit seiner Auffassung, die Art von Bestürzung, in welche jede neue Idee, jeder neue Plan ihn versetzte, die Unklarheit seiner Ausdrucksweise, die wohl zumeist der Unklarheit seines Gedankenganges entsprang, die unbeugsame Hartnäckigkeit endlich, mit der er an dem einmal Erfassten festhielt und die ihn trotz seiner sonstigen Steifheit bei jedem Wortstreit leicht in übertriebene Heftigkeit geraten ließ, alles dies machte die Verhandlung mit ihm zu einem peinlichen Geschäft. Ja, es scheint fast, dass er zu jedem Amt eher als zu dem eines Ministers der auswärtigen Angelegenheiten getaugt hätte."

Der neue Dienstherr am Ballhausplatz heiratet kurz nach der Amtsübernahme in zweiter Ehe im April 1743 Maria Elisabeth von Lobkowitz. Das Ehepaar mit den drei Kindern kann allerdings auch nicht am Ballhausplatz einziehen. Dort hat sich nämlich nach dem Tod Sinzendorfs sofort der routinierte Hofkanzler Seilern in Windeseile der Wohnung bemächtigt. Ulfeldt muss also vorerst in seinem Palais im Schleglhof in der Renngasse bleiben.

Mit Dekret Maria Theresias vom 14. Februar 1742 wird die Staatskanzlei formal von der Hofkanzlei gelöst, und einige Zeit später wird auch verfügt, dass die Hofkanzlei vom Palais am Ballhausplatz in die in der Hofburg frei gewordenen Räume der nach München übersiedelten Reichskanzlei übersiedeln soll. Damit ist im Palais am Ballhausplatz ein eigenes „österreichisches" Außenministerium geschaffen worden.

Als diese Staatskanzlei die außenpolitischen Agenden übernimmt, beginnt sich die Situation für Habsburg zu verbessern. England kann zu einer Intervention im Konflikt mit Preußen gewonnen werden. Damit wendet sich das Blatt, und 1743 kann Maria Theresia sich die böhmische Königskrone auf ihr Haupt setzen. Noch einmal versuchen die Preußen einen umfassenden Militärschlag gegen Habsburg, diesmal aber ohne Erfolg, und als 1745 Karl VII. stirbt, schlägt die große Stunde der Diplomaten vom Ballhausplatz: Ulfeldt, Bartenstein und ihr Team schaffen es tatsächlich, nach dem Tod des Wittelsbachers recht rasch Franz Stephan von Lothringen, den Ehemann Maria Theresias, für die Nachfolge als Kaiser in Position zu bringen. Bayern schließt Frieden, erhält habsburgische Gebiete und unterstützt dafür den Habsburger, der am 4. Oktober 1745 feierlich gekrönt wird. Damit ist endlich auch der Weg zu einem Frieden mit Preußen frei, der aber zum Entsetzen der Hardliner am Wiener Hof mit dem endgültigen Verlust Schlesiens bezahlt werden muss.

Als 1748 die kriegerischen Auseinandersetzungen endgültig vorbei sind, kann man sich nun einige Jahre lang inneren Reformen und einer Konsolidierung der Außenpolitik zuwenden. Dies betrifft auch ganz simple organisatorische Dinge: Da der Hofkanzler übersiedelt ist, wird am Ballhausplatz Platz frei, sodass Ulfeldt 1748 von seinem bisherigen Wohnsitz in die „Hofkanzlei, unweit der Burg" übersiedeln kann, wo er bis zu seinem Abschied auch bleibt. Das Palais am Ballhausplatz ist nunmehr vollständig der Staatskanzlei überantwortet, und fast alle zukünftigen Chefs der Außenpolitik, von Kaunitz 1753 bis Burian 1918, werden dort im Nordflügel der Beletage und im zweiten Stock über dem Kanzlerbüro wohnen.

Als Staatskanzler ist Ulfeldt wie sein Vorgänger ein eifriger Anhänger der alten antifranzösischen Politik, des Bündnisses mit England und den Niederlanden, die auch Bartenstein nach wie vor vertritt. Doch hier bahnt sich eine neue Entwicklung an, die für die weitere Zukunft des Ballhausplatzes entscheidend werden wird. Im Jänner 1749 wird der frankreichfreundliche 38-jährige

Anton Corfiz Graf von
Ulfeldt, 1740/41

43

Wenzel Anton Graf von Kaunitz-Rietberg in die Konferenz, also ins Regierungs-kollegium, berufen und steigt dort rasch zum neuen ersten Vertrauten Maria Theresias in außenpolitischen Fragen auf.

1751 bietet sie ihm den Posten des Staatskanzlers an – er ziert sich aber noch und stellt eine Reihe von Bedingungen, insbesondere solche organisatorischer Natur in Bezug auf das Amt sowie personelle, da er nicht unter Bartensteins Kuratel arbeiten will. Die Kaiserin zögert allerdings, ihren verdienten alten Berater, dem sie nicht nur politisch viel zu verdanken hat, sondern dem sie auch die Erziehung ihres Sohnes Joseph II. anvertraut, in Pension zu schicken.

Ulfeldt und Bartenstein müssen aber erkennen, dass ihre Zeit sich dem Ende zuneigt. Als Kaunitz immer exklusiver das Vertrauen der Herrscherin genießt und auch inhaltlich begründen kann, warum man der Außenpolitik eine neue Wendung geben und sich Frankreich annähern soll, ist es für die alte Generation Zeit, das Amt zu übergeben, und der Staatskanzler und sein Amts-chef treten 1753 aus dem Ministerium aus.

Ulfeldt stellt allerdings noch Bedingungen für seinen Abgang: Auf seinen Wunsch hin wird er zum Oberhofmeister ernannt, eine ehrenvolle Position, auch wenn sie auf die Staatsgeschäfte keinen Einfluss hat. Ein Chronist berich-tet: „Nur widerwillig fügt er sich in diese Anordnung, und sogar Maria Theresia gegenüber enthält er sich des abstoßenden Benehmens nicht ganz, über welches die fremden Gesandten so oft geklagt hatten. Der Rücktritt Ulfeldts vom Aus-wärtigen Amt soll die Kaiserin auch recht teuer zu stehen gekommen sein. Ein englischer Diplomat, welcher damals in Wien weilte, berichtet, dass ihm ein Jah-resgehalt von 45.000 Gulden gewährt, ein Haus geschenkt und sogar eine Schuldenlast von 160.000 Gulden abgenommen worden sei." Das entspricht heute Beträgen in Millionenhöhe. Das erwähnte Haus ist das heute zum Bun-deskanzleramt gehörende Palais Dietrichstein(-Ulfeldt), das unmittelbare Nachbarhaus hinter der Staatskanzlei.

Auch Bartenstein wird, da die Kaiserin ihm gegenüber ein schlechtes Gewissen hat, in anständiger Weise und ehrenvoll versorgt – er wird wirklicher Konferenzminister und Vizekanzler des 1749 gegründeten „Directorium in publicis und cameralibus".

In der näheren Umgebung des nach Ulfeldts Umzug zunächst nicht be-wohnten Ballhausplatzes wird wieder gebaut: Es entsteht in dieser Zeit nämlich ein neues Ballhaus. Da Maria Theresia das zweite Ballhaus am Michaelerplatz ab 1741 zum Hoftheater umbauen lässt, übersiedelt die beliebte und stark fre-quentierte Sportstätte zuerst kurzfristig in den alten Hofgarten, der sich aber als zu eng erweist, und sodann in den Hof des Kaiserspitals. Hier, mitten auf dem heutigen Minoritenplatz, entsteht so ein gemauerter zweigeschoßiger Zweck-bau, der in seiner äußeren Form bis ins 20. Jahrhundert bestehen bleiben wird. Seine Verwendung allerdings ist vielfältig, und als das Ballspiel am Hof aus der Mode kommt, wird der Bau als Depot, als Wohnung und als Archiv genutzt.

3

Der erste große Kanzler

(1753–1792)

Am 13. Mai 1753, dem 36. Geburtstag Maria Theresias, vor dem Diner, werden den versammelten Gästen wie üblich die neuen Ernennungen im Staatswesen mitgeteilt: Wenzel Anton Graf von Kaunitz-Rietberg ist die wichtigste Ernennung des Tages, er hat seine Bedingungen für die Führung des Ballhausplatzes mit der Herrscherin ausgehandelt, ihr seine Vorstellungen zur Außenpolitik und zum Amt unterbreitet, und nun wird die Angelegenheit offiziell abgeschlossen. Damit tritt nun der erste „große" Kanzler im Palais sein Amt an – er wird die Geschicke des Hauses im Rahmen seiner Verantwortung vor allem für die Außenpolitik, aber auch für die Innenpolitik der Habsburgermonarchie fast vierzig Jahre lenken und das Image des Hauses am Ballhausplatz bis heute prägen, denn noch immer sucht und findet man das Haus unter dem Namen Palais Kaunitz.

Bei seinem Amtsantritt ist er 42 Jahre alt, seit 20 Jahren im Staatsdienst und seit 17 Jahren mit der Enkelin des früheren Hofkammerpräsidenten Starhemberg verheiratet. Ihre Kinder sind der beim Amtsantritt 16-jährige Ernst Christoph – er wird übrigens viele Jahrzehnte später der Schwiegervater des Kanzlers Metternich werden –, drei weitere Buben im Alter von 14, 11 und 10 Jahren sowie die kleine achtjährige Maria Antonia. Es ist jetzt also Kinderlärm zu hören im Privatflügel der Beletage und im dritten Stock des Palais, in das die Familie nach einem kurzen Zwischenaufenthalt in einem Haus in der Herrengasse übersiedelt. In dieser Privatwohnung arbeitet Kaunitz in der Übergangszeit zunächst auch noch mit seinem kleinen diplomatischen Expertenstab. Dies entspricht durchaus der Gepflogenheit der Zeit, wonach das Private und das Amt nicht strikt voneinander getrennt werden.

1754 logiert man aber bereits im Palais am Ballhausplatz, und wie der Amtsschematismus vermerkt, bleibt der Geheime Hof- und Staatskanzler von da an ständig „in der Hofkanzlei ohnweit der Burg" bzw. „in der Hof- und Staatskanzlei Haus nächst der kaiserlichen Burg". In den Sommermonaten zieht der Kanzler aber sein Gartenpalais in der Vorstadt dem Stadthaus vor. In der Beletage des Ballhausplatzes sowie in den Stockwerken darunter, vor allem bei den Beamten im Hochparterre, brechen nun aber politisch wie organisatorisch neue Zeiten an.

Wie seine Vorgänger stammt Kaunitz aus bestem Haus, sein Vater war Landeshauptmann in Mähren, er selbst hat in Leipzig Jus studiert und wurde mit 24 Jahren in den Reichshofrat berufen. Er wollte von Anfang an Diplomat werden, erhielt 1744 einen Botschafterposten in den Niederlanden und suchte in den Folgejahren eher die Nähe zu Frankreich als zu dem mit Habsburg verbündeten England. Aufgrund dieser Haltung wurde er 1749 Botschafter in Paris, wo er auch gute Kontakte zu französischen Aufklärern aufbaute und von wo er von Maria Theresia, die ihn offenbar als Berater zunehmend in Anspruch nahm, zunächst vergeblich, letztlich aber doch erfolgreich in die Leitung der Staatskanzlei gebeten wurde.

Der Staat des habsburgischen Absolutismus rekrutiert seine Funktionsträger – vor allem die der Hofkanzlei und der Staatskanzlei – das ganze 18. Jahrhundert hindurch konsequent aus adeligen Familien, die in der Lage sind, den persönli-

Wenzel Anton Graf von
Kaunitz-Rietberg
etwa zur Zeit seines
Amtsantritts

chen Aufwand ihres Amtes zumindest zu einem maßgeblichen Teil notfalls auch aus ihrem Familieneinkommen zu bestreiten. Darüber hinaus decken die jeweiligen Minister und Kanzler ihre Kosten aus einem staatlichen Salär und zunehmend und ohne Zurückhaltung auch aus halbstaatlichen Funktionen, die Pensionen und Sporteln einbringen. Vor allem die Landstände zeigen sich hier gegenüber jenen wichtigen Leuten bei Hofe freigebig, von denen sie sich im ständigen Kampf zwischen Zentralgewalt und Ständen Unterstützung ihrer Interessen erhoffen. Belegt sind zu Kaunitz' Zeit beträchtliche steirische Pensionen an Hofbeamte.

So zeigen sich in den Lebensläufen der Hausherren des Ballhausplatzes in den ersten hundert Jahren signifikante Parallelen: Alle kommen sie aus gutem Haus, alle haben persönliche Beziehungen und direkten Zugang zur Person des Monarchen bzw. der Monarchin, alle werden bereits von Jugendjahren an von einem Mitglied des Herrscherhauses oder einem alten Kanzler protegiert. Sie sind zwar nicht existenziell auf die Ministerschaft angewiesen, arbeiten aber dennoch mit großem Ehrgeiz darauf hin und halten zäh daran fest, wenn sie die Position einmal errungen haben. Die meisten von ihnen kommen aber nicht aus den allerersten Familien des Adels, sondern aus der „zweiten Reihe", denn ein hohes Hofamt bietet für diese die beste Chance auf größeren Einfluss, auf weitergehende Macht, auf ein Hinaufarbeiten auf die Ebene der ersten Familien. Diese teilweise aus dem Ausland oder aus peripheren Landesteilen kommenden Adeligen nehmen in Wien zusehends die Plätze ausgestorbener oder aus religiösen Gründen emigrierter alter Familien ein. Eine recht kleine Kaste eines neuen Hofadels entsteht, die es gut versteht, sich nachhaltig durch ein Netz von Schranzen und Abhängigen abzusichern und gegen außen abzuschotten.

Auch Kaunitz entspricht diesem Typus, wenngleich er von Anfang an auch neue Gedanken und einen neuen Arbeitsstil in das Amt einbringt: Es ist ganz offensichtlich, dass er die Außen- und Innenpolitik gestalten und verändern, nicht nur repräsentieren und seine persönliche Stellung sichern und bewahren will. Auf außenpolitischem Gebiet erbittet sich Kaunitz daher von Anfang an freie Hand, die Geheime Hof- und Staatskanzlei und ihre Arbeit nach seinen Vorstellungen neu einzurichten. Das betrifft zum ersten die innere Organisation seiner Behörde, deren Arbeitsweise er sofort rationalisiert und bei der er entschlossen jegliche außenpolitische Tätigkeit zu konzentrieren versucht. Korrespondenzen langen jetzt nur mehr an dieser Adresse ein und gehen nur von hier hinaus, die Geheime Konferenz wird zunehmend entmachtet. Die auf den Ein-Mann-Betrieb Bartensteins zugeschnittene Arbeitspraxis der Kanzlei wird „bürokratisiert", was bedeutet, dass nicht mehr einige wenige Personen dem Chef direkt zuarbeiten, sondern dass im Amt Ressort-Abteilungen eingerichtet und in diese gut qualifizierte Beamte eingestellt werden.

Besonderen Wert legt Kaunitz auf die Verschwiegenheit seiner Beamten, was einen preußischen Diplomaten zu der Bemerkung veranlasst, dass es „unter Ulfeldt und Bartenstein leichter war, die Geheimnisse zu erfahren. Aber der

Graf Kaunitz ist nicht allein unbestechlich und viel zu umsichtig, sich zu verraten, auch seine Subalternen sind beinahe unzugänglich."

Kaunitz gliedert den Ballhausplatz 1757 in drei Departements: ein allgemeines – die eigentliche Staatskanzlei –, ein italienisches sowie ein niederländisches, indem er die beiden früheren gleichnamigen Kanzleien integriert. Zu seiner eigenen Entlastung schafft er auch wieder einen Leiter des Inneren Dienstes, der später den Titel Vizekanzler erhält; diese Funktion übt viele Jahre lang der engste Vertraute des Kanzlers, Freiherr Binder von Krieglstein, aus. Für die Beamten im Haus gibt es im März 1757 erstmals so etwas wie Gehaltsregelungen. Im Juni 1762 wird auch das Hausarchiv der Oberaufsicht des Amtes unterstellt.

In der Außenpolitik forciert Kaunitz eine profranzösische Linie – womit er einen radikalen Kurswechsel gegenüber der vorherigen Ausrichtung Bartensteins vornimmt –, und er bewirkt damit den für die internationale und gesamteuropäische Entwicklung des 18. Jahrhunderts so bedeutenden „Wechsel der Allianzen" in Europa. Seine These ist, dass man Schlesien nur zurückgewinnen werde, wenn man sich künftig weniger an ein Bündnis mit England hält, das bisher nicht viel gebracht hat, sondern ein besseres Verhältnis zu Frankreich entwickelt. Die Ausarbeitung und Umsetzung dieser Strategie beschäftigt nun den Ballhausplatz und seine Beamten intensiv.

1756 gelingt Kaunitz der Abschluss eines Bündnisvertrags mit Frankreich und dann mit Russland, was geopolitisch die habsburgische Position gegenüber Preußen stärkt. Preußen muss nun reagieren, und tut dies mit einem Einmarsch in Sachsen. Ein neuer, siebenjähriger Krieg beginnt. Der Kurswechsel des Ballhausplatzes stellt sich somit zunächst wahrlich nicht gerade als uneingeschränkter Erfolg dar. Kaunitz gerät dadurch so unter Druck, dass er sich ab 1757 auch um Verteidigungsangelegenheiten kümmert, ja sogar selbst im Feld präsent ist und teilweise aus der Staatskanzlei die militärischen Operationen leitet. Einige militärische Erfolge in den ersten Kriegsjahren scheinen ihm recht zu geben.

Doch der Siebenjährige Krieg ist nun keine zentraleuropäische Angelegenheit mehr, die sich vom Ballhausplatz aus steuern ließe. Die neuen Allianzen Österreich–Frankreich gegen Preußen–England weiten ihren Konflikt rasch auf ihre jeweiligen kolonialen Bestrebungen aus, und es entsteht fast so etwas wie ein Weltkrieg – nicht zum letzten Mal wirkt sich die Politik des Ballhausplatzes auch auf ferne Kontinente und ihre Schicksale aus.

Auch auf einem speziellen traditionellen Gebiet der Außenpolitik sind Kaunitz und der Ballhausplatz in diesen Jahren aktiv: Es geht darum, den Thronfolger Joseph II. politisch sinnvoll zu verheiraten. Hier scheint Kaunitz in seinem Element. Mit Madame Pompadour, der Mätresse des französischen Königs Ludwig XV., arrangiert er die Ehe des Thronfolgers mit dessen Enkelin Maria Isabella von Bourbon-Parma und kutschiert auch selbst am 6. Oktober 1760 vom Palais hinüber zur feierlichen Hochzeitszeremonie in der nahen Augustinerkirche. Nach dem frühen Tod dieser großen Liebe Josephs vermittelt der Kanzler auch die zweite Ehe mit der unansehnlich dicklichen Maria Josepha von Bayern, der Tochter des früheren Kaisers Karl VII.

International und an der militärischen Front zeigt sich insbesondere 1762 zunehmend immer deutlicher eine preußische Übermacht, die Österreich letztlich zu Friedensverhandlungen zwingt, die dazu führen, dass das ursprüngliche Kriegsziel, die Rückholung Schlesiens, endgültig verfehlt wird und im Hochparterre des Palais zu den Akten gelegt werden muss. Mit einer neu gewonnenen russischen Unterstützung nötigt Preußen die Österreicher am 15. Februar 1763 letztlich zum Friedensschluss in diesem Sinne – sieben Jahre Krieg haben Habsburg nichts eingebracht. Die Stimmung am Ballhausplatz ist entsprechend gedämpft.

Der Krieg zeigt den Entscheidungsträgern hier und in der Hofburg überdeutlich, dass es für eine langfristig strategisch orientierte Politik notwendig ist, die österreichischen Länder, die Monarchia Austriaca, noch selbstständiger zu machen und noch deutlicher vom deutschen Gesamtreich zu lösen. Das verlangt nun allerdings innenpolitische Reformen großen Stils, und auch hier ist Kaunitz ein kreativer und kooperativer Geist. Der Aufklärer und Reformer verstärkt mit seiner gesamten Mannschaft nämlich kongenial das exzellente Team der Kaiserin. Ihre Staatsreform hat schon vor mehr als einem Jahrzehnt, also bereits vor dem Amtsantritt des Kanzlers, 1749 mit der Gründung des „Directorium in publicis et cameralibus" begonnen und erreicht in der Zeit nach dem Ende des Siebenjährigen Krieges in den 1760er-Jahren mit der Gründung des Staatsrats ihre Vollendung. Das staatliche Reformprogramm, das – trotz der formell führenden Rolle der Hofkanzlei unter Haugwitz – zu einem guten Teil vom Ballhausplatz ausgeht, lässt vier Grundlinien erkennen: Die Vereinheitlichung der Rechtsordnung durch Zentralisierung der Rechtsetzung bei der Kaiserin und damit die Beschränkung der Herrschaftsgewalt von Ländern und Städten sowie eine gewisse Trennung von Kirche und Staat; viertes Element ist die dafür notwendige Institutionenreform der Verwaltung. Letztere hat noch ein weiteres besonderes Motiv, nämlich die Optimierung der Einnahmen zur Verbesserung der Staatsfinanzen.

Mit dem „Directorium" ist eine zentrale Verwaltungsbehörde (und Finanzbehörde) geschaffen, darüber hinaus aber, was wahrscheinlich noch wichtiger ist, installierte man eine Mittelinstanz und ein Netz der Kreisbehörden als flächendeckende unterste Verwaltungsebene. Damit können Gesetze nicht nur zentral erlassen, sondern auch tatsächlich einheitlich und nach den Vorgaben der Monarchin umgesetzt werden – damit werden die realen Voraussetzungen für das Legalitätsprinzip der staatlichen Vollziehung kreiert, eine Leistung, die bis heute direkt fortwirkt.

Über ihre außenpolitischen Aufgaben hinaus ist die Staatskanzlei am Ballhausplatz nun an den Verwaltungsreformen in großem Stil beteiligt. Kaunitz agiert auch hier selbstherrlich, aber das ist man seit Sinzendorf ja schon gewohnt, und er ist ein blendender Organisator. Er forciert die Bildung des Staatsrats und die Einrichtung von Ressortministerien, eine Vereinigung der Böhmischen mit der Österreichischen Hofkanzlei und weitere Maßnahmen zur Zentralisierung der Verwaltung. Er ist jetzt am Zenit seiner Macht, sein Einfluss ist nahezu unbegrenzt, und er nutzt seinen direkten Zugang zur Kaiserin weidlich und mitunter auch am Mitregenten Joseph II. vorbei aus. Die neue Einrichtung des Geheimen Staatsrats steht unter seinem Vorsitz und stellt gewissermaßen erstmals eine allen anderen Behörden übergeordnete Regierung dar – in der übrigens auch Joseph II. nicht mehr als einen Sitz und eine Stimme hat.

Damit kann das „Directorium" aufgelöst werden, die Finanzverwaltung wird von der Inneren Verwaltung getrennt und diese eng an die Besorgung der auswärtigen Angelegenheiten angekoppelt. Dass beides hier am Ballhausplatz konzentriert wird, ist die räumliche Seite dieser Entwicklung. Nur die Ratssitzungen selbst finden in der Hofburg, ab 1761 im Appartement Josephs statt.

Die verfassungsmäßigen Organe der Regierung stellen sich in den 1760er-Jahren also wie folgt dar: An der Spitze steht der aus sechs Personen bestehende Staatsrat, ihm untergeordnet sind die Vereinigte Böhmische und Österreichische Hofkanzlei, der Hofkriegsrat, die Geheime Hof- und Staatskanzlei am Ballhausplatz, die Oberste Justizstelle und schließlich die Führung der Polizei und der geistlichen Angelegenheiten.

Kaunitz muss nach 1763 zunächst die große Niederlage im Siebenjährigen Krieg wegargumentieren – da ist der Arbeitsalltag in den Räumen des Palais wohl entsprechend belastet. Doch er kann bald auch wieder Siege erzielen. Der größte außenpolitische Erfolg ist, dass Joseph II. recht problemlos die Nachfolge seines 1765 verstorbenen Vaters als Kaiser antreten kann. Trotz dieses gelungenen Coups ist aber schon zu dieser Zeit das Verhältnis des Kanzlers zum Thronfolger gespannt, der ihm daher auch 1766 Graf von Pergen als Stellvertreter ins Haus setzt. Von nun an wird immer wieder von der Hofburg aus über den Ballhausplatz herüber- und hineinregiert – ein Phänomen, das in der 300-jährigen Geschichte des Hauses immer wieder und aus den verschiedensten Gründen für Spannung sorgt.

Die Außenpolitik Kaunitz' entwickelt auch abseits der Bündnispolitik erkennbar eine neue strategische Linie. Es geht nicht mehr primär um Länderschacher, Erbfolge und Familienpolitik wie zu früheren Zeiten, sondern um die Staatsräson der habsburgischen absolutistischen Herrschaft, die sich zu einem eigenen Staatsgebilde entwickelt hat. Unteilbarkeit, einheitliches Recht und einheitliche Verwaltung sind die neuen Prinzipien, die auch am Ballhausplatz umgesetzt werden. Die Verabsolutierung taktischer Heiraten ist nicht (mehr) das zentrale Thema, ebenso wenig wie das (deutsche Kaiser-)Reich – das Wohl der habsburgischen Lande hat im Zweifel Vorrang.

In seinem unmittelbaren Amtsbereich setzt der Kanzler in diesem Sinn klare Reformschritte: In der alten Politik standen dem Herrscher einzelne Minister oder variabel zusammengesetzte Ministerkonferenzen zur Seite – ohne feste Struktur zu ihrer Unterstützung. Jetzt ist die Konferenz entscheidend verkleinert worden, speziell die Reichsfunktionäre sind nicht mehr dabei, und die Minister werden schrittweise zu Chefs von Ministerien. Dieser Wandel prägt insbesondere das Palais am Ballhausplatz: Hier werden offiziell die Protokolle der Ministerkonferenzen erstellt, ausgeführt und routinemäßig in Handlungsanweisungen umgesetzt, die dann allenfalls noch der Kaiserin oder dem Kaiser für ein Placet vorgelegt werden. Dadurch wird natürlich die Macht der Bürokratie und der Amtsvorstände immer größer.

Kaunitz hat endgültig alle Außenangelegenheiten in seinem Haus konzentriert, in dem ausländische Diplomaten jeweils am Dienstag vorzusprechen haben – parallele Kontakte anderer Ministerien zu diversen Botschaftern, konkurrierende Linien der Entscheidungsfindung, wie sie unter Bartenstein noch gang und gäbe waren, werden damit unterbunden, und die Macht des Kanzlers und seiner Kanzlei festigt sich. Mit regelmäßigen Soireen im Palais und sonntäglichen Diplomaten-Assemblees schafft er darüber hinaus wichtige, geradezu verbindliche gesellschaftliche Fixpunkte für die gesamte in Wien ansässige Diplomatie. Und auch die von ihm initiierte k. k. Orientalische Akademie hat in diesem Kontext ihren festen Platz gefunden.

Für alle neu gebildeten Ämter, insbesondere aber auch für das am Ballhausplatz, braucht man eine Routineorganisation, denn mit der früheren Bartenstein'schen Methode, die Staatskanzlei auf die einzige Person des Kanzlers mit ein paar direkten Zuarbeitern zu konzentrieren, ist buchstäblich kein Staat mehr zu machen. Kaunitz hat daher von Beginn an professionelles Verwaltungspersonal eingestellt, und während sich anderswo die führenden Personen noch weiterhin aus dem Hochadel rekrutieren, bieten sich hier insbesondere für die niedrigeren Chargen auch jungen Männern aus dem Kleinadel und den Bürgerschichten Aufstiegsmöglichkeiten. Dass da auch der eine oder andere aufgeklärte Geist oder Freimaurer darunter ist und sein Bestes tut, den Reformabsolutismus von seiner Amtsstube aus voranzubringen, ist anzunehmen. In den 1780er-Jahren schafft man für diese Beamten schließlich auch eine umfassende Besoldungsregelung und sogar eine Art Pensionsanspruch, was für jene Funktionäre notwendig ist, die nicht über riesige eigene Familiengüter verfügen.

Der Umstand, dass sich Kaunitz schon im ersten Jahrzehnt seiner Amtsführung ein ganzes „Bureau" einrichtete, erweckt bei den Vertretern der alten Ordnung naturgemäß Verwunderung. Dass dort jetzt auch vier ganz selbstständig arbeitende leitende Beamte tätig sind, überrascht sie noch mehr, und dass Kaunitz darauf bedacht ist, keine Mitglieder des Hochadels bei sich aufzunehmen, erweckt besonderen Argwohn. Kaunitz selbst begründet dies damit, dass er regionale Fürsteninteressen von der Außenpolitik fernhalten will, und er meint zur neuen Art der Arbeitsteilung zwischen ihm und seinem Stab, es sei wohl

Das Theresianum um 1725

besser, der verantwortliche Entscheidungsträger habe Zeit zum Nachdenken und für die Strategie, als dass er die „mechanischen Arbeiten" selber besorge.

Beim Feinschliff der Organisation ist aber dennoch die direkte Handschrift des Kanzlers Kaunitz bis ins Detail der Arbeiten zu finden: 1770 erlässt er beispielsweise eine Kanzleiordnung für das Amt am Ballhausplatz und seine Mitarbeiter, die in 37 Artikeln – deren Inhalt bis heute in der Verwaltung nachzu-

wirken scheint – etwa vorschreibt, dass die Akten in Faszikel einzulegen sind, dass die Hofräte und Konzipienten die Akten nicht bei sich behalten dürfen, sondern nach der Bearbeitung der Registratur zu übergeben haben, dass man zu diesem Zweck regelmäßig die Schreibtische aufräumen solle und dass der Registrator Kössler alles sorgfältig und geordnet aufzubewahren hat – chronologisch, mit den dazugehörigen Beilagen und einem Stichwortregister, welches das Wiederauffinden sicherstellt. Die neu einlangenden Stücke sollen daher genau protokolliert werden. Man legt weiters fest, dass die Akten unter Verschluss zu halten sind und verordnet das Amtsgeheimnis. Für die Rückerfassung der Altakten stellt man junge Praktikanten mit schöner Schrift ein, auf die man die Arbeit – so der Chef fürsorglich – möglichst gleichmäßig aufteilen möge. Auch der Prozessablauf wird geregelt: Die Akten für den Kanzler sind am Abend zuvor dem obersten Beamten Graf von Pergen zur Vorapprobation vorzulegen. Bei dessen Abwesenheit ist der jeweils älteste Hofrat zur Stellvertretung berufen. Überhaupt ist Wissensmanagement wichtig, und daher verpflichtet man alle Hofräte, Räte und Konzipienten dazu, den gesamten Einlauf zu lesen, damit sie ständig über alle Akten im Bilde sind. Akten mit nach Hause zu nehmen, ist aber streng untersagt.

Der Dienst der etwa dreißig Mitarbeiter im Hochparterre am Ballhausplatz ist grundsätzlich vormittags und nachmittags zu versehen, am Abend haben jeweils ein Hofrat, ein Rat und ein Konzipient bis acht oder neun Uhr zu bleiben. Die Geschäfte werden säuberlich aufgeteilt, es gibt sogar jeweils einen Zuständigen für die Etikettenfragen und einen für lateinische Aufsätze aller Art. Gezeichnet ist diese Instruktion von Kaunitz eigenhändig. Sie wird in einer Belehrung aus dem Jahr 1778 dann auf 43 Paragrafen erweitert.

Der politischen und administrativen Reorganisation soll auch eine bauliche Umgestaltung entsprechen – Kaunitz begleitet so die Neustrukturierung seines Ministeriums mit dem ersten großen Umbau des Hauses. Diesen leitet ab 1764 der Hofarchitekt Nikolaus Franz Leonhard Freiherr von Pacassi. Eine Inschrift über dem Portal des Palais hält bis heute fest, dass „der Amtssitz für die Angelegenheiten des Hauses und der auswärtigen Politik auf Befehl der Kaiserin Maria Theresia unter Aufsicht des Fürsten Wenzel von Kaunitz-Rittberg [sic!] im Jahr 1767 restauriert" wurde.

Da Maria Theresia im Zuge der Zentralisierung der Verwaltung auch Archivbestände aus Graz, Innsbruck und Prag nach Wien bringen lässt, erfordert auch deren Unterbringung die Umgestaltung des Gebäudes. Kaunitz nimmt an den Arbeiten persönlich lebhaften Anteil. Die Struktur des Baus bleibt insgesamt zwar unverändert, in Details der Raumwidmung und in die Fassadengestaltung wird aber deutlich eingegriffen. Da Kaunitz eine massive Abneigung gegen helles Licht hat, reserviert er beispielsweise die dunkleren Räume des Hauses für sich. Überhaupt hat das ganze Palais verhangene und teilweise kleinere Fenster als heute, und gearbeitet wird insbesondere auch in der Nacht, was die Beamten nicht eben goutieren. Weiters wird die bestehende Kapelle erweitert. Über Details der Veränderungen sind wir allerdings nicht informiert, denn aus dieser Zeit fehlen die Pläne.

Doch gibt es eine hervorragende Dokumentation des gesamten Gebäudeensembles am Ballhausplatz zu dieser Zeit. Die Vogelschau auf Wien von Joseph Daniel Huber aus dem Jahr 1770 zeigt, dass in dieser Umbauphase der Jahre nach 1764 das Scalvinioni'sche Haus vor der Amalienburg abgetragen wurde

Der Ballhausplatz um 1770. Ausschnitt aus der Vogelschau der
Stadt Wien von Joseph Daniel Huber

und damit vor der Staatskanzlei erstmals ein richtiger Platz entstand, der Ballhausplatz – ein Gutteil in den heutigen Minoritenplatz hineinragend, auf dem
noch ein großer Teil des alten Hofspitals steht. Sehr deutlich erkennt man, dass
die Gebäudefront zu diesem Platz viel kürzer ist als heute (die Verlängerung
erfolgt erst zu Beginn des 20. Jahrhunderts) und dass sich der rückwärtige Teil
des Palais sehr kompliziert mit Gebäudeteilen des Minoritenklosters verzahnt.

In den 1770er-Jahren wird die Position Kaunitz' in der Staatsführung allmählich schwieriger. Es gibt nämlich drei Akteure, die beileibe nicht immer in
dieselbe Richtung arbeiten – Maria Theresia, Joseph II. und den Kanzler –, und
Konflikte zwischen ihnen sind an der Tagesordnung. Sie setzen Kaunitz so zu,
dass er fünfmal seinen Rücktritt anbietet bzw. aus taktischen Gründen androht,
natürlich in der stillen Gewissheit, dass dieser nicht angenommen werden wird.

Aber der Reformeifer des Kaisers und vor allem dessen sporadische Allein-
gänge in der Außenpolitik machen dem nun bereits über 60-jährigen Kanzler
zunehmend zu schaffen.

Inhaltlich steht Kaunitz eigentlich Joseph II., dem Mitregenten Maria Theresias und Kaiser, näher als ihr selbst, aber die beiden Männer können einander
absolut nicht ausstehen. Den Fürsten ärgert, dass Joseph eine enge Freundschaft
zu seinem ältesten Sohn Ernst Christoph pflegt. Kaunitz ist in den Augen Josephs zu langatmig, zu präpotent, zu zögerlich, zu eitel. Und auch die persönlichen Schrullen des Kanzlers machen die Zusammenarbeit nicht eben leichter: Er
ist ein arger Hypochonder, geht nicht gern aus dem Haus, ist ein langatmiger
Redner, und man sagt von ihm, dass er immer zu warm gekleidet ist, weil er
„die Kälte mehr fürchtet als die Preußen". Darüber hinaus bringt auch die unklare und sich immer wieder ändernde Aufteilung der Kompetenzen zwischen
der Kaiserinmutter und dem Kaiser Kaunitz immer wieder in unangenehme
und unklare Situationen.

Kaiser Joseph II.
und sein Bruder,
der spätere Kaiser
Leopold II., 1769

Und so kommt es Ende der 1760er-, vor allem aber in den 1770er-Jahren immer wieder zu Auseinandersetzungen mit Joseph II. und zu ganz merkwürdigen Spielchen: Als Kaunitz 1766 erstmals seinen Rücktritt anbietet, preist er seitenlang seine eigenen großen Verdienste, Kenntnisse und Fähigkeiten – worauf der Rücktritt natürlich nicht angenommen wird. In der praktischen Tagespolitik passiert es 1770 einmal, dass der Kanzler bei einem Treffen Josephs mit Friedrich von Preußen die beiden Kaiser kaum zu Wort kommen lässt, was den preußischen König veranlasst festzuhalten, der Kanzler halte sich für ein Orakel in der Politik und alle anderen für seine Schüler, die er belehren wolle. Dann aber gibt es doch wieder gemeinsame oder von Kaunitz allein vorbereitete außenpolitische Erfolge, so die Gewinnung Galiziens und Lodomeriens für Habsburg, die man propagandistisch als Ersatz für Schlesien verkaufen kann, und die Spannungen lassen wieder nach. 1777 geraten Joseph II. und der Kanzler abermals ernsthaft aneinander, als der eine in Verhandlungen mit Preußen eintritt und der andere weiter Krieg führen will. Ein Jahr später verhandelt der Kanzler das Innviertel für Habsburg heraus – ein Erfolg, in dessen Vorbereitung er Joseph II. allerdings weder einbezogen noch ihn korrekt darüber informiert hat.

Bei Josephs innenpolitischen Reformen wirkt Kaunitz durchaus engagiert mit, achtet aber sehr darauf, dass sie sein engeres Politikfeld und vor allem seine Kanzlei nicht berühren. Die parallel zur Verwaltungsentwicklung durchgeführte Strafrechtsreform, die Zivilrechtskodifizierung und die Bildungsoffensive beschäftigen auch den Ballhausplatz, seinen Chef und dessen Beamte, dies aber nur am Rande und wenig intensiv. Die Trennung von Staat und Kirche hingegen scheint Kaunitz ein persönliches Anliegen zu sein, und die Zurückdrängung des kirchlichen Schulmonopols durch das neu eingeführte staatliche Schulsystem ist ein Teil seines Konzepts in diesem Kontext.

Denn trotz seiner räumlichen unmittelbaren Nachbarschaft zu Kirche und Kloster am Minoritenplatz verbindet Kaunitz nicht viel mit den kirchlichen Mächten; er ist ein Aufklärer und daher gegenüber Kirche und Religion grundsätzlich skeptisch eingestellt. Er hat für Maria Theresia auch schon einige Schritte der Trennung von Kirche und Staat vorbereitet, die Aufhebung des Jesuitenordens und die Abschaffung einer ganzen Reihe von Feiertagen fällt in seine Regierungszeit, und damit ebnet er für einige der Reformen Joseph II. den Boden. Steuerfreiheit und wirtschaftliche Sonderrechte der katholischen Kirche sieht er als nicht mehr akzeptabel an und verfasst dazu eine große Denkschrift, doch braucht es noch ziemlich viel weitere Überzeugungsarbeit bei der frommen Kaiserin, bis er die Steuerfreiheit des Klerus abschaffen kann.

1782 bekommt der Ballhausplatz denkwürdigen Besuch: Papst Pius VI. hat sich angekündigt, auch um dringende Fragen der josephinischen Kirchenreform zu besprechen. Kaunitz und der Kaiser sind sich in ihrer Skepsis gegenüber diesem Besuch einig, dennoch muss man die Form wahren. Joseph II. quartiert den Papst im Leopoldinischen Trakt ein, Kaunitz bereitet ein Sieben-Punkte-Papier vor und will dieses auch selbst, ohne Anwesenheit des Kaisers, verhandeln, da er fürchtet, dieser werde zu nachgiebig sein. Die Verhandlungen mit dem Kaiser beginnen auch recht konstruktiv, die Fronten verhärten sich aber rasch, und es ist erkennbar, dass Kaunitz dazwischenfunkt. So beschließt der Papst, den Kanzler im Palais am Ballhausplatz zu besuchen. Doch Kaunitz behandelt ihn bei dieser Gelegenheit derart von oben herab, beschäftigt sich ostentativ mit anderen Gästen und gibt dem Papst keine Gelegenheit, inhaltliche Fragen anzusprechen, sodass die diplomatische Mission endgültig scheitert.

Nach dem Tod Maria Theresias wird die Machtfülle des Kanzlers in der allgemeinen Politik und auch in der Außenpolitik immer erkennbarer eingeschränkt: Joseph II. will Kaunitz eigentlich mit seinem Regierungsantritt entlassen, setzt diesen Schritt dann aber doch nicht, weil er auf den alten Routinier nicht ganz verzichten kann. Allerdings nimmt der Kaiser jetzt die Außenpolitik teilweise selbst in die Hand und setzt Schritte ohne, ja sogar gegen den Rat seines Außenministers, wobei er sich mehr und mehr auf Johann Philipp Graf von Cobenzl stützt, den er auch zur „Entlastung" des Staatskanzlers zum Hof- und Staatsvizekanzler und damit zum Stellvertreter des Fürsten ernennt. Auch mit den Grafen Ludwig Cobenzl und Franz Xaver Graf Hrzan von Harras bespricht der Kaiser oft und gerne außenpolitische Fragen.

Dass sich die außenpolitischen Positionen des alten Fuchses Kaunitz mitunter als die besseren und richtigeren herausstellen, verbessert das Klima zwischen Joseph und ihm auch nicht. Das traurige Ergebnis dieser Konfliktsituation ist eine Folge von Niederlagen und Einflussverlusten Österreichs. Vor allem, dass Kaunitz und seine alte Mannschaft in der Staatskanzlei jeden Versuch des Kaisers unterbinden, nach dem Tod Friedrich II. 1786 eine Verbesserung des Verhältnisses zu Preußen herbeizuführen, hat keine glücklichen Auswirkungen, sondern zwingt Österreich noch einmal in einen Krieg, nämlich in den Russisch-Österreichischen Türkenkrieg 1788, den der alte Feldmarschall Laudon zwar erfolgreich beendet, der aber schwere wirtschaftliche und politische Belastungen nach sich zieht.

Mit Cobenzls Installierung muss der Kaunitz treu ergebene Freiherr Binder von Krieglstein gehen, und wieder einmal entsteht im Haus am Ballhausplatz eine delikate Machtdualität zwischen dem Kanzler in der Beletage und dem Vizekanzler im Hochparterre mit all ihren Folgen: Intrige, Parallelhierarchien, Illoyalitäten, Sand im Getriebe. Kaunitz selbst scheint sich allerdings zunächst noch Illusionen zu machen, denn er beschreibt Cobenzl als Charakter voller Rechtschaffenheit, als systematischen Kopf und als überaus arbeitsam.

Innenpolitisch dominiert der „Revolutionär auf dem Kaiserthron" Joseph II. jetzt aber das Geschehen zur Gänze, und sein Staccato an Reformen versucht auch die Aufgabengebiete und die Arbeitsweise der Staatskanzlei am Ballhausplatz mit einzubeziehen. Dies gelingt über die Einsetzung des Mittelsmanns Cobenzl hinaus aber nur punktuell. Denn trotz des völligen Gegensatzes der Charaktere macht sich Kaunitz auch in dieser Phase für den Reformkaiser immer wieder unentbehrlich, auch wenn er ständig versucht, diesen vor seiner Meinung nach allzu weitgehenden oder übereilten Schritten zu warnen. Die beiden Antipoden des politischen Reformspektrums vermeiden mittlerweile den persönlichen Kontakt, korrespondieren aber über den Ballhausplatz hinweg intensiv schriftlich miteinander – Joseph schreibt ihm dabei in durchaus vertraulichem Ton, wie sehr er hoffe, dass „nach meinem Tode die Nachwelt günstiger, unparteiischer und folglich gerechter als meine Zeitgenossen über meine Taten denken und meine Ziele prüfen wird".

Joseph II. holt sich in der Innenpolitik aber auch andere Ratgeber – frei und aufgeklärt denkende Personen, viele von ihnen Zuwanderer, viele Freimaurer, eine wirkliche Konzentration von Intelligenz, Genie, Fachwissen und strategischer Entschlossenheit – Martini, Sonnenfels, Zeiller, Karl Graf von Zinzendorf, aus dessen umfangreichen Schriften auch das weite Netzwerk erkennbar ist, in welches die höheren politischen Beamten eingebunden waren, und für Verwaltungsreformen die Hofkanzler Blümegen und Kolowrat-Krakowsky, die wieder für ein gewisses Konkurrenzverhältnis zwischen den Kanzleien in der Hofburg und am Ballhausplatz sorgen.

Vom Kaiser gehen mit operativer Unterstützung des Ballhausplatzes aber auch für das ganze Land bestimmende umfassende Verwaltungsreformen aus: Joseph II. erweitert den Aufgabenbereich der Kreisämter und dehnt ihre Einrichtung auf das gesamte Staatsgebiet aus. Damit schafft er eine für jegliche Steuerbarkeit wesentliche Einheitlichkeit der Verwaltungsstruktur. Eine Ebene höher werden territoriale Gliederungen zusammengefasst, Ungarn, die Lombardei und die Niederlande neu strukturiert. Deutsch wird 1784 allgemeine Amtssprache und 1787 alleinige Unterrichtssprache in den höheren Schulen, und so muss auch mancher am Ballhausplatz nachlernen, um nicht entlassen zu werden. All dies dient einer stärkeren Zentralisierung und Vereinheitlichung des Staatswesens. Auch wenn die neuen Regelungen nicht lückenlos umgesetzt werden, eine generelle Auswirkung haben sie allemal. Schließlich lässt der Kaiser auch die Stadtverfassung Wiens nach seinen Vorstellungen ändern: Auch hier soll ein bürgerlicher Magistrat und nicht landesfürstliche Willkür herrschen.

Die Reformen im Personalwesen der Staatskanzlei am Ballhausplatz und der anderen Zentralbehörden gehen von den Kaunitz'schen Ansätzen aus konsequent weiter. Der Kaiser ordnet eine Beschleunigung des inneren Geschäftsgangs der Ämter an, Meldungen jeweils Ende Oktober, „was gearbeitet wurde und wie viel jedes Individuum dazu beigetragen hat", werden am Ballhausplatz üblich. Vorgedruckte „Erscheinungslisten" halten ab 1785 den täglichen Dienstantritt und das Dienstende der Beamten fest. Behördenchefs und Minister werden für ihre Häuser voll verantwortlich gemacht, Gehälter, Dienstklassen und Aufgabenbereiche werden systematisiert, einheitliche staatliche Uniformen sollen die Staatsmacht auch symbolisch sichtbar machen. Die Besoldung liegt zwischen 200 Gulden jährlich für die untersten Amtsdiener und 1.000 Gulden für die höheren Chargen. Dem Bürgermeister von Wien billigt der Kaiser 4.000 Gulden zu, dem Kanzler noch mehr.

In „Hirtenbriefen" wenden sich Joseph II. und nach dessen Tod 1790 auch Leopold II. direkt an ihre Beamten, um ihnen die aufgeklärte Ethik des „reinen Staatsdienstes" ohne persönliche Eigeninteressen darzulegen. Man kann getrost davon ausgehen, dass nicht wenige dieser „Hirtenbriefe" am Ballhausplatz konzipiert wurden und die geistige Handschrift Kaunitz' erkennen lassen. In diesem Verständnis ermöglicht jetzt der „Beruf" des Beamten eine neue Art von Prestige und sozialem Aufstieg für gebildete Schichten und degradiert umgekehrt auch adelige Herrschaftsträger zu Dienstnehmern eines staatlichen Auftraggebers – ein nicht zu unterschätzender Prozess sozialen und verfassungsrechtlichen Wandels, der sich in den Verwaltungsreformen vollzieht.

1782/83 wird auch wieder in der unmittelbaren Nachbarschaft des Palais umgebaut, ein Trubel, der dem Kanzler ganz und gar missfällt. Zunächst müssen die Minoriten aufgrund der vom Kaiser verfügten Klosterauflösung in die Alser Straße übersiedeln, und die Kirche samt einem neuen Haus neben der Kapelle wird der Italienischen Kongregation übergeben. Die Anbauten an die Kirche werden für Wohnzwecke umgestaltet, und der Haupttrakt des Klosters, der in den Baukörper des Palais geradezu hineinragt, wird vom Staat übernommen. Er wird später von der Niederösterreichischen Landesregierung und als Gerichtsgebäude genutzt, bis er in der ersten Erweiterung des Hauses direkt in das Amt einbezogen wird. Auch das Hofspital wird 1782 aufgehoben und an den Rennweg verlegt, was es möglich macht, dieses Nachbarhaus des Ballhausplatzes nun für Verwaltungszwecke zu nutzen: In den östlichen Flügel zieht für rund fünfzig Jahre das Hofkammerarchiv ein.

1786 taucht auch zum ersten Mal die topografische Bezeichnung Ballhausplatz auf, die aber erst 1906 die offizielle Adresse werden wird. Dazwischen ändert der Platz mehrmals seinen informellen Namen und wird immer wieder auch als Ballplatz, Platz nächst der Burg, ja 1848 sogar Revolutionsplatz genannt.

Kaunitz vermeidet in der zweiten Hälfte der Regentschaft Joseph II. immer mehr den Gang hinüber in die Hofburg und beschränkt sich auf den brieflichen Verkehr. Ab 1788 gibt es überhaupt keine persönliche Begegnung mit dem Kaiser mehr, dessen körperlicher Verfall 1789 rapide voranschreitet. Ende Jänner 1789 muss er sogar die Staatskanzlei um einen persönlichen Referenten bitten, der das an seiner Stelle regierende Ministerkollegium administrativ unterstützen soll. Dieses trifft sich regelmäßig im Kaiserappartement, da ihm aber Kaunitz nur als einer von mehreren angehört, obwohl der Ballhausplatz dafür die Dossiers vorzubereiten hat, geht der alte Kanzler auch dort kaum hin. Letztlich muss die Staatskanzlei im Februar 1790 auch alle Akten vorbereiten, die den Bruder des Kaisers, Leopold, zum Mitregenten machen sollen, doch dazu kommt es nicht mehr, da Joseph am 20. Februar 1790 stirbt. An diesem Tag

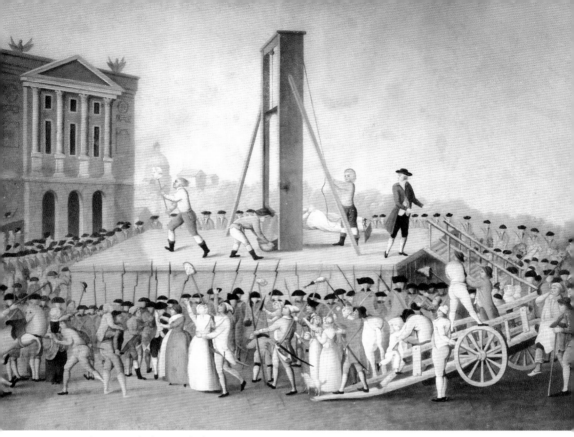

Die Französische Revolution

merkt Kaunitz, von der Aufbahrung in der Hofburg zurückkommend, recht zynisch an, er sei dem Kaiser heute zum ersten Mal seit Jahren wieder mit einem Gefühl der Erleichterung gegenübergetreten.

In den folgenden Monaten bemüht sich Kaiser Leopold II., der seine Residenz unmittelbar gegenüber dem Palais, nämlich in der Amalienburg, nimmt, wieder um das persönliche Gespräch mit dem Kanzler, ja er besucht ihn sogar – völlig entgegen jedem Protokoll – am Ballhausplatz. Dasselbe geschieht noch einmal, als nach der kurzen Regentschaft Leopolds im Jahr 1792 Franz II. nachfolgt. Der ganze Ballhausplatz steht jeweils angesichts dieser kaiserlichen Visiten Kopf, und überall wird über die Wunderlichkeiten Kaunitz' und seine Nonchalance im Umgang mit den Souveränen getuschelt. Nur einmal bricht der greise Kanzler in dieser Zeit aus seiner Isolation aus, als er Leopold II. und seiner Frau 1790 in Laxenburg seine Aufwartung macht.

Rund um Österreich ist die europäische Welt ab 1789 in Bewegung geraten. Der Ausbruch der Französischen Revolution erwischt das im Palais am Ballhausplatz arbeitende österreichische Außenamt allerdings eher auf dem falschen Fuß, der todkranke Joseph II. und sein unerfahrener Nachfolger, der junge Leopold, finden keine adäquate Antwort darauf. Wieder scheint es keine andere Lösung zu geben, als zum Krieg zu rüsten, und Kaunitz, Cobenzl und ihr

Stab sind unmittelbar eingebunden. 1791 wird Frankreich zunächst ein gewaltsames Eingreifen angedroht, dann folgt ein Ultimatum – mitten in dieser spannungsgeladenen Situation stirbt Kaiser Leopold II. völlig unerwartet. Kaunitz wirft noch einmal seine gesamte Erfahrung in die Waagschale und bereitet – trotz der französischen Kriegserklärung – erfolgreich und rasch die Wahl des jungen Franz zum Kaiser vor. Es ist seine vierte Kaiserwahl.

Dass er selbst die Angelegenheit nur mehr lenkt, aber nicht mehr operativ führt, kann man aus allgemeinen Berichten erschließen, denn Kaunitz ist in den letzten Jahren eher zum Berater, zum Elder Statesman, geworden und hat sich aus der Routine der Staatskanzlei schrittweise zurückgezogen. Er liest nur mehr wenige wirklich wichtige Akten, und er ist so langsam geworden, dass Cobenzl viele dringende Angelegenheiten und termingebundene Schriftstücke an ihm vorbeispielt. Man erspart sich seine griesgrämigen Beschwerden über die Belastung mit der vielen Unterschreiberei, indem man Paraphen und Floskeln einsetzt (ein Phänomen übrigens, das auch bei späteren Kanzlern bis herauf in die Gegenwart bei zunehmender Dauer der Amtszeit festzustellen ist).

Konsequenterweise führen die internen Querelen, der Verlust des direkten Kontakts zum Monarchen und die altersbedingte Amtsmüdigkeit des Fürsten und Kanzlers auch zu einer Schwächung des Ballhausplatzes gegenüber anderen Ämtern und Ministerien. Die Reichskanzlei übernimmt wieder einige Reichsagenden von der Staatskanzlei, die Reichsvizekanzler greifen wieder beherzter nach Aufgaben und protokollarischen Positionen, die Kaunitz längst an sich gezogen hat, Eitelkeiten in Etikettenfragen tun ein Übriges.

Die außenpolitischen Misserfolge haben bereits Kaiser Leopold nach einem Jahr kräftezehrender Konflikte veranlasst, 1791 die Abberufung des alten Kanzlers aus dem Amt zu erwägen – er weiß, dass diese nicht nur Kaiser Joseph II., sondern weitgehend auch Kaunitz und seinem Amt anzulasten sind. Er zögert aber zu lange, und so wird diese Absicht erst mit dem neuerlichen Wechsel des Regenten realisiert. Als Kaunitz von Franz II. in die Vorbereitung zur zweiten Teilung Polens so gut wie nicht mehr eingebunden wird, erkennt der nunmehr 81-Jährige selbst, dass seine Zeit vorbei sein dürfte. Er tritt im August 1792, einen Monat nach Abschluss seines letzten Projekts, der Kaiserkrönung Franz II., zurück und verlässt seine ihm vertraute Residenz am Ballhausplatz, in der er mehr als 39 Jahre seines Lebens verbracht hat. Wohlwollend reagiert er noch auf die höfliche Bitte des Kaisers, auch weiterhin bei Bedarf als Spezialberater zur Verfügung zu stehen, übersiedelt aber selbst an seinen geliebten Sommersitz nach Mariahilf, wo er knapp zwei Jahre später, am 27. Juni 1794 stirbt.

4 Konservative Wende am Ballhausplatz

(1792–1809)

Nach vier Jahrzehnten verlässt nun also im August 1792 der bisher längst-dienende Kanzler den Ballhausplatz und macht entsprechend dem Willen des Kaisers seinem langjährigen Stellvertreter Graf von Cobenzl und anderen Beratern Platz, die den nunmehr europapolitisch anders gelagerten österreichischen Interessen besser zum Durchbruch verhelfen und das System nach den vielen Reforminitiativen innenpolitisch stabilisieren sollen. Die Linien der Außenpolitik müssen neu abgesteckt werden, obwohl – oder gerade weil – sich das Haus am Ballhausplatz und seine Beamten aktuell mit einer besonders schwierigen europäischen Situation konfrontiert sehen. Denn in Frankreich hat die Revolution gesiegt, und in ihrer Folge wird Napoleon den ganzen Kontinent mit Krieg überziehen.

Die Geheime Hof- und Staatskanzlei, die Kaunitz hinterlässt, ist der europäischen Entwicklung nicht gewachsen, obwohl sie in seiner Amtszeit aus einem kleinen Anhängsel der Österreichischen Hofkanzlei zu einem großen selbstständigen Ministerium geworden ist. Neben dem neuen Chef des Hauses Graf von Cobenzl arbeiten hier jetzt ein Hof- und Staatsreferendar, sechs Hofräte, ein Expeditor, fünf Hofsekretäre, zehn Offiziale und zwei Registratoren. Dazu kommen Türhüter, Kanzleidiener und das Personal des Archivs. Die knapp 40 Zimmer des Hochparterres sind also recht gut besetzt. Das österreichische Außenamt, die Staatskanzlei, hat sich in den vergangenen Jahrzehnten zwar erst später als etwa die französische Diplomatie konsolidiert, sie ist aber gegen Ende des Jahrhunderts eines der größten Außenministerien Europas geworden.

Die politische Bedeutung des Hauses ist trotz der Verfallstendenzen der letzten Jahre groß und nach wie vor bedeutender, als die quantitativen Dimensionen erkennen lassen. Innerösterreichisch hat das Haus unter den Ministerien einen besonderen Rang, und es hat auch einen besonderen Ruf als Zentrale der Umsetzung absolutistischer Reformpolitik. Außen- und staatspolitisch hingegen ist erkennbar, dass es in den ehrwürdigen Mauern keine Strategie gegen die revolutionären Ideen im Westen, gegen Frankreichs Vorrücken über den Kontinent, gegen die geistige Hegemonie seiner neuen Gedankenwelt gibt.

Kartelluhr aus der Zeit Joseph II. im heutigen Ministerratssaal

Die Personen, die der Kaiser zur Nachfolge Kaunitz' beruft, sollen nach der langen, vielleicht zu langen, Periode des alten Kanzlers also einen neuen außenpolitischen Schwung bringen. Sie sind allerdings, wie sich bald zeigen wird, den neuen Herausforderungen nur in sehr unterschiedlichem Ausmaß gewachsen – kein Einziger der nachfolgenden Minister kann die Franzosen nachhaltig stoppen, keiner hat daher eine wirklich überzeugende lange Karriere im Haus, keiner hat eine besonders starke Beziehung zur Person des Monarchen, und keiner von ihnen bleibt der Nachwelt in einer mit Kaunitz vergleichbaren Weise im Gedächtnis.

Der bei seinem Amtsantritt 52-jährige Johann Philipp Graf von Cobenzl ist in Laibach geboren, Sohn eines hohen Hofbeamten und bereits 13 Jahre der von Kaunitz selbst auf Ersuchen von Kaiser Joseph II. eingesetzte Stellvertreter. Er muss jetzt im August 1792 das Amt des großen Alten auch formell in vollem Umfang übernehmen und merkt sofort, dass man in ihm keine seinem Chef und Vorgänger vergleichbare Persönlichkeit sieht.

Cobenzl hat keine Familie und bewohnt daher in dem halben Jahr seiner kurzen Amtstätigkeit so gut wie nie den privaten Flügel des Palais am Ballhausplatz – jedenfalls finden sich dazu keine Belege, und er hinterlässt auch keine baulichen Spuren, vielmehr gibt der Amtsschematismus sein Privathaus in der Renngasse weiterhin als seine Wohnadresse in der Stadt an. Die Räume im rechten Flügel der Beletage und über dem Ministerbüro stehen also leer, bis auf wenige altmodische muffige Möbelstücke und dicke dunkle Vorhänge, welche die Familie Kaunitz nicht mitnehmen wollte. Im Amtsflügel aber fällt ein nettes Dekorationsstück auf: eine Kartelluhr aus Paris, die wahrscheinlich Marie Antoinette ihrem Bruder Joseph nach Wien geschickt hat. Sie überdauert die Jahrhunderte bis heute, wo sie im Ministerratssaal steht, mit nur einer kleinen Blessur: Als sie einmal von der Wand fällt, fertigt ein Wiener Uhrmacher das Zifferblatt als akribische Kopie neu an – bis auf einen Schreibfehler des Namens des Pariser Herstellers Lacroix, aus dem er „Lacroa" macht.

Privat verbringt Cobenzl seine freie Zeit lieber außer Haus, auch in seinem Schloss Cobenzl am Abhang des Wienerwaldes. Hier hat er schon viele Jahre vor der Amtsübernahme seine gesellschaftlichen Kontakte gepflegt, und es wird berichtet, dass Mozart, den Cobenzl offenbar sehr schätzte, sich hier sehr wohlfühlte. Mozart schrieb damals sogar an seinen Vater Leopold, wie er den schönen Blick vom Cobenzl auf die Stadt Wien bewundert und genießt, auch wenn es zur Baronin, die er hier unterrichtet, eineinhalb Stunden Gehweg sind.

Den Amtstrakt des Palais am Ballhausplatz nutzt der neue Staatskanzler intensiv und im selben Stil wie sein Vorgänger, immerhin kennt er sich hier ja bestens aus. Politisch ist von ihm aber augenscheinlich nicht die verlangte Innovation zu erwarten, wie sich schon nach kurzer Amtszeit zeigt: Er mag ein guter zweiter Mann hinter dem Reichsfürsten gewesen sein, der sich zuletzt auch in den Alltagsgeschäften emanzipiert hat, und für die verhängnisvolle Entscheidung, gegen das (nach)revolutionäre Frankreich gemeinsam mit den Koalitionspartnern Krieg zu führen, ist er nicht allein verantwortlich zu machen.

Aber im Koalitionskrieg und in den schwierigen Verhandlungen nach dem Russisch-Polnischen Krieg über die zweite Teilung und die Zukunft Polens begeht er einen Fehler nach dem anderen, setzt auf trügerische Pläne, zögert, ist nicht gut informiert und wird daher von Russland und Preußen schlichtweg über den Tisch gezogen. Es gelingt ihm nicht, sich rechtzeitig einzuschalten, er ist nicht in der Lage, in die Verhandlungen einzugreifen oder sie entscheidend zu beeinflussen und einen Vorteil oder Gewinn für Österreich herauszuschlagen. Als dann im Jänner 1793 die zweite Teilung Polens ohne Beteiligung Österreichs abgeschlossen wird, ist Feuer am Dach des Ballhausplatzes. Es folgen dramatische Krisensitzungen, und als am 26. März der Volltext des Vertrags zwischen Russland und Preußen bekannt wird, dessen Inhalt in seiner Deutlichkeit den ohnedies bereits mit Cobenzl unzufriedenen Kaiser – er nennt ihn „einen verständigen und vorsichtigen jungen Mann, aber ohne Talent" – völlig überrascht, beruft er ihn tags darauf nach nur sieben Monaten Amtszeit ab.

Trotz dieser dramatischen Umstände geht Cobenzl anscheinend ohne besonders große Schmerzen aus dem Amt, hat er doch selbst seine Grenzen erkannt. Zudem wird er auch noch mit neuen und angenehmeren Funktionen entschädigt: Zuerst wird er Kanzler für die italienischen Provinzen und schließlich, 1801, Botschafter in Paris. Lediglich den Groll gegen seinen Nachfolger, der offenbar vom ersten Tag nach Cobenzls Amtsantritt immer unverfrorener an seinem Sessel gesägt hat, pflegt er bis zu seinem Tod im Jahr 1810 weiter.

Dieser Nachfolger ist Johann Amadeus Franz Freiherr von Thugut, ein erklärter Preußengegner, der am 27. März 1793 zum neuen politischen Chef am Ballhausplatz berufen wird. Als Vorsichtsmaßnahme gegen zu hohe Erwartungen einer langen Amtszeit gibt man ihm gleich einmal einen etwas bescheidene-

Johann Amadeus Franz
Freiherr von Thugut,
1818

ren Titel als seinen Vorgängern: Der Kaiser ernennt ihn zunächst nur zum Generaldirektor der Auswärtigen Geschäfte, obwohl er Thuguts Fähigkeiten schätzt und ihm durchaus die selbstständige Führung des Ressorts zutraut. Erst ab 1795, nach dem Tod des als Mythos noch immer über der Außenpolitik schwebenden Fürsten Kaunitz, darf er den Titel eines Ministers der Auswärtigen Geschäfte tragen.

Thugut stammt aus bürgerlichen Verhältnissen, und dieser Umstand sowie das hagere Äußere, die lange Nase, das klobige Kinn und die betont schlichte Haartracht und Kleidung des ständig kränkelnden 57-Jährigen machen ihm den Auftritt im Amt nicht gerade leicht. Daran ändert auch der Umstand nichts, dass er seit Langem im Amt und beim Kaiser als besonders kluger Kopf, als strategischer Denker und als besonders fleißig angesehen wird. Auch erzählt man sich im Aufenthaltsraum der Dienstboten im Souterrain des Palais allerlei Tratschgeschichten über seine Person. Laut einer davon soll er von Maria Theresia als Findelkind in der Hofburg oder irgendwo an der Donau aufgelesen worden sein. Tatsächlich kommt er aber aus einer Schulmeisterfamilie, die ursprünglich den wenig zierenden Namen Thunichtgut geführt hat. Es gibt aber auch negative und politischere Gerüchte, vor allem seine früheren Aufenthalte in und seine Beziehungen zu Frankreich betreffend – in jungen Jahren ließ er sich offenbar als Agent in französischen Diensten anwerben, bezog daraus auch eine Rente, agierte selbst noch im Diplomatendienst geschickt als Doppelagent, spielte 1783 sogar mit dem Gedanken an den Eintritt in ein französisches Amt und lebte jahrelang in Paris von nicht wirklich bis ins Letzte geklärten Einkünften.

Er tritt am Ballhausplatz aufgrund seiner Persönlichkeit nicht mehr als barocker Potentat im Stil von Sinzendorf, Kaunitz und Cobenzl auf, sondern als schlichter oberster Staatsdiener – als kluger, ehrgeiziger, vorausdenkender, aber buckelnder Beamter aus der Staatskanzlei. Er hat sich dort als Übersetzer hinaufgearbeitet, wechselte dann in den diplomatischen Dienst, wurde vor allem von Kaunitz gefördert und zum Botschafter beim Osmanischen Reich bestellt. In dieser Zeit war er insbesondere beim Erwerb der Bukowina 1775 nicht ungeschickt und wurde an andere Botschafterposten weiterberufen, so zunächst nach Neapel, Berlin und Warschau, sodann nach Paris und Brüssel. Überall fand er Anerkennung. „Das ist ein Arbeiter, den man beobachten muss", schreibt ein französischer Gesandter über ihn, ein anderer nennt ihn einen „Mann von besonderem Geist".

Auch Thugut ist alleinstehend und nutzt den ihm zustehenden Wohntrakt des Palais am Ballhausplatz weiterhin praktisch so gut wie gar nicht, zumal er ja auch Tag und Nacht arbeitet. Es ist ihm nur wichtig, dienstlich und der Form halber hier einzuziehen, schon allein, um es den adeligen Schnöseln zu zeigen, die immer noch auf ihn herabblicken und dabei absolut nicht zimperlich sind. Der Prinz von Ligne dichtet ihm beispielsweise jüdische Charakterzüge an, ein anderer nennt ihn einen „faunischen Mephistopheles".

Privat lässt sich Thugut nie in der alten Kaunitz-Wohnung nieder. Er wechselt stattdessen seine bescheidenen Privatwohnungen praktisch im Jahresrhythmus – Bräunerstraße, Judenplatz, Mariahilf, Alser Straße, Währinger Straße –, dort verbringt er seine karge Freizeit. Er lebt sehr einfach, legt keinen Wert auf große Diners. Ein Glas Wasser und sieben Pflaumen sind sein übliches Abendessen. Seit er Minister geworden ist, geht er überhaupt nicht mehr zu gesellschaftlichen Empfängen. Seine Arbeitszeit aber verbringt er sehr ausgiebig am Ballhausplatz. Von seinen Privatwohnungen kommt er gegen 11 Uhr ins Büro, bleibt dort bis etwa 3 Uhr nachmittags und kommt zwischen 5 und 6 Uhr wieder in die Kanzlei, wo er dann bis Mitternacht und darüber hinaus arbeitet. Er ist dabei äußerst gewissenhaft und fleißig, liest und erledigt alle Berichte und Akten rasch – zahlreiche Dokumente im Staatsarchiv belegen das. Die schriftlichen Ausfertigungen, die er abliefert, sind klar und präzise, seine Korrekturen der Entwürfe scharf und überzeugend, im Gespräch ist er sehr direkt und manchmal auch zynisch. Seine erste Sprache ist Französisch, aber er ist sehr sprachgewandt und hat eine hohe klassische Bildung.

Auch wenn Thugut vielleicht nicht das Zeug zu einem großen Staatsmann und weitblickenden Führer der Außenpolitik wie sein großer Vorgänger Kaunitz haben mag, verknüpfen sich mit seinem Amtsantritt doch hohe Erwartungen der Staatsführung. Im Amt am Ballhausplatz hat er allerdings nur wenige Vertraute, auf die er sich verlassen kann und verlässt, allen anderen gegenüber ist er so despotisch, dass man ihn im Hochparterre den „Großwesir" nennt. Er versucht natürlich, die hochadeligen Intriganten fernzuhalten, die es nicht verwinden können, dass ein Emporkömmling in eine bisher eher ihresgleichen vorbehaltene Funktion eingedrungen ist. Dafür hält er engsten Kontakt zu Kaiser Franz II., dem er so oft wie nur irgend möglich seine Briefentwürfe persönlich über den Ballhausplatz in die Hofburg hinüberbringt, sowie zu dessen einflussreichen Frau Maria Theresia von Neapel-Sizilien, die neben ihren zwölf Kindern noch Zeit für die Politik findet.

Gegen das revolutionäre Frankreich und Napoleon hat er auf diplomatischem Gebiet keine nachhaltigen Erfolge. Genauso wenig wie die Militärs auf dem Schlachtfeld. Er wirbt zwar unermüdlich für die Bildung einer festeren und breiteren Koalition gegen Frankreich, doch die Armeen erleiden Niederlage um Niederlage. Thugut trifft daran keine unmittelbare Schuld, Unzulänglichkeiten im Heerwesen und die Geldnot des Landes sind die wahren Ursachen der Malaise. Aber sein Rat und sein Einfluss im belgischen Feldzug 1794 bewirken jedenfalls auch nichts Positives und bringen keinen Umschwung zugunsten Österreichs. Immer wieder zögert er und vermeidet über lange Phasen jede Beschäftigung mit der aktuellen militärischen Lage. Nur ungern lässt er sich vom Kaiser zur Vorbereitung von Friedensangeboten gegenüber Frankreich bewegen, ja er hintertreibt diese sogar. Letztlich endet diese unrühmliche Phase mit der Räumung der österreichischen Niederlande.

Mitte 1794 kehrt Thugut von der Front wieder nach Wien ins Palais am Ballhausplatz zurück, wo gerade tiefe Trauer herrscht: Der greise Hof- und Staatskanzler Kaunitz ist am 27. Juni gestorben. Und entgegen den Erwartungen der Hocharistokratie ernennt ihn der Kaiser jetzt doch noch formell zum Minister der Auswärtigen Geschäfte und somit zum Geheimen Hof-, Staats- und Hauskanzler.

Thugut kann sich in seiner Position gestärkt einer Verbesserung des Verhältnisses mit Russland zuwenden und mit seinem gesamten Ressort versuchen, dies gegen Preußen zu nutzen. Seine wichtigste politische Triebfeder ist der Hass gegen Preußen, in den er sich trotz des Koalitionsbündnisses gegen Napoleon ehrgeizig verbeißt und wo er es tatsächlich auch schafft, bei der dritten Teilung Polens deutlich geschickter zu agieren als sein Vorgänger. Seine zweite außenpolitische Hauptaufgabe sieht er natürlich im Kampf gegen Napoleon, den er schon wegen seiner Rolle als Umstürzler des Ancien Régime einerseits nicht mag und andererseits fürchtet. Die dritte Aufgabe, der er sich widmet, ist die von Joseph II. stammende Idee der allseitigen Unabhängigkeit und geografischen Sicherung Österreichs als moderner Großmacht.

Als er im Kościuszko-Aufstand in Polen die Möglichkeit erkennt, das Land neuerlich aufzuteilen, sieht er seine Stunde gekommen: Er schafft ein neues Abkommen mit Russland, das Krakau und bedeutende südöstliche Landesteile an Österreich bringt, er kann Westgalizien für Österreich herausverhandeln und eine geheime Übereinkunft erreichen, die Habsburg im Fall bestimmter zukünftiger Entwicklungen balkanische und venezianische Gebiete zusagt. Als Höhepunkt seiner Erfolge erreicht Thugut im September 1795 sogar ein formelles Dreierbündnis Österreichs mit Russland und England.

Selbstbewusst tritt er nun all jenen in Wien und in Europa entgegen, die eher für einen Friedensschluss mit Frankreich sind, und er lässt sich auch nicht erpressen, als die Franzosen Informationen über seine früheren französischen Agentenhonorare streuen. Konsequent hält er den Kaiser auf Kurs gegen Napoleon, der militärisch allerdings weiterhin vorrückt und unter anderem die habsburgische Lombardei besetzt.

Erst der Tod der russischen Zarin Katharina II. und ein direktes Verhandlungsangebot Napoleons an Erzherzog Karl von Österreich-Teschen bringt diese strikte Haltung der österreichischen Außenpolitik am Ballhausplatz ins Wanken. Der Franzose erkennt die Situation in Wien ganz klar: „Der Kaiser und die Nation wollen den Frieden, Thugut will den Frieden nicht, aber er wagt nicht, den Krieg zu wollen. Durchhauen Sie mit dem Degen alle Sophismen, in die er sich einzuwickeln sucht, zeigen Sie ihm den Krieg wie das Haupt der Meduse und wir werden Herrn Thugut zur Vernunft bringen." Schließlich kommt es doch zu Friedensverhandlungen, und Thugut muss 1797 den Friedensvertrag von Campo Formio unterschreiben, der in den Augen des Kanzlers ein Verrat gegenüber den alten Verbündeten Habsburgs ist – aller-

Die russische Zarin Katharina II. und Kaiser Joseph II. 1787 in Koidak

dings beschert er Österreich durchaus beachtliche Landgewinne aus venezianischem Besitz. Chefverhandler mit Napoleon ist allerdings bereits Johann Ludwig Graf von Cobenzl, ein Verwandter von Thuguts glücklosem Amtsvorgänger, von dem schon der ganze Ballhausplatz munkelt, dass er wohl Thuguts Nachfolger werden wird.

Die Skepsis Thuguts gegenüber dem Friedensvertrag ist berechtigt, doch auch die gesamte diplomatische Mannschaft am Ballhausplatz kann die Tragödie nicht verhindern. Der Frieden hält nicht. Bereits ein Jahr später befindet sich Europa wieder in einem von Napoleon angezettelten Krieg, der drei Jahre dauern wird. Nach ersten Erfolgen geraten die Verbündeten England, Russland und Österreich bald in die Defensive, ja Russland verlässt das Bündnis sogar. Wieder ist jenseits des Ballhausplatzes, am Kaiserhof, eine Mehrheit der Entscheidungsträger um Erzherzog Karl für einen Friedensschluss, und wieder bremsen Thugut und das Hochparterre. Jetzt ist es für den Minister allerdings zu spät: Die Friedenspartei beginnt über Auftrag des Erzherzogs Friedensverhandlungen, über die man Thugut nicht einmal informiert, und als im September 1800 der Waffenstillstand abgeschlossen wird, erhält Thugut am 28. seine Entlassung nach sieben Jahren Ministerschaft.

Die Intrigen am Ballhausplatz brodeln in diesen Monaten intensiv wie kaum je zuvor. So wie Thugut in der letzten Phase der Amtsführung seines Vorgängers monatelang gegen diesen opponiert hat, treibt es schon seit Längerem sein Mitarbeiter Graf von Lehrbach, Generaldirektor der Staatskanzlei. Er bereitet heimlich den Waffenstillstand vor, lässt den Minister darüberstolpern und wird jetzt sein Nachfolger – abermals hat das Hochparterre die Beletage entthront.

Diese Septembertage 1800 sind allerdings mehr als turbulent, denn Lehrbach bleibt nur für wenige Tage Minister. Der Kaiser entscheidet sich angesichts eines gewissen Drucks der Kriegspartei (in der Thugut voller Rachsucht die Fäden zieht) letztlich doch noch für eine andere Lösung: Cobenzl und Kabinettsminister Colloredo sollen das Amt gemeinsam führen, ihre Aufgabenteilung wird allerdings nicht präzise umschrieben. Da Cobenzl sofort zu den Friedensverhandlungen nach Lunéville abreisen muss, übernimmt Graf von Trauttmansdorff seine Stellvertretung für fast ein Dreivierteljahr – die Verhältnisse am Ballhausplatz mit einem anwesenden und einem abwesenden Minister sowie einem Stellvertreter sind also kompliziert, schwer durchschaubar und alles andere als effizient.

Trotz dieser politischen Turbulenzen steht die Arbeit am Ballhausplatz nicht still. Im Gegenteil, die Zahl der Beamten steigt, und man muss sich ernsthaft Gedanken über eine Erweiterung des Hauses machen. Zum ersten Mal taucht der Plan auf, einen Zubau entlang der Löwelstraße hin zur Kreuzgasse zu errichten. Gegen Ende des Jahres 1800 wird dafür an den Obersthofmeister Starhemberg sogar ein umfangreicher und detaillierter Kostenvoranschlag gerichtet, der unter anderem auch eine Dachsanierung enthält, für die man 20.000 Lattennägel benötigt. Die Erweiterungspläne werden vorerst aber nicht realisiert.

Noch einmal mischt sich Thugut in die Abläufe ein, bis es dem Kaiser zu bunt wird und er ihn geradezu gewaltsam im März 1801 aus der Nähe des Hofes entfernt. Er erhält keine Ehrenstellung etwa als Leiter der italienischen Hofkanzlei, mehr noch – ihm wird vom Kaiser sogar ein Billet zugestellt, das ihn anweist, Wien sofort zu verlassen. Auch seine politische Bilanz ist trist: Er fand nie eine sinnvolle österreichische Antwort auf die Französische Revolution und auf Napoleons Vormarsch, und in die historische Bewertung der Nachwelt geht er als einer der schwachen Außenminister der Epoche ein.

Nach seiner Entlassung übersiedelt der Exminister nach Preßburg. Dort führt er ein bescheidenes Leben mit einer relativ geringen Pension, kommt später aber doch wieder nach Wien zurück, erlebt noch den Wiener Kongress und stirbt hier 1818. Ein politisches Amt nimmt er nicht mehr an, aber seine gescheiten Salonabende im Kreise älterer Herren und gebildeter Kleinadeliger sind ebenso bekannt, wie sein Einfluss in konservativen Kreisen noch lange gefürchtet bleibt.

Zur Jahrhundertwende ist der 47-jährige Johann Ludwig Graf von Cobenzl mit dem Titel Hof- und Staatsvizekanzler also formell der Chef im Haus am

Ballhausplatz. Doch wie bereits erwähnt, weilt er zunächst geschäftlich im Ausland, und sein Stellvertreter steht von Beginn an unter der Kuratel des Kabinetts- und Konferenzministers Franz de Paula Karl Graf von Colloredo, der das volle Vertrauen des Kaisers genießt und der auch im Amtsschematismus noch vor Cobenzl als Leiter der Kanzlei aufscheint. Das bedeutet also offenbar eine gemeinsame Ministerschaft – es hat wohl schon klarere Verhältnisse am Ballhausplatz gegeben. Erst im September 1801 erlässt der Kaiser zumindest Richtlinien für die Geschäftsführung in der Kanzlei und schafft damit ein wenig Stabilität.

Cobenzl führt derweil die Verhandlungen mit Napoleon mit unendlicher Geduld – auch wenn sich der Franzose „wie ein Narr aufführt", als er in einer Verhandlungsrunde jähzornig Cobenzls von der Zarin stammendes Teeservice zerschmettert. Letztlich erreicht er einen passablen Friedensschluss.

Johann Ludwig Graf von Cobenzl ist der Vetter seines Vorvorgängers, seit seiner Jugend im auswärtigen Dienst tätig, ein erfolgreicher Berufsdiplomat –

Johann Ludwig
Graf von Cobenzl

insbesondere 16 Jahre lang in Sankt Petersburg, wo er sich die persönliche Zuneigung der Zarin Katharina II. unter anderem dadurch erwarb, dass er geistreiche und heitere französische Theaterstücke für sie schrieb. Er kennt das Hochparterre des Ballhausplatzes sehr gut, hat sich im auswärtigen Dienst vielfach bewährt, ist aber kein politischer Kopf, sondern eher ein Schöngeist. Es fehlt ihm daher auch das Verständnis sowohl für die Reformpolitik Erzherzog Karls als auch für die Analyse der Pläne Napoleons. Er hat keinerlei Ambitionen, innenpolitische Reformen, welche die letzten 20 bis 25 Jahre geprägt haben, anzugehen oder auch nur fortzusetzen. Dies ist aber auch seitens des Kaisers nicht mehr gefragt – Franz II. setzt in zunehmendem Maß auf Stabilität, Konservierung, Rücknahme ungeliebter Reformen, Reaktion statt Aktion, Rückschritt statt Fortschritt. Vom josephinischen Aufbruch soll nur mehr bleiben, was allseits akzeptiert und im Interesse der Systemstabilisierung ist – etwa die Zivilrechtskodifizierung.

Es führt also kein Reformmanager, sondern ein eleganter Redner und ein galanter Herr das Palais, in das er Ende 1801 einzieht – zusammen mit seiner reichen Frau Gräfin Maria Theresia Johanna de Monte l'Abbate; die vier Kinder sind leider schon früh verstorben, die Adoptivtochter Franziska kommt erst später in die Familie. Cobenzl ist kein Höfling, mitunter durchaus witzig, ein Freund von Gesellschaften und Vergnügungen – was in direktem Gegensatz zu seinem asketischen Vorgänger steht und ihm einiges an Kritik einträgt, weil am Ballhausplatz jetzt so viel gefeiert wird.

Cobenzl kommt noch aus der direkten Umgebung des alten Kaunitz, der ihn in seiner Jugend protegiert und ihn sogar als seinen „lieben Sohn" bezeichnet hat. Eine enge Beziehung zu Kaiser Franz II., wie er sie seinerzeit noch zu Joseph II. hatte, der in Sankt Petersburg beim Besuch der Zarin einmal mit ihm sogar mehrere Wochen das Haus teilte, fehlt ihm aber, denn als erster Vizekanzler hat er offiziell keinen direkten Zugang zum Kaiser, sondern kann mit ihm nur über Colloredo verkehren.

Obwohl Cobenzl ein überzeugter Absolutist und Gegner der Französischen Revolution ist, agiert er gegenüber Frankreich konstruktiv und erkennt 1804 sogar Napoleons Kaisertum an. Er ist – zur Linderung dieser Schmach für Kaiser Franz – auch nicht ungeschickt in der daraufhin erfolgenden Konstruktion eines neuen österreichischen Kaisertums. Dann aber schließt er doch wieder einen Vertrag mit Russland gegen Napoleon und geht damit nicht den Weg der Deeskalation und des Friedens, sondern in einen dritten Koalitionskrieg. Dieser verläuft für Österreich aber absolut katastrophal. Am 13. November 1805 marschieren tatsächlich französische Besatzungssoldaten in Wien ein und marodieren sogar im Palais am Ballhausplatz, dessen Amt Cobenzl Hals über Kopf evakuieren muss. Die Büros werden verwüstet, die Wohnung geplündert, und die paar verängstigten Amtsgehilfen, die sich im Haus aufhalten, wagen keinen Finger zur Verteidigung zu rühren. Tags darauf bezieht Napoleon Quartier in Schönbrunn – der Kaiser ist ja längst fort aus der Stadt und hat seine Familie im ungarischen Ofen in Sicherheit gebracht.

Noch vor der Schlacht bei Austerlitz muss Colloredo am 30. November gehen, und nach der Niederlage demissioniert auch Cobenzl am Weihnachtstag, praktisch am Vorabend des ruhmlosen Friedensvertrags von Preßburg, und zieht sich ins Privatleben zurück. Gebrochen durch seine unglücklichen Ministerjahre, überlebt er den Machtverlust nicht lange – er stirbt am 22. Februar 1809, kurz nachdem Kaiser Franz I. am 16. Jänner wieder nach Wien zurückgekehrt ist.

Ein Biograf Cobenzls schreibt später, dass seine Amtszeit die unglücklichste Periode Österreichs bezeichnet und darum auch von leidenschaftlichen Vorwürfen nicht verschont geblieben ist. Auch Freiherr von Gentz geht Jahre danach mit Johann Ludwig Graf von Cobenzl scharf ins Gericht. Diese Beurteilung wird man aber nicht auf diesen einen Minister konzentrieren dürfen, sie gilt eigentlich für die gesamte Phase der Außenpolitik von 1793 bis 1811.

Ende 1805 kommt ein profilierter und kantiger Mann in die Staatskanzlei: Der noch nicht einmal 42-jährige Johann Philipp Graf von Stadion wird zum „dirigierenden Minister der Auswärtigen Geschäfte" ernannt. Er kommt aus gutem süddeutschen Haus, ist vor 18 Jahren in den österreichischen auswärtigen Dienst eingetreten – und nach wenigen Jahren dadurch aufgefallen, dass er aus Protest gegen Thugut den diplomatischen Dienst wieder verließ, weil er (im Auftrag des Kaisers) Polen an Preußen abtreten und die österreichischen Niederlande gegen Bayern tauschen wollte. Im Jahr 1800, nach Thuguts Amtsende, kam er von seinen Besitzungen wieder zurück und erwarb sich als Botschafter in Berlin – eine Position, die nach ihm übrigens der jüngere Kollege Metternich einnahm – und in Sankt Petersburg so große Verdienste, dass das Zerwürfnis mit dem Herrscher und seinem seinerzeitigen Minister anscheinend vollkommen vergeben und vergessen ist. Der Kaiser hat ihn bereits als Berater im Zusammenhang mit der Vorbereitung zur Auflösung des alten Kaiserreichs schätzen gelernt und beruft ihn nun zum Nachfolger Cobenzls als Hof- und Staatskanzler. Er soll sich in dieser aufgrund der katastrophalen Niederlage bei Austerlitz und der Nachkriegssituation besonders schwierigen Zeit gemeinsam mit dem Chef des Militärwesens, Erzherzog Karl, um die Politik kümmern.

Privat ist Stadion ein lebenslustiger Mensch, mit seiner Frau hat er eine ganze Schar Kinder: den beim Amtsantritt im Jahr 1805 achtjährigen Josef Philipp, den sechsjährigen Friedrich Walter sowie die kleinen Mädchen Sophie Ludovica und Marie Charlotte – Christine und Rudolph kommen erst während der Amtszeit des Vaters im Palais zur Welt. Es gibt also wieder ein richtiges Familienleben im Wohntrakt des Hauses, das zunächst wieder die Adresse Schauflergasse, ab 1807 dann aber Ballhausplatz 26 hat. Das Haus eignet sich auch gut für diese große Familie, denn der zweite Stock über den Amtsräumen des Ministers in der Staatskanzlei bietet viel Raum zum Wohnen.

Die Kinderzimmer blicken nach Süden über die Stadtmauer aufs Glacis hinaus, sind geräumig und mit den Kanzleiräumen der Beletage durch eine Treppe verbunden.

Im Übrigen haben die unsicheren und wechselhaften Zeiten dem Gebäude gar nicht gutgetan. Es weist mittlerweile – abgesehen von den jüngsten Devastationen der Soldateska – auch arge Bauschäden auf, wurde doch jahrzehntelang so gut wie nichts in die Substanz investiert, Fassade und Dach müssen ausgebessert werden, auch der Dachstuhl ist zu sanieren. Der Hofarchitekt Montoyer legt 1806 und 1810 zwei Projekte zur Erweiterung der Staatskanzlei mit einem Quertrakt über den Minoritenplatz vor, es kommt aber wieder zu keiner umfassenden Renovierung dieser ersten Adresse der österreichischen Verwaltung, also wird sich der nächste Hausherr mit größeren Arbeiten herumschlagen müssen. Stadion kann nur die notwendigsten Ausbesserungsarbeiten veranlassen.

Der neue Minister ist ein guter Taktiker, insbesondere auch, was die Pläne und Koalitionen der Militärs anlangt. Als diese etwa eine Erhebung der Serben gegen die Türken unterstützen wollen, bremst er, um das lebenswichtige Bündnis mit Russland nicht zu gefährden. In den Kriegsauseinandersetzungen 1806 und 1807 bewahrt er eine gewisse Neutralität Österreichs, daneben muss er sich aber auch ständig um die Aufrechterhaltung guter Beziehungen zu Preußen bemühen. Seine Linie ist eine klar antifranzösische, was ihn mit der profranzösischen Partei, die es in Wien ebenfalls gibt, in Konflikt bringt.

Der vorsichtige Stadion lässt sich schließlich auch von den Kriegstreibern, unter denen sich insbesondere auch die Kaiserin Maria Ludovika Beatrix von Österreich-Este, die dritte Gattin des Kaisers, befindet, bestimmen und schlägt die Warnungen seines Botschafters Metternich vor einer militärischen Eskalation, die dieser aus Paris übermittelt, in den Wind. Geschickt bereitet er den Tiroler Aufstand gegen die Franzosen vor und versucht ein neues Bündnis mit England, doch auf den Schlachtfeldern werden die Weichen anders gestellt: Der Österreichisch-Französische Krieg von 1809 endet nämlich nach ersten militärischen Erfolgen, die zunächst Stadions Einschätzung der Schwäche Frankreichs zu bestätigen scheinen und ihn darin bestärken, Krieg gegen Napoleon zu führen, wieder mit einem militärischen Desaster. Am Ende seiner Amtszeit wiederholt sich somit fast detailgenau das Schicksal seines Vorgängers, denn am 10. Mai 1809 besetzen französische Soldaten wieder Wien, und Amt und Wohnung am Ballhausplatz müssen bei Nacht und Nebel evakuiert werden. Der Sitz des Amtes und ein Teil seines Personals folgen dem Kaiser in sein Feldlager im ungarischen Totis/Tata bei Temesvár.

Und diesmal kommt es noch schlimmer als drei Jahre zuvor. Am 11. Mai bezieht Napoleon abermals in Schönbrunn Quartier, und tags darauf wird vom Spittelberg aus die Stadt bombardiert, das Haus am Ballhausplatz selbst aber zum Glück nicht getroffen. Am 13. Mai marschieren die Soldaten in die wehrlose innere Stadt, dringen ins Palais ein, entdecken neben schlotternden Archivaren auch noch zurückgelassene Akten, laden diese auf Fuhrwerke und bringen sie nach Paris, von wo sie erst 1814 wieder nach Wien zurückkehren werden.

Stadion ist angesichts dieser Entwicklung verzweifelt. Hatte er zunächst nach dem Sieg bei Aspern am 22. Mai noch kurz Hoffnung geschöpft, muss er nun die Schwäche der österreichischen Armee und ihres unfähigen Oberkommandierenden Erzherzog Karl erkennen, und so teilt er bereits einige Tage vor der Julischlacht bei Wagram dem Botschafter Österreichs in Paris, Metternich, der in diesen Tagen in Wien weilt, mit, dass er im Fall einer Niederlage abdanken wird. Dass er dies ausgerechnet dem Mann anvertraut, der – in alter Ballhausplatztradition – schon seit Längerem an seinem Sessel sägt, ist eine besondere Ironie des Schicksals. Zwei Tage danach, noch im Juli, setzt der Minister diesen Schritt dann auch in aller Form. Der Rücktritt wird zunächst aber nicht angenommen.

Johann Philipp Graf
von Stadion, 1805

Metternich hat aufgrund der Kriegsereignisse seinen Posten in Paris verlassen müssen und schlägt sich in einer abenteuerlichen Reise zuerst bis Wien durch, reist aber sofort weiter, dem Kaiser nach, dem er so nahe wie möglich sein will, um seine Chance auf den von ihm seit Längerem angestrebten Ministerposten zu wahren. Sein Konzept geht auf, und er kann Franz I. relativ rasch davon überzeugen, dass er im Vergleich zu Stadion wohl der bessere Ressortchef wäre. Noch im Militärlager arbeitet Metternich bereits strategische Papiere und eine neue Geschäftseinteilung für die Kanzlei aus.

Die formelle Entlassung Stadions erfolgt allerdings erst am 4. Oktober, wenige Tage vor der Unterzeichnung des für Österreich so katastrophalen Friedensvertrags von Schönbrunn, für den – so weit geht Stadions Demütigung – das deprimierte Diplomatenteam vom Ballhausplatz auch noch die Unterlagen aufbereiten muss. Für den Ballhausplatz ist der Krieg damit aber immer noch nicht ganz vorbei, denn am 17. Oktober sprengen die Franzosen vor ihrem Abzug noch die Löwelbastei vor dem Haus. Dieses blickt nun zwar erstmals weit nach Süden hinaus in die Vorstadt, allerdings über eine mit Trümmern übersäte trostlose „Gstättn".

Am 27. November kehrt schließlich Kaiser Franz I. wieder in die Hofburg zurück. Das Amt übersiedelt aber erst Schritt für Schritt im November und Dezember vom Schloss Totis zurück. Schon vorher erreicht die in Wien verbliebenen Bediensteten allerdings die Nachricht vom Wechsel in der Ressortleitung – Botschafter Metternich ersetzt Stadion – und von der unmittelbar darauf folgenden neuen Geschäftseinteilung. In der Zwischenzeit werden im Haus die teilweise verwüsteten Amtsräume wieder in Betrieb genommen. Die Wohnung allerdings muss komplett renoviert werden, bevor sie wieder benutzt werden kann.

Stadion zieht verbittert aus. Er hadert nicht nur mit den Franzosen, sondern auch mit Metternich, von dem er – zu Recht – annimmt, dass er schon seit Längerem beim Kaiser gegen ihn intrigiert habe. Viele bedauern sein Ausscheiden aus dem Amt, darunter Erzherzog Johann und Freiherr von Stein. Andere, insbesondere die Diplomaten, sind darüber eher erleichtert, denn mit dem Neuen können die Arbeitsmöglichkeiten nur besser werden und die in den letzten Jahrzehnten gesunkene Bedeutung des Ballhausplatzes steigen. Graf von Stadion zieht sich nach Prag zurück – allerdings verlässt er die Politik nicht endgültig, denn 1813 kommt er als Finanzminister wieder in die Regierung. Sein Verhältnis zu Metternich bleibt allerdings in den folgenden gemeinsamen Regierungsjahren aufgrund der Vorfälle rund um den Amtswechsel sehr belastet und angespannt.

In den Jahren seiner Führung der Haus-, Hof- und Staatskanzlei hat Stadions Aufmerksamkeit und Fantasie nicht zur Gänze der Außenpolitik gehört, vielmehr befasste er sich auch mit der Schulreform, mit Wirtschaftsfragen und dem Aufbau eines Systems der Volksbewaffnung. Er ist also durchaus ein Homo politicus, ein Reformer, und es ist daher nicht überraschend, dass er nacheinander zwei völlig unterschiedliche Karrieren erlebt. In der Kanzlei selbst hat Stadion aber, wie auch seine Vorgänger, in der seit fünfzig Jahren bestehenden Kaunitz'schen Struktur nicht viel umgestaltet. Dies erscheint angesichts der extremen Herausforderungen durch die mehrfachen Wellen der militärischen und politischen Aggression Napoleons und angesichts eklatanter strategischer und taktischer Fehler und Fehleinschätzungen der Verwaltung am Ballhausplatz eigentlich verwunderlich.

Im Amt gibt es in dieser Zeit so wie in den vergangenen Jahrzehnten noch immer einen geheimen Staatsreferendar als Verwaltungsspitze, darunter drei oder vier Hofräte, die meist bis ins hohe Alter dienen, denn eine Pensionierung zu einem bestimmten Zeitpunkt ist nicht vorgesehen, eine größere Zahl diplomatischer Referenten und das übliche Schreib-, Kanzlei- und Archivpersonal. Zwischen den leitenden Bediensteten und ihren Abteilungen entwickelt sich nur langsam und lückenhaft eine Kompetenzverteilung, ja es ist den Hofräten sogar explizit aufgetragen, alle wichtigen Akten – auch die der anderen Herren – zu lesen und zu kennen. Zur zentralen Figur auf Beamtenebene wird in diesen Jahren in zunehmendem Maß Josef Hudelist, der sich in seinem großen Eckzimmer links im Hochparterre um alles kümmert, sich in den Kriegswirren erfolgreich der Evakuierung und Sicherung der Akten annimmt und seinen Ministern – später auch Metternich – eine unentbehrliche Stütze und im Abwesenheitsfall ein loyaler Stellvertreter ist. Er ist im besten Sinne ein großer Bewahrer – Aufklärer und Veränderer von großem Format gibt es keine mehr im Haus.

5 Metternich und der Wiener Kongress

(1809–1815)

Am 8. Oktober 1809 wird Klemens Wenzel Lothar Graf von Metternich mitten in der schwersten Krise der Regentschaft Kaiser Franz I. an die Spitze der Staatskanzlei berufen, die Beauftragung des für ein derartiges Amt mit seinen 36 Jahren eigentlich noch viel zu jungen Botschafters erfolgt in der Hektik des kaiserlichen Hoflagers in Ungarn. Er ist de facto der zehnte Ressortchef im Haus, und er wird es stärker prägen als alle anderen davor.

Dramatische Wochen sind nach der Niederlage Österreichs gegen Napoleon bei Wagram im Juli, nach welcher der Außenminister Stadion zurücktrat, vergangen. Metternich hat die Wochen vor und nach den Kämpfen im Hoflager verbracht und sich dabei fleißig darum bemüht, Kaiser Franz I. so nahe wie möglich zu sein und so unentbehrlich wie möglich zu erscheinen. Als Napoleon auf ganzer Linie siegt und zynisch die Konditionen des Friedens von Schönbrunn diktiert, muss der aus Wien geflohene Kaiser fürchten, dass sein Reich gänzlich zerschlagen wird. In dieser Situation sucht er natürlich dynamische Unterstützung, die er von seinem bisherigen Außenminister Stadion allerdings nicht bekommt. Also vertraut er jetzt dem wendigsten Kopf in seinem auswärtigen Dienst, der noch dazu die Franzosen und Napoleon besonders gut kennt, da er die letzten Jahre als Botschafter in Paris verbracht hat.

Viele Neider meinen, Graf von Metternich sei zu unerfahren und in finanzieller Hinsicht unseriös und verschwenderisch, aber er hat bereits eine beeindruckende Karriere hinter sich und ist sowohl in der Wiener Hochbürokratie als auch international bestens vernetzt. Er stammt aus einer nicht besonders reichen Familie aus Koblenz, sein Vater war ein mäßig erfolgreicher kaiserlicher Diplomat, seine Mutter aber von Anfang an ehrgeizig bestrebt, dem Sohn in Wien sämtliche Türen zu öffnen, als die Familie ihren rheinländischen Besitz und dann ihr Brüsseler Domizil durch Napoleons ersten Krieg verliert.

Metternich hat ein wenig in Straßburg, danach in Mainz studiert, wird von seinem Vater zu einigen internationalen Konferenzen für diverse Protokolldienste mitgenommen, entwickelt bereits in jungen Jahren Charme, soziale Intelligenz und Eloquenz und hat damit bemerkenswerten Erfolg bei den Frauen.

Mit 21 Jahren kommt er nach Wien und tritt – auf Betreiben seiner Mutter – in den diplomatischen Dienst ein. Von Anfang an erfreut er sich der Protektion einflussreicher adeliger Damen, und er folgt auch dem Rat, Maria Eleonore Gräfin von Kaunitz-Rietberg, genannt Lorel, zu heiraten, die Enkeltochter des großen früheren Kanzlers. Damit ist der junge, brillant auftretende und begabte Rheinländer plötzlich in den inneren Kreis der Diplomatie in Wien vorgedrungen und darf sich – ohne jahrelange Ochsentour durch niedrigere Chargen des Dienstes – bereits im Alter von 28 Jahren 1801 um einen Chefposten bewerben.

Er geht als Gesandter nach Dresden – eine Mission, die ihn nicht besonders fordert; privat jedoch begegnet er dort einer großen Liebe, der jungen, klugen und schönen Katharina Fürstin Bagration, mit der er eine außereheliche Tochter zeugt. Hier entsteht auch seine erste größere außenpolitische Schrift, in der es um die Wichtigkeit eines starken Österreich für das europäische Gleichgewicht geht. 1803 wird er Botschafter in Berlin, wo es ihm aber nicht gelingt, die österreichischen Interessen besonders erfolgreich zu vertreten – eine Bündnisstrategie mit Preußen übersteigt seine außenpolitische Vorstellungskraft. Dennoch

Klemens Wenzel
Lothar Graf von
Metternich um 1810

(oder gerade deshalb) werden Russland und Frankreich auf ihn aufmerksam, und als die entsprechenden Posten frei werden, kann Metternich zwischen Sankt Petersburg und Paris wählen – und geht 1806 nach Paris, mit der Absicht, dort für die alte Ordnung und gegen den üblen Revolutionär Napoleon einzutreten. Napoleon wiederum hat die Erwartung, der neue Botschafter werde ein „zweiter Kaunitz" sein, mit dem sich Frankreich seinerzeit gut verstanden hat.

Natürlich ist „le beau Clement" auch in Paris ein Star des gesellschaftlichen Lebens, aber hier beschränkt er sich nicht darauf, sondern ist auch außenpolitisch überaus aktiv. In realistischer Sicht der Stärke Napoleons und Frankreichs bemüht er sich um Entspannung zwischen Paris und Wien und erzielt dabei durchaus Erfolge. Angesichts des militärischen Engagements Napoleons in Spanien schätzt er die Situation jedoch falsch ein, als er seinem Außenminister zunächst zum Krieg Österreichs gegen Frankreich rät. Die Kriegspartei setzt sich in Wien tatsächlich durch – mit fatalen Folgen, für die Graf von Stadion die Verantwortung übernehmen muss. Metternich aber macht eine Kehrtwendung, forciert einen raschen Frieden und dient sich damit dem Kaiser als Nachfolger im Ministerium an.

Ende 1809 ist er, was seine Karriere anlangt, am Ziel. Ohne eine Sekunde zu zögern, erlässt er bereits am 13. November, noch bevor er seine Amtsräume am Ballhausplatz bezieht, eine neue Geschäftseinteilung für das Haus. Der Kaiser genehmigt sie noch im Hoflager in Totis/Tata. Das Amt wird in fünf Sektionen mit 17 Referenten und eine Registratur sowie Hilfsdienste mit zwölf Beamten eingeteilt; eine Sektion für Frankreich, Russland, England, Preußen, Spanien und Italien, die zweite für den Rheinbund und die anderen westeuropäischen Staaten, die dritte für die Türkei, die Levante, Sizilien und Sardinien, die vierte für den Verkehr mit inländischen Stellen und die fünfte für Verwaltungssachen. Jeder Leiter einer Sektion erhält auch gleich auf sechs handschriftlich eng beschriebenen Seiten spezielle Anweisungen, was er zu tun hat. Der – bis heute erhaltene – neue Belegungsplan zeigt, dass jeder Sektion im Hochparterre ein oder zwei Zimmer zugewiesen sind. Links von der Einfahrt arbeitet die Sektion I und an der Front zur Löwelstraße die Sektion II, im rechten Flügel die Sektionen III und IV, und im hinteren Trakt belegen Expedit und Kopisten sechs Zimmer; zwei Besprechungszimmer der Botschafter, wenn sie sich in Wien aufhalten, ergänzen das Ensemble.

Noch vor Ende des Jahres zieht Metternich mit seiner Frau Lorel und den vier Kindern in das Privatappartement am Ballhausplatz 26 ein. Maria Leopoldina ist zwölf, Viktor sechs, Clementine fünf, Maria Antonia drei – sie finden sich im Palais des Urgroßvaters rasch zurecht und genießen ihre Zimmer im Oberstock mit dem weiten Blick über die Stadtmauer in die südwestlichen Vorstädte. Diese neue, intensive Nutzung des Hauses erfordert naturgemäß einige Umbauten, in deren Rahmen auch die längst notwendigen Sanierungen vorgenommen und jene Schäden beseitigt werden, die in den Innenräumen der Staatskanzlei durch die Verwüstungen der zweiten französischen Soldateska entstanden sind. Auch in der unmittelbaren Umgebung des Hauses wird Schutt weggeräumt, planiert und gebaut, denn im Burgviertel müssen die früheren Basteien umgestaltet werden, nachdem die Besatzungstruppen bei ihrem Abmarsch die Wehranlagen gesprengt haben. Den großen Umbau des Hauses, der seinen persönlichen Wohn- und Arbeitsbedürfnissen entsprechen würde, schiebt der Minister noch auf. Dennoch geht die Sache sehr ins Geld, und Metternich setzt sich mehrfach über die ihm gesetzten finanziellen Grenzen hinweg und nötigt den an sich sparsamen Kaiser nicht nur einmal, nachträglich Kredite zu genehmigen.

Auch privat kann der Graf nicht mit Geld umgehen, selbst wenn sein Jahresgehalt jetzt über 100.000 Gulden beträgt, denn er pflegt einen viel zu üppigen Lebensstil und erbt darüber hinaus noch beträchtliche Schulden. So muss ihm der Kaiser mehrmals durch Belehnung mit einträglichen Gütern und durch Darlehen – jeweils über 30.000 Gulden – unter die Arme greifen.

In seiner neuen Funktion muss Metternich den für Österreich schmählichen Friedensvertrag von Schönbrunn akzeptieren, der dem Habsburgerreich eine Verkleinerung auf einen historischen Tiefststand bringt und seine Finanzmittel durch die Abspaltung von Lombardo-Venetien um ein Viertel reduziert. Dennoch tritt Metternich aus taktischen Gründen weiterhin für ein Arrangement mit Frankreich ein, zu dem er einmal schreibt: „Welches immer die Bedingungen des Friedens sein werden, das Resultat wird immer darauf hinauslaufen, dass wir unsere Sicherheit nur in unserer Anschmiegung an das triumphierende französische System suchen können. […] Wir müssen also vom Tage des Friedens an unser System auf ausschließliches Lavieren, auf Ausweichen, auf Schmeicheln beschränken. So allein fristen wir unsere Existenz vielleicht bis zum Tage der allgemeinen Erlösung. Uns bleibt demnach nur ein Ausweg: Unsere Kraft auf bessere Zeiten aufzuheben, an unserer Erhaltung durch sanftere Mittel – ohne Rückblick auf unseren bisherigen Gang – zu arbeiten."

Eines dieser taktischen Manöver ist die Verheiratung der Kaisertochter Marie-Louise mit Napoleon, die der Minister in Wien und seine noch zwischen Wien und Paris pendelnde Frau Lorel am dortigen Hof kongenial betreiben. Die Hochzeit findet 1810 statt, zur nachhaltigen Verbesserung der Position Österreichs trägt sie nicht bei.

Am Ballhausplatz findet Metternich 1809 zwar ein relativ funktionsfähiges Amt vor, denn an der Wende vom 18. zum 19. Jahrhundert haben seine Vorgänger so wie in allen europäischen Ländern die Institutionen der Außenpolitik durch bürokratisch organisierte Arbeitsabläufe, speziell ausgebildete Berufsdiplomaten und ein Netz von Vertretungsbehörden geformt. Ihm muss es jetzt aber gelingen, die in den letzten Jahrzehnten überbordenden Intrigen im Inneren zu überwinden, eine große und klare Linie vorzugeben und damit Schwung ins Haus zu bringen. Das ist auch deshalb wichtig, weil seit dem Amtsende Kaunitz' 1792 eine Ära der Unsicherheit das Haus geprägt hat, die nicht nur in den zu häufig wechselnden Leitern der Außenpolitik seinen Ausdruck fand. Wesentlich für die erfolgreiche Ressortleitung Metternichs ist vor allem eine besonders enge Arbeitsbeziehung mit Kaiser Franz I., dem er täglich berichtet und an dessen Linie er sich bedingungslos orientiert – was ihm überall dort wohl nicht besonders schwerfällt, wo diese ohnedies aus seinen vielen intensiven Gesprächen mit dem Kaiser heraus entstanden ist.

Am Hof selbst muss sich Metternich gegen diverse Kreise und politische Kräfte wehren und durchsetzen, die ihn offen ablehnen. Metternich gilt außenpolitisch als Franzosenfreund, und das können viele in der Residenzstadt nicht verstehen. Vor allem die junge und intelligente Kaiserin Maria Ludovika missbilligt diesen Kurs, was den Minister dazu veranlasst, jeden ihrer Schritte genau zu beobachten und sogar staatspolizeiliche Dossiers über sie anzulegen, deren Inhalt er auch dem Kaiser hinterbringt. Er geht sogar so weit, dass er ihre Briefe

Jugendbild Maria Eleonore Gräfin von Kaunitz-Rietberg, später Fürstin von Metternich

abfangen und am Ballhausplatz auswerten lässt – so erfährt er, dass die Liebe zwischen den kaiserlichen Eheleuten drüben in der Hofburg erkaltet ist und Maria Ludovika ihren ehelichen Pflichten nur mehr sehr widerwillig nachkommt.

Daneben gibt es auch ganz Pragmatisches zu erledigen, etwa die Rücksiedlung der evakuierten Akten, von denen zum großen Bedauern seines Amtschefs Hudelist einige im Zuge der Kriegsereignisse verloren gegangen sind, obwohl er selbst große Teile der Registratur der Staatskanzlei, der Kassenunterlagen und des Archivs in letzter Minute vor den Franzosen gerettet hat. Auch die Besoldung der Mitarbeiter muss geregelt werden – der fleißige und kluge Hudelist, die rechte Hand Metternichs und sein Stellvertreter im Abwesenheitsfall, soll 10.000 Gulden erhalten, die Hofräte 4.000, die niedrigeren Referentenchargen 2.500 und 1.600.

Die erste Amtsgliederung des Jahres 1809 erscheint dem Ressortchef bald zu hypertroph, sodass Metternich nach knapp zwei Jahren die Organisation strafft und die drei politischen Sektionen zu zwei zusammenfasst. 1816 wird noch eine weitere Reduktion folgen, welche die Agenden des Hauses auf zwei Bereiche aufteilt, und ein Jahr später werden die Budgetagenden des Hauses verselbstständigt.

In der Außenpolitik wird 1812 der Erfolg der außenpolitischen Strategie Metternichs und seines Hauses insofern sichtbar, als Österreich einen deutlich besseren Vertrag mit Frankreich abschließen kann als Preußen. Da Metternich aufgrund seiner Ministerfunktion auch die innere Schwäche des Habsburgerreichs deutlich erkennt, rät er zu einem föderalistischen Konzept der Monarchie, um diese weiter zu stärken, was Kaiser Franz I. jedoch entschieden ablehnt.

Nach der Niederlage Frankreichs im Russlandfeldzug 1812/13 zögert Metternich trotz der eben abgeschlossenen Verträge allerdings nur kurz, jede Rücksichtnahme auf den „Bündnispartner" Frankreich fallen zu lassen und sich wieder Preußen und Russland anzunähern. Zunächst spielt er noch auf Zeitgewinn, da er auch ein zu mächtiges Russland verhindern will, doch im Juni sagt er den Beitritt Österreichs zur Koalition gegen Napoleon zu. Am 26. Juni gibt es ein letztes taktisches Manöver, die berühmte neunstündige Unterredung Metternichs mit Napoleon in Dresden, in der Metternich den Rückzug Frankreichs in seine historischen Grenzen als Bedingung für den Frieden vorschlägt, doch Napoleon geht nicht darauf ein. Daraufhin erklärt am 11. August 1813 Österreich Frankreich den Krieg, im Oktober unterliegen die napoleonischen Truppen in der Völkerschlacht bei Leipzig. Metternich ist dort selbst anwesend und informiert auch von hier aus, so wie er es in Wien gewohnt ist, täglich den Kaiser, dem er sogar eine eigenhändige Skizze der Aufstellung und des Verlaufs der Schlacht übersendet.

Es ist dem österreichischen Außenminister in knapp fünf Jahren gelungen, sein Land und sich ins Zentrum der Koalition gegen Frankreich zu rücken. Er hat das Gesetz des Handelns erobert, sein Amt hat ganze Arbeit geleistet. Das sieht offenbar auch er Kaiser so, weil er ihn unmittelbar nach der Völkerschlacht in den Fürstenstand erhebt.

Mit diesem Vertrauensbeweis und mit einem funktionsfähigen Apparat im Rücken kann sich Fürst von Metternich jetzt daranmachen, seine Rolle, die des Ballhausplatzes und Österreichs in der Gestaltung des nachrevolutionären und nachnapoleonischen Europa auszubauen. Intensiv mischt er in der Strategie der Allianz mit, plädiert zunächst nach dem militärischen Vormarsch der gemeinsamen Truppen dafür, nicht über den Rhein zu setzen, muss in diesem Punkt dann jedoch nachgeben. Dennoch versucht er auch danach mehrfach, Napoleon im Interesse einer nachhaltigen Stabilität in Europa goldene Brücken zu bauen, doch steigt weder dieser noch Preußen auf den Kompromissvorschlag eines verkleinerten und entmachteten Frankreich ein. Im März 1814 marschieren die Koalitionstruppen in Paris ein, im Mai ist Napoleon mit dem Ersten Pariser Frieden Geschichte und der Startschuss für die Neuordnung Europas gefallen.

Klar ist, dass es auf Basis der Pariser Übereinkunft einen großen europäischen Kongress im Herbst 1814 geben soll, noch nicht klar ist allerding, wo dieser stattfinden wird. Für Kaiser Franz I und Metternich steht sofort fest, dass es dafür keinen geeigneteren Ort als Wien gibt. Franz I. will und muss sich auf diese Weise für die Demütigungen durch Napoleon rächen und der ganzen Welt zeigen, dass er doch nicht nur ein Kaiser unter mehreren in Europa ist, sondern der legitime Nachfolger der großen Kaiser des Heiligen Römischen Reichs. Daher gibt er auch seine sonstige Zurückhaltung in Finanzdingen auf und signalisiert seinem Minister, dass er keinerlei Kosten scheuen werde, wenn der Kongress nach Wien kommt.

Die anderen Großmächte machen es Metternich auch nicht schwer: Russland hat zu deutlich erkennbare Eigeninteressen insbesondere in Bezug auf Polen, als dass die anderen Staaten St. Peterburg als neutralen Ort der Konferenz akzeptiert hätten. England ist ohnehin zurückhaltend, denn an den kontinental-europäischen Auseinandersetzungen ist man wenig interessiert – es geht Albion um das einzige Ziel, die Souveränität auf den Weltmeeren abzusichern, und das kann man auch an einem anderen Konferenzort als London. Preußen scheint zu lange zu überlegen und zu zögern – die Österreicher sind einfach schneller und können auch das überzeugendere Angebot präsentieren.

So wird also die große Konferenz in Wien stattfinden, das Haus am Ballhausplatz wird der zentrale Ort des Wiener Kongresses 1814/15 sein und damit im Mittelpunkt des Weltinteresses, der Weltpolitik, der Weltgeschichte stehen. Das Palais am Ballhausplatz ist eigentlich für einen großen Kongress nicht wirklich gut geeignet und dafür auch nicht gebaut. Es ist seit fast hundert Jahren Staatskanzlei und Amtssitz der Staatskanzler, sein Raum- und Funktionsprogramm sind darauf abgestimmt; ein Konferenzzentrum sollte es nach den Plänen von Hildebrandt nie werden.

Dennoch zeigt sich schon in der Vorbereitung, dass der „Kutscher Europas" die Tagung von hier aus sehr gut steuern kann – in einem Haus, das doppelt genutzt werden kann, als Amt und als Eventlocation, das so klein ist, dass man rasch eine Atmosphäre von Vertrautheit und Vertraulichkeit erzielt, aber doch groß genug, dass die wichtigen zeremoniellen Anforderungen erfüllt werden können. Seine repräsentative Einfahrt, die Prunkstiege, die großen Räume der Beletage und der zentrale Festsaal eignen sich dafür, dass hier auch Kaiser und Könige aus und ein gehen. Die Anwesenheit der Expertenmannschaft im Haus lässt eine rasche Umsetzung und effiziente Vorbereitung der Beschlüsse zu. Und die Infrastruktur ist perfekt eingespielt, denn im Keller befinden sich die fürstliche Küche mit Zuckerbäckerei, Stallungen und Wagenschuppen, ferner haben hier der Hausoffizier, Hausknechte, Köche und Kutscher ihre Unterkünfte; im zweiten Keller lagert der Rheinwein von Metternichs Johannisberg. Wendeltreppen erschließen alle Etagen.

Das Haus ist überaus belebt. In der Amtsetage im Hochparterre arbeiten die Beamten von neun Uhr früh oft bis in die Nacht. Sie sitzen dicht gedrängt in ihren großen Zimmern, nur ganz wenige Führungsfunktionäre haben Einzelzimmer. Im linken Flügel, der ausländischen Abteilung, wirken drei wirkliche Hofräte, sechs Räte, sieben Hofsekretäre, je zwei Konzipisten, Registratoren und Expedit, sechs Offiziale, drei Kanzlisten und Archivare sowie fünf Türsteher – nach dem Schematismus von 1811 alles in allem um die 40 Personen. Sie müssen jetzt im Herbst 1814 noch enger zusammenrücken, denn man braucht für jede der wichtigen Delegationen ein eigenes Zimmer, in dem die Delegationsleiter arbeiten können und zwischen denen sich dann auch ein reger „diplomatischer Verkehr" entwickelt.

Im Tiefparterre und in Teilen des zweiten Stockwerks tummeln sich die Dienstboten, die allerdings nur zum kleineren Teil auch im Haus wohnen. Alles in allem werden es um die 50 weitere Personen sein, die hier ihren Dienst verrichten – Kanzleikaplan inklusive. Und schließlich hat auch die fürstliche Familie zehn Mitglieder.

Die Beletage ist zur Zeit des Wiener Kongresses sehr deutlich in ihre zwei Teile geteilt: Wendet man sich von der großen Treppe, die von der Kutscheneinfahrt direkt auf diese Ebene führt, nach links in den Amtsflügel, erreicht man zunächst einen Empfangssaal, dann den Großen Saal, den kleinen und den großen Speise- und Besprechungssaal bzw. Audienzsaal, von dort das Vorzimmer und schließlich das Amtszimmer des Fürsten. Dahinter liegen noch ein paar kleinere Räume für die direkten Mitarbeiter und gegenüber die Bibliothek. Über eine Treppe kann der Fürst rasch von seinen Arbeitszimmern hinauf in den zweiten Stock in die privaten Räume der Familie gelangen.

Von der Treppe rechts liegt die Repräsentationswohnung, in der sich nur der Fürst und seine Frau aufhalten, wo ihre Salons abgehalten werden und wo sie ihre kleinen privaten Empfänge geben. Sie beginnen mit dem Blauen Saal, es folgt der Grüne Empfangssaal, das große Speisezimmer mit zwei Alkoven an beiden Enden, dann Wohnzimmer und Schlafzimmer des Fürsten und an der Hofseite nach einem kleinen Vorraum das Boudoir von Madame, ein Ankleideraum, ein Bad und ein Kämmerchen für ihre Dienstboten.

Privat zieht man sich aber meist in die größere und gemütlichere schlichte Wohnung im zweiten Stock zurück, zu der auch von der Repräsentationswohnung eine Treppe hinaufführt. Besonders angenehm sind die Räume an der Front zum Volksgarten, die einen schönen Blick über das Glacis bieten und aufgrund ihrer Südwestlage hell und sonnig sind. Hier reihen sich auch die Kinderzimmer aneinander. Im Palais lebt die Familie zumeist von September bis Juni – in den Sommermonaten zieht man das von der Familie Kaunitz ererbte Gartenpalais am Rennweg vor. So können die Vorbereitungen für den Kongress ohne Störung der Herrschaften vorangehen.

An der Rückseite der oberen Etage gibt es Räume für Metternichs Bruder Josef – einen stadtbekannten Sonderling – und kleinere Zimmer für die höheren Bedienten, die im Haus wohnen sowie für die Hauskanzlei Metternichs samt der Registratur und für die Staatskanzleikasse, die man aus Sicherheitsgründen hier heroben untergebracht hat.

In diesem Herbst 1814 ist Maria Eleonora Gräfin von Kaunitz-Rietberg 39 Jahre alt und schwanger. Die kleine Hermine wird während des Kongresses 1815 hier geboren. Die älteste Tochter ist siebzehn, die jüngste drei, und der aufgeweckte Viktor hat mit seinen elf Jahren nichts als Unsinn im Kopf, wenn er den humpelnden Talleyrand auf der Treppe nachmacht oder ungeniert an den merkwürdigen Livreen der ausländischen Diener zupft.

Und noch ein Kind kommt ins Haus: die ebenfalls elfjährige Marie-Clementine Bagration, Metternichs außereheliche Tochter mit der russischen Fürstin aus seiner Dresdener Zeit. Als nämlich bekannt wird, dass der große Kongress nach Wien kommt, entscheidet sich die Fürstin, für diese Zeit ebenfalls nach Wien zu übersiedeln. Möglicherweise hat auch ihr „Ziehbruder", Zar Alexander I., eine entsprechende Order gegeben, weil er sie in Wien als Gesellschaftsdame und Vermittlerin zur Unterstützung der russischen Delegation braucht. Da sie wirtschaftlich davon abhängig ist, dass der Zar die Überweisungen der Einkünfte ihrer Güter ins Ausland genehmigt, bleibt ihr kaum etwas anderes übrig, als sich einem solchen Wunsch zu fügen. Umgehend wird also ein standesgemäßes Quartier gesucht, und die Fürstin mietet einen Flügel im Palais Palm, nur wenige Häuser von der Staatskanzlei entfernt hinter dem heutigen Burgtheater; den anderen hat bereits die Gräfin von Sagan mit ihren vier heiratswilligen Töchtern belegt. Es ist jedem klar, dass die beiden Salons zahlreiche hochrangige und nicht nur politisch interessierte nächtliche Besucher haben werden.

Als Lorel Metternich davon erfährt, sieht sie sich zum Handeln gezwungen. Natürlich weiß sie um die Tochter ihres Ehemannes ebenso gut Bescheid

Metternichs
Arbeitszimmer
zur Zeit des
Wiener Kongresses

wie um den Ruf und Lebensstil der Fürstin Bagration, die man nicht ohne Grund den „nackten Engel" nennt. Daher befindet sie, dass das elfjährige Mädchen nicht im Palais Palm wohnen kann, ohne moralischen oder noch schlimmeren Schaden zu nehmen. Die Lösung ist für sie naheliegend – das Kind wird bei ihnen wohnen. Und so geschieht es auch. Marie-Clementine zieht im dritten Stock ein, lebt mit der Familie, wird gemeinsam mit den ehelichen Kindern unterrichtet und bestens behütet.

Die überwiegend weiblichen Dienstboten im Palais am Ballhausplatz haben jetzt mehr als genug zu tun. Mehrere Zimmermädchen, Köchinnen und Kindermädchen wieseln in ihren Kleidern aus bedrucktem Stoff durchs Haus, sie tragen leinene Schürzen, zum Ausgehen eine gestreifte Bluse, einen Umhang aus dunklem Wollstoff und eine Nebelkappe. Wer gerade nicht Dienst versieht, hält sich in der „Dienerstube" im Tiefparterre rechts auf, aber viel Muße haben sie nicht. Ihr 16-Stunden-Tag beginnt ab sechs Uhr früh, einmal die Woche gibt es einen arbeitsintensiven Waschtag; auch an Sonn- und Feiertagen wird gear-

Katharina
Fürstin Bagration,
Mutter der
unehelichen Tochter
Metternichs

beitet, es gibt nur jeweils eine halbe Stunde für die Mahlzeiten und nachmittags eineinhalb Stunden frei.

Das Personal wird so schlecht verpflegt, dass sich eine ehemalige Magd beschwert, bei den Adeligen habe es für das Personal kein Fleisch, sondern nur Knochen mit Fleischresten gegeben. Aber immerhin wird man verpflegt, hat freies Logis und bekommt ein bescheidenes Gehalt – es entspricht einem Drittel eines Arbeiterlohns, nach heutiger Kaufkraft etwa 300 Euro pro Monat.

Die Atmosphäre in diesem zentralen Haus des Wiener Kongresses ist also absolut nicht die einer internationalen Konferenz oder eines Gipfeltreffens vom Zuschnitt des 20. Jahrhunderts. Privates und Amtliches sind noch nicht klar getrennt, und alle empfinden es durchaus als normal, dass im Haus gleichzeitig Windeln gewaschen und Kongressdokumente kopiert werden, dass sich Gesandte mit den hochherrschaftlichen Lausbuben auseinandersetzen müssen, dass einander im Eingangsbereich perückentragende Grafen und körbetragende Köchinnen begegnen, dass hohe Herren fluchenden Kutschern und Pferden ausweichen müssen und dass sich die Düfte parfümierter Adeliger mit den Düften des Misthaufens im zweiten Hof vermengen.

Die großen gesellschaftlichen Ereignisse, das weiß man schon im Voraus, werden ohnedies nicht hier im kleinen Palais stattfinden – die müssen in der Hofburg, in Schönbrunn oder in den Konzert- und Vergnügungssälen der Stadt stattfinden. Im Haus selbst sind die Veranstaltungen und Abläufe bescheidener: Das Frühstück mit mehreren Gängen gibt es um neun Uhr – aber da ist der Fürst meist nicht dabei, denn er ist ein Nachtaktiver und Spätaufsteher. Zu Mittag gibt es „Tee, Butterbrot und kalte Küche". Größere Empfänge finden abends statt, wobei es da für Soupers auch recht spät werden kann. Es kommen schon einige Dutzend Gäste, und der harte Kern bleibt mitunter bis zwei oder drei Uhr früh. Da ist dann der Kanzler zumeist unter den Letzten – und geht danach womöglich noch für ein paar Stunden aus dem Haus.

Kaiser Franz I. hat dem Kanzler und der Hofverwaltung nahezu unbegrenzten Kredit eröffnet, um die Konferenz eindrucksvoll durchzuführen. Das gilt auch für den Ballhausplatz, den die gewaltige logistische Vorbereitungsarbeit nicht unberührt lässt. Schon im Jänner 1814 langte im Amt der Auftrag aus dem Feldlager des Kaisers ein, einen Friedenskongress vorzubereiten; er werde größer sein als alle früheren vergleichbaren Tagungen und etwa sechs Wochen dauern. Sofort macht man sich in Abstimmung mit Obersthofmeister Trauttmansdorff ans Werk. Einen ersten Vorgeschmack auf das, was kommen wird, liefert das Fest anlässlich der Rückkehr des Kaisers am 16. Juni: Die Parade vom Theresianum zur Hofburg wird minutiös geplant, ebenso die Illumination mit (brandgefährlichen) Gerüsten; die ganze Innenstadt ist ab 18 Uhr verkehrsfreie Zone, und um 22 Uhr fährt der Kaiser durchs illuminierte Wien.

Anfang Juli, nach dem Abschluss des Ersten Pariser Friedens, beginnt die heiße Phase der technischen Vorbereitungen. Die Unterbringung der hohen

Herrschaften ist nicht Sache des Ballhausplatzes, das macht die Hofverwaltung, aber dass der Zar und die Briten in den beiden Nachbarhäusern und die übrigen gekrönten Häupter in der Hofburg wohnen werden, bringt technische Vorteile für die Sitzungsgestaltung. Die Belagslisten mit den Zimmernummern werden im Haus ebenso ständig evident sein wie das privat verlegte „Adressbuch der Ausländer in Wien".

Auch die Verköstigung muss vorbereitet werden, ein fürstlicher Mittagstisch ist immerhin mit 30 Gedecken zu kalkulieren. Und man muss sich auf den Ansturm von Tausenden Neugierigen und Konferenztouristen vor dem Palais vorbereiten, die auch einmal den Zaren mit seiner Kutsche und den Pferden mit den Bärenfellschabracken aus dem Amalienhof ausfahren sehen wollen. Der Weg über den Michaelerplatz in die Stadt wird gesperrt, weil man den Bereich Redoutensäle–Reitschule–Stallburg für die großen Feste braucht; man muss daher eine andere Verbindung vom Ballhausplatz zum Rennweg organisieren, denn der Fürst wird sie mitunter mehrmals am Tag brauchen.

Im September 1814 belebt und verändert sich das Haus am Ballhausplatz merklich: Durch das große Tor gehen zahllose fremdländische Diplomaten ein und aus, insbesondere solche aus Russland, Deutschland und England. Im Hochparterre werden ihnen ihre Kanzleien zugeteilt, in der Beletage liegen die Konferenzzimmer.

Am 13. September kommen Karl Robert Graf von Nesselrode, der russische Chefdiplomat, und Viscount Castlereagh an, am 22. König Friedrich I. von Württemberg und König Friedrich VI. von Dänemark und Norwegen, und nach Vorgesprächen am 14. und 16. September gibt es an diesem Tag auch am Ballhausplatz die erste Sitzung der vier zentralen Mächte, bei der Verfahrensfragen auf der Agenda stehen. Der Ausschuss für die deutschen Angelegenheiten hat seine Arbeit schon aufgenommen. Am 24. kommt Talleyrand in Wien an, und einen Tag später treffen mit großem Pomp der russische Zar Alexander I. und der preußische König Friedrich Wilhelm III. ein. Der Empfang der Souveräne ist ein Großereignis mit einem Spalier vom Tabor bis zur Hofburg und 1.000 Kanonenschüssen. Am 30. September tagen die großen vier zum zweiten Mal zu Verfahrensfragen, um sich danach am Abend beim Cercle in der Hofburg zu entspannen.

Das Team des Ballhausplatzes ist zwischenzeitlich fest strukturiert: Der engste Mitarbeiter des Kanzlers Metternich ist Friedrich Freiherr von Gentz, ein gebürtiger Schlesier, es ist im diplomatischen Dienst ja durchaus nicht selten, dass Spitzenkräfte aus dem Ausland kommen. Das gilt auch für den Vertreter Metternichs in der Konferenz, den Freiherrn von Wessenberg-Ampringen, der aus dem Breisgau stammt.

Dann wird es zum ersten Mal dramatisch am Ballhausplatz: An sich ist eine feierliche Eröffnung geplant, doch dem macht Talleyrand am 1. Oktober einen Strich durch die Rechnung. Er hat erfahren, dass sich die vier schon mehrmals getroffen und die wesentlichen Grundzüge des Kongresses bereits ohne Frankreich festgelegt haben. Wutentbrannt fährt er zum Ballhausplatz, humpelt an seinem Stock die Treppe hoch, stürzt in den Kongresssaal, in dem die vier gerade wieder tagen, und stellt sie zur Rede. Eineinhalb Stunden lang, mit großer Lautstärke und ohne jede Zurückhaltung macht er klar, dass das so nicht geht. Frankreich ist kein besiegtes Land, das sich dem Diktat von Siegermächten zu fügen habe. Wenn man nachhaltig Frieden wolle, muss man diesen auf gemeinsamen Beschlüssen gleichberechtigter Partner aufbauen, alle großen Mächte Europas einbeziehen und den Realitäten in vernünftiger Weise Rechnung tragen. Kurzum: Alle fünf Mächte – also neben Österreich, Russland, Preußen und England auch Frankreich – müssen auf der Tagung gleichberechtigt sein. Die vier sind perplex, ihre Delegationschefs, alle in den Dreißigern, haben dem schlauen Fuchs, der fast doppelt so alt ist, argumentativ wenig entgegenzusetzen, und der Franzose, der sich schon erfolgreich vom Bischof zum Revolutionär, von diesem zum Außenminister Napoleons und nach dessen Fall zur Stütze der Reaktion entwickelt hat, setzt sich auch diesmal durch. Die Vorbereitungspapiere werden skartiert, eine Führung im Fünferkreis wird akzeptiert und die Eröffnung am 8. Oktober abgeblasen – man will keinen weiteren Eklat riskieren.

Viele Jahrzehnte danach wird oft und gerne die Geschichte erzählt werden, dass der Kongresssaal deshalb fünf Türen hat, weil man durch deren Einbau sicherstellen wollte, dass die gekrönten Häupter bei der Eröffnung gleichzeitig den Saal betreten können und es so zu keinen Rangstreitigkeiten kommt. Die Geschichte ist schlicht falsch – einerseits, weil es keine Eröffnungsfeier gab und andererseits, weil der Saal zu dieser Zeit nachweislich nur drei große Türen und zwei kleine Tapetentüren hatte.

Vier Kaiser und Könige sind ursprünglich die Auftraggeber der Konferenz, auch wenn sie nie gemeinsam hier im Haus zusammentreffen: Kaiser Franz I. von Österreich, Zar Alexander I. von Russland (er wohnt gleich gegenüber in der Amalienburg), der preußische König Friedrich Wilhelm III. und der schwerkranke, kaum mehr handlungsfähige englische König Georg III. Sie verhandeln aber nicht direkt miteinander, ja zwei Nationen sind überhaupt „nur" durch hochrangige Gesandte der Herrscher vertreten: Frankreich durch Charles-Maurice de Talleyrand-Périgord und England durch Viscount Castlereagh, später durch Wellington.

Die Delegationsleiter und Spitzenbeamten – Freiherr von Gentz, der greise Hardenberg und Wilhelm von Humboldt aus Preußen, Graf von Nesselrode als russischer Verhandlungsführer, Castlereagh, Talleyrand – kommen mit ihrem Stab von zwei, drei Mitarbeitern nahezu täglich in das Palais. Sie fahren jeweils am späten Vormittag mit ihren Kutschen vor, gehen über die Feststiege, versammeln sich zunächst im Steinsaal und werden von Fürst von Metternich, dem Präsidenten der Konferenz – unter einem Porträt von Maria Theresia –, zur

Arbeitssitzung begrüßt. Er gibt die Agenda vor und präsidiert die wichtigen Sitzungen.

Im prächtigen großen Saal, der gleichermaßen für Bälle, Familienfeste, Konferenzen und Empfänge dient, arbeitet man nicht täglich, und man berät auch nicht immer im Plenum. Mitunter liegen Wochen zwischen den Terminen, und mitunter tagen gleich ein halbes Dutzend Komitees gleichzeitig. Diplomaten, Beamte und Diener tragen Dokumententwürfe von hier nach da, in den Schreibstuben kratzen die Federn, und am Abend wird immer wieder ein weiteres Stück der Texte zu einem Ende gebracht, paraphiert, kopiert und ausgetauscht.

Die Beratungen der elf Arbeitsgruppen erfolgen in kleineren Zimmern des Hauses. Sie finden in lockerer Atmosphäre statt, wie das Bild von Isabey erkennen lässt, das die Runde offenbar vor Metternichs Dienstzimmer zeigt. Im Keller muss man Platz für umfangreiche Materialsammlungen schaffen, welche die Kommission zur Abschaffung des Sklavenhandels und die Statistikkommission brauchen, und im Hochparterre eine zentrale Einheit für das Sekretariat, dem Gentz vorsteht. Ständig liefert man ihm Texte ab, die er mitunter tagelang hinter dem Kanzler herträgt, der nicht immer Zeit für amtliche Dinge hat. Das führt zu Irritationen, sodass der genervte Gentz einmal in seinem Tagebuch festhält, er habe den Kanzler den ganzen Tag für eine wichtige Entscheidung nicht erreicht, weil er sich im Palais Palm „beim kurländischen …pack" herumgetrieben habe. Mitunter müssen die Kanzleibeamten auch übersetzen, denn in der englischen Delegation spricht nur ein Mitglied Französisch.

Metternich selbst ist über alles und jedes informiert – auch über Sitzungen im Kongresssaal, an denen er selbst gar nicht teilgenommen hat. Im Plafond befinden sich nämlich hoch oben vier Lüftungsgitter. Sie dienen natürlich der Frischluftzufuhr – aber nicht nur dieser: Über dem Saal befindet sich ein weiterer Raum, wo der Fürst seine Schreiber postiert hat, und dank ausgezeichneter Akustik können sie durch die Gitter jedes Wort im Konferenzsaal mitverfolgen und festhalten.

Einige Mühe macht die „Verkehrsregelung" am und um den Ballhausplatz: Immerhin hat jede der großen Delegationen ein Dutzend engere Mitarbeiter und verfügt über eine Kompanie Grenadiere, und an manchen Tagen gibt es bis zu 50 Visiten in der Hofburg, nicht zu vergessen die 167 dunkelgrünen Dienstkutschen, Stadtwagen, Landauer und Pirutschen, die pausenlos in Bewegung sind – da kommt es auf dem engen Ballhausplatz nicht nur einmal zu Staus und zu beträchtlichen Behinderungen des Zugangs zum Palais. Der Ballhausplatz steht auch ständig mit der „Taxizentrale" in Verbindung und füllt Bestellzettel aus – zum Glück befindet sich eine der Remisen in unmittelbarer Nachbarschaft, und man hat praktisch keine Anfahrtszeit.

Als praktisch erweist sich, dass die Amalienburg, das Metternich-Palais und das Palais Palm so nahe beieinanderliegen und durch die Löwelstraße di-

Arbeitssitzung des Wiener Kongresses im heutigen Ministerratssaal

rekt verbunden sind: Regelmäßig besuchen der Zar und Metternich, zumeist in den frühen Morgenstunden, die Fürstin Bagration, die von beiden dazu ermuntert wird, Informationen an den jeweils anderen weiterzugeben und die diese Rolle auch perfekt wahrnimmt. Was sie nicht weiß, ist, dass Metternichs Polizei penibel über alle ihre Besucher, deren Ankunfts- und Weggehzeiten Buch führt – auch über die ihres Chefs.

Castlereagh logiert gleich nebenan im Palais Dietrichstein, dem heutigen Sitz des Kulturministers. Ganz Wien mokiert sich über seine merkwürdigen Empfänge, das schlechte Essen und die schlechte Musik, seinen exzentrischen, ständig betrunkenen Bruder und die Fauxpas seiner Frau, die einmal die Juwelen des Hosenbandordens als Haarschmuck trägt – nicht ahnend, dass die Wiener Journalisten das natürlich sofort bemerken. Talleyrand hat im heutigen sechsten Bezirk seine Residenz aufgeschlagen und organisiert wesentlich elegantere Festlichkeiten. Und die Zarenfamilie (seine Gattin und seine drei Schwestern) logiert nicht beim Zaren in der Amalienburg, sondern im Palais Rasumofsky.

Zunächst dominieren die Festlichkeiten das Kongressgeschehen: Im Oktober kann das gemeine Volk im Prater ein großes Volksfest mit Feuerwerk genießen; danach gibt es eine Redoute für 10.000 Personen in der Hofburg, für die illegal Karten zu Wucherpreisen verkauft werden; Mitte Oktober steht ein Ausflug mit Oper in Schönbrunn am Programm und danach mehrere Jagden im Prater, in Laxenburg und in Lainz, an denen 8.000 Personen teilnehmen. Der Zar meint dazu einmal öffentlich, er habe sich noch nirgendwo so vergnügt gefunden … Auch die Metternichs veranstalten am 18. Oktober einen riesigen Ball – nicht am Ballhausplatz, denn dafür wäre das Gebäude zu klein, sondern in ihrem Sommerpalais am Rennweg, in dessen Garten man eigens für viel Geld einen zweistöckigen Tanzsaal bauen lässt.

In der Staatskanzlei wird derweil intensiv an Papieren und Kompromissen weitergearbeitet. Am 8. Oktober einigt man sich darauf, den Beginn des Kongresses ohne Zeremoniell festzulegen, die wechselseitige Überreichung der beglaubigten Vollmachten soll der Start sein. Die Sitzungsfrequenz ist so intensiv, dass es nicht einmal der Polizeichef Hager mehr schafft, vollständige Aufzeichnungen zu führen. Die Großmächte tauschen Dokumente zu zentralen Fragen betreffend Sachsen aus. Dann eskaliert die Situation zwischen Österreich und Russland insbesondere aufgrund von Territorialfragen und -ansprüchen, und am 24. Oktober kommt es zu einem offenen Bruch Metternichs mit dem Zaren, der sich im Lauf des Kongresses nie mehr ganz kitten lassen wird. Am 30. Oktober erfolgt schließlich in einer größeren Runde von 18 Delegationen die Übergabe der Beglaubigungen, was nochmals mit einem Ball bei Metternich gefeiert wird.

Der November bringt mit dem offiziellen Beginn (einer „schlichten und bescheidenen Konferenz, die in keiner Weise geeignet war, die Neugierde der Öffentlichkeit zu befriedigen") und der Prüfung der Vollmachten noch einige formelle Aktivitäten, weit wichtiger aber ist der Beginn der Arbeitsgruppensitzungen, in denen wirklich etwas weitergeht. Noch einmal setzt sich auch der Fürst gesellschaftlich in Szene, nämlich mit einem Maskenball am 8. November – danach werden die Festbauten am Rennweg wieder abgetragen. Am 10. wird klar, dass Sachsen wohl an Preußen kommt, am 14. setzt man die Kommission für die Schweizer Eidgenossenschaft ein, zur selben Zeit die Genua-Kommission, dann werden Vorschläge zur deutschen Reichsverfassung erstellt und gegen Monatsende Texte betreffend Polen.

Im Dezember geraten die Verhandlungen am Ballhausplatz erkennbar in eine Krise, nichts geht weiter. Auch im gesellschaftlichen Bereich hat man alles Pulver verschossen, da man ja nur für sechs bis acht Wochen geplant hat. Rasch müssen neue Ideen entwickelt werden – eine große Schlittenfahrt und Wiederholungen des „großen Karussells" in der Winterreitschule. In den Verhandlungen aber sinkt die Stimmung, die Gereiztheit steigt, und es wird blockiert und hoch gepokert. Metternich und sein Team im Hochparterre zweifeln zusehends, dass sie zu Lösungen kommen werden, und der Kanzler gibt sich selbst einen großen Teil der Schuld daran. Zunächst flüchtet er sich in eine Krankheit und bleibt tagelang fern; am 10. Dezember rafft er sich noch zu einem Memorandum an Preußen auf, tags darauf kommt es zu einem schweren Eklat zwischen Kaiser

Franz I. und dem Zaren, und am 12. bittet er formell um Entlassung, weil er den Kongress nicht mehr aus der Krise herausholen kann. Natürlich wird seinem Gesuch nicht entsprochen – man realisiert jetzt aber allseits die Notwendigkeit einer strafferen Konferenzführung. So setzt man am Heiligen Abend die Statistikkommission ein, und am 27. wählt man Metternich zum Kongresspräsidenten. Der Ballhausplatz hat abermals ein erfolgreiches Manöver zu Ende gebracht. Am 29. bringt eine Konferenz der vier wieder echte Fortschritte, und am 30. können die Experten das erste Dokument über diplomatische Rangordnungen erstellen.

Der Jänner wird wieder dramatisch: Am 3. erfolgt der Bruch der Koalition, Metternich und seine Beamten im Palais haben einen Geheimvertrag zwischen Österreich, Frankreich und England gegen Russland und Preußen vorbereitet. Das könnte das Ende des Kongresses sein, doch dies lässt sich noch vermeiden, und am 12. präsentieren Österreich und Preußen formell ihre Forderungen. Am 16. finalisiert man die Einigung über die Schweiz, und gegen Ende des Monats tauschen die Engländer ihren wenig dynamischen Delegationsleiter aus – auf Castlereagh folgt Wellington. Gesellschaftlich legt sich der Hof nochmals ins Zeug: Am 22. Jänner findet die berühmte Schlittenfahrt mit 36 neuen Schlitten statt: Ausfahrt nach Schönbrunn, die Oper *Aschenputtel,* Essen, Rückfahrt mit Fackelträgern – und 300.000 Gulden Gesamtkosten.

Im Februar ist erkennbar die Luft raus. Auf Verwaltungsebene kommt man zwar immer noch voran – am 7. präsentiert Preußen den Entwurf einer Bundesverfassung, am 8. haben die Diplomaten am Ballhausplatz nach relativ kurzer Verhandlung das Dokument über die Ächtung des Sklavenhandels fertig, und am 28. liegt der Text über die freie Flussschifffahrt vor, an der die Kommission vier Wochen lang gearbeitet hat.

Dann aber tritt ein Ereignis ein, das alle, die noch in Wien sind, blitzartig alarmiert: Am 26. Februar hat nämlich Napoleon Elba verlassen, am 1. März landet er in Frankreich, und in der Folge eilt er von Triumph zu Triumph durchs Land. In der Nacht vom 6. zum 7. März 1815 – er ist erst um drei Uhr früh in seine Wohnung gekommen – erreicht diese Nachricht Metternich, und jetzt muss gehandelt werden: Ganz gegen seine Gewohnheit begibt sich Metternich schon um acht Uhr hinüber in die Hofburg und informiert den Kaiser. Um Viertel nach acht ist er beim Zaren in der Amalienburg, wenig später bei König Friedrich Wilhelm III. und um neun zurück in der Staatskanzlei. Das Palais am Ballhausplatz ist in hellem Aufruhr, alle Delegationen werden verständigt, am Vormittag des 7. März gibt es eine Gipfelkonferenz in Metternichs Arbeitszimmer. Schwarzenberg erteilt der Armee den Mobilisierungsbefehl – Metternich resümiert: „So war der Krieg in weniger als einer Stunde beschlossen." Am Abend setzt man das Gespräch in der Hofburg mit den Monarchen fort. Alle haben Angst, man erkennt aber den Vorteil, dass man noch gemeinsam in Wien ist und rasch reagieren kann.

Metternichs Polizei fängt in den nächsten Tagen Briefe Napoleons an seine in Schönbrunn wohnende Frau Marie-Louise ab und ist wieder bestens informiert. Von 8. bis 12. sind Metternich, Talleyrand und Wellington in Preßburg bei König Friedrich August I. von Sachsen. Am 13. wird in einer feierlichen Erklärung die Acht über Napoleon ausgesprochen, aber hinter den Kulissen rumort es: Manche geben Metternich eine Mitschuld an der Rückkehr des Korsen, weil Österreich einer entfernteren Verbannung nicht zugestimmt hat, manche mutmaßen sogar, Metternich billige die Entwicklung. Ein früherer geheimer Briefwechsel zwischen Metternich und Fouché gießt bei Bekanntwerden noch zusätzlich Öl ins Feuer. Es entsteht der Eindruck, der Ballhausplatz wollte sich auch eine Option für den Fall eines Sieges Napoleons sichern.

Der Ballhausplatz geht aber in eine andere Richtung: Rasch gräbt man den ein Jahr alten Vertrag von Chaumont gegen Napoleon wieder aus, setzt eine Kommission ein, und am 25. März liegt der neue Allianzvertrag vor, den Österreich, Russland, Preußen und England unterzeichnen. Gemeinsam werden 150.000 Soldaten mobilisiert. Der April bringt territoriale Klärungen, wie etwa die Vereinigung Warschaus mit Russland, Abtretungen Bayerns an Österreich, die Abtretung Schwedisch-Pommerns an Preußen und eine Festlegung über Zahlungen Englands.

Schlussakte des Wiener Kongresses

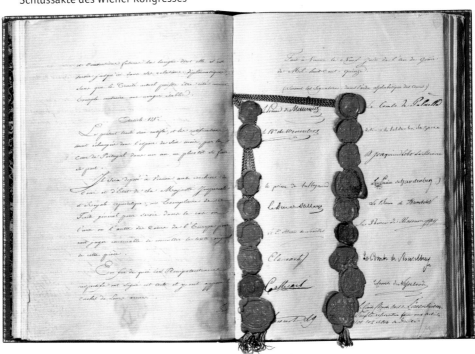

Das Schwergewicht der internationalen Aktivitäten verlagert sich jetzt aber auf den militärischen Bereich, es gibt praktisch permanente Sitzungen jener Kommission, die sich vor allem mit der Finanzierung der Militäroperationen befasst. In der Konferenzagenda ergreifen die fünf resolut das Steuer, im Hochparterre bereitet man unter Gentz' Führung die Schlussakte vor und präsentiert den Entwurf am 23. Mai. Danach reisen am 26. Zar Alexander I. und König Friedrich Wilhelm III. zu ihren Armeen ab. Am 29. wird der Endtext den Delegationen vorgelegt, und am 7. Juni liegen die 120 Artikel samt den 17 Anhängen zur Unterzeichnung auf.

Die letzte Sitzung des Kongresses, die Paraphierung der Schlussakte, findet am 9. Juni doch noch in feierlicher Form in Metternichs Dienstzimmer in der Staatskanzlei statt. Alle Kongressteilnehmer sind zugelassen, noch einmal tritt man pompös nach außen in Erscheinung. Am Nachmittag werden großzügig Orden verteilt, und tags darauf reisen die Delegationsleiter ab – der Kongress ist vorbei. Im Haus am Ballhausplatz finden nur mehr Abschlussarbeiten statt, so etwa die Ausfertigung der Einzelexemplare für die Teilnehmerstaaten.

Fürst von Metternich selbst begibt sich am 12. Juni ins Hoffeldlager und erlebt aus nächster Nähe die Schlacht bei Waterloo, den endgültigen Sieg über seinen alten politischen und persönlichen Feind Napoleon. Der nun folgende Friedensvertrag wird nicht mehr in Wien, sondern in Paris erarbeitet – der Ballhausplatz ist aber dennoch präsent, da auch hier Gentz aufgrund seiner Erfahrung noch einmal als Sekretär der Tagung fungiert.

Für die Nachwelt und für Europa bleibt die am Ballhausplatz ausgearbeitete Schlussakte des Kongresses. Es ist dies ein Dokument, das Europas Grenzen neu zieht und fixiert, das die alte monarchische Ordnung wiederherstellt, das Rechte verteilt, aber auch die Ränge der Diplomaten festlegt und den Sklavenhandel abschafft. Vor allem aber schaffen die Verträge Frieden in Europa. Einen Frieden durch Balance der großen Mächte, der fast hundert Jahre hält. Das Haus am Ballhausplatz hat damit Geschichte geschrieben. Hier wurde beileibe nicht nur getanzt und sicher nicht bloß eine alte Ordnung restauriert. Bis heute sind die Ergebnisse wirksam und von Relevanz.

Der Ballhausplatz unter der Leitung Metternichs war imstande, langfristige Ziele, Planungen und Maßnahmenpläne zu entwickeln, gezielt und klug herausragende Künstler im Musikprogramm zur Konferenz einzusetzen, das Networking und Lobbying ganzer Scharen von Experten, Höflingen, Salondamen und Zuträgern zu steuern, durch Arbeitsgruppen und Beichtstuhlverhandlungen eine Serie von Gipfeltreffen effektiv vorzubereiten und die Wichtigkeit einzelner charismatischer Individuen in einer labilen historischen Situation dadurch zu nutzen, dass man ihnen die richtigen Rollen zuwies.

All das sind auch aktuelle Phänomene der europäischen Zusammenarbeit. Man kann den Kongress offenbar ganz treffend mit dem heutigen EU-Vokabular beschreiben: Wien war in diesem „Vorsitzjahr" Kulturhauptstadt Europas;

strategische Konzepte, staatlich-politische und wirtschaftliche Interessen wurden den Staats- und Regierungschefs in professioneller Weise nahe- und von diesen in die Verhandlungen eingebracht; dass auch die Arbeitsmethodik – physisches Zusammensitzen von vielen Personen aus verschiedenen Staaten in einer nach der Position der Teilnehmer aufsteigenden Folge von Treffen – heute in der EU noch dieselbe ist, wirft kein schlechtes Licht auf den Wiener Kongress. Der Gedanke der Supranationalität, der Legitimität normativer Festlegungen auf einer Ebene oberhalb der Staaten – die zuvor das Rechtsetzungsmonopol hatten –, entwickelte sich vom Ballhausplatz bis ins späte 20. Jahrhundert kontinuierlich weiter; und dass die EU manche innereuropäische Grenzen (oder zumindest deren Erfahrbarkeit) mit Schengen beseitigt hat, um sie an anderer Stelle erfolglos und widersinnig neu zu schaffen, hat sie auch mit dem Kongress gemein. Das Ganze kostete übrigens ungefähr so viel wie heute eine Ratspräsidentschaft der EU, dauerte ähnlich lange, arbeitete in demselben Format und wurde von Steuerzahlern, denen nicht recht klar war, wie ihnen geschah, widerspruchslos bezahlt.

Es macht aber auch Sinn, unter die Oberfläche zu gehen, einige Grundprinzipien des Wiener Kongresses aus der heutigen europäischen Perspektive zu betrachten und sich dabei zu fragen, ob und wenn ja welche Wirkung und Bedeutung sie für das aktuelle politische Europa haben:

Eine gemeinsame Überzeugung stand am Beginn des Ganzen – es schien möglich, eine fundamentale Krise als Chance zu begreifen. Die Kriege mit ihren Folgen und die weitgehende innere wie externe Destabilisierung der europäischen Staaten ermöglichten es, gemeinsame Initiativen zu setzen, die vordem und ohne jenen gewaltigen Einschnitt in Wirtschaft, Staatengefüge und Gesellschaft kaum möglich gewesen wären – und eine stabile umfassende Neuordnung des ganzen Kontinents in Angriff zu nehmen.

Der Kongress bewies weiters, dass kooperatives Handeln in Europa möglich ist. Nicht nur die einzelnen Staaten konnten Träger politischer Entscheidungen sein, es gab über deren Wirkungsbereich hinaus noch weitere Möglichkeiten, die zuvor kaum erkannt und so gut wie nie genutzt worden waren.

Es zeigte sich auch, dass Diplomatie und Recht durchaus bewirken können, was bislang zumeist nur durch den Einsatz von Armeen zustande gekommen war. Die Eroberungen des revolutionären napoleonischen Frankreich konnten rückgängig gemacht werden, ohne dass man dies auf einem Schlachtfeld erzwingen musste. Man konnte sich und anderen eine neue Ordnung geben und dabei militärische Gewalt vermeiden. Das bewies, dass es künftig vielleicht sogar möglich sein könnte, Konflikte diplomatisch zu lösen, ja ihnen auf diese Weise sogar vorzubeugen.

Dies war eine neue politische Qualität – das Instrument war eine neue Kategorie von Normen, nämlich supranationales Recht, das von Staaten gemeinsam gesetzt wurde, danach aber für sie verbindliche Wirkung auch dort entfaltete, wo sie nicht ausdrücklich zustimmten. Dies galt sowohl für Gesamteuropa als auch – mit noch dichteren Regelungen – für Teile des Kontinents, wie etwa die sich im Deutschen Bund zusammenschließenden Kleinstaaten. Eine variable Geometrie der europäischen politischen Organisation – ein sehr modernes Bild.

Neues Völkerrecht entstand, zum ersten Mal als kompaktes, detailliertes Regelwerk auf dieser Normierungsebene. Es legte Staaten, deren Grenzen und deren gegenseitige Anerkennung fest und enthielt Regeln für den Alltag des Zusammenlebens auf diesem politisch so stark gegliederten Kontinent: Die Statuierung der Freiheit der internationalen Flussschifffahrt und die juristisch verbindliche Regelung des Gesandtschaftsrechts können hier als Belege dienen.

Und der Wiener Kongress hatte auch einen wichtigen Einfluss auf die Entstehung und Festlegung von allgemeingültigen Grundrechten in Europa: Die Ächtung des Sklavenhandels im Artikel 118 der Kongressakte ist der Beleg dafür.

Der Wiener Kongress brachte jedenfalls neue Denkrichtungen und Grundsätze in die internationale Politik, die für unser heutiges Europa noch immer von Bedeutung sind. Es wurde klar, dass es eine gemeinsame europäische Identität gibt, der sinnvollerweise manches unterzuordnen ist. Man ging davon aus, dass eine Hegemonie der Politik über die Wirtschaft und Gesellschaft sinnvoll ist. Man war fest davon überzeugt, dass nach Unsicherheit und Krieg Frieden möglich ist, wenn man sich zusammenfindet und gemeinsame Festlegungen trifft. Mehr noch: Man nahm an, dass kluge und langfristige Planung den Frieden dauerhaft sichern kann. Dass das besiegte Frankreich in das Konzert der Großmächte aufgenommen wurde, zeigt dies ebenso wie das auf Gleichgewicht ausgerichtete System der Pentarchie.

Damit schuf der Kongress eine lange Zeit stabilen Friedens. Es gab danach für die Menschen in Europa erstmals die reale Erfahrung, dass man ohne Krieg heranwachsen und erwachsen werden kann. Denn nach dem Kongress blieb Europa für mehr als 35 Jahre von Kriegen zwischen den Großmächten verschont. Nach 30 Kriegen im 17. und 15 im 18. Jahrhundert und nach den 15 Jahren der Napoleonischen Kriege unmittelbar vor dem Wiener Kongress war das eine Großtat.

Dies ist wohl die wichtigste Botschaft, die der Wiener Kongress der künftigen europäischen Entwicklung hinterließ: Ein dauerhaftes Friedensprojekt ist auf diesem Kontinent machbar, wenn sich die Staaten dazu verständigen, supranationales Recht zu setzen, das sie zumindest dort und insoweit bindet, wo der Gefahr gewaltsamer Auseinandersetzung vorgebaut werden kann. Dafür muss man zwar bisweilen viele Verhandlungen, eine groß angelegte Inszenierung und die Präpotenz von Einzelinteressen in Kauf nehmen, insgesamt lohnt es sich aber, einen solchen Weg zu gehen. Er ist besser als der Aufbau von Feindbildern und Nationalismen, deren man – wie heute an vielen Orten dieser Welt – vielleicht nicht mehr Herr wird.

6

Vormärz

(1815–1848)

Das vom Palais am Ballhausplatz aus regierte österreichische Kaisertum geht aus den langen Kriegsjahren gegen Napoleon und dem perfekt gemanagten Wiener Kongress sichtbar gestärkt hervor. Man hat sich eine führende Rolle in Europa und im Deutschen Bund gesichert, und Metternichs Regime ist die Drehscheibe und das Zentrum der konservativen Mächte des Kontinents. Der Staat ist zwar noch immer kein zentralistisch regierter Gesamtstaat, aber die Grenzen der Selbstständigkeit seiner Länder sind enger als im vorigen Jahrhundert.

Am Ballhausplatz selbst ist nach den hektischen Monaten des Kongresses Ruhe eingekehrt. Der Kanzler reist nach Waterloo ab, Lorel ist in Paris. Die Abläufe im Haus gehen unter der Leitung eines kleinen, aber sehr qualifizierten engeren Führungskreises routiniert ihren Gang. Dieser Kreis besteht aus dem genialen Strategen und Formulierer Gentz (der allerdings zunächst in Paris konferiert und daher nicht im Haus ist), dem alten Routinier Hofrat Radermacher (der die auswärtige Abteilung leitet), dem bienenfleißigen Grafen von Mercy (dem Metternich alle Geheimnisse und auch Privatangelegenheiten anvertraut), dem genialen Wissenschaftler und Orientalisten Joseph Freiherr von Hammer-Purgstall, dem Inbegriff des Beamten der inländischen Abteilung Hudelist und dem gleich neben der Staatskanzlei wohnenden Privatsekretär Pilat. Die beiden Letztgenannten verkehren auch privat bei Metternichs.

Die Struktur des Amtes richtet sich nach der von Metternich nach dem Kongress wieder einmal neu erlassenen „Verteilung der Arbeit", also der Geschäftseinteilung samt „organischer Vorschrift für sämtliche Individuen" im Hause. Die Zahl der höheren Beamten des Ressorts beträgt bereits 76 inklusive der Botschafter; davon arbeiten 26 in der Zentrale. Nur acht von ihnen sind Bürgerliche. Zu diesen kommen am Ballhausplatz noch etwa 40 sonstige niedrigere Chargen. Die Mitarbeiter stellen die erste Generation der professionellen Beamten dar, für die eine klare Trennung von Privat- und Berufsleben besteht. Ihre Arbeitszeit liegt zwischen 9 und 12 sowie 15 und 18 Uhr, sie wird in den Folgejahren aber mehrmals nach hinten verschoben; sie haben eine Sechs-Tage-Woche, und es gibt viele Feiertage, bei Bedarf muss aber auch durchgehend gearbeitet werden. Die Anwesenheit wird allerdings nicht durchgängig kontrolliert.

In der Besoldung gibt es massive Unterschiede: Ein Hofrat verdient jährlich 5.000 Gulden, ein Rat 2.000 – diese Beträge muss man in Relation zum Existenzminimum für Einzelpersonen sehen, das ca. 500 Gulden pro Jahr beträgt, sodass eine Umrechnung mit etwa 15 Euro der Realität nahekommen dürfte. Dazu kommen noch Quartiergelder zwischen 800 Gulden für die Hofräte und 60 Gulden für Hilfskräfte, Briefträger und Punzenschlager. Das Arbeitsklima im Hochparterre ist von diesen krassen Unterschieden natürlich belastet. Dazu kommt noch die schreiende Ungerechtigkeit gegenüber den unbesoldeten Anwärtern, die voll arbeiten, aber nur ein Adjutum von 400 Gulden erhalten – ein Betrag, von dem man eigentlich nicht leben kann – und die daher sozial am unteren Rand der Gesellschaft Wiens vegetieren. Staatskanzler Metternich allerdings ist ein absoluter Spitzenverdiener – er hat einen Amtsbezug von 101.930 Gulden –, und auch Gentz ist finanziell weitaus besser gestellt als seine Kollegen. Wir werden aber noch sehen, dass ihnen selbst diese Summen nicht reichen.

Die Kleidersitten im Amt lockern sich nach dem Kongress. Man kommt zunehmend nachlässig gekleidet ins Amt, mitunter sogar in bunter Straßenkleidung, ja es wird gemeckert, dass manche geradezu „im Negligé zu Metternich" gehen. Die höheren Amtsträger wohnen in der Stadt, die meisten in Wieden, der Josefstadt, Alsergrund; eine Hofratswohnung hat dort bis zu neun Zimmer, und man hält zwei bis vier Dienstboten. Die Konzipienten müssen sich mit vier Zimmern bescheiden, und die Unverheirateten logieren in den „Beamtenkasernen" im Freihausviertel, beim Bürgerspital und auf den Basteien.

Auch wenn nach dem Ende des Kongresses die internationale Bedeutung des Ballhausplatzes so groß wie nie zuvor ist, verlagert sich das Geschehen über den Sommer 1815 von hier weg dennoch an andere Orte: Zunächst nach Paris, wo unter einflussreicher Beteiligung der Routiniers des Wiener Kongresses, allen voran Gentz, der Zweite Pariser Frieden vorbereitet wird. Er bringt massive Belastungen für Frankreich und finanzielle Forderungen der Mächte der Allianz, die – insbesondere Österreich – schwer verschuldet sind. Das Jahr 1816 bringt daher in Wien wieder einen Staatsbankrott, obwohl die Folgen des letzten im Jahr 1811 noch nicht überwunden sind. Die Wirtschaft liegt darnieder, Kriegsschäden überall, 1817 leiden die Menschen in der ganzen Monarchie Hunger.

Metternich befasst sich mit diesen Dingen aber nur wenig. Er reist nach dem Ende der Verhandlungen in Paris, die den Sommer über gedauert haben, im Dezember 1815 nach Italien. Nachdem ihm im September der Abschluss der Heiligen Allianz mit Russland und Preußen geglückt ist – in seinen Augen die Stabilisierung der konservativen Verhältnisse für ewige Zeiten –, hat er jetzt die Muße dazu. In der Wiener politischen Gesellschaft verbessern sich trotz seiner Abwesenheit die Verhältnisse für Metternich, als die Kaiserin Maria Ludovika 1816 stirbt.

Bis 1819 folgen übrigens noch drei weitere Italienreisen, wobei die dritte die denkwürdigste ist: Der Fürst bricht mit dem Kaiser und riesigem Tross am 10. Februar 1819 auf – 98 Personen und 54 Kutschen umfasst der Zug, Florenz, Rom, Neapel sind die Ziele, und den Herrschaften geht es diesmal primär um Kultur und Kunst, daneben will man nur wenig Politik machen.

Innenpolitisch setzen der Kanzler und seine Behörde in den Nachkongressjahren zunehmend auf Repression, Polizeimacht, gemeinsames Vorgehen mit den konservativen Kräften Europas und Restauration – eine Spirale, die sich bis etwa 1823 fortsetzt. Aber man erkennt auch die Notwendigkeit von Verwaltungsreformen, denn die Französische Revolution hat auf diesem Gebiet viele Impulse gesetzt, die trotz der Niederlage der Revolution weiter fortwirken und sehr populär sind. Die Kompetenzen der Zentralbehörden werden erweitert, die Verwaltung wird nach sachlichen Kriterien in Ressorts gegliedert, um die Herrschaft zu stabilisieren. Und so entwirft Metternich ab 1817 in der Staatskanzlei große Pläne zur Reorganisation des Habsburgerreichs: eine neue Ministerienstruktur und eine umfassende Verwaltungsreform. Sie werden vom Kaiser zunächst auch tatsächlich angenommen, dann allerdings nur in wesentlich abgeschwächter Form umgesetzt.

Im Gegensatz zu Preußen kommt es hierzulande in den folgenden Jahren und Jahrzehnten daher zu keiner umfassenden Staatsreform. Das primäre Anliegen des Kaisers ist es nämlich nur, für die Zeit nach seinem Ableben vorzusorgen, weil alle wissen, dass es dann keinen „regierungsfähigen Monarchen" geben wird, da Kronprinz Ferdinand geistig behindert ist. Auch Metternich ist, je länger er regiert, immer weniger an Veränderungen interessiert, da sich seine Machtposition dadurch nur abschwächen kann. Sein späteres Regierungspendant, der für Inneres und Finanzen zuständige Staatsminister Franz Anton Graf von Kolowrat-Liebsteinsky, ist zu schwach für tiefgreifende Veränderungen und daher auch keine Gefahr für ihn. Das Einzige, was man in diesen Jahren schafft, ist eine gewisse Zurückdrängung des Einflusses der Stände.

1817/18 beschäftigen den Ballhausplatz zunehmend Fragen des Deutschen Bundes; Hardenberg kommt wieder nach Wien in die Staatskanzlei. Metternich schreibt kluge Memoranden mit diversen alternativen Optionen. Er muss jetzt leider manche Arbeiten selbst erledigen, da sein treuer Stellvertreter Hudelist 1818 im Amt verstorben ist – der Fürst hält dazu fest, dass er wohl nie mehr einen derartigen Mitarbeiter finden wird.

Im Oktober und November 1818 treffen sich die Teilnehmer des Wiener Kongresses wieder in Aachen: Zar Alexander I. kommt mit Nesselrode, König Friedrich Wilhelm III. mit Hardenberg, Kaiser Franz I. mit Metternich, für England nehmen Wellington und Castlereagh teil; nur Talleyrand ist nicht mehr dabei. Man fasst einige Beschlüsse, die das Werk von Wien ergänzen und abschließen, beendet die Besatzung Frankreichs und legt neue Maßnahmen fest, wie demokratische und revolutionäre Bewegungen in Europa bekämpft werden sollen.

Ein Attentat, die Ermordung des Dichters Kotzebue, im März des Folgejahres und die Reaktionen darauf bei den Studenten und in der Presse führen kurz danach zu massiven Repressionen: Auf einer aus Angst vor der Presse ziemlich geheim gehaltenen Konferenz in Karlsbad im August 1819 werden, wieder auf Initiative Metternichs, von Österreich, Preußen und anderen deutschen Staaten Gewaltaktionen gegen die Studenten, Intellektuellen und Deutschnationalen beschlossen. Weiters setzt man Zensurmaßnahmen gegen die Presse. Gentz ist hier besonders radikal, Metternich plant und steuert eher abschwächend und weitblickender.

Entschlossen kehrt Metternich nach diesem Erfolg in die Staatskanzlei zurück und wird wieder von hier aus initiativ. Von November 1819 bis Mai 1820 tagen die Delegierten der deutschen Bundesstaaten in der Staatskanzlei in Wien, um auf seine Initiative die Bundesakte zu novellieren. Metternich hat alles in der Hand und führt den Kongress im Alleingang. Wieder tagen also Kommissionen am Ballhausplatz, es gibt Widerstände von Bayern und Württemberg – doch Metternich kann sie im Auftrag seines Kaisers alle überwinden.

Dabei geht es nicht nur um die Struktur des Deutschen Bundes, sondern indirekt auch um die österreichischen Länder. Einerseits will Metternich die zentralistischen Elemente des Staates erhalten und ausbauen, andererseits muss er aber auch der föderativen Zusammensetzung dieses Ländermosaiks Rechnung tragen – eine Quadratur des Kreises. Sie wird nur mit Reförmchen und Verwaltungsänderungen versucht, denn eines ist völlig klar: Weder in der Monarchie noch in den Ländern darf man konstitutionelle Elemente zulassen, der von Wien aus regierte absolutistische Obrigkeitsstaat und die hierarchisch-feudalen Landesherrschaften werden nicht angetastet. Und die nationale Komponente der politischen Entwicklung wird überhaupt ignoriert – man erkennt beispielsweise am Ballhausplatz nicht, dass nur ein Viertel der Bevölkerung des Kaiserreichs deutschsprachig ist und diesem fast 20 Prozent Ungarn und große Anteile von Tschechen, Polen und anderen slawischen Nationalitäten gegenüberstehen. Hier entwickelt sich ein Sprengpotenzial – hätte man es früh erkannt und ihm Rechnung getragen, hätte die Entwicklung Europas wahrscheinlich eine andere Richtung genommen.

Während Metternich im Mai 1820 die Schlussverhandlungen über die Bundesakte in seinem Büro leitet, liegt seine 16-jährige Lieblingstochter Clementine im Stockwerk darüber in ihrem Zimmer im Sterben. Auch sie hat die Familienkrankheit Tuberkulose, und die zahlreichen Aderlässe, mit denen man sie „behandelt", verschlechtern ihren Zustand rapide. Der Fürst leidet entsetzlich darunter, verlässt alle drei Stunden die Verhandlungen, weil er einfach nicht mehr kann, kommt aber dennoch wie eine Maschine zurück und führt die Tagung weiter. Als Clementine stirbt und die Verhandlungen am 15. Mai beendet sind, bricht er förmlich zusammen, und Totenstille breitet sich im Haus aus.

Im Juli stirbt noch eine weitere Tochter, Marie, und der Fürst schickt seine restliche Familie nach Paris – er weiß um die Lungenschwäche der Mutter und der Kinder und hofft darauf, dass das Klima in Paris für sie besser sein wird. Damit leert sich der Privattrakt in der Staatskanzlei. Einen Teil der Wohnung im zweiten Stock lässt Metternich sogar absperren, das Sterbezimmer von Clementine kann er ohnedies „nicht ohne Schauder betreten".

1820 langen alarmierende Meldungen aus dem Süden am Ballhausplatz ein: Es gibt Unruhen in Italien, Neapel, Portugal und dem Piemont. Metternich und die Pentarchie reagieren darauf sofort: Auf dem rasch einberufenen Troppauer Fürstenkongress bekräftigt die Heilige Allianz eine gemeinsame Linie, und 1821 legt der Laibacher Kongress militärisches Eingreifen fest. Die Muster der Reaktion sind immer dieselben – 1823 beschließt man etwa auch die Niederschlagung der spanischen Revolution. Und immer wieder bewährt sich der Fürst als die zentrale Figur der „Wiederherstellung des allgemeinen Friedens" und seine Kanzlei als Sekretariat und Umsetzungszentrale der Konferenzen und ihrer Beschlüsse.

Innenpolitisch sieht sich der Fürst nicht mehr ununterbrochen gefordert, er ist jetzt auf dem Gipfel seiner Macht. Das einzige Problem sind die beständigen finanziellen Schwierigkeiten, in die er trotz seines fürstlichen Gehalts immer wieder gerät. In dieser Situation entwickelt Metternich ein System der permanenten Annahme von (Geld-)Geschenken, was ihm kaum Skrupel zu bereiten scheint. Biografen werden später ausrechnen, dass der Kanzler im Verlauf seiner Karriere am Ballhausplatz vom Kaiser, von ausländischen Herrschern, reichen Privatleuten und abhängigen Standesvertretern dreizehn Millionen Gulden eingenommen – und verprasst – hat. Dieselbe Praxis macht sich – auf etwas niedrigerem Niveau – auch sein Intimus Gentz zu eigen, der es in den besten Jahren ebenfalls auf Beträge von 100.000 Gulden an Sporteln und Geschenken bringt – die er zum Beispiel für die schöne Tänzerin Fanny Elßler ausgibt.

Ein großer Ausgabenposten des Fürsten ist die Gestaltung seiner unmittelbaren Arbeits- und Wohnumgebung. Denn neben der Amtsorganisation, die er weiter in regelmäßigen Abständen umgestaltet – Änderungen der Geschäftseinteilung erfolgen 1822 und 1830 –, verschönert und modernisiert er auch ständig die bauliche Substanz der Staatskanzlei. Dabei hat er in den ersten beiden Jahrzehnten des 19. Jahrhunderts ohnehin permanent irgendwo in der Beletage und darüber umgebaut, restauriert und renoviert: Es finden sich in den Archiven Rechnungen und Kostenvoranschläge aus den Jahren um 1815 für Stuckaturarbeiten, Pariser Tapeten, Kupferschmiede- und Zimmermeisterarbeiten im Ausmaß von 113.585,43 Gulden, für Spiegelmacher, Maler und Bildhauer und vieles mehr. Bereits 1818 hat der Kanzler auch die 1766 eingebaute Hauskapelle durch eine Zwischendecke teilen lassen, um im Hauptgeschoß ein Bibliothekszimmer für seine vielen Bücher zu gewinnen. Die Kapelle muss einen Stock tiefer übersiedeln. Dieser Raum ist ungefähr so groß wie die alte Kapelle, aber wesentlich niedriger – statt 5,70 Metern Raumhöhe stehen hier nur 4,30 zur Verfügung. Natürlich passt der Altar da nicht hinein, was Metternich jedoch ziemlich egal ist. Hier wird gespart und kein neuer passender Altar angefertigt, sondern zur Säge gegriffen und einfach ein Mittelstreifen von eineinhalb Metern Höhe herausgesägt. Das Ergebnis in seiner gestauchten Jämmerlichkeit ist heute noch zu „bewundern". Bei der Ausstattung der Kapelle ist man dann aber weniger knausrig – im April 1823 werden gleich drei Kelche, zwei Kristallkännchen und die gesamte für Messen erforderliche Ausstattung neu beschafft.

Die Fenster des oberen Wohngeschoßes werden vergrößert, die Hauptfassade wird zugunsten einer monumentaleren Wirkung vereinfacht, ein neues Hauptgesims entsteht, weil das alte schon bröckelt, die Figuren der Attika werden weggenommen und an ihrer Stelle ein modernes „Ochsenauge" eingesetzt, verschnörkelte Verzierungen rund um die Fenster werden modernisiert. Das undichte Mansardendach wird durch ein italienisches Dach ersetzt, die Dachziegel aus Ton gegen Kupferplatten getauscht. Und da 1822 eine Verordnung ergangen ist, die Dachrinnen befiehlt, werden 1826 für 31.000 Gulden welche angebracht.

Schon am 27. Februar 1819 ist Metternich an den Kaiser auch mit dem Ersuchen herangetreten, das Staatskanzleigebäude durch eine Verbindung mit dem benachbarten niederösterreichischen Amtsgebäude, einem früheren, nun „einer Ruine gleichenden" Trakt des Klosters, der nur vom Minoritenplatz aus zugänglich ist, zu erweitern und dieses aufzustocken – dafür wird eine sechsstellige Summe veranschlagt. Die Umsetzung dieser Erweiterung verzögert sich aber, weil Kaiser Franz I. nicht so viel Geld ausgeben will. Doch letztlich setzt sich Metternich durch, indem er zu seinem bewährten Trick greift, die Arbeiten zu beauftragen, zu bezahlen und erst im Nachhinein die Refundierung zu verlangen, die ihm Kaiser und Hofverwaltung zumeist letztlich nicht verwehren können.

Diese Bauphase dauert von 1821 bis 1826, dann ist die Generalsanierung fertig. Danach veranlasst der Fürst noch eine zusätzliche Investition: Schon vor einiger Zeit sind die Bastei und die Gärten im Burgbereich umgestaltet worden, gegenüber der Südfront des Palais erstreckt sich nun der Volksgarten mit dem neu errichteten Theseustempel und einem Kaffeehaus. Metternich lässt zur „Verbesserung der Wohnlichkeit" die der Staatskanzlei gehörenden Gebäude vis-à-vis des Palais in der Löwelstraße, die an die Bastei grenzen, umbauen und einen kleinen Garten auf ihrer Dachterrasse erweitern, da er eine bessere Belichtung und eine schönere Aussicht wünscht.

Dieses Basteigärtchen gegenüber dem Amtsflügel wird nicht nur ausgedehnt; womit der Hofarchitekt wirklich Lebensqualität in den Arbeitsalltag bringt, ist eine eiserne Brücke zwischen dem Palais und dem Garten, die man von dem zur Tür erweiterten Fenster des kleinen Speisesaals (heute Grauer Ecksalon) aus erreicht: Über sie kann der Fürst zum Frühstück im Freien gehen, er

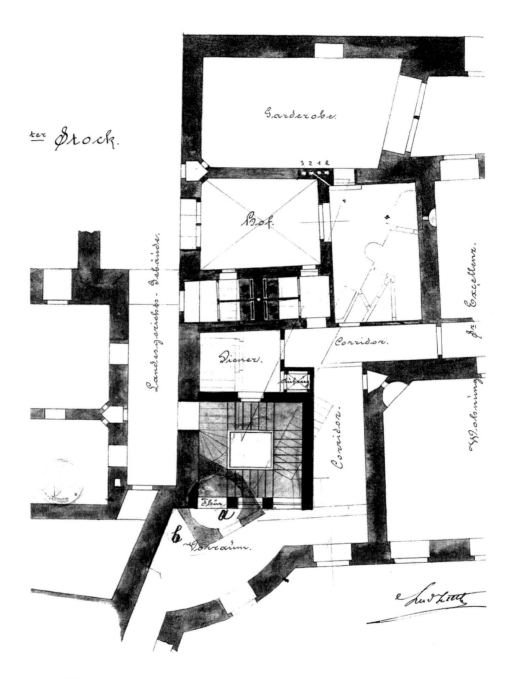

Detailplan des Umbaus 1828 – die Verbindung des Palais zum Gerichtsgebäude im ehemaligen Minoritenkloster

kann aber auch den Weg fortsetzen und gewissermaßen auf der Mauerkrone ungesehen hinüber in die Hofburg zum Kaiser spazieren, was er in der Regel zweimal täglich macht.

Jetzt ist auch die gründliche Innenrenovierung abgeschlossen. Die Raumaufteilung hat sich insofern geändert, als im Souterrain nur mehr Stallungen für etwa 30 Pferde, Wagenschuppen, Küche und Diener verbleiben. Im Hochparterre werden die Büroräume der Staatskanzlei effizienter mit Beamten befüllt, und zwar im linken Flügel die ausländische Abteilung mit politischer Registratur, Expedit und Chiffrierabteilung, im rechten die inländische Abteilung mit administrativer Registratur und Expedit, ihren Kanzleien und der Amtsbibliothek sowie die Kanzlei des Maria-Theresien-Ordens. Sprechzimmer und Aktenlesezimmer befinden sich in beiden Flügeln.

Das Hauptgeschoß bleibt zwar im Kern unverändert, Decken, Wände, Beleuchtung, Heizung und Einrichtung sind allerdings dem Zeitgeist entsprechend gründlich umgestaltet, Türen werden versetzt, alles wirkt großzügiger und heller. Zunächst gelangt man links in den Livreesaal, den heutigen Steinsaal; von dort geht es sowohl in den großen Empfangssaal (Kongresssaal), dessen Eingangstür in die Saalmitte verlegt wird, als auch in den kleinen Speisesaal (Grauer Ecksalon). An diesen schließt der große Speisesaal (heutiger Ministerratssaal) an, der besonders modern ausstaffiert und mit rotseidenen Sitzmöbeln

Volksgarten-Szene im Vormärz

ausgestaltet wird. Vergleicht man das berühmte Isabey-Bild von der Sitzung des Wiener Kongresses mit dem heutigen, auf diesen Umbau zurückgehenden Zustand, kann man die Änderungen im Detail nachvollziehen: Die Türen samt ihren Supraporten sind modernisiert, der Saal erhält ebenso wie der große Festsaal eine ganz moderne Oberfläche, nämlich das sündteure Stuccolustro und eine Deckengestaltung, die geometrischer und formenklarer ist als die alte barocke Verschnörkelung. Große Eckspiegel mit gusseisernen Rahmen – der letzte Schrei der Innendekoration – erweitern den Raum, der auch vergrößert ist: Die zum Amtszimmer des Kanzlers gelegene Wand wurde um eine Fensterachse weitergerückt, und der Zugang aus dem Livreesaal ist geschlossen – man soll eine möglichst lange Flucht von Zimmern durchschreiten müssen, bevor man zum Kanzler kommt, und gelangt daher künftig nur über den heutigen Grauen Ecksalon in den neuen Saal.

Durch einen kleinen Vorraum, der auch als privater Teil der 20.000 Bände umfassenden Bibliothek genutzt wird, gelangt man in das Amtszimmer des Fürsten und dahinter in das Audienzzimmer. Daneben werden wieder Wände umgelegt, die Räume für Dienstboten, Handbibliothek und Garderobe hinter dem Kanzlerzimmer werden umgestaltet; dafür opfert man eine Treppe, die direkt von den Kanzleiräumen in die Wohnräume im dritten Stock geführt hat.

Grundrissplan der Erweiterung des Palais 1828

Das macht zwar die Nutzung des Hauses etwas unbequem, aber der Platzgewinn rund um das Kanzlerzimmer ist enorm und ermöglicht es einer beflissenen Entourage, bei der Arbeit dem Herrn näher zu sein. So lässt sich das eherne Gesetz von der immerwährenden Vergrößerungstendenz von Kanzlerbüros in diesem Haus ohneweiters bis ins frühe 19. Jahrhundert zurückverfolgen.

Im recht bunt ausgemalten Arbeitszimmer selbst stehen jetzt drei Schreibtische, Kunstwerke liegen auf den Tischen und sind auf Staffeleien wie zum Verkauf in einer Galerie ausgestellt, ein Fernrohr blickt durchs Fenster hinaus. Wenn sich Besucher über dieses für einen Dienstraum absolut unübliche Ambiente erstaunt zeigen, freut dies den Fürsten geradezu, denn er will damit einen besonderen Eindruck machen.

Im rechten Residenzflügel schließt an den großen Saal der Blaue Salon an (heute Marmorecksalon), dann der grüne Empfangssaal mit Lyoner Tapeten und schließlich der weißstuckierte Säulensaal. Dahinter liegen die Privaträume, nämlich ein „Sitzzimmer", das Schlafzimmer seiner Durchlaucht und das der Fürstin, ein Vorraum, eine kleine Küche und zwei weitere Toilettezimmer. Am Ende befindet sich ein Zimmer der Kammerjungfer am früheren Fuß der Treppe ins Obergeschoß, die nun verlegt wird, da sie im Raum zwischen dem neu inkorporierten Trakt des Gerichtsgebäudes und dem alten Palais besser untergebracht werden kann.

Ein optisch besonders gravierender Eingriff erfolgt im Kongresssaal. Noch zur Zeit des Wiener Kongresses betrat man ihn durch eine Tür, die sich mittig im Steinsaal öffnete. Diese Tür wird nun so versetzt, dass sie sich im Kongresssaal mittig genau gegenüber der großen Tür zum Balkon öffnet. So schafft man eine neue Symmetrie für diesen Prunkraum des Palais, die man an den Seitenwänden durch zwei zusätzliche Scheintüren verstärkt. Bei der Oberflächengestaltung setzt man auch hier auf die Mode der Zeit – Stuccolustro bis hinauf zu den Simsen, die Wandfelder werden mit biedermeierlichen Palmwedeln verziert, und unter dem Plafond läuft nun ein bunter Fries mit Goldgirlanden rund um den Saal.

Auch wird im gesamten Haus eine moderne Warmluftheizung installiert, deren Kamine in die Gestaltung der Festsäle prominent einbezogen sind. Vor allem in der Mitte der Schmalwände des Kongresssaals, aber auch in den Ecken des neuen Saals, des Kanzlerzimmers und des Speisesaals dominieren sie noch heute. Vom Souterrain aus wird der ganze Trakt temperiert.

Metternich bewohnt diese Staatskanzlei gewöhnlich von Herbst bis Mai, im Sommer hingegen residiert er in seiner vom alten Kaunitz ererbten und mittlerweile auch standesgemäß renovierten Villa mit prachtvollem Garten am Rennweg. Das Büro des Fürsten ist daher immer mit frischen Blumen aus seinen Gärten geschmückt.

Im Obergeschoß leben weiterhin die Familie, soweit sie in Wien ist, und Metternichs Bruder Joseph. Aufgrund der Todesfälle der zwei Töchter und der

Der Ballhausplatz um 1850. Links die Stadtmauer und die Eisenbrücke zum „Paradeisgartl"

angegriffenen Gesundheit von Lorel stehen die Räume zwischen 1820 und 1823 aber teilweise längere Zeit leer, erst im Mai 1823 beginnt wieder ein normales Leben in den Privaträumen. Die gesamte Inneneinrichtung dieser Zeit ist übrigens durch ein ausführliches Inventar belegt, zum Teil bleibt sie bis zu den Zerstörungen des Zweiten Weltkrieges erhalten.

Die Normalität des biedermeierlichen Lebens in den neuen Räumen hält allerdings nicht lange an. Gleich zu Beginn des nächsten Jahres geht Metternichs Frau mit den Kindern wieder nach Paris, in der Hoffnung, dass sich ihr Gesundheitszustand bessern würde. Die Hoffnung ist trügerisch, auch bei ihr ist die Tuberkulose bereits sehr weit fortgeschritten. Metternich erfährt von der Verschlechterung ihres Zustands im Februar 1825, verwirft alle Planungen für eine Italienreise und reist am 9. März nach Paris. Dort kann er aber nicht mehr tun, als Lorel bis zu ihrem Tod am 19. März 1825 zu begleiten. Nach den beiden Töchtern hat ihn jetzt auch die – trotz all seiner Eskapaden – von ihm wirklich geliebte Frau verlassen, seine Gesprächspartnerin, seine Verbündete in mancherlei diplomatischen Ränken und seine Stütze im sozialen Leben von Wien und Paris.

Nun ist Metternich in seinem Palais am Rennweg und am Ballhausplatz allein. Und er muss um seinem Erbfolge bangen, denn auch sein Sohn Viktor zeigt bereits Symptome der für die gesamte Familie so verheerenden Lungenkrankheit. So trifft der mittlerweile 54-jährige Fürst nach zwei Jahren die Entscheidung, noch einmal zu heiraten. Seine ihm 1827 Angetraute ist die erst 21-jährige Maria Antonia Freiin von Leykam. Am Ballhausplatz soll also eine in den Augen des Adels ganz und gar nicht ebenbürtige Person einziehen – die allerdings der um seinen Kanzler besorgte Kaiser dadurch unterstützt, dass er sie noch rechtzeitig zur Gräfin macht. Doch wieder schlägt das Schicksal unbarmherzig zu: Nach nur 14 Monaten Ehe stirbt die junge Frau im Jänner 1829 im Wochenbett, und Metternich ist wieder allein.

Und er hat neue politische Probleme zu lösen. Die Julirevolution 1830 in Frankreich bringt eine deutliche Schwächung der Metternich'schen Europaordnung: In Parma und Modena brechen Aufstände aus, Wien entsendet Truppen nach Italien, Metternich kommt in Ancona dem Papst militärisch zu Hilfe, doch die revolutionäre Flut und liberale Gedanken scheinen sich über ganz Europa auszubreiten – in Italien, Deutschland, Belgien und England. Der Fürst und seine Berater halten jedoch eisern an ihren Prinzipien fest, und vom Ballhausplatz aus werden weiterhin europaweit militärische Unterdrückung und Restauration koordiniert.

Zu diesem Zweck gibt es im Haus immer wieder Reorganisationen zur Verbesserung des Amtsbetriebes, so etwa 1830 eine neue umfassende Regulierung der Geschäftsbehandlung, die insbesondere auch das Zusammentreten der Hofräte, also eine kollegiale Willensbildung in bestimmten Angelegenheiten, vorsieht.

Sommerpalais Kaunitz-Metternich am Rennweg

In diese Zeit fällt im Oktober 1830 Metternichs dritte Heirat mit der erst 25-jährigen Melanie Gräfin von Zichy-Ferraris. Primärer Grund für diese Entscheidung ist für ihn wohl noch immer die Notwendigkeit eines männlichen gesunden Erben. Die Ehe entwickelt sich glücklich, und seine dritte Ehefrau sitzt in den folgenden Jahren oft unten im Bürotrakt der Staatskanzlei, liest ihm Akten und Depeschen vor, hört seine Memoiren-Entwürfe an und wimmelt im heutigen Ministerratssaal den einen oder anderen unwillkommenen Besucher ab. Gentz ist deshalb geradezu eifersüchtig auf sie: „Alle Geschäfte will sie verstehen, alle abgehenden Depeschen liest sie, viele der eingehenden öffnet sie sogar." Metternich weiht sie in Pläne ein und bespricht sich auch gern mit ihr – er hat offensichtlich wieder eine kluge, selbstbewusste Frau an seiner Seite. Sie belebt auch das gesellschaftliche Leben im Haus – Empfänge und Festbankette werden häufiger. In dieser Zeit tritt ein junger Mann, dessen Familie später noch sehr berühmt in der Wiener Gastronomie werden soll, als Zuckerbäcker in den Küchendienst des Hauses ein: Der 1816 geborene Franz Sacher serviert im Metternich'schen Dienst 1832 möglicherweise hier im Haus die erste Sachertorte.

1835 stirbt Kaiser Franz I. und hinterlässt seinem offensichtlich regierungsunfähigen Nachfolger Erzherzog Ferdinand als Leitspruch: „Verrücke nichts an den Grundlagen des Staatsgebäudes, regiere und verändere nicht." Die tatsächliche Regierungsfunktion nimmt jetzt nicht der Kaiser wahr, sondern eine Vierergruppe, die Geheime Staatskonferenz: Erzherzog Ludwig (von Franz, der um den Zustand seines Sohnes Ferdinand natürlich wusste, ihn aber als Symbol erhalten wollte, ausdrücklich eingesetzt), Erzherzog Franz Karl, Graf von Kolowrat-Liebsteinsky und Metternich – dass bei einer solchen Konstellation Konflikte unvermeidlich sind, versteht sich von selbst.

Mit den neuen Aufgaben der Lenkung des Gesamtstaates wird es in den Amtsstuben des Ballhausplatzes nicht einfacher. Bei jedem Schritt muss man sich mehrfach ver- und absichern, die Entscheidungen der beiden anderen politisch Mächtigen sind sorgfältig zu beobachten und in die eigene Strategie einzubeziehen, und es ist spürbar, dass die Macht des großen Fürsten und Hausherrn den Zenit überschritten hat. 1836 geht auch einer von Metternichs getreuesten Mitarbeitern, Baron Binder, in Pension, und eine neue Geschäftseinteilung muss dem Rechnung tragen.

In der großen Staatspolitik und auch am Ballhausplatz tritt ein gewisser Stillstand ein. Wieder einmal, denn derartige Phasen des Versandens und Erstickens der staatlichen Aktivitäten in Verwirrungen und Intrigen einander sich gegenseitig lähmender Spitzenpolitiker und Institutionen hat das Haus schon mehrfach erlebt und wird es noch oft erleben – bis ins 21. Jahrhundert hinein.

Trotz einer Choleraepidemie, die im August 1831 und im Sommer 1832 zweimal Wien erreicht und natürlich auch das Leben um den Ballhausplatz beeinflusst, ist das Jahrzehnt aber eines der wirtschaftlichen Aufwärtsentwicklung und Prosperität. Die Bevölkerung wächst, die Ernährungslage verbessert sich aufgrund der Produktivitätssteigerung der Landwirtschaft, das allgemeine Bildungsniveau steigt, die staatliche Verkehrsinfrastruktur wird ausgebaut, Dampfschiffe und Dampfmaschinen treten ihren Siegeszug an, die ersten Eisenbahnen fahren, Großinvestoren wie Rothschild finden ein weites Betätigungsfeld, und Johann Strauß Vater gibt der populären Musik in Wien neue Impulse – aus der Sicht des Herrn am Ballhausplatz kann und soll diese Entwicklung samt ihren Rahmenbedingungen so bleiben, wie sie ist. Österreich tritt zwar etwas verspätet in das Zeitalter der Industrialisierung ein, doch der private Sektor treibt das voran, und der Staat will sich nicht allzu viel darum kümmern.

Die industrielle Entwicklung bringt für den Kontrollor am Ballhausplatz auch neue Herausforderungen: Die Papierproduktion und das Drucken werden deutlich billiger und effizienter, die Zahl der Zeitungen steigt, Flugblätter sind wohlfeil und schnell herzustellen, fast die gesamte Bevölkerung kann lesen – das nützt zwar auch der staatlichen Kommunikation an die Bürger, lässt aber den Arbeitsanfall der Zensur und damit ihre Überforderung und Aggressivität ins Unbeherrschbare wachsen. Metternich hat ein Gespür für diese Entwicklung, er betreibt sogar selbst nach napoleonischem Vorbild eine sehr aktive Öffentlichkeitsarbeit, beobachtet aber mit Sorge die Entstehung von Lesezirkeln und Debattierklubs in den Kaffeehäusern. Er baut die Zensur als eigene Abteilung am Ballhausplatz auf und besetzt sie mit den besten Leuten, die er hat – lange Jahre steht sie unter der Leitung seines politisch engsten Mitarbeiters Gentz.

1839 erkrankt Metternich so schwer, dass man sich sogar genötigt sieht, wieder einen formellen Stellvertreter oder Vizekanzler zu bestellen. Die Wahl fällt auf den routinierten Diplomaten Reichsgraf von Ficquelmont, der diese Rolle aber sehr zurückhaltend wahrnimmt. In der Revolution von 1848/49 wird ihm eine noch wichtigere Rolle zukommen.

Im Privatbereich sind die 1830er- und 1840er-Jahre die Blüte des Biedermeier – auch im schönen Palais am Ballhausplatz. Eine von Pauline Fürstin von Metternich erzählte Weihnachtsgeschichte veranschaulicht das deutlich. Pauline, geboren 1836, ist gleichzeitig Enkelin und Schwiegertochter des alten Fürsten, weil sie seinen jüngsten Sohn Richard, den Halbbruder ihrer Mutter, heiratet. Sie hat ein besonders herzliches Verhältnis zu ihrem Großvater. „In meiner frühesten Kindheit […] waren die Weihnachtsabende beim ‚Großpapa' die größte Freude unter den vielen Freuden, welche mir bereitet wurden. Um 7 Uhr, nach dem Familiendiner, welches nach damaliger Gewohnheit um 5 Uhr stattfand, wurde der große Saal in der Staatskanzlei mit dem herrlichen, riesigen Weihnachtsbaum in der Mitte eröffnet, und wir flogen hinein und waren voll des Jubels über die schönen, zahlreichen Spielsachen, welche den großen Raum anfüllten. Die schönsten darunter kamen vom alten Baron Salomon Rothschild, welcher in treuer Anhänglichkeit an den von ihm verehrten Staatskanzler wohl wußte, daß er ihm keine größere Freude bereiten könne, als indem er seine Kinder und seine Enkelin in solcher Weise überraschte. […] Das sind meine Erinnerungen an die Staatskanzlei."

Und an anderer Stelle schreibt sie: „Im Frühjahr, gegen 10. bis 12. Mai ungefähr, zogen meine Großeltern nach der Villa am Rennweg hinaus, und am 15. wurde dort der Geburtstag des Großpapas gefeiert. Da gab es ein großes Diner […] Wenn der Flieder blühte, was bei uns in Wien um diese Zeit nicht immer der Fall ist, dann freute sich der gute Großpapa und führte seine Gäste im Garten herum, um die Blütenpracht bewundern zu lassen. Er war ein enthusiastischer Natur- und Blumenfreund und konnte sich in Ausdrücken des Entzückens über die Herrlichkeiten des Frühjahrs ergehen, wie ich es niemals oder wenigstens selten von anderen Menschen gehört habe."

In diesem Jahrzehnt des Wachstums und der Stadtentwicklung – die Einwohnerzahl Wiens verdoppelt sich vom Wiener Kongress bis 1850 auf mehr als 400.000 – ändern sich auch die Lebensbedingungen am Ballhausplatz und das Erscheinungsbild des Minoritenplatzes beträchtlich.

Zunächst ersetzt in den 1840er-Jahren die neue Kaiser-Ferdinands-Wasserleitung aus Heiligenstadt die mühselige unhygienische Versorgung aus den Hausbrunnen des alten Minoritenkomplexes. Fast gleichzeitig wird endlich auch die Kanalisation auf einen zeitgemäßen Stand gebracht, insbesondere in Bezug auf den direkt vor dem Palais vorbeifließenden Ottakringer Bach, der sich in den letzten Jahrzehnten immer mehr in eine Kloake verwandelt hat, deren Gestank nach Regenfällen einem den Aufenthalt im Innenhof und in den Außenräumen des Palais ziemlich vergällen konnte. Jetzt wird er auf Stadtkosten endgültig und vollständig eingehaust, und es besteht zumindest die Hoffnung, dass er die Luft nicht mehr verpestet und keine Überschwemmungen mehr den Hof verschlammen.

Auch die Fläche vor dem Nordflügel des Hauses ändert ihr Aussehen. Schon im 18. Jahrhundert war ja das alte Hofspital, das sich neben der Minoritenkirche ziemlich an die Staatskanzlei herandrängte, an den Rennweg verlegt und waren im verbleibenden Baukomplex verschiedene Verwaltungsstellen untergebracht worden. Im Ostteil richtet sich das Hofkammerarchiv ein. Die Hofrechenkammer, die Baukanzlei des Hofs und die Niederösterreichische Landesregierung nutzen andere Teile der Liegenschaft. Anbauten und überflüssige Trennmauern werden beseitigt, und damit wird der Blick freier, wenn man aus dem Haus tritt. Auch dass der Platz, die Löwelstraße und die Schauflergasse gepflastert werden, verbessert den optischen Eindruck.

Noch einmal – rund zwanzig Jahre nach der großen Renovierung und Erweiterung – wird im Haus umgebaut. Aus dieser Zeit liegen auch detaillierte Nutzungspläne vor, welche die im Wesentlichen unveränderte Beletage und das darüber liegende Geschoß (heute dritter Stock) dokumentieren. Hier gibt es jetzt anstelle der früheren Mädchenzimmer mehrere Garconnieren, und zwar an der schönen Südseite zum Glacis hinaus: Ein Appartement für den zehnjährigen

Fürsten Paul Clemens, daneben eines für die 29-jährige unverheiratete Prinzessin Hermine aus der ersten Ehe, und im Nordflügel wohnt der 15-jährige Fürst Richard, Metternichs Sohn aus der kurzen Ehe mit Antonia von Leykam. Metternichs älteste noch lebende Tochter Leontine ist ja schon lange aus dem Haus, und die beiden Kleinsten haben noch keine eigenen Wohnbereiche. An der Innenseite und im Hintertrakt befinden sich kleine Wohnungen des Tafeldeckers, des Stallmeisters, des Kammerdieners und des Hausmeisters sowie – über dem Livreesaal – eine ganze Flucht von Kammern für die Dienstboten. Ein paar Räume sind der Privatkanzlei des Fürsten gewidmet.

Die folgenden späten 1840er-Jahre sind keine gute Zeit für die Wiener – die Wirtschaft stagniert, und die Not wird in der Stadt wieder spürbar. Vielleicht merken das die Beamten am Ballhausplatz nicht so deutlich, aber auch ihre Bezüge verlieren stetig an Kaufkraft. Dennoch verlangt man ihnen die volle Leistung ab, der Anteil der Arbeit am späten Abend steigt aufgrund der Gewohnheiten des immer fleißiger werdenden Kanzlers ständig, und weitere

Pauline Fürstin von
Metternich, 1860

117

Die einzige erhaltene Fotografie des Fürsten von Metternich aus den 1850er-Jahren

Änderungen der Geschäftseinteilung – die nächsten folgen 1846 und 1848 – setzen sie permanent unter Druck.

Der Arbeitsablauf im Haus ist genau geregelt: Besonders wichtige Schriftstücke gehen sofort an den Kanzler, der sie sichtet und gegebenenfalls am Abend sogleich dem Kaiser zur Kenntnis bringt oder sie in großen Taschen den Hofräten zuteilt – wenn er sie nicht gleich selbst bearbeitet, was immer öfter der Fall ist. In den Abteilungen werden dann die Bearbeitungen und Antworten erstellt, letztlich wieder dem Kanzler oder seinem Vertreter vorgelegt und nach Approbation vom Expedit ins Reine geschrieben. Danach gehen sie zur Unterschrift an Metternich und werden per Boten zugestellt. Es sind an die 10.000 Erledigungen, die auf diese Weise pro Jahr bearbeitet werden.

1846 bricht der Krakauer Aufstand aus – noch ein letztes Mal funktioniert das Regime Metternich, und die Revolte kann niedergeschlagen werden. Allerdings um einen hohen Preis, dessen Ausmaß dem alten Fürsten nicht bewusst ist, denn er muss die Bauern gegen die revoltierenden Kleinstfeudalherren unterstützen und fördert damit das Signal, dass der Widerstand von ganz unten gegen die Herrschenden oben erfolgreich sein kann. 1848 ergreift dieser Gedanke die Massen, und es ist nicht mehr möglich, Revolten niederzuzwingen. Das Bürgertum, die Bauern und die Studenten in Europa und in der Stadt rund um den Ballhausplatz sind selbstbewusster geworden, das zeigt sich allenthalben, sogar in der Musik: Nicht nur einmal wird dem Fürsten ein nächtliches Katzenmusik-Ständchen gebracht, und die Zensur tut sich schwer mit öffentlicher Kritik, die gesungen und nicht gedruckt wird – selbst wenn sie wie das Lied von Alexander Medis mit „O Metternich, o Metternich, / Erschlage doch das Wetter dich" endet.

Am Vormittag des 13. März 1848 – ganz Wien ist schon seit Wochen voll von Berichten und Gerüchten über die Revolution in Paris und anderen Städten und fürchtet das Gespenst, das da in Europa umgeht – konferiert Metternich in seinem Amtszimmer mit dem preußischen Gesandten Radowitz. Die Tumulte von etwa 200 Personen beim Landhaus in der Herrengasse beunruhigen ihn nicht besonders. Eher alarmiert ihn, dass, wie Pauline von Metternich schreibt, „[…] Herren aus den aristokratischen Kreisen sich der revolutionären Bewegung angeschlossen hätten und […] bei meinem Großvater mit der Deputation erschienen seien, welche ihm in brutalster Weise bedeutete, dass er abzudanken habe! Graf B. und Graf F. waren mit der Deputation, den Hut auf dem Kopfe behaltend, eingetreten."

Um 12 Uhr mittags erscheint ein bewaffneter Trupp von 50 jungen Leuten auf dem Ballhausplatz, und ein 19-jähriger polnischer Student mit Namen Burian hält – auf den Schultern anderer – eine flammende Rede gegen Metternich und sein System. Jetzt zieht Militär mit Bajonetten auf, denn die Ordnungskräfte erkennen den Ernst der Lage. Sie beruhigen die Situation rasch wieder, ja als Erzherzogin Sophie aus dem „Paradeisgartl" auftaucht, ertönen sogar Hochrufe. Dennoch schickt der Kanzler den Grafen von Bombelles in die Hofburg, um Erzherzog Ludwig Bericht zu erstatten. Dieser ordnet sofort präventiv den Einsatz von Militär an. Metternich geht durch ein Spalier von Soldaten über den Ballhausplatz, dahinter eine ihn laut beschimpfende Menge. In der Hofburg sind bereits die kaiserliche Familie, Vertreter der niederösterreichischen Stände, des Hofs und des Staatsrats versammelt. Metternich spricht sich entschieden dagegen aus, den Aufständischen Zugeständnisse zu machen, und überzeugt alle von der Notwendigkeit einer harten Linie.

Dann geht er wieder zu Fuß zurück in die Kanzlei. Dort teilt man ihm in den Nachmittagsstunden in immer kürzeren Intervallen mit, dass sich die Tumulte über die Stadt ausbreiten. Auch der Hof ist in diesem Sinn informiert und wird immer nervöser. Gegen Abend ruft Erzherzog Ludwig den Fürsten wieder in die Hofburg hinüber. Dort ist die Stimmung jetzt völlig anders als zu Mittag: Das Militär hat an einigen Plätzen das Feuer auf das Volk eröffnet, daraufhin haben sich Studenten und Bürgergarde bewaffnet formiert. Ihre Vertreter sind schon bei Hof eingelangt, und ihre Forderungen zielen insbesondere auf eines ab: auf den Rücktritt Metternichs.

Die verängstigte Habsburgerfamilie, allen voran Erzherzog Johann, ist daher nunmehr bereit, den Kanzler zu opfern und teilt ihm indirekt mit, dass er mit einem solchen Schritt Schlimmeres abwenden könne. Da zeigt Metternich Größe: Er hält eine kurze Rede, die mit der Rücktrittserklärung schließt, lehnt Dankesbezeugungen des Erzherzogs und der Politiker schroff ab, dreht sich um und verlässt die Hofburg. Es ist bereits dunkel, als er mit ein paar seiner Mitarbeiter wieder durch das Spalier von Grenadieren den Ballhausplatz überquert. Feldmarschall Windisch-Graetz eilt ihm nach und versucht ihn umzustimmen, doch vergeblich.

Im Haus erfährt Metternich, dass der Mob seine Villa am Rennweg verwüstet hat. Nun ist ihm klar, dass es auch für ihn persönlich gefährlich werden kann und trifft die nötigen Vorbereitungen zur Abreise. Da erreicht ihn nochmals eine Bitte aus der Hofburg, hinüberzukommen. Diesmal ist es Maria Anna, die Frau von Kaiser Ferdinand, die eher für den Rücktritt des Kaisers eintritt und Metternich zum Bleiben bewegen will. Der Fürst ist gegen diesen Plan und bleibt bei seinem Entschluss. Spät in der Nacht kehrt er zum letzten Mal ins Palais zurück, schläft kurz, steht früh auf, ordnet in der Kanzlei rasch seine wichtigsten Papiere, schreibt noch Abschiedsbriefe an den Zaren und an den preußischen König und reist mit seiner Familie in der Kutsche ab.

Die Dramatik der Märzereignisse wird von Pauline von Metternich später anschaulich beschrieben: „Meine Mutter weinte bitterlich von früh bis abends. Dann zogen Banden durch die Straßen, welche Steine in die Fenster schleuderten, an den Wache haltenden Soldaten vorübermarschierten, ihnen die Zunge zeigten und sie gröblich insultierten, und da sah ich denn auch einen Grenadier mit der großen prächtigen Bärenmütze, welcher seinen Posten nahe an unserem

Der Revolutionär Burian spricht auf dem Ballhausplatz, März 1848

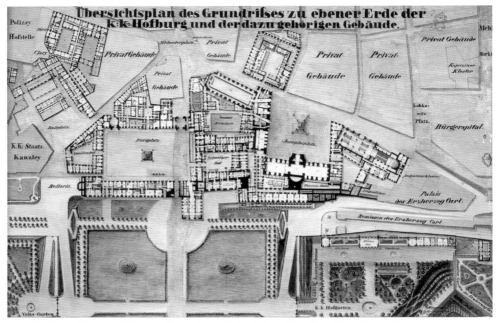

Hofburg-Plan um 1850, am linken Rand Hofspital und heutiger Minoritenplatz

Hause, beim Eingange der damals bestehenden Basteikasematten hatte. Ihm warf man die schmählichsten Schimpfnamen zu, und er stand wie eine Mauer da, ohne sich zu rühren, während sein Gesicht immer bleicher und bleicher wurde. Welch furchtbaren inneren Kampf mag der Ärmste da wohl bestanden haben, um von seiner Waffe gegen diese verlotterte Bande keinen Gebrauch zu machen! Ich kehrte mich zu meiner Erzieherin um und rief in meiner Empörung aus: ‚Les imbeciles!' Sie erwiderte: ‚Non seulement des imbeciles, mais des miserables!' – ‚Je ne parle pas d'eux' antwortete ich wütend, ‚mais du Gouvernement!'"

Am 14. März 1848 muss Fürst von Metternich, Symbolfigur der obrigkeitsstaatlichen Unterdrückung und Bauernopfer der Habsburgerfamilie, so rasch er nur kann nach England fliehen. Das Appartement am Ballhausplatz verwaist zunächst in den Wirren der instabilen politischen Verhältnisse der folgenden Wochen und wird geräumt.

Im Haus gegenüber am Minoritenplatz, in dem im Hofspitalstrakt untergebrachten Hofkammerarchiv, amtiert übrigens in diesen Tagen Franz Grillparzer als dessen Direktor. Er kann vom Aktensaal im ersten Stock die Tumulte beobachten und findet sie, wie er später festhält, absolut nicht in Ordnung. Im folgenden Sommer übersiedelt er das Hofkammerarchiv in Rekordzeit in die Johannesgasse und macht sich dann das Beamtenleben so angenehm wie möglich, um ausreichend Zeit für seine dichterischen Arbeiten zu haben.

Fürst von Metternich bleibt nur wenige Jahre in England. Als in Österreich die restaurativen Kräfte wieder an die Macht zurückkehren, ist auch er wieder im Lande willkommen, und im Herbst 1851 zieht die Familie wieder in ihr Palais am Rennweg ein. Nach Exil und Rückkehr widmet Metternich sich dort bis zu seinem Tod intensiv seiner Imagepflege, er ist ein überaus fleißiger Schreiber, und sein Tintenverbrauch ist legendär.

Noch ein allerletztes Mal irrlichtert kurz der Wiener Kongress auf: Metternich lädt zu seinem achtzigsten Geburtstag ein, und alle noch lebenden Geliebten kommen – auch die Fürstin Bagration. Metternichs Enkelin Pauline lässt allerdings kein gutes Haar an ihr und mokiert sich darüber, wie man die „zu Kongreßzeiten so gefeierte Schönheit Fürstin Bagration jetzt einhertrippeln" sieht. „Sie hatte vergessen alt zu werden, und dünkte sich wohl noch zu jener schönen Zeit, als Isabey sie mit Rosen bekränzt und in Wolken gehüllt, von Schleiern umgeben, gemalt hatte! Die Schleier und die Rosen waren allein zurückgeblieben, die Wolken mit der Schönheit davongeflogen. Die blonde Lockenfülle reduzierte sich auf fünf oder sieben gelbe Haare … Die arme Fürstin bedeckte sich kärglich mit einem Hemde aus feinstem Batist, mit zwei rosa oder lichtblauen Schleifen gebunden … und das war alles! Man blieb sprachlos und angsterfüllt flehte man zum Himmel, daß sich diese leichten Schleifen nicht lösen mögen. […] Und so gekleidet, wenn man es gekleidet nennen kann, erschien sie zu Besuch bei meinem Großvater. Die Ärmste machte allerhand neckische Avancen und warf ihm gerührte Blicke zu. Es war ein unbezahlbares Schauspiel, wenn man meinen so würdig und vornehm aussehenden Großvater diese arme Mumie am Arme zu Tische schleppen sah. Sie hing an seiner Seite und sah ihn mit ihren faden blauen Augen so schwärmerisch an, daß Alt und Jung sich alle Mühe geben mußten, um nicht hellauf zu lachen."

Der Kongress und sein Glanz sind damit endgültig vorbei, seine Akteure gestorben oder alt und bedeutungslos geworden, seine Fassade ist abgeblättert und verblichen, sein Austragungsort nur mehr ein nobles Amtsgebäude unter vielen anderen und nicht mehr das Zentrum der politischen Welt. Und das unmittelbare politische Erbe des Kongresses, das stabile Gleichgewicht der konservativen europäischen Großmächte, das diese auf ihre absolutistische Herrschaft im Inneren stützten, ist zu Ende gegangen. In dieser neuen Welt hat der Ballhausplatz eine neue, wesentlich kleinere Rolle.

7 Das Ministerium des Kaiserlichen Hauses und des Äußeren

(1848–1912)

Die seit Februar 1848 von Frankreich ausgehende revolutionäre Welle hat also rasch Wien und Budapest erreicht, und die Aufstände, Tumulte und Straßenkämpfe haben auch vor dem Ballhausplatz, dem Minoritenplatz und der Herrengasse nicht haltgemacht. Die Bürger, Studenten und Arbeiter haben am 13. März 1848 den Rücktritt des Fürsten von Metternich erzwungen, der allen als Inkarnation der Repression durch das alte Regime gilt. Hals über Kopf musste er aus dem Palais fliehen, die Familie in Windeseile die Wohnräume in der Beletage räumen, und damit geht eine Epoche des Glanzes, des Ruhms und der Weltgeltung recht glanz- und ruhmlos zu Ende.

Am Ballhausplatz bricht eine neue Zeit an: Die Staatskanzlei wird bereits am 18. März 1848 in „Kaiserlich-Königliches Ministerium des Kaiserlichen Hauses und des Äußeren" umbenannt, seine Aufgaben bleiben nur auf außenpolitischem Feld die gleichen wie zuvor. Die Stabilität und die Machtfülle, die den Ballhausplatz insbesondere unter Sinzendorf, Kaunitz und Metternich geprägt haben, sind aber für die nächsten Jahrzehnte dahin, was sich auch daran zeigt, dass zwischen 1848 und 1918 achtzehn Ressortchefs das Amt ausüben und die Wohnung beziehen.

Dennoch bleibt das Haus etwas Besonderes: Der Minister ist immerhin der ranghöchste, weil er die Agenden des Kaiserhauses besorgt, in den folgenden Jahrzehnten ist er manchmal auch gleichzeitig Premierminister, und sofern er eine gute Achse zum Kaiser aufbauen kann, hat er in der Regierung auch große politische Koordinationsmacht. Das Personal hält sich nach wie vor für den wichtigsten institutionellen und geistigen Sammelpunkt der politischen Führungsschicht der Monarchie.

Der erste Nachfolger Metternichs im Amt ist eigentlich ein General. Karl Ludwig Reichsgraf von Ficquelmont hat allerdings auch zehn Jahre diplomatischen Dienst hinter sich, seit 1840 immerhin acht Jahre lang als Metternichs Vizekanzler, Staats- und Konferenzminister. Das Wirken des bereits 71-Jährigen als Minister am Ballhausplatz ist allerdings nur von extrem kurzer Dauer, denn er tritt am 20. März 1848 an, ist sofort mit den Unruhen in Wien, Budapest, Krakau, Mailand konfrontiert und bekommt sie offensichtlich nicht in den Griff. Das Königreich Sardinien-Piemont erklärt Österreich den Krieg, in Ungarn wird eine eigene Regierung etabliert, Anfang Mai flackert die Revolution sogar in Wien ein zweites Mal auf, und die kaiserliche Familie muss nach Innsbruck fliehen – auf all das findet der Ballhausplatz keine Antwort, und so tritt der General bereits am 4. Mai zurück. In die Residenz ist er in dieser kurzen Zeit gar nicht wirklich eingezogen.

Ihm folgt mit dem 75-jährigen Johann Philipp Freiherrn von Wessenberg-Ampringen ein zweiter noch älterer Kurzzeitminister. Er ist langgedienter Diplomat und erfreut sich des besonderen Vertrauens von Erzherzog Johann. Als der unglückliche Ministerpräsident Pillersdorf, dessen Verfassung keine Stabilisierung der Verhältnisse gebracht hat, am 8. Juli zurücktritt, muss Wessenberg auch noch dessen Amt übernehmen, und der Ballhausplatz wird für knapp fünf Monate wieder Doppelsitz des Regierungschefs und Außenministers. Aber auch er wird Opfer der weiter andauernden revolutionären Bewegung, und als er sich gegenüber den Aufständischen in Italien und in Ungarn kompromissbereit zeigt, betreiben die Hardliner am Hof seine Entlassung.

Felix Fürst zu
Schwarzenberg

Der Ballhausplatz erlebt jetzt turbulente Zeiten, denn nach der dritten Welle der Revolution wird Wien von den eigenen kaiserlichen Truppen belagert und sogar von ihrer Artillerie beschossen. In den Vorstädten gibt es blutige Kämpfe, in der benachbarten Herrengasse und am Minoritenplatz wird gekämpft. Da greift wohl auch im Palais Angst um sich, obwohl die Gewaltaktionen nicht dorthin übergreifen. Beim Wiener Oktoberaufstand, bei dem Kriegsminister Graf Baillet von Latour in der Herrengasse gelyncht wird, entkommt Wessenberg nur ganz knapp dem Mob und kann sich nur deshalb in seine Wohnung am Ballhausplatz retten, weil sein Gesicht kaum bekannt ist.

Bereits am 8. Oktober betraut der Kaiser im Hoflager in Olmütz Felix Fürst zu Schwarzenberg mit der Umbildung des Ministeriums, und am 21. November tritt Wessenberg ab. Schwarzenberg hat faktisch bereits völlig die Macht übernommen und ihn nicht einmal über die Hinrichtung Robert Blums informiert. Wessenbergs Aufenthalt im Privatflügel der Beletage am Ballhausplatz dauerte somit nur ein halbes Jahr, Spuren für die Nachwelt hinterlässt er weder hier noch in seinem Amtstrakt.

Das Amt kann sich in diesen Bürgerkriegsmonaten sogar ein wenig erweitern, denn nach dem Auszug des Hofkammerarchivs aus den Räumen des ehemaligen Hofspitals wird ihm dort ein ganzer Trakt zur Verfügung gestellt. Ein anderer Flügel wird der Hofbaukanzlei übergeben, und die noch bestehenden Gebäudeteile des Minoritenklosters werden von der Niederösterreichischen Landesregierung genutzt.

Nach der militärischen Niederwerfung des Oktoberaufstands, der Kapitulation der Wiener Aufständischen am 31. Oktober und den militärischen Erfolgen Radetzkys gegen Sardinien-Piemont zieht in das alte Palais am Ballhausplatz ein dynamischer, entschlossener, aber auch brutaler Politiker ein: Der aus dem deutsch-böhmischen Hochadel stammende Schwarzenberg wird Ministerpräsident und Außenminister, und der nach dem – mühselig organisierten – Rücktritt des regierungsunfähigen Ferdinand ab 2. Dezember regierende 18-jährige Kaiser Franz Joseph I. findet in ihm seine erste Stütze, die er auch dringend braucht. Der unverheiratete 48-jährige Schwarzenberg ist eine dominante Persönlichkeit, die bereits Metternich mehrfach als seinen oder zumindest einen präsumtiven Nachfolger genannt hat, denn „er besitzt einen klaren Verstand und energischen Charakter und kennt die Revolution". Schwarzenberg wurde seinerzeit als Offizier in den diplomatischen Dienst geholt, gab aber seine militärische Karriere nicht auf und tat sich an der Seite Radetzkys besonders bei der Niederschlagung der italienischen Aufstände und danach der ungarischen Revolution hervor.

Plötzlich wird das Palais wieder Zentrum und Drehscheibe der Innenpolitik und der Außenpolitik des Kaiserreichs. Schwarzenberg agiert auch primär als Ministerpräsident und tritt mit großer Entschlossenheit sowohl gegen Tendenzen eines totalen Absolutismus als auch gegenüber den anderen Ministerien und dem Reichsrat auf. Zunächst geht es ihm im Amt am Ballhausplatz aber vor allem um die nachhaltige Niederschlagung der Revolution, die Festigung der Herrschaft Habsburgs, die Stabilisierung der staatlichen Ordnung und die Allianz mit dem besitzenden und gebildeten deutschsprachigen Großbürgertum. Jede soziale Umwälzung ist genauso zu verhindern wie jegliche zentrifugale Tendenz im Vielvölkerstaat. Dazu bildet Schwarzenberg eine Regierung aus konservativen und fortschrittlicheren Männern, von denen er annimmt, dass sie Reformen durchführen können, die den Staat nicht gefährden. Das Regime zeigt in den aufständischen Teilen der Monarchie, vor allem in Ungarn und in Oberitalien, seine ganze Härte. Geplant und gesteuert werden diese blutigen Aktionen vom und am Ballhausplatz.

Dort wird eine neue Organisationsstruktur geschaffen, die in ihren Grundzügen jahrzehntelang bestehen bleibt. Ihr Kern ist die Unterstützung der Dreifachfunktion Hausminister, Außenminister und Regierungschef. Außenpolitisch sucht man ein enges Bündnis mit Russland, um die ungarische Revolution 1849 niederzuwerfen und Preußen in Schach zu halten. Daneben ist die deutsche Frage eine der wichtigsten Fragen für Schwarzenberg. Das Scheitern der Einigungsbestrebungen und des Paulskirchen-Parlaments nützt Habsburg, und der Minister kann mit strategischen Vorstößen, wie etwa dem Gedanken, die gesamte Habsburgermonarchie in den Deutschen Bund zu führen, und gezielten riskanten Auseinandersetzungen den schwachen König Friedrich Wilhelm IV. immer wieder in die Defensive treiben.

Schwarzenberg denkt in vielen Punkten genauso wie sein großer Vorgänger Metternich, er hat auch die Fähigkeiten, dessen Politik der Repression fortzusetzen, und er wird vom Kaiser zunächst geschätzt. Seiner Regierung gelingt es im März 1849, den Kremsierer Reichstag aufzulösen und die Märzverfassung zu oktroyieren. Im Herbst dieses Jahres werden Ungarn und Venedig mit russischer Hilfe militärisch niedergeworfen. Der Kanzler arbeitet Tag und Nacht in seinem Büro und in seiner Wohnung, oftmals auch noch, wenn er von gesellschaftlichen Ereignissen zurückkommt, bis vier oder fünf Uhr früh. Er treibt mit seiner Gesundheit Raubbau und verzweifelt schier daran, dass seine Sehkraft nachlässt und er am Ballhausplatz „nicht genug arbeiten" kann.

Eine besondere Karriere scheint sich anzubahnen, die der Kaiser einerseits mit Bewunderung, andererseits mit zunehmender Furcht vor einem zu starken Ministerpräsidenten beobachtet. Doch dann stirbt Schwarzenberg völlig unerwartet am frühen Abend des 5. April 1852 während einer Sitzung des Ministerrates im Haus am Ballhausplatz an einem Schlaganfall. Sein Porträt ziert noch hundertfünfzig Jahre danach gemeinsam mit dem Bild Metternichs den kleinen Ministerratssaal des Palais.

Mit seinem Tod endet die starke Dreifachstellung des Ballhausplatzes. Der Neoabsolutismus der folgenden zehn Jahre lässt für ein starkes Gesamtministerium keinen Platz, vielmehr wird die Innenpolitik Metternichs fortgesetzt, der nach seiner Rückkehr aus dem Exil im Hintergrund wieder die Fäden zieht. Zunächst billigt ihm der junge Kaiser 1850 wieder seine Pension zu und entschuldet seine Güter. Im Juni 1851 erlaubt er ihm die Rückkehr nach Wien, und Metternich bezieht sein Palais am Rennweg. Kaiser Franz Joseph bedient sich immer wieder des Rates des Alten, der an der aktuellen Entwicklung – gewissermaßen von seinem „Observatorium" aus – regen Anteil nimmt und engen Kontakt zu diversen Ministern und Funktionsträgern hält. 1854 stirbt seine 49-jährige Frau Melanie – ganz Europa, vom preußischen König bis zu Nesselrode, kondoliert. Sogar in seinen letzten Lebenstagen kommentiert der greise Fürst noch, dass das Außenministerium in einen unsinnigen Krieg gegen Sardinien-Piemont schlittert. Am 11. Juni 1859 stirbt er und erhält fast so etwas wie ein Staatsbegräbnis, an dem sechs Erzherzöge und die gesamte Regierung teilnehmen.

Doch zurück zum Ballhausplatz des Jahres 1852: Nach Schwarzenbergs Tod übernimmt der Kaiser zunächst selbst die Ministerpräsidentenfunktion und ernennt Karl Ferdinand Graf von Buol-Schauenstein, ebenfalls ein früherer Protegé Metternichs, zum Nachfolger als Außenminister. Buol ist „vornehm und ehrenhaft", wie ihn seine Biografen beschreiben, aber auch unterwürfig und vollständig an der Kandare des jungen Kaisers und seiner Umgebung.

Franz Joseph ist trotz seiner Jugend offensichtlich sehr pedantisch. Kurz nach seiner Amtsübernahme, am 10. September 1852, findet Buol beispielsweise ein Schreiben Franz Josephs aus Schönbrunn mit folgendem Wortlaut auf seinem Schreibtisch im Amtszimmer am Ballhausplatz vor: „Ich finde zu befehlen, dass bei […] den Staatsbeamten […] das Tragen der sogenannten Vollbärte gänzlich abgestellt werde." Im Ministerium des Kaiserlichen Hauses und des Äußeren muss jetzt das Kinn bis zum Mund frei bleiben. Buol setzt diese Ausmerzung der revolutionsverdächtigen Barttracht am selben Tag um, alle Hofräte und Sekretäre zeichnen die Anweisung ab.

Der neue Minister zieht mit seiner Frau und seiner 17-jährigen Tochter in die von Schwarzenberg nur spartanisch ausgestatteten Privaträume des Palais ein. Als seine Wohnadresse verzeichnet der Amtsschematismus übrigens jetzt Ballplatz 19 – das Haus hat auch eine neue Adresse erhalten.

Der schwache Buol nimmt hin, dass wichtige außenpolitische Fragen nicht im Haus, sondern von „besonderen Konferenzen" oder direkt vom Kaiser entschieden werden. So etwa 1853 beim Ausbruch des Krimkrieges, in dem sich Russland als Dank für seine Hilfe gegen die Ungarn Unterstützung aus Wien erwartet. Die kann und will der Ballhausplatz aber nicht gewähren, ohne Italien und Ungarn aufs Spiel zu setzen, die dann auf die Hilfe der Westmächte zählen könnten. Das Ministerium und der Kaiser lavieren, dies allerdings so ungeschickt, dass am Ende eine nachhaltige Feindschaft Russlands bleibt, ohne dass eine stabile Achse nach Westen aufgebaut hätte werden können. Eine Erweiterung des Einflusses Habsburgs auf dem Balkan ergibt sich ebenfalls nicht. 1857 machen Buol und der Kaiser einen weiteren schweren Fehler, als sie beleidigt die Beziehungen zu Turin abbrechen, weil man dort Österreich kritisiert hat, ohne zu erkennen, dass Frankreich gemeinsam mit dem Königreich Sardinien-Piemont auf einen für sie vorteilhaften Krieg hinarbeitet. Im April 1859 lassen sie sich zu einem Ultimatum hinreißen, das konsequent zum Krieg führt, was sich wieder als Fehler herausstellt, denn im Juni werden Österreichs Truppen in Magenta und Solferino besiegt, im Mai geht Mailand verloren.

Da muss der Ballhausplatz, dessen Chef obendrein bis zuletzt überoptimistisch war, jetzt kleinlaut Friedensverhandlungen anbieten. Die Stimmung im Haus ist extrem gedämpft, denn man schreibt es auch dem Hochparterre zu, dass sich Österreich international völlig isoliert hat und sich niemand auf seine Seite stellt. In dieser schweren Staatskrise opfert Franz Joseph ohne Zögern seinen überloyalen Außenminister, dessen Wirken von Zeitgenossen wie von Historikern durchwegs negativ beurteilt wird.

Dem Amt am Ballhausplatz hinterlässt er noch eine neue Geschäftsordnung, die den Geschäftsgang und die bürokratischen Abläufe der Aktenwege genau festlegt, sowie eine Geschäftseinteilung: ein Ministerkabinett mit vier Referenten, eine Präsidialsektion mit 41 Mitarbeitern, eine politische Sektion mit vier Referaten und 21 Mitarbeitern und eine handelspolitische Sektion mit 15 Personen. Zu diesen rund 80 höheren Beamten kommt etwa genauso viel administratives Personal und Hilfspersonal. Das Amt ist also schon recht groß geworden und findet im Haus kaum mehr ausreichend Platz. Die Bezüge der Beamten haben sich übrigens seit Jahrzehnten nicht viel geändert, noch immer liegen die Spitzenverdiener deutlich unter 10.000 Gulden, die niedrigen Chargen wie Türhüter und Kassiere zwischen 400 und 700. Auch das Bild der Akten des Ballhausplatzes ist 1850 kaum anders als 1760: große in Kurrentschrift handgeschriebene Bogen auf festem in der Mitte gefaltetem Papier, die rechte Spalte bleibt leer, das Ganze wird mehrfach säuberlich kopiert und geflissentlich von allen Abteilungsleitern abgezeichnet.

Die Krise, welche die Außenpolitiker und Militärs herbeigeführt haben, wirkt sich auch in der Innenpolitik aus. Der Kaiser, dem eigentlich die Hauptschuld an der Entwicklung zuzuschreiben ist, der aber nicht zur Verantwortung gezogen werden kann, ist geschwächt. Es geht jetzt darum, rasch wieder die Einflussmöglichkeiten der Zentralregierung zu festigen. Hier greift man auf die innenpolitischen Reformen zurück, die noch Schwarzenberg ausgearbeitet und begonnen hat. Das gilt insbesondere für die Verwaltungsreform, welche die Regierungschefs Bach und Stadion umsetzen und welche die Institutionen unterhalb des Gesamtstaates mit den Bezirkshauptleuten und dem übertragenen Wirkungsbereich der Gemeinden neu gestaltet und die Position einer professionellen Beamtenschaft sichert. Ein besonders wichtiges Element der Reform sind die nunmehr als Fachressorts arbeitenden Ministerien unter der Führung selbstständiger und nur dem Kaiser verantwortlicher Minister. Wieder einmal ist das

Palais am Ballhausplatz zum Ausgangspunkt einer nachhaltigen Weiterentwicklung der Verwaltung geworden.

In dieser Zeit wird drüben in der Hofburg von der Gebäudeverwaltung neuerlich überlegt, die desolaten Reste des Hofspitals am Minoritenplatz und Ballhausplatz abzureißen und einer neuen Verwendung, diesmal für Appartements für Staatsgäste, zuzuführen. Die einige Jahre später erfolgende Erweiterung der Hofburg durch die Neue Burg lässt diese Überlegungen wieder einschlafen, und man entscheidet sich dafür, das Grundstück dem Stadterweiterungsfonds anzuvertrauen.

In diesen Jahren um 1860 erweitert sich aber der Ausblick vom Gebäude am Ballhausplatz auf die andere Seite, in Richtung des Glacis, entscheidend: Aufgrund der 1859 festgelegten Planung der Ringstraße werden die Reste der Stadtmauern und die Umbauung des Volksgartens geschleift, das Glacis vom Palais bis zur Lerchenfelder Vorstadt mit dem Gartenhügel vor dem Ballhausplatz eingeebnet, und man kann jetzt über den neu geschaffenen großen Park hinweg die Ringstraße mit ihren Bauten förmlich wachsen sehen. Auch in Richtung der Hofburg wird es hell und weit, denn man blickt am Leopoldinischen Trakt vorbei bis fast zur Karlskirche.

Zum Nachfolger Buols als Hausherr am Ballhausplatz wird 1859 der 53-jährige konservative Johann Bernhard Graf von Rechberg und Rothenlöwen berufen, der mit seiner Frau und dem 25-jährigen Sohn in die Fürstenwohnung einzieht. Auch er ist noch ein Mitarbeiter des diplomatischen Dienstes, den Metternich besonders gefördert hat. Er muss zunächst als Außenminister und zugleich für zwei Jahre auch als Ministerpräsident die Folgen des verlorenen Krieges gegen Frankreich und Sardinien-Piemont, den sein Vorgänger nicht wollte, ausbaden und im Vorfrieden von Villafranca die Lombardei abtreten, kann aber das Verhältnis zu Russland verbessern. Seine Politik ist allerdings auch abhängig von der Linie des starken Staatsministers Ritter von Schmerling und dessen großdeutschen Ambitionen, der in außenpolitischen Fragen vom Kaiser fast öfter zu Rate gezogen wird als der Außenminister. Die innenpolitische Unsicherheit der letztlich gescheiterten Versuche, durch das 1860 vom Kaiser erlassene Oktoberdiplom und das Februarpatent 1861 das Verhältnis zu Ungarn zu stabilisieren, wirken sich auch auf die Arbeit am Ballhausplatz negativ aus. Aus diesen Patenten wird klar, dass der Regierungschef und seine Kanzlei nicht wirklich etwas zu bestimmen haben. Es ist also nur folgerichtig, dass Rechberg das Amt des Ministerpräsidenten bald wieder abgeben muss. Es hat ihn so beansprucht, dass ihm die Führung des Außenamtes aus der Hand geglitten ist und einige Spitzenbeamte, allen voran der für die Deutschlandpolitik zuständige Ludwig von Biegeleben, ihre eigene Politik machen. Rechberg versucht, mit hektischen Kleinstreformen, die er mit Einsparungsnotwendigkeiten begründet, doch wieder die eindeutige Führung des Hauses zu übernehmen und besetzt in großem Stil Leitungsfunktionen mit seinen Vertrauensleuten, doch beides kann seine Schwäche nicht kompensieren.

Im Jahr 1863 kommt es in Polen neuerlich zu einem großen Aufstand mit internationalen Folgen: Russland und Preußen erwägen einen Krieg gegen Österreich. Er kann zwar verhindert werden, aber es zeigt sich, dass das Verhältnis zu Preußen weiterhin ein zentraler Punkt der Außenpolitik ist. Rechberg versucht daher, sich im Deutsch-Dänischen Krieg an den nördlichen Nachbarn anzunähern. Als es ihm damit aber nicht gelingt, Preußen zu Garantien der österreichischen Positionen in Italien zu bewegen und damit die außenpolitischen Interessen des Ballhausplatzes einigermaßen befriedigend durchzusetzen, tritt er nach vierjähriger Amtszeit im Oktober 1864 zurück. Er verbringt seinen Lebensabend im Schloss Altkettenhof bei Schwechat, der heutigen Justizschule der Republik.

Wieder findet der Kaiser, der einmal den Militär Schwarzenberg als seinen besten Minister bezeichnet hat, einen Militär als Ressortchef des Äußeren. Es ist dies der knapp 50-jährige Alexander Graf von Mensdorff-Pouilly, den er am 27. Oktober 1864 ernennt und der mit seiner Frau und zwei Buben im Alter von sechs und drei Jahren ins Palais einzieht. Die Wohnadresse des Ministers und die Amtsadresse hat sich derweil wieder geändert, sie lautet nun Ballplatz 2.

Johann Bernhard Graf
von Rechberg und
Rothenlöwen, 1863

Mensdorff hat Erfahrung in diversen Sondermissionen und in den Beziehungen zu den östlichen Nachbarn, war Generalgouverneur in Galizien; er hat jedoch so wenig außenpolitische Routine, dass ihm der Kaiser als geheimen Sonderberater den Grafen von Esterházy – im Volksmund darob der „heimliche Moritz" genannt – zur Seite stellt. Für das interne Klima am Ballhausplatz ist diese Konstellation alles andere als förderlich. Die beiden Chefs können 1865 noch einmal die militärische Auseinandersetzung mit Preußen im Konflikt um Schleswig-Holstein abwenden, isolieren sich aber von den deutschen Mittelstaaten und können auch die Festigung des Bündnisses Bismarcks mit Italien nicht verhindern. 1866 lassen sich der Ballhausplatz und der Kaiser ohne erkennbare außenpolitische Initiativen zur Abwehr der drohenden Gefahr in einen Krieg gegen Preußen und Italien hineinziehen, der in einem militärischen Desaster bei Königgrätz endet, an dem der Ballhausplatz nicht ganz unschuldig ist: Man hat nämlich von hier aus dazu beigetragen, dass der Krieg im Süden um ein Gebiet fortgesetzt wird, das man politisch schon längst aufgegeben hat, was der Nordfront aber die dringend benötigten Truppenteile entzog.

Überhaupt reibt sich der Ballhausplatz in dieser Zeit zunehmend in internen Intrigen und Machtkämpfen mit anderen staatlichen Institutionen und Funktionsträgern auf, die zum Teil wohl auch darauf zurückzuführen sind, dass der Kaiser seit der Niederlage von Solferino jedes Selbstbewusstsein in außenpolitischen Dingen und jedes Vertrauen in deren professionelle Verwaltung verloren hat. Als zur militärischen Niederlage auch noch der Hinauswurf Österreichs aus dem Deutschen Bund und ein deutliches Erstarken Ungarns hinzukommen, tritt Mensdorff, der sich immer nur als „treugehorsamer Diener seines Kaisers" gesehen und alle Wendungen der ihm anbefohlenen Außenpolitik mitgemacht hat, nach exakt zwei Jahren zurück. Keinen Tag lang hat er sich als Koordinator der Gesamtpolitik gesehen, wie viele seiner Vorgänger, sondern nur mehr als Außenminister und als solcher nur als Primus inter Pares der Ministerriege. Er wird wieder General, zunächst in Agram, dann in Prag.

Am Ballhausplatz aber schlägt die Neubesetzung des Chefpostens wie ein Blitz ein: Am 30. Oktober 1866 wird der Sachse Friedrich Ferdinand Freiherr von Beust Außenminister. Er ist 1809 geboren und ein erfahrener Politiker mit einer insofern interessanten Karriere, als er zuvor bereits Außenminister und Ministerpräsident des Königreichs Sachsen war. In diesen Funktionen war er stets für Österreich und gegen Preußen aufgetreten; nach der Niederlage bei Königgrätz musste er aus dem sächsischen Dienst ausscheiden und ging nach Österreich. So ist seine Ernennung wohl auch als Signal gegen Berlin zu verstehen. In Wien tritt er aber geradezu in Feindesland an – die Beamtenschaft des Ballhausplatzes lehnt ihn offen ab. Sogar sein eigener Protokollchef schreibt, „welch ein Abstand zwischen dem Staatskanzler Metternich und seiner Frau und dem zweiten [Anm.: Beust] und seinem Weibe". Beusts Frau Mathilde und die 20-jährige Tochter Marie ziehen mit ihm ins Palais ein.

Beust organisiert das Ministerium radikal um, schafft unter anderem eine eigene Abteilung für Öffentlichkeitsarbeit, holt zusätzliche Kompetenzen ins Haus und schließt bewusst an die innenpolitische Stellung großer Vorgänger an. Er setzt sich durch, und seine Erfolge geben ihm recht. Am Zenit seines Einflusses ist er nicht nur Haus- und Außenminister, sondern auch Premier, Unterrichts- und Polizeiminister und darf sogar den Titel „Reichskanzler" führen. Als alter Preußengegner steht er am Beginn des Deutsch-Französischen Krieges auf der Seite Frankreichs, muss sich aber später aufgrund der militärischen Entwicklung nach 1871 doch mit dem ihm ebenso gut wie unangenehm bekannten Bismarck arrangieren.

Beust wird vom Kaiser in besonderer Weise in die Durchführung des Ausgleichs mit Ungarn einbezogen, der weitreichende Auswirkungen auf den Ballhausplatz hat: Mit dem Ausgleich 1867 wird nämlich die österreichisch-ungarische Doppelmonarchie geschaffen, die aus zwei innenpolitisch selbstständigen Reichshälften besteht. Nur drei Ministerien haben auf die Gesamtmonarchie bezogene Kompetenzen, darunter das neu benannte „k. u. k. Ministerium des

Friedrich Ferdinand
Freiherr von Beust

kaiserlichen und königlichen Hauses und des Äußeren am Ballhausplatz. Darüber hinaus präsidiert der Außenminister auch dem aus den drei Gesamtministern und den beiden Regierungschefs bestehenden Ministerrat für gemeinsame Angelegenheiten und steht so zumindest protokollarisch über den beiden Ministerpräsidenten, da er ja der Regierungschef für die gemeinsamen Belange ist. In dieser Hinsicht bleibt in der neuen Verfassungswelt das Palais am Ballhausplatz weiterhin formell eine ganz wichtige politische Schaltstelle der Doppelmonarchie.

Andererseits aber nutzt der Kaiser den Ausgleich auch, um sich mit Ungarn gegen den Ballhausplatz zu verbünden, indem er diesem eine rechtlich ziemlich unklare Stellung zuweist und die daraus entstehenden Streitigkeiten nicht schlichtet.

Dabei erhält das Ministerium jetzt eine Sonderstellung, die es von der übrigen Politik geradezu isoliert: Es wird der Kontrolle des Parlaments entzogen – hat aber umgekehrt auch keinen Einfluss mehr auf dieses; es kann weitgehend selbstständig tun, was es für richtig hält, doch wirken sich seine Handlungen innerhalb der Regierung kaum auf andere Ministerien aus; es ist zwar fast ein eigener Staat im Staat, wird jedoch zunehmend von allen Informationen abgeschnitten und versteht so beispielsweise die Nationalitätenprobleme der Monarchie nicht mehr. Renner bringt viel später, im Jahr 1900, die Sache auf den Punkt: „Unsere auswärtige Politik […] hat es verstanden, aus dem 17. und 18. Jahrhundert in das 20. Jahrhundert den Charakter einer reinen Hof- und Hausmachtpolitik herüberzuretten."

Im Rahmen der Dezemberverfassung 1867 wirken Beust und sein Amt durch Beratung und über Regierungsvorlagen (z.B. über die Ministerverantwortlichkeit) auch an der in den Händen des Verfassungsausschusses des Reichsrates liegenden Erstellung eines ganzen Bündels von Staatsgrundgesetzen mit, die neben dem verfassungsrechtlichen Rahmen für die Staatsgewalten erstmals auch Grund- und Freiheitsrechte der Bürger gegenüber dem Staat festschreiben. Auch gewinnt die Verwaltung am Ballhausplatz und insbesondere die in der Herrengasse residierende starke Präsidialsektion jetzt in dem Maß eine stärkere Position, als sich der geschwächte Wiener Hof mit dem Konstitutionalismus abfinden muss.

Die Jahre nach dem Ausgleich bis 1870 können als liberalere Ära im Kaiserreich gesehen werden. Nach dem Neoabsolutismus der ersten Jahrzehnte nach der niedergeschlagenen Revolution von 1848/49 hält eine neue Gedankenwelt Einzug – auch am Ballhausplatz. Sie ist allerdings nicht von langer Dauer, denn im Februar 1871 übernimmt der konservative Karl Sigmund von Hohenwart die Regierung, und Beust muss aus innenpolitischen Gründen auf Wunsch Kaiser Franz Josephs am 8. November 1871 demissionieren. Fünf Jahre hat er seine Position innegehabt, und es war nicht die schwächste Ministerzeit in diesem halben Jahrhundert.

Sein Nachfolger wird Gyula Graf Andrássy von Csík-Szent-Király und Kraszna-Horka, ein ungarischer Profipolitiker, der aufgrund seiner aufständischen Aktivitäten 1847/48 seinerzeit von Kaiser Franz Joseph sogar zum Tod verurteilt und in effigie gehenkt worden ist und daher lange Zeit im Pariser Exil verbringen musste. Beim Ausgleich 1867 und danach als ungarischer Ministerpräsident hat er sich aber verdient gemacht. Jetzt holt der Kaiser den früheren Revolutionär auf den Ballhausplatz – und nimmt in Kauf, dass möglicherweise auch hier die ungarischen Interessen gegenüber denen der österreichischen Reichshälfte im Vordergrund stehen könnten. Doch das ist nicht der Fall. Nur in der Beamtenschaft des Hauses wird schrittweise ein Gleichgewicht zwischen österreichischen und ungarischen Funktionsträgern hergestellt – oder, wenn man so will, es wird gesäubert und magyarisiert.

Der fesche Ungar zieht zu Weihnachten 1871 mit seiner Frau Katinka Gräfin Kendeffy von Malomvíz und ihren vier Kindern, der elfjährige Sohn wird später als „Gyula der Jüngere" auch k. u. k. Außenminister werden, in die Ministerappartements am Ballhausplatz ein. All seine Jahre am Ballhausplatz hindurch hat Graf Andrássy ein besonderes Naheverhältnis zu Kaiserin Elisabeth. Manche spätere Autoren unterstellen daher eine langjährige Liebschaft zwischen den beiden, andere bestreiten eine solche heftig, weil Elisabeth die Affären anderer hochgestellter Damen immer scharf verurteilt hat und Andrássy seine politische Karriere wohl auch nicht leichtfertig aufs Spiel setzen wollte. Jedenfalls ist er ein enger Freund und persönlicher Berater der Kaiserin, und man wird sich wohl gegenseitig über den Ballhausplatz hinweg recht häufig besucht haben, zumal auch Katinka eine enge Verbindung zu Elisabeth pflegte.

Innenpolitisch knüpft Andrássy ab 1873 wieder ein wenig an den liberalen Kurs der Jahre 1867 bis 1870 an. Er erweist sich dabei als geschickter Reformer und stärkt mit einer neuen Geschäftseinteilung vor allem die handelspolitische Sektion und die Stellung des Ministerbüros. An die Machtfülle von Beust und an dessen Versuche, ein über den beiden Reichshälften stehendes Gesamtministerium zu schaffen, kann er aber nicht anknüpfen. Außenpolitisch nähert er sich weiter Preußen an und konzentriert allfällige Expansionsstrategien noch konsequenter auf den Balkanraum, dies aber immer in dem Bemühen, sich mit Russland nicht zu sehr zu überwerfen – 1873 wird der Zar sogar zur Weltausstellung nach Wien eingeladen. Als 1874/75 bewaffnete Konflikte an der montenegrinisch-dalmatinischen Küste ausbrechen, 1876 ein Aufstand in Bulgarien losbricht und Serbien der Türkei den Krieg erklärt, verlangt diese Krise europäisches Handeln. Ein Massenexodus von 200.000 Christen aus Bosnien auf österreichisches Gebiet erzeugt noch zusätzlichen Druck und liefert 1877 gute Argumente für die Herren am Ballhausplatz, hier konsequenterweise auch die Geschäfte den neuen Herausforderungen entsprechend neu zu ordnen.

Diverse internationale Verhandlungen sind zunächst nicht erfolgreich, es kommt zum Russisch-Türkischen Krieg 1877/78, und erst danach, im Juni/Juli

1878, entschließen sich die europäischen Mächte zu einer Friedenskonferenz; ein Kongress, der allerdings trotz der besonderen Betroffenheit Österreich-Ungarns nicht in Wien, sondern in Berlin stattfindet – die Gewichte in Europa haben sich eben verschoben. Dennoch setzt dieser Berliner Kongress den Metternich'schen Gedanken fort, durch europäische Verträge zwischen allen Großmächten stabilen Frieden zu sichern.

Die große österreichische Delegation wird von Andrássy geleitet, der hier seinem Naturell entsprechend ehrgeizig, geschickt und berechnend auftritt, als Erster das Wort ergreift und für Österreich oder Ungarn das Optimum herauszuholen versucht. Vor allem geht es ihm um Bosnien-Herzegowina, und letztlich erreicht er auch ein Mandat an Österreich-Ungarn zu dessen Okkupation. Österreich und seine Außenpolitiker üben wieder einmal einen entscheidenden Einfluss auf die weitere Entwicklung Europas aus – der Ballhausplatz hat Berlin doch mehr beeinflusst, als es zunächst den Anschein hatte. Andrássy scheitert jedoch an diesem Erfolg, denn als sich zeigt, dass die Okkupation nur mit militärischer Gewalt durchzuführen ist, wird die Kritik andersdenkender Kräfte

Gyula Graf Andrássy

lauter, auch bringen die Wahlen 1879 eine konservative Wende, sodass Andrássy schließlich deshalb und auch aus gesundheitlichen Gründen im Oktober 1879 zurücktritt.

Knapp zuvor hat er allerdings noch mit Preußens Bismarck den Vertrag über einen Zweibund abgeschlossen, der auf Österreichs Geschicke noch dramatische Auswirkungen haben wird. Das Verhältnis zu Russland allerdings hat sich in seiner Amtszeit deutlich verschlechtert, weil man sich nun auf dem Balkan direkt in der Konkurrenz um die Ausweitung von Einflusssphären gegenübersteht.

Zu seinem Nachfolger am Ballhausplatz schlägt er selbst den 51-jährigen Berufsdiplomaten Heinrich Karl Freiherr von Haymerle vor. Wieder zieht eine Familie mit Kindern im Palais ein, Tochter Maria ist elf und Sohn Franz fünf Jahre alt. Sie werden nur wenige Jahre im Haus verbringen.

In seiner relativ kurzen Amtszeit erweitert Haymerle den Zweibund durch ein Bündnis mit Italien und setzt im Übrigen die Außenpolitik seines Vorgängers und früheren Vorgesetzten fort. Im Haus allerdings macht er dessen Organisationsänderungen weitgehend wieder rückgängig; hier wird er offenkundig von seinen Sektionschefs gegängelt. Innenpolitisch hat sich das Blatt wieder gewendet, denn der starke und dem Kaiser persönlich sehr nahestehende Ministerpräsident Taaffe verfolgt einen deutlich konservativeren Kurs als seine Vorgänger. Einschränkungen der Presse- und Meinungsfreiheit, ein rigoroses Sozialistengesetz, aber auch eine Ausweitung des Wahlrechts und punktuelle Sozialreformen kennzeichnen diese Regierungsperiode. An diesen Reformen hat der Ballhausplatz so gut wie keinen Anteil. Am 10. Oktober 1881 stirbt Haymerle so überraschend im Amt an einem Herzschlag, dass der Kaiser zunächst keinen Nachfolger zur Hand hat, sondern den Finanzminister mit der vorübergehenden Leitung des Außenministeriums betrauen muss.

In den 1870er- und 1880er-Jahren ändert sich die Umgebung des Palais am Ballhausplatz abermals deutlich: Im Zuge der Ringstraßenplanung war zunächst der dem Palais gegenüberliegende Paradeplatz frei geblieben. Erst 1870 wird er aufgegeben, und jetzt entstehen hier die bedeutsamsten Gebäude des neuen Boulevards: die Hofmuseen, das Parlament und das Rathaus, die Universität und die Neue Burg. Der Blick vom Dienstzimmer des Außenministers entwickelt sich so Stück für Stück zum beeindruckendsten Panorama, das die Stadt zu bieten hat.

Im November 1881 hat der Kaiser seine mehrwöchige Suche beendet und ernennt Gustav Sigmund Graf Kálnoky von Kőröspatak zum Außenminister, den er als Militär und Diplomat in London und Sankt Petersburg schätzen gelernt hat. Kálnoky ist sehr fleißig, entschlossen, fantasievoll, ruhig und besonnen und bei den Beamten im Haus bald sehr beliebt. Sein besonderes Engagement gilt der Festigung der Beziehungen mit Preußen, seine erste große Leistung ist der Dreibund mit dem Deutschen Reich und dem Königreich Italien 1882, auch bemüht er sich um England, Rumänien und Serbien, um Österreich-Ungarns

Ansicht der Hofburg um 1900, links oben der Ballhausplatz

strategische Position gegenüber Russland zu stärken und dadurch einem Krieg vorzubeugen. Er widmet sich mit besonderem Engagement weiterhin dem Balkan und kann in der Bulgarienkrise zwischen den mitteleuropäischen Staaten und den Balkanländern vermitteln und den russischen Einfluss ausbalancieren.

Er baut sich im Lauf der Jahre ein enges Verhältnis zum Kaiser auf, der ihm so vertraut, dass er auch zu innenpolitischen Fragen seinen Rat einholt. Der Ballhausplatz weitet seinen Einfluss auf die Staatsgeschäfte wieder einmal recht deutlich aus.

Privat nutzt der alleinstehende Graf die ehemalige Fürstenwohnung wenig. In die ersten Jahre seiner Amtszeit fällt jedoch die Fertigstellung eines Erweiterungsbaus des für die anwachsende Bürokratie zu klein gewordenen Amtstrakts, für den es schon seit 1819 Skizzen gab, der aber erst jetzt in Angriff genommen wird. Auf einem früheren Grundstücksteil des Minoritenklosters war das sogenannte Landesgerichtsgebäude unter Metternich an der Rückseite des Palais integriert worden, nun wird dieses adaptiert und zwischen ihm und dem Altbau in der Löwelstraße sowie in der Kreuzgasse (heute Metastasiogasse) die Baulücke mit einem Ecktrakt im Stil des alten Palais so geschlossen, dass man an der Fassade den Übergang des alten zum neuen Bauteil kaum merkt. Der Baumeister Ludwig Zettl gibt sich da redlich Mühe, und er gestaltet auch die neuen Innenräume ganz in Neo-Rokoko und unter Imitierung der alten Architektur so, als wäre immer schon alles größer gewesen.

In dieser Phase wird es auch hell am Ballhausplatz: 1880 werden 40 elektrische Lampen als Probebetrieb im und um den Volksgarten installiert, 1885 brennt der erste elektrische Luster im Rathaus-Sitzungssaal, und 1897 wird die Hofoper elektrifiziert. Die Hofburg wird allerdings erst 1900 mit elektrischem Licht ausgestattet.

Offenbar fühlt sich der Außenminister hier wohl, denn er arbeitet bienenfleißig in seiner neu gestalteten Umgebung. Allerdings zieht er die Arbeit stark an sich, man sagt ihm nach, er sei sein eigener Referent und Konzipient, er will jeden Akt sehen, entmachtet die leitenden Funktionsträger, und so macht sich schließlich Resignation und Demotivation im Haus breit. Gegen Ende seiner Amtszeit ist die Arbeitsmoral am Ballhausplatz auf dem Tiefpunkt, das Ministerium hat das Gefühl, „zur Schreibstube degradiert" zu sein, und im Sommer ist der Betrieb wegen der vielen Absenzen kaum noch aufrechtzuerhalten.

Dennoch amtiert Kálnoky 14 Jahre lang bis 1895 und ist so einer der längstdienenden Außenminister dieser Epoche. Sein Rücktritt erfolgt schließlich aufgrund ungarischer Interventionen, nicht aufgrund außenpolitischer Misserfol-

Gustav Sigmund
Graf Kálnoky von
Kőröspatak

ge. Außenpolitisch hat er mit andauernder Funktionszeit immer weniger Akzente setzen können, sodass man seine Ära durchaus als Stagnation sehen kann. Innenpolitisch fällt in seine Amtszeit insbesondere die Konstituierung der beiden immer größer und einflussreicher werdenden Parteien, der Christlichsozialen unter Karl Freiherr von Vogelsang und Karl Lueger und der Sozialdemokraten unter Victor Adler. Ihre Nachfolger werden das dritte Jahrhundert des Palais am Ballhausplatz prägen.

Der Nachfolger Kálnokys wird zur allgemeinen Überraschung der erst 46-jährige polnische Agenor Graf von Gołuchowski, Berufsdiplomat, Herrenhausmitglied und ziemlich reich. Seine 32-jährige Frau ist die Enkelin von Joachim Murat, und die Familie zieht mit ihren drei kleinen Kindern in das die letzten eineinhalb Jahrzehnte eher vernachlässigte Appartement am Ballhausplatz ein.

Gołuchowski versucht zunächst, die Verwaltung am Ballhausplatz wieder in Schwung zu bekommen, indem er einige jüngere Leute heranzieht – jene Generation, die 1914 eine besondere Rolle spielen wird. Er führt wieder das sogenannte Ministerkabinett ein und ruft das Jahrbuch des k. u. k. Auswärtigen Dienstes ins Leben. Im innerorganisatorischen Zusammenhang ist auch zu erwähnen, dass das Orientalische Referat der politischen Sektion in den letzten Jahren des 19. Jahrhunderts eine immer wichtigere Stellung einnimmt, ja dessen Leiter zum zweitwichtigsten Beamten im Haus aufsteigt.

Außenpolitisch versucht Gołuchowski die Prioritäten des Ballhausplatzes ein wenig zu ändern und sich trotz der Nähe zu Preußen auch um ein gutes Verhältnis zwischen dem Kaiser und dem Zaren zu bemühen, wofür er 1897 und 1903 Zusammenkünfte der beiden organisiert. Vor allem die Letztere in Mürzsteg macht dem Haus in der Vorbereitung und Durchführung beträchtliche Arbeit. Mit Italien stabilisiert er den Status quo Albaniens. Auf dem Balkan ändert sich die Situation durch die Ermordung des Königs Aleksandar Obrenović und die Machtübernahme durch die Dynastie der Karađorđević in Serbien: Hier versucht der Minister zwar, das Verhältnis zwischen Wien und Belgrad stabil zu halten, was ihm aber nicht wirklich gelingt. Der deutsche Kaiser Wilhelm II. lobt ihn aber dafür als seinen hervorragenden Sekundanten.

Das Palais am Ballhausplatz verliert indessen in dieser Zeit außenpolitisch weiter an Bedeutung: Der Thronfolger Franz Ferdinand entwickelt – aus innenpolitischen Überlegungen heraus – das Modell einer „trialistischen" Lösung, die neben dem österreichischen und dem ungarischen auch noch einen slawischen Reichsteil vorsieht und die Perspektive einer Föderalisierung von Groß-Österreich mit 16 Ländern hat. Dass so ein Plan innerhalb des Reichs Ungarn, außerhalb desselben Serbien und Russland irritieren muss, ist evident. Der Ballhausplatz kann oder will aber hier anscheinend nicht gegensteuern.

Die nun folgenden beiden Jahrzehnte sind Jahre der innenpolitischen Instabilität. Rasche Regierungswechsel kennzeichnen die Periode, in das Parlament

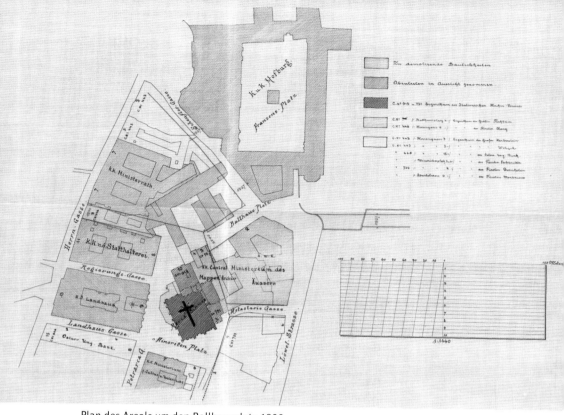

Plan des Areals um den Ballhausplatz 1892

ziehen neue Parteien ein – z.B. 1897 Sozialdemokraten und Jungtschechen –, und die Zahl der deutschen Abgeordneten sinkt unter 50 Prozent, im Reichsrat wird permanent obstruiert, in Wien flammen anhand von Nationalitätenfragen Straßenkämpfe auf, und immer wieder wird mit Notverordnungen autoritär regiert.

Am Ballhausplatz nimmt man aber anscheinend wenig davon zur Kenntnis. Ganz im Gegenteil beschäftigt man sich hier mit der internen Reform, insbesondere mit einem weiteren Ausbau des Hauses und einer Konzentration der Archivbestände. In Gołuchowskis Amtszeit fällt nämlich – nach langer Vorplanungszeit – die für die Baugeschichte des Hauses besonders bedeutsame völlige Umgestaltung des Minoritenplatzes und hier vor allem der Anbau des Haus-, Hof- und Staatsarchivs an das bestehende Palais, mit dem es seinen heutigen äußeren Umfang erreicht. Der Minister selbst ist unmittelbar in die Entscheidung für diesen Standort und in die Planung des Hauses involviert, ja er nimmt sogar an Bausitzungen teil.

Zudem drängt jetzt das Oberhofmeisteramt darauf, die vom Archiv genutzten Flächen im Reichskanzleitrakt der Hofburg zu räumen.

So wird also im Zuge der Abtragung der letzten Reste des Minoritenklosters im Jahr 1893 und der Beseitigung von Bauteilen des Hofspitals sowie der Katharinenkapelle bereits ab 1892 aufgrund eines geheimen Auftrags des

Minoritenkirche und Minoritenplatz um 1880

Ministeriums von Architekt Otto Hofer ein Ergänzungstrakt des Amtsgebäudes an der Front zum Minoritenplatz geplant, der das Haus-, Hof- und Staatsarchiv aufnehmen kann. Die Idee ist nicht neu – sie wurde bereits 1842 im Kontext des Neubaus des Hofkammerarchivs in der Johannesgasse diskutiert, und in Stadterweiterungsplänen aus dem Jahr 1857 findet sich bereits ein „Reichsarchivgebäude". Die niederösterreichische Statthalterei erteilt die Baubewilligung aufgrund von Beschlüssen des Wiener Gemeinderates vom März am 7. Juni 1899. Bei dem danach zügig durchgeführten Umbau werden die Überreste des alten Ballhauses, der Schwibbogen über die Schauflergasse und die Trennmauer zwischen Minoritenplatz und Ballhausplatz geschleift. Ein neugotischer Arkadengang hingegen soll die Kirchenfassade vor dem neuen Archivtrakt behübschen.

Die Ausstattung des neuen Bauteils des Archivs wird hausintern von einem Baurat Pokorny geplant, und sie entspricht den modernsten Anforderungen der Bautechnik: Eine riesige, elfstöckige Kubatur mit einer eisernen Konstruktion der Depotgeschoße und eisernen Zwischendecken-Rosten – hier beauftragt man die Brückenbaufirma Gridl, die auch das Palmenhaus in Schönbrunn errichtet hat – dient als Archivkern. An den Gebäudekern werden die notwendigen Verwaltungsräume angeschlossen, und an der heutigen Bruno-Kreisky-Gasse wird die Lücke zum alten Palais mit jeweils zwei zusätzlichen Zimmern je Geschoß so zugebaut, dass die beiden verschiedenen Baukörper von außen nicht mehr zu unterscheiden sind. Dabei wird auch in die Substanz des Ministerialgebäudes eingegriffen – es entstehen der große geschwungene Balkon an der Front zur heutigen Bruno-Kreisky-Gasse und eine Erweiterung in der Metastasiogasse.

Dieses Archiv hat eine bedeutende Geschichte: Bereits 1749 wurde ein „Geheimes Hausarchiv" beschlossen, das die wichtigsten Rechtstitel des Hauses Habsburg zusammenführen sollte, die über das ganze Reich verstreut waren. Ein Kernbestand dafür war das bis 1137 zurückreichende Archiv der Babenberger, ein weiterer Testamente, Erbverträge, Heiratsurkunden, Thronfolgeregelungen und Friedensverträge, die zunächst Kaiser Maximilian I. in Innsbruck zusammengetragen hatte. Unter den 13.125 Urkunden befanden sich so bedeutende wie das „Privilegium maius", die „Goldene Bulle", der „Westfälische Friede" und die Schlussakte des Wiener Kongresses. Die erste Hälfte des 19. Jahrhunderts brachte dazu noch eine Integration von Beständen aus Venedig, Belgien und anderen Teilen der Monarchie, und der Bestand wuchs auf 63.000 Objekte an. Aufgrund des großen Umfangs waren die Bestände auf verschiedene Gebäude in der Innenstadt aufgeteilt, die Unterbringung mehr als unsicher und eine systematische Bearbeitung praktisch unmöglich.

Im April 1904 wird das neue Archivgebäude von Kaiser Franz Joseph eröffnet, der sich sogar zu Fuß aus der Hofburg herüberbemüht und danach auch wieder zu Fuß nach Hause geht. Entsprechend der Bedeutung der Sammlung und ihres propagandistischen Wertes für die Habsburger fällt diese Eröffnung sehr feierlich aus. Eine monumentale Apotheose Maria Theresias, die Gołuchowski höchstpersönlich anbefohlen hat, ziert das Stiegenhaus und wird besichtigt, ein Wandbild hält später Maria Theresias Gründung des Archivs und ein weiteres den Kaiserbesuch fest – mit allen Details, so auch mit jenen Orden an der Brust der dargestellten Funktionsträger, die diese erst aus Anlass der Eröffnung erhalten sollen, und mit drei Personen, die wegen Krankheit oder mangels einer Uniform gar nicht dabei waren.

Vis-à-vis des neuen Archivgebäudes hat der Stadterweiterungsfonds das Grundstück des ehemaligen Hofspitals erworben und bietet es der niederösterreichischen Landesstatthalterei und dem Wiener Bankverein an, der es schließlich auch um den stolzen Preis von mehr als eineinhalb Millionen Kronen erwirbt. Im Kaufvertrag von 1904 wird jedoch für den Fall, dass der Bankverein nicht baut, ein Rückkaufsrecht festgelegt.

Dieser Teil des Grundstücks auf dem Minoritenplatz (es ist etwa jener Teil, auf dem heute der Neubau des Innenministeriums steht) findet allerdings weiterhin keinen wirklich entschlossenen Interessenten. Der Wiener Bankverein kann sich nämlich letztlich doch nicht zu einem Neubau entschließen, denn eine Bank lässt sich hier nicht so einfach realisieren, sodass der Stadterweiterungsfonds die Parzelle 1908 wieder zurücknimmt, um sie ein Jahr später der niederösterreichischen Landesstatthalterei für die Errichtung eines Amtsgebäudes für das Land oder für das Außenamt zu übereignen, das schon wieder dringenden Raumbedarf anmeldet. Der Preis von fast zwei Millionen Kronen wird bis Juli 1914 bezahlt, gebaut wird aber dann nicht mehr, denn der Erste Weltkrieg bringt ganz andere Prioritätensetzungen. Also legt man einen kleinen Park an, der im Übrigen 1918 ins Eigentum der Republik übergeht und inoffiziell bald „Renner-Park" genannt wird.

In das elfte Amtsjahr des Grafen von Gołuchowski am Ballhausplatz fällt die Russische Revolution von 1905, die er aber nicht für die Interessen Österreich-Ungarns nutzt; doch nicht dieser Umstand, sondern kleinliche innenpolitische Streitigkeiten – wieder einmal mit Ungarn – im Zusammenhang mit einem Zollkonflikt mit Serbien (dem sogenannten Schweinekrieg) führen zu seiner Demission im Oktober 1906.

Mittlerweile haben sich die Rahmenbedingungen der Politik, auch die der vom Ballhausplatz ausgehenden Außenpolitik, gründlich geändert: Eine Reihe von Wahlrechtsreformen hat immer mehr Bürger in die staatliche Willensbildung einbezogen, und die Regierung Beck schließt diesen Prozess 1906/07 mit der Einführung des direkten, allgemeinen, gleichen und geheimen Wahlrechts aller Männer ab. Die christlichsoziale und die sozialdemokratische Partei haben sich stabilisiert. Die Nationalitäten verselbstständigen sich nicht nur im Reichstag und treten selbstbewusst mit entschiedenen Programmen auf. Der Umstand,

Kaiser Franz Joseph eröffnet 1904 das Haus-, Hof- und Staatsarchiv,
neben ihm Graf von Gołuchowski

dass nun im Abgeordnetenhaus nur mehr 33 Adelige – gegenüber fast 100
vorher – sitzen und die Sozialdemokraten zweitstärkste Fraktion sind, muss die
Beamten am Ballhausplatz, die in ihrer eigenen Welt von adeligen konservativen Familien leben, fundamental beunruhigen. Welchen Zeiten gehen sie entgegen, wie lange werden sie ihre Position in der Spitzenbürokratie noch halten
können?

In dieser neuen Welt wird nun Alois Lexa Freiherr von Aehrenthal Außenminister – wieder ein Balkan- und vor allem ein Russlandexperte, privat aus
bestem Hause und über seine Mutter und seine Ehefrau mit dem böhmischen
und ungarischen Hochadel verwandt. Er zieht mit seiner Frau und den drei kleinen Kindern – Johann ist erst ein Jahr alt – am Ballhausplatz ein; sein Meldezet-
tel befindet sich übrigens noch immer im Wiener Landesarchiv.

Er ist ein ganz anderer Charakter als sein zurückhaltender polnischer
Vorgänger. Rasch beendet er die vorsichtig zurückhaltende Politik gegenüber
Russland und nutzt die militärische Schwächung infolge der dortigen
Revolution von 1905 jetzt doch. Am Balkan schwenkt er auf eine aggressivere
Linie um und ist weitaus aktiver als sein Vorgänger, was schließlich in einem
Überraschungscoup mündet: Er nimmt die jungtürkische Revolution im

Osmanischen Reich zum Anlass, Bosnien und Herzegowina im Jahr 1908 zu annektieren. Dieses international nicht abgesprochene Vorgehen führt umgehend zu einer internationalen Krise, die den Kontinent an den Rand eines Krieges bringt. Zwar hat sich Aehrenthal im September mit dem russischen Außenminister über eine Annexion verständigt, doch dementiert dieser die Einigung, als in seinem Land massive Kritik daran laut wird. Trotz zahlloser Proteste zieht der k. u. k. Außenminister die Annexion aber durch und brüskiert damit Russland, Serbien und England. Der Kaiser erhebt ihn wegen dieser Bosnien-Aktion 1909 in den Grafenstand, in Wahrheit hat sie Österreich-Ungarn aber von mehreren europäischen Mächten entscheidend und nachhaltig isoliert.

Spiritus Rector dieser Balkanpolitik ist der vom Minister sehr geförderte kroatische Abteilungsleiter Alexander Freiherr von Musulin, der in den folgen-

Alois Lexa Freiherr
von Aehrenthal

Bericht des Außenministers Aehrenthal an Kaiser Franz Joseph am 15. März 1908
betreffend die Annexion Bosniens und der Herzegowina

den Jahren seine Karriere festigt und schließlich 1914 als Autor des Ultimatums an Serbien Geschichte schreiben wird.

Aehrenthal wird als leidenschaftlich und als harter Managertyp beschrieben, was auch den Arbeitsstil im Palais am Ballhausplatz beeinflusst. Im Personalbereich gibt es einen veritablen Umsturz – einerseits holt er eine neue, junge Garde in leitende Funktionen, andererseits baut er die Zahl der Referate und der Mitarbeiter rasant aus. Das Ministerium am Ballhausplatz wird zusehends zu einem bürokratischen Moloch. Es wird hier bisweilen auch sehr hektisch, wie in der gesamten Innenpolitik, und ein Krisenmanagement jagt das andere; ständig gibt es außerdem noch innenpolitische Reibereien mit den Militärs unter Hötzendorf, und der alternde Kaiser ist ganz offensichtlich nicht mehr in der Lage, mit Autorität Regierungskrisen zu vermeiden, weshalb sich mehrere instabile Regierungen rasch abwechseln. Aehrental erkrankt während seiner Amtszeit schwer an Leukämie, aber er kann nicht von seiner Funktion lassen, muss sich allerdings mehrmals über längere Zeit von Botschafter Pallavicini vertreten lassen und einige seiner Strukturreformen wieder zurücknehmen. Er stirbt schließlich am 17. Februar 1912, dem Tag, an dem sein Rücktritt vom Kaiser angenommen wird, im Amt.

Immer tiefer hat sich seit der Wende zum 20. Jahrhundert der Ballhausplatz in schwierige Balkanfragen verstrickt; immer öfter gerät man hier hart an den Rand kriegerischer Auseinandersetzung, ja kalkuliert den Krieg als Fortsetzung der Außenpolitik in strategische Überlegungen mit ein; immer brüchiger und wechselhafter werden die Bündnisse und Allianzen. Und gleichzeitig wird die Funktion des k. u. k. Außenministers und -ministeriums innenpolitisch immer mehr zum Spielball kleinlicher Querelen zwischen den beiden Reichshälften und volatiler Machtkonstellationen am Hof. Das Haus am Ballhausplatz vermag es aufgrund seiner abgeschotteten Position auch nicht, einen konstruktiven Beitrag zum besseren Umgang mit den permanenten Nationalitätenkonflikten zu leisten, die zunächst das Parlament, dann aber alle staatlichen Funktionen lähmen. Das ist verwunderlich, sind doch Fragen des gegenseitigen Verhältnisses von Nationen Themen, denen man auch mit völkerrechtlichen und diplomatischen Werkzeugen, Verfahrensweisen und Erfahrungen begegnen könnte. Offensichtlich ist aber am Ballhausplatz kein großer Geist vorhanden, der einen solchen Gedankenstrang konsequent entwickeln und nutzbar machen könnte. Die Bürokratie im Hochparterre ist quantitativ immens gewachsen, was aber die Qualität dessen, was hier geschieht, nicht verbessert. Immer wieder gibt es „putschistische" Aktionen der zweiten Ebene, doch haben diese kein System. Hektik, Zerfahrenheit, Erfolglosigkeit kennzeichnen die Arbeit im Amt, aus der Beletage ist jeder Glanz gewichen. Der Ballhausplatz ist nicht mehr jener Ort, an dem oder von dem aus von genialen Staatenlenkern europäische Geschichte geschrieben wird. Letzteres soll sich allerdings bald auf tragische Weise ändern.

8 Auf dem Weg zum und aus dem Ersten Weltkrieg

(1912–1918)

In den Jahrzehnten um die Wende vom 19. zum 20. Jahrhundert ist im Haus am Ballhausplatz der Vielvölkerstaat zu spüren: Österreicher, Ungarn, Polen – aus allen Nationalitäten kommen jetzt nicht nur die Hausherren, alle haben sie auch ihre Grüppchen und ihre Lobby in der Beamtenschaft des Ministeriums. Doch sind sie alle demselben Korpsgeist verbunden, haben dieselbe abgehobene Mentalität, sehen sich als Kern der Elite des Habsburgerstaates. Weiterhin dominiert der Hochadel in diesem Ministerium – zu Ende der Monarchie ist nur ein Drittel des höheren Dienstes bürgerlich –, weil die Besoldung so ist, dass man, zumindest in den ersten Jahren, die finanzielle Unterstützung der Familie braucht.

Das Haus hat stabilere Führungen als andere Ministerien in dieser Zeit rascher Regierungswechsel, die Ressortchefs sind im Durchschnitt länger im Amt, sie haben aufgrund der rechtlichen Stellung des Ministeriums auch eine engere Bindung zum Kaiser, der im Grunde sein eigener Außenminister sein will und dem man täglich am Abend eine dicke versperrte Informationstasche vom Ballhausplatz hinübertragen muss. Es ist in seiner Wichtigkeit aber auch schwerfällig geworden. Zu Beginn des 20. Jahrhunderts ist das Haus aufgebläht wie nie zuvor. Fünf politische Referate, 17 Departements, mehrere Hilfsämter, ein Ministerkabinett, insgesamt ein Personalstand von 850 Personen, das sind 13 Prozent aller Ministerialbeamten, davon 460 in höheren Rangklassen. 1914 zählt man vier echte und elf Titularsektionschefs. Der Staat im Staat beschäftigt sich anscheinend primär mit sich selbst.

Alle spüren in dieser sich am Platz drehenden Routine so etwas wie Endzeitstimmung. Das große Reich ächzt in allen Fugen und wird so nicht ewig weiterbestehen können. Die Außenpolitik hat sich im Klein-Klein einer Balkanpolitik verfangen, die immer wieder dieselben Probleme hervorbringt und immer wieder in dieselben Sackgassen einbiegt. Im großen europäischen Machtgefüge bewegt man sich ständig im Kreis längst abgenutzter Allianzen. In solchen Zeiten haben die ganz einfachen Lösungen Konjunktur, mögen sie noch so falsch sein: Irgendwo soll man mit dem Schwert dreinhauen, die überlegene deutsche Nation soll einen Paukenschlag im Reich setzen, irgendwie sollen es die starken Völker Mitteleuropas der Welt zeigen. Gerade die Jungen suchen etwas Begeisterndes, etwas Neues, das noch nie dagewesen ist. Die etablierte Politik kann auf solche Erwartungen keine Antwort mehr geben. Sie führt nur halbherzig fort, was man schon immer so gemacht hat, und sie macht aufgrund einer Ausrichtung an kurzfristigen Vorteilen langfristige Fehler. Wie in einer griechischen Tragödie führt in der Balkanpolitik die „Torheit der Herrschenden" am Ballhausplatz mit einer Reihe von kleinen und für sich genommen jeweils nicht unplausiblen Entscheidungen geradewegs in den Untergang.

Vor diesem Hintergrund übernimmt im Februar 1912 der 49-jährige Leopold Graf Berchtold von und zu Ungarschitz, Fratting und Pullitz das Außenamt. Er ist mit der reichen Gräfin von Károly verheiratet und zieht mit ihr und

Leopold Graf Berchtold
von und zu Ungarschitz,
Fratting und Pullitz

seinem Sohn – zwei andere Buben sind noch im Kindesalter gestorben – ins Palais ein. Berchtold ist ein feinsinniger und gebildeter Mann, allerdings auch unsicher, vielleicht ein wenig weltfremd, er liebt die Jagd und die Frauen, von Politik versteht er wenig – und er hält sich selbst für das Amt nicht optimal geeignet. Das ist er angesichts der Dramatik und Komplexität der dräuenden Weltlage auch nicht. Er war zuvor erfolgreicher Botschafter in Sankt Petersburg, anerkannt als Berufsdiplomat, allerdings ohne besonderes Charisma, aber er kann aufgrund dessen, was er weiß und was er kann, keine neue Linie in die Politik des Hauses einbringen. Er belässt die Organisationsstruktur seines Vorgängers unverändert und setzt im Gegensatz zu diesem auch nur wenige neue personelle Akzente. Die Posten, die frei werden, besetzt er allerdings konsequent mit Leuten der „Kriegspartei".

Die festgefahrenen politischen Verhältnisse am Balkan sind weiterhin der zentrale Gegenstand der Außenpolitik, und Berchtold setzt die kleinliche antiserbische Politik seines Vorgängers fort und initiiert als besonderen Akzent vom Ballhausplatz aus die Gründung Albaniens, um die Serben vom Mittelmeer fernzuhalten.

Das Ministerium ist wieder in drei Sektionen eingeteilt, die politische, die handelspolitische und die juristisch-administrative. Das Haus pflegt dennoch eine viel kompliziertere Struktur – der „erste Sektionschef" ist gleichzeitig Leiter des Ministerkabinetts, den Sektionen I und II werden besondere politische Berater zugewiesen, Abteilungen können auch individuell anderen Sektionsleitern zugeordnet bzw. die Approbation abweichend vom Organisationsaufbau geregelt werden. Die Beamtenschaft erkennt rasch die Schwäche des neuen Chefs und übernimmt rasch stärker als zuvor politische Führungsaufgaben. Vor allem die jüngeren unter den Diplomaten versuchen zusehends aus einem tiefen Gefühl heraus, dass es so nicht weitergehen kann, selbst Politik zu machen.

Auch von den politischen Kreisen in Wien wird Berchtold von Beginn an wohl zu Recht für unentschlossen und schwach gehalten, und er weiß das auch. So überlässt er die Initiative auch außerhalb des Hauses in der Regierung anderen und reagiert bloß. Conrad Graf von Hötzendorf ist wieder in die Politik zurückgekehrt und vertritt die aggressive und populistische Linie, dass ein Präventivkrieg gegen Serbien notwendig werden wird. Der Ministerpräsident Stürgkh, der Finanz- und der Kriegsminister unterstützen Hötzendorf, und der Außenminister will ihnen in nichts nachstehen.

1912 gelingt es den Staaten des Balkanbundes aber ohne österreichisch-ungarische Beteiligung gemeinsam mit Russland, die osmanische Herrschaft gänzlich vom Balkan zu vertreiben. Im Jahr darauf entbrennt eine militärische Auseinandersetzung zwischen Bulgarien, Serbien, Griechenland und Rumänien um die Beute. Österreich und seine Außenpolitiker am Ballhausplatz begnügen sich in diesem Konflikt mit der Rolle des macht- und ideenlosen Zusehers, was zu scharfer innenpolitischer Kritik an Berchtold führt. Vielleicht hinterlässt diese

Minoritenplatz vor 1902

jenes Trauma, das ihn dann in den Julitagen 1914 so besonders wild entschlossen agieren lässt.

Innenpolitisch ist der Ballhausplatz in eine autoritäre, ja geradezu spätabsolutistische Wende eingebettet: Ab Jänner 1914 regiert Ministerpräsident Stürgkh wieder einmal nur auf Basis des Notverordnungsrechts, es gibt kein aktives Parlament, keinen kontroversiellen Diskurs in einer politischen Öffentlichkeit, und die Entscheidungen fallen irgendwo im intransparenten Dunstkreis eines offenbar nicht mehr regierungsfähigen alten Herrn in Schönbrunn, weshalb sie auch von den relevanten gesellschaftlichen Kräften nicht beeinflusst werden können.

Da trifft am 28. Juni 1914 die Nachricht vom tödlichen Attentat auf den Thronfolger Franz Ferdinand und dessen Frau am Ballhausplatz ein, und damit schlägt Berchtolds historische Stunde. Die europäische Bevölkerung, ja selbst das Habsburgerreich nehmen das Ereignis zunächst eigentlich gar nicht so dramatisch wichtig; zu viele Krisen hat man in den letzten Jahren schon vorüberziehen sehen. Anders aber ist es in einigen der ohnedies bereits zu militärischen Optionen entschlossenen Staatskanzleien, insbesondere auch am Ballhausplatz, wo diese Nachricht wie eine Bombe einschlägt und alles aufwirbelt, was in den letzten Jahren an Konzepten zu einem möglichen Kriegsszenario erarbeitet wurde.

Der bisher den Kriegstreibern eher zu zögerliche und langsame Berchtold nimmt sofort mit Deutschland Kontakt auf, und als sich der deutsche Kaiser für einen Krieg ausspricht, schlägt sich Berchtold umgehend besonders lautstark auf die Seite der Militaristen und überholt sogar den nun zögernden Hötzendorf an verbaler Kriegsbegeisterung. Vor allem die jungen Diplomaten am Ballhausplatz treiben begeistert und kompromisslos zum Krieg an, und der Minister folgt nur allzu bereitwillig jenem Kreis seiner Mitarbeiter, deren Motto „Großmacht oder Untergang" lautet und die blind auf eine Züchtigung Serbiens, einen Erneuerungskrieg und eine gewaltsame Lösung der Nationalitätenfrage hinarbeiten.

Am Ballhausplatz war man ja schon vor dem Attentat zu einem Militärschlag gegen Serbien entschlossen. Jetzt hat man den Vorwand und nutzt ihn bedenkenlos. Wenn man die Unterstützung Deutschlands erhält, kann nichts schiefgehen. Daher holt Kabinettschef Hoyos am 4. Juli in Windeseile einen deutschen „Blankoscheck" ein, der die Dynamik beschleunigt, denn der deutsche Kaiser sagt am 5. Juli seine Unterstützung für den Krieg zu. Der Ballhausplatz ist zudem überzeugt, dass weder Russland noch Frankreich militärisch stark genug zum Eingreifen wären.

Stürgkh will einen scharfen Ministerratsbeschluss im gemeinsamen österreichisch-ungarischen Ministerrat am 7. Juli, und im Hochparterre werden hierfür Sonderschichten eingelegt. Bei der Regierungssitzung selbst kündigt Berchtold vor dem Bild des jungen Kaisers Franz Joseph im Ministerratssaal am Ballhausplatz an, es sei jetzt wohl nötig, „Serbien für immer unschädlich zu machen". Nach außen hin wird vom Außenamt in zahllosen Depeschen und Mitteilungen eine unmittelbare Kriegsabsicht zwar zunächst noch entschieden dementiert; auch unterlässt man es am Ballhausplatz absichtlich, die Verbündeten Italien und Rumänien von den Kriegsplänen gegen Serbien vorweg zu unterrichten. Das Ministerium mauert sich also vorerst ein, schlägt dann aber wie von Anfang an geplant in ganz konsequenten Schritten zu.

In den Amtsstuben und Sitzungszimmern des Ballhausplatzes arbeitet man nämlich bereits seit den ersten Julitagen das schließlich am 23. Juli ergehende Ultimatum an Serbien aus, und dabei, so ist der Eindruck, widmen die Diplomaten dem sprachlichen Schliff der Formulierung der schroffen Bedingungen mehr Augenmerk als einer seriösen und professionellen Beurteilung der potenziellen Folgen und Risiken. Noch am 25. Juli spielt Berchtold diese herunter: „In dem Augenblicke, wo wir uns zu einem ernsten Vorgehen gegen Serbien entschlossen haben, sind wir uns natürlich auch der Möglichkeit eines sich aus der serbischen Differenz entwickelnden Zusammenstoßes mit Russland bewusst gewesen [...] Wir konnten uns aber durch diese Eventualität nicht [...] beirren lassen, weil grundlegende staatspolitische Considerationen uns vor die Notwendigkeit stellten, der Situation ein Ende zu machen."

An diesem Tag beantwortet Serbien das Ultimatum und akzeptiert fast alle seine Bedingungen. Sogar der deutsche Kaiser meint, dass die Sache damit erledigt sei. Doch Baron Hold von Ferneck hat im Hochparterre des Palais bereits vor Einlangen der Antwort deren Ablehnung vorbereitet. Die wenigen offen bleibenden Punkte reichen dem Ballhausplatz, um die serbische Erklärung abzulehnen und die diplomatischen Beziehungen abzubrechen – man will den Krieg auf jeden Fall und ordnet die Mobilmachung an. Das britische Außenamt versucht noch eine Vermittlung, aber die Würfel sind anscheinend gefallen. Wo genau, bleibt unklar, es spricht aber alles dafür, dass die entscheidende Weichenstellung am Ballhausplatz erfolgte.

Auch wenn eine Mobilmachung Russlands im Fall einer Kriegserklärung angekündigt und damit klar wird, dass sich ein Krieg nicht auf Serbien begrenzen lassen wird, beharren die Beamten im Außenamt auf der trügerischen und

Karikatur anlässlich der Kriegserklärung 1914 mit dem Portal des Ballhausplatz-Palais

auf nichts gebauten Hoffnung auf eine breite europäische Solidarität mit Österreich-Ungarn. Damit und mit der nicht nachvollziehbaren Fehleinschätzung aller Fakten durch das Militär – das nur ganz, ganz leise Skepsis zum Vorbereitungsstand der Armee durchblicken lässt – lassen sie das Land, ja ganz Europa in einen Krieg schlittern, der in seinen Folgen alles Schreckliche übertrifft, was die Welt bisher durchgemacht hat.

Am 27. Juli legt Berchtold dem Kaiser einen durch und durch tendenziösen Lagebericht und dessen Analyse vor, abschließend ersucht er um die Ermächtigung zur Übermittlung der Kriegserklärung. Am Morgen des 28. Juli 1914 unterzeichnet der Kaiser dann in Bad Ischl das Dokument, das zuvor im Palais am Ballhausplatz ausgearbeitet worden ist.

Das Ministerium wird in diesen Tagen und Wochen von niemandem kontrolliert – nicht vom senilen Kaiser, der aber ohnedies kein anderes Vorgehen gewollt hätte, nicht von dessen Umgebung am Hof und schon gar nicht vom Parlament. Es kann eine reine ministerial-absolutistische Politik, eine Politik geheimer Entscheidungen der Amtsstuben betrieben werden, weil die verfassungsrechtlich zuständigen Organe, insbesondere der Reichsrat, bereits im März ausgeschaltet worden sind und daher ihre verfassungsrechtliche Möglichkeit nicht nutzen können, über Krieg oder Frieden zu entscheiden. Einziger externer Faktor ist die öffentliche Meinung, die aber geteilt ist: Zum einen gibt es unzählige Resolutionen der Sozialisten und einen wahren Marathon massiver Demonstrationswellen gegen Aufrüstung und Krieg, die von ihnen organisiert sind; zum anderen aber gibt es die Presse und konservative politische Gruppierungen, die voller Enthusiasmus und bar jeder Faktenkenntnis den siegreichen kurzen Krieg gegen den neuen Außenfeind herbeijubeln. Ende Juli kippt die Stimmung vollends, und die Linke sagt sogar alle für den 30. Juli geplanten Kundgebungen gegen den Krieg ab.

Der weitere Gang der Ereignisse ist bekannt. Deutschland erklärt Russland und Frankreich den Krieg, Österreich erklärt Russland den Krieg, und Frankreich sowie England erklären Österreich-Ungarn den Krieg. Die Kampfhandlungen beginnen unverzüglich Anfang August, Wien wird von einem unvorstellbaren Kriegstaumel erfasst, eine riesige Propagandamaschinerie wird vom rasch wachsenden Kriegspressequartier angeworfen, an der das Ministerium des Äußeren nicht unbeteiligt ist.

Schon bald aber und im Gegensatz zur vorherigen Linie geht das Außenamt erstaunlicherweise zu defensiven Aktivitäten über. Angesichts militärischer Misserfolge einer völlig unvorbereiteten und extrem schlecht geführten Armee im Osten und am Balkan im Herbst sind die noch vor wenigen Wochen so glühenden Kriegsfreunde gar nicht mehr so draufgängerisch und schönfärberisch wie das Kriegspressequartier. So hat man sich die Sache in den Amtsstuben des Hochparterres und in den Besprechungen in den Sälen der Beletage im Sommer anscheinend nicht vorgestellt. Jetzt schwenkt man um, und zum Koordinator der Friedensbemühungen wird ausgerechnet einer der wildesten Kriegstreiber der Julitage am Ballhausplatz, Sektionschef Pogatscher, bestellt.

Als seine schwierigste Aufgabe erachtet Berchtold um die Jahreswende 1914/15, Italien ruhig zu halten, das naturgemäß mit der teilweisen militärischen Besetzung durch österreichisch-ungarische Truppen nicht einverstanden ist. Mühselige und demütigende Verhandlungen sind die Folge, Italien lässt dabei erkennen, dass es sich im Krieg durchaus dem Meistbietenden anschließen könnte. Berchtold ist der Situation offensichtlich nicht gewachsen, und als ihn auch noch intern der ungarische Ministerpräsident Tisza kritisiert, tritt er am 13. Jänner 1915 genervt zurück.

Der Hof belohnt ihn für seine Politik mit dem Großkreuz des Sankt-Stephans-Ordens mit Brillanten und später mit dem ehrenvollen, wenngleich einflusslosen Amt des Obersthofmeisters – er wechselt also gewissermaßen nur die Seite des Ballhausplatzes –, das er ergebenst bis zum Untergang auch noch für Kaiser Karl I. ausübt. Für diesen verbringt er übrigens noch im November 1918, als bereits die Republik ausgerufen ist, wertvolle Kronjuwelen aus der Wiener Schatzkammer in die Schweiz. Nach dem Krieg zieht sich der Graf, offenbar frustriert über das Ungemach der Welt und ohne je zu realisieren, dass er selbst am Ballhausplatz die Lunte an das Pulverfass für den Weltenbrand gelegt hat, nach Ungarn zurück, wo er 1942 auf seinem Landgut hochbetagt stirbt, ohne jemals zur Verantwortung gezogen worden zu sein,

Der ungarische Ministerpräsident Tisza schlägt Anfang 1915 als Nachfolger im Außenamt seinen engen Freund Freiherr Burián von Rajecz vor und setzt ihn auch durch. Dieser war bereits gemeinsamer österreichisch-ungarischer Finanzminister, kennt den Ballhausplatz und die Politik in Wien gut und ist vor allem ungarischen Interessen verpflichtet. Die Interessen der Gesamtmonarchie bedeuten ihm weniger. Der 64-Jährige, der jetzt mit seiner Frau im Palais einzieht, ist ein sturer, kalter Pessimist und offensichtlich ein schlechter Verhandler. Er kann den für Österreichs internationale Position verhängnisvollen Kriegseintritt Italiens auf Seite der Entente im Mai 1915 nicht verhindern und entwickelt in weiterer Folge keine fantasievolle und Erfolg versprechende Politik gegenüber den anderen Feindstaaten, ja er verzettelt sich sogar in Träumen einer Teilannexion Polens, kann aber den Militärs, die zunehmend die gesamte Entwicklung steuern, nichts entgegensetzen. Er ist ganz offensichtlich ein schwacher Minister.

Dennoch wächst und wächst sein Amt. Neben den bestehenden Organisationseinheiten werden nämlich noch Sonderreferate geschaffen und Ehrentitel en masse vergeben – am Ende des Kriegselends hat das Haus auf diese Weise 19 Sektionschefs.

Inzwischen verschlechtert sich die Situation für die Wiener dramatisch. Anfang 1916 ist der Nahrungsmittelmangel bereits deutlich spürbar, Fleisch und Brot werden in der Folge rationiert, hungernde Menschen ziehen durch die

Straßen, die Geschäfte sind leer, viele Restaurants werden geschlossen, die öffentliche Versorgung bricht zusammen. Nur die (Kriegs-)Verwaltung und die Lazarette vergrößern sich, und 260.000 Verwundete sowie 200.000 Flüchtlinge verändern das Bild der Stadt nicht nur in den Außenbezirken, sondern auch rund um den Ballhausplatz. Immer deutlicher macht sich allgemeine Krisenstimmung breit. Die Lebensbedingungen werden auch für die Beamten des Auswärtigen Amtes von Monat zu Monat drückender, selbst wenn die meisten von ihnen unabkömmlich sind und zumindest nicht in den Krieg ziehen müssen, aber ihr Realeinkommen halbiert sich zwischen 1914 und 1918. Da ist es ein kleiner Vorteil, dass wenigstens die Essensversorgung im Amt vom Leiter des Haus-, Hof- und Staatsarchivs, Hanns Schlitter, mit aller amtlichen Umsicht organisiert wird.

Am 21. Oktober 1916 wird Ministerpräsident Graf von Stürgkh beim Mittagstisch unweit seines Amtssitzes ermordet, am 21. November 1916 stirbt Kaiser Franz Joseph. Die Fernwirkungen dieser Ereignisse erreichen auch den Ballhausplatz. Jetzt ernennt der neue Kaiser Karl nämlich einen neuen Außenminister, der ihm mehr Initiative und Wendigkeit zu garantieren scheint als der farblose, bürokratische Burián, nämlich Ottokar Graf Czernin von und zu Chudenitz. Er ist mit 44 Jahren eine Generation jünger als sein Vorgänger, kein Berufsdiplomat, sondern ein erzkonservativer Politiker, der früher ein enger Vertrauter des Thronfolgers Franz Ferdinand war. Nun zieht er mit seiner Frau Marie, der 18-jährigen Tochter Maria Anna und der dreijährigen Victoria am Ballhausplatz ein.

Vergeblich versucht dieser neue Außenminister, ebenso wie parallel dazu Kaiser Karl, Österreich-Ungarn irgendwie zumindest teilweise aus dem Krieg zu lösen und partielle Friedensschlüsse anzubahnen, er scheitert jedoch an der Heeresführung im Inneren und an der Kompromisslosigkeit der Entente und Preußens in den Außenbeziehungen. Als dann auch noch – schon wieder einmal überraschend für den seinen Informationsaufgaben nicht gewachsenen Ballhausplatz – die Vereinigten Staaten im April 1917 in den Krieg eintreten, wird die Situation immer ausweisloser. Jetzt kommt das Außenministerium zwar doch noch zu Vertragsabschlüssen mit der Ukraine und schließlich auch mit Sowjetrussland nach dem dortigen Sieg der Revolution, doch diese können das Blatt nicht mehr wenden.

Auch an anderen Fronten ist der Ballhausplatz erfolglos: Seit 1915 gibt es Versuche, einen südslawischen Staat zu schaffen, die dem Ministerium bekannt sind, denen man aber nichts entgegenzusetzen hat. 1916 bildet sich eine tschechische Exilregierung – auch dieser kann man ebenso wenig erfolgreich entgegenwirken wie der Vorbereitung des 14-Punkte-Programms von Präsident Wilson.

Das Jahr 1917 bringt eine Niederlage nach der anderen: den amerikanischen Kriegseintritt, Misserfolge an der deutschen Westfront, Not, Elend, Hunger und Revolten im Inland. Am Ballhausplatz kommt man sich wie auf einem Vulkan vor, aber man agiert nicht – kann nicht mehr agieren. Das Haus ist wie gelähmt.

Dann wirbelt die sogenannte Sixtus-Affäre die Beamten und das Minister-büro im April 1918 wochenlang ordentlich durcheinander: Kaiser Karl hat im März und Mai 1917 brieflich und vorbei an seinem Außenminister mit dem in der belgischen Armee dienenden Bruder von Kaiserin Zita, Sixtus, Kontakt zur Vorbereitung von Schritten zur Beendigung des Krieges aufgenommen. Dieser reicht die Korrespondenz aber postwendend an den französischen Präsidenten Poincaré weiter. Czernin ist in die Sache nicht eingebunden. Als er davon er-fährt, reagiert er verärgert, kann das alles nicht glauben und bringt durch eine unüberlegte Verteidigungsrede Anfang April eine Darstellung der Sache aus seinem Blickwinkel an die Öffentlichkeit. Frankreich reagiert, Czernin und der Kaiser dementieren und provozieren den französischen Außenminister so sehr durch unüberlegte Dementis, dass dieser die Briefe veröffentlicht.

Ottokar Graf Czernin
von und zu Chudenitz

Jetzt versagt der Ballhausplatz endgültig auf der ganzen Linie, denn Minister Czernin versucht sich dadurch aus der Affäre zu ziehen, dass er klarstellt, nichts von den Briefen gewusst zu haben, doch das nimmt man ihm nicht ab, und es ist auch eine Desavouierung des ungeschickten Kaisers Karl. Umgekehrt versucht der Kaiser – geradezu einfältig –, seine eigene Urheberschaft zu leugnen und die Briefe dem Außenminister in die Schuhe zu schieben. Das lässt sich dieser aber nicht bieten und stellt den Kaiser öffentlich bloß, was dieser nur mehr mit der Entlassung des Ministers am 16. April 1918 beantworten kann. Der Ballhausplatz hat letztendlich die Glaubwürdigkeit des Kaisers, seine eigene und die des ganzen Staates schwer beschädigt. Besonders getroffen ist aber das verbündete Deutsche Reich, weil in den Briefen die Rückgabe von Elsass-Lothringen an Frankreich angeboten wurde.

Aber noch sind die Monarchie und die gebeutelte hypertrophe Mannschaft im Palais nicht völlig am Ende: Auf Czernin folgt zunächst noch einmal sein Vorgänger Burián – ein purer Akt der Verzweiflung der ängstlich in Reichenau sitzenden völlig überforderten kaiserlichen Staatsführung, den niemand mehr versteht. Der Historiker Robert Kann bringt auf den Punkt, was am Ballhausplatz geschieht: „Der brillante, aber unbeherrschte Czernin musste sein Amt dem kläglichen Burian übergeben, der nun zum zweiten Mal Außenminister wurde, was zur Tragödie noch die Satire hinzufügte."

Ein anderer politischer Verzweiflungsakt ist der Versuch Kaiser Karls, der völlig den Bezug zur Realität verloren hat, das Reich mit der Ankündigung einer Nationalitätenreform doch noch zu retten. Diese Initiative mündet am 17. Oktober in einem Manifest – für das der Ballhausplatz wahrscheinlich einiges an Vorarbeiten geleistet hat –, das eine Neukonstruktion des gemeinsamen Vaterlandes auf der Basis der nationalen Zugehörigkeit in Aussicht stellt. So kläglich wie es ist, wird es schlichtweg von niemandem mehr zur Kenntnis genommen.

Als rundum bereits alles zusammenbricht, kommt noch einmal für neun Tage ein neuer Chef in das Palais am Ballhausplatz, nämlich am 24. Oktober 1918 Graf Andrássy (der Jüngere). Er ist hier aber nur mehr Verwalter des Chaos. Am 28. Oktober bietet er der Entente einen Sonderfrieden an, am 29. teilt er vom Balkon des Ballhausplatzes aus den Menschen, die sich hier in der Hoffnung auf neue Informationen versammelt haben, mit, dass das seinerzeit von seinem Vater geschlossene Bündnis mit dem Deutschen Reich aufgelöst ist. Seine abschließenden Hochrufe auf den Kaiser aber gehen im Protestlärm der wütenden Menge unter. Dieser Auftritt bleibt eine skurrile Episode, Andrássy tritt am 2. November zurück.

In der Zwischenzeit wurde am 28. Oktober die tschechoslowakische Republik ausgerufen, und am 30. Oktober 1918 ist auch bereits die Provisorische Verfassung der Republik Deutschösterreich erlassen worden, die rechtlich einen neuen Staat und ein neues Staatsamt des Äußeren schafft. Am 3. November schließt Österreich-Ungarn einen Waffenstillstand mit den Alliierten, an dem

Kaiser Karl I. beim Kronrat

der Ballhausplatz anscheinend bei Weitem nicht so intensiv gearbeitet hat wie seinerzeit bei den Dokumenten zu Kriegsbeginn. Am selben Tag legt der Kaiser den Oberbefehl nieder.

Der Ballhausplatz scheint all das in Trance und Erstarrung zu verfolgen, denn ungeachtet dieses Zusammenbruchs folgt noch ein allerletzter Amtsinhaber der Monarchie: der auf Ersuchen Andrássys bestellte erste Sektionschef des Hauses, Ludwig Freiherr von Flotow, der allerdings ebenfalls nur mehr neun Tage formell als Außenminister Dienst tun kann und der dann ab 11. November das Amt zu liquidieren hat, denn an diesem Tag ist der Krieg zu Ende, Kaiser Karl dankt ab, Österreich-Ungarn hat aufgehört zu existieren.

Flotow weiß natürlich von Anfang an, dass das Ende des Habsburgerstaates gekommen ist und beschreibt die Übernahme des Dienstzimmers in der Beletage in seinen Memoiren so: „Ein Gefühl der Schwere entstand in mir bei dem Gedanken, dass ich mich nun – in dem hoffnungslosen Augenblick, da mein geliebtes Österreich zerbrach – an den Schreibtisch setzen sollte, an dem ein Metternich […] für die Größe des Reiches gedacht und gearbeitet hatte, in dem Augenblick, da es hier nichts mehr zu tun gab, um in die Geschicke einzugreifen."

Flotow hat tatsächlich außenpolitisch – ebenso wie seine Beamten im Haus – nichts mehr zu tun und sieht daher eine besonders wichtige Aufgabe unmittelbar nach dem Ende der Habsburgermonarchie darin, das Leben der kaiserlichen

Familie zu schützen. So konferiert er noch am Vormittag des 12. November – Otto Bauer ist bereits als republikanischer Staatssekretär in „seinem" Amt am Ballhausplatz eingetroffen – mit Kaiser Karl in Schönbrunn und am Nachmittag mit Renner im Parlament. Dann kehrt er wieder auf den Ballhausplatz zurück, ordnet aus Angst vor den am Ring aufziehenden Demonstranten an, dass das Tor geschlossen wird – und macht sich an seinem Schreibtisch im Kanzlerzimmer der Beletage daran, sinnlose Akten zu erledigen, „um durch Arbeit die mich bedrängende trübe Stimmung zu überwinden". Da hört er Schüsse von der Ringstraße her, kurz darauf stürmen Menschen durch die Löwelstraße auf den Ballhausplatz, doch das Haus ist für diese bereits uninteressant und bedeutungslos geworden, die Demonstranten sind nur auf der Flucht vor den Auseinandersetzungen vor dem Parlament. Von dem oben im ersten Stock um sein Leben fürchtenden Flotow und seinen monarchietreuen Beamten will und erwartet niemand mehr etwas.

Es gehört zu den merkwürdigsten Details in der Geschichte des Ballhausplatzes, dass der österreichisch-ungarische Auswärtige Dienst formell noch

Ludwig Freiherr
von Flotow

Innerer Burghof – Ablösung der Burgwache

zwei Jahre über das Ende der Monarchie hinaus bis 1920 existiert. In dieser Zeit leben gewissermaßen zwei Ministerien nebeneinander im Palais am Ballhausplatz, denn Österreich und Ungarn verwenden zunächst nach dem Zusammenbruch weiterhin die bestehenden (österreichisch-ungarischen) diplomatischen Vertretungen im Ausland. Weiters sind die anderen Nachfolgestaaten der Monarchie an den beträchtlichen (österreichisch-ungarischen) Vermögensmassen und Liegenschaften des Auswärtigen Dienstes interessiert, die es hier möglicherweise aufzuteilen gibt. Eine eigene gesetzliche Regelung beruft dann die deutschösterreichischen Staatsämter – so auch das Liquidierende Ministerium des Äußeren am Ballhausplatz – zu Treuhändern für die Abwicklung des allen Nachfolgestaaten gemeinsamen Staatsvermögens.

Otto Bauer, der Staatssekretär Deutschösterreichs für Äußeres und der wirkliche neue politische Hausherr am Ballhausplatz, akzeptiert den letzten Außenminister der Monarchie, Flotow, für diese Aufgabe. Er betrachtet ihn als seinen Sektionschef hierfür, dieser macht allerdings mit einem „Ministerbüro" aus fünf Diplomaten unter Berufung auf seine internationale Stellung aus seiner Sicht irgendwie als Minister weiter. 25 weitere Beamte werden in der Geschäftseinteilung für die Liquidierungsaufgaben eingesetzt, diese sind aber nicht Flotow, sondern den jeweils sachverwandten Abteilungen des republikanischen

Außenministeriums zugeordnet. So bleibt gewissermaßen ein Stückchen Monarchie unter sozialdemokratischer Oberhoheit am Ballhausplatz erhalten – so wie auch das Bild des jungen Kaisers Franz Joseph im Ministerratssaal, an dessen Entfernung niemand denkt, obwohl die junge Republik sonst konsequent alles Habsburgische und Adelige verbannt.

Die adeligen Liquidierungsbeamten mühen sich in dieser operettenhaften Situation redlich, ihre Existenz zu rechtfertigen: Sie führen die Liste der Diplomaten weiter, die in Wien noch bei Österreich-Ungarn akkreditiert wurden, sie kümmern sich um das nicht von den Nachfolgestaaten übernommene Personal der Vertretungsbehörden, sie führen die Angelegenheiten der „alten" Konsuln im Ausland, sie erledigen die Korrespondenz um die Vermögenswerte der früheren Botschaften, sie nehmen sich um Repatriierungen an und kümmern sich als Staatsnotariat um Rechtsfragen der habsburgischen Familie. Ende 1919 sind allerdings die Geldmittel dieses Geisterministeriums endgültig erschöpft, und die Regierung macht Druck für sein definitives Ende. Mit der Anerkennung Deutschösterreichs durch die Schweiz im Jänner 1920 hat die Flotow-Equipe eigentlich nur mehr Ungarn vom Ballhausplatz aus zu repräsentieren, und als im Oktober auch Ungarn international anerkannt wird, ist die Sache wirklich vorbei. Flotow amtiert ohnedies seit Wochen nur mehr von seiner Wohnung aus, und am 8. November 1920 ist die Habsburgermonarchie auch im alten Palais vollständig zu Ende.

Flotow wird weiter besoldet, im Jahr 1922 sogar in den Staatsdienst der Republik übernommen, aber zeitgleich pensioniert, heiratet und gründet noch in späten Lebensjahren eine Familie. Er stirbt 1948 in Gmunden.

9

Die Erste Republik – Umbrüche im Palais

(1918–1934)

Mit dem Zerfall der österreichisch-ungarischen Doppelmonarchie muss das Amt am Ballhausplatz logischerweise einen Bedeutungsverlust hinnehmen, ist es doch nicht mehr der Sitz der Regierung des Gesamtreichs und ihres Vorsitzenden, sondern zunächst nur mehr Staatsamt des Äußeren und Ministerratsdienst eines Kleinstaates. Die Repräsentanten des neuen demokratischen und republikanischen Regimes zeigen auch eine gewisse politische Distanziertheit gegenüber jenem Ort, von dem das Unheil des Ersten Weltkrieges ausgegangen ist, und somit ist es durchaus folgerichtig, dass sich der Staatsrat nicht hier, sondern vorerst im Parlament einrichtet.

Die Funktionen des k. u. k. Ministerratspräsidiums gehen nach der Enthebung der letzten kaiserlichen Regierung im November 1918 an die schon am 30. Oktober gebildete deutschösterreichische Staatskanzlei und dann an das nachfolgende Bundeskanzleramt (BKA) über, die ihren Sitz allerdings nicht am Ballhausplatz, sondern im Palais Modena in der Herrengasse (dem heutigen Innenministerium) haben. Karl Renner, seit 30. Oktober 1918 Staatskanzler des neuen Staates Deutschösterreich, amtiert allerdings im Parlament, das ihm aufgrund seiner bisherigen Funktionen wohlvertraut ist, und arbeitet erst später bis 1920 in seinem Amtssitz im Palais Modena. Hier sind übrigens auch die am 15. März 1919 zusammengelegten Staatsämter des Inneren und für Unterricht, vom 10. November 1920 an Bundesministerien genannt, formal angesiedelt. Ab November 1920 sitzt also das Bundesministerium für Äußeres im Palais am Ballhausplatz 2.

Doch hier tagt auch der Ministerrat, der am Anfang im Parlament unter der Bezeichnung Kabinettsrat zusammengetreten ist, und gibt sich für seine Arbeit eine erste Geschäftsordnung, die dem Kabinettsprotokoll Nr. 115 beigelegt wird. Sie prägt die Verfassungswirklichkeit der folgenden hundert Jahre.

Der Staatskanzler, der Vizekanzler und die Staatssekretäre bilden in ihrer Gesamtheit den Kabinettsrat, an dem die Unterstaatssekretäre mit beratender Stimme teilnehmen. Der Staatskanzler führt den Vorsitz, er setzt die Tagesordnung fest und stellt sie am Montag bzw. Donnerstag um 11 Uhr Vormittag zu. Regierungsmitglieder, die Punkte auf die Agenda setzen wollen, müssen diese daher bis 10 Uhr einbringen. Man trifft sich jeden Dienstag um 20 Uhr und jeden Freitag um 15 Uhr, auf Anwesenheit wird größter Wert gelegt. Ist ein Kabinettsmitglied ausnahmsweise verhindert, vertritt es der Unterstaatssekretär oder der ranghöchste Beamte. Beschlüsse können nur einstimmig gefasst werden. Kann man sich nicht einigen und liegt Gefahr im Verzug, entscheidet der Staatskanzler allein. Die Regierung kann aber einzelne Angelegenheiten einem Ausschuss, der Kabinettskonferenz, übertragen.

Und es wird genau Protokoll geführt – eine Usance, die am Ballhausplatz erst um die Wende zum 21. Jahrhundert von der schwarz-blauen Bundesregierung völlig aufgegeben und von der nachfolgenden großen Koalition nicht wieder aufgenommen wird. Damit ist die Geschäftsführung des „Unternehmens Österreich" heute das einzige Unternehmen im Land, dessen Organberatungen nicht festgehalten werden und die daher für die Nachwelt, aber auch für die Beurteilung von Verantwortungen nicht mehr nachvollziehbar sind. Damit wird die „Geheime Staatskanzlei" in den 2000er-Jahren wirklich zur „Geheimregierung" im wörtlichsten Sinn.

Am Ballhausplatz 2 zieht also am 30. Oktober 1918 das Staatsamt des Äußeren in einer Doppelfunktion ein. Einerseits hat es die Aufgabe, das (nach manchen Auffassungen noch weiterbestehende) österreichisch-ungarische kaiserliche Ministerium des Äußeren zu liquidieren, das ja formaliter noch zwei Nachfolgestaaten gehört, und andererseits agiert man als neues Staatsamt der deutschösterreichischen Republik. Um diese Aufgaben wahrzunehmen, wird zunächst – nur mehr dem Titel nach, da er am 11. November stirbt – Victor Adler und nach ihm Otto Bauer als Unterstaatssekretär und ab 21. November als „Staatssekretär für Äußeres" berufen.

Radikaler kann der Wandel nicht sein: Nach zwei Jahrhunderten, in denen die Führung des Hauses in den Händen von Hocharistokraten lag und das noch immer von Adeligen dominiert ist – nur der deutlich kleinere Teil der führenden Funktionäre sind Bürgerliche –, zieht nun ein 37-jähriger Jurist, Marxist, Jude und Sozialdemokrat als Chef ein. Er hat, was für das Korps im Palais unvorstellbar ist, keine Diplomatenprüfung und keine Berufserfahrung in der Außenpolitik – wenngleich er viele Aufsätze zu internationalen Fragen geschrieben hat und über gute Kontakte in der Zweiten Internationale verfügt, aber beides ist den Berufsdiplomaten eine völlig unbekannte Welt.

Der Schock im Haus ist entsprechend groß. Als Otto Bauer die Spitzendiplomatie und die Verwaltung aus Anlass seines Amtsantritts in den Kongresssaal bittet und dort in einer umfassenden Rede seine Prämissen und Sichtweisen zur Außenpolitik Deutschösterreichs darlegt, gibt es von der Mannschaft nicht nur keinen Applaus, vielmehr erklären nach dem Ende der Veranstaltung noch ein gutes halbes Dutzend Führungskräfte ihren Austritt aus dem Dienst und folgen damit jenen vielen gekränkten aristokratischen Beamten, die das schon vor dem 12. November getan haben – unter diesen Voraussetzungen wollen sie nicht von der Republik übernommen werden. Von den 433 Konzeptsbeamten des k. u. k. Diplomatischen Dienstes verbleiben letztlich nur 105. Von den zahlreichen Beamten der obersten Rangklassen dürfen nur drei weiterdienen. Der damalige Präsidialvorstand beschreibt in seinen Erinnerungen diese Szene ebenso lebhaft wie die Übernahme des Ministerbüros durch Bauer: Dieser beginnt sofort zu arbeiten, lässt sich Akten vorlegen und gibt Instruktionen in einer solchen Deutlichkeit, dass der Präsidialchef nur mehr trocken vermerken kann: „Abschließend fragte ich den Staatssekretär, ob er noch weitere Befehle hätte – er hatte keine."

Otto Bauer besetzt Schlüsselpositionen mit seinen Vertrauensleuten – teilweise aus der Partei, teilweise aus der Wissenschaft, wie etwa Benedikt Kautsky, sein Studienkollege Hans Kelsen, Otto Pohl und Robert Musil im Pressedienst und der Ökonom Richard Schüller. Er hat Bedenken, wie er später schreibt, das alte diplomatische Personal zu verwenden, „weil wir dann als Fortsetzung der alten Monarchie erscheinen würden", findet aber nur schwer geeignete neue Leute (auch nach der Geschäftseinteilung vom 22. November sind noch 21 der 31 Führungspositionen von Adeligen besetzt). Er versucht, auch die Arbeitsabläufe am Ballhausplatz grundlegend zu verändern, was Flotow zu einer Tirade verleitet: „Vor dem Amtszimmer des Ministers, in dem Kaunitz und Metternich gearbeitet hatten, waren bis in die Zeiten Berchtolds, sowie des grämlich bedenklichen Bürokraten Burian und bis zu dem kurzen Regime von Julius Andrassy zwei große, als Empfangssalons möblierte Räume; sie gaben dem Zutritt zum Minister das nötige Pathos. Bauer hat dies sofort geändert. Die beiden Vorräume waren gedrängt voll mit Stenotypistinnen und kleinen arroganten Sekretären. Durch diese musste man sich förmlich durchschlagen. Es war doch merkwürdig, an dem historischen Schreibtisch legitimistischer Politik einen Freund Trotzkis und Lenins sitzen zu sehen." Die Rede ist hier vom Grauen Ecksalon und vom Ministerratssaal, die Bauer als Sekretariat nutzt.

Besonders gekränkt ist der im Amt verbliebene, aber nur mehr für die Liquidierung des Monarchieministeriums zuständige Flotow, zu dem Bauer ein korrektes Verhältnis unterhält, darüber, dass man ihn über Details der neuen Politik nicht informiert, was er für eine „sozialdemokratische Manierlosigkeit" hält.

Bauer bemüht sich zunächst vom Ballhausplatz aus, Österreichs Verhandlungsposition gegenüber den Entente-Staaten zu konsolidieren. Noch im November 1918 lässt er von Kelsen ein Gutachten zur völkerrechtlichen Stellung Deutschösterreichs erstellen, das primär festhält, dass dieser neue Staat weder der Rechtsnachfolger der Monarchie ist noch sein will. Die Verhandlungspartner in Saint-Germain, wo ab Jänner 1919 die Pariser Friedenskonferenz tagt, wollen dieser Argumentation aber ebenso wenig folgen wie sie bereit sind, eine Annäherung des neuen Staates an Deutschland zu akzeptieren, obwohl Deutschösterreich klar und zu Recht sagt, dass es allein nicht lebensfähig sein wird. Auch die von Bauer veranlasste Aufarbeitung der Akten zur Kriegserklärung 1914, die dem früheren k. u. k. Ministerium des Äußeren deutlich die Hauptschuld für den Kriegsbeginn zuweist, ändert nichts an dieser Situation.

Im Februar 1919 reist Bauer nach Weimar und Berlin zu Anschlussverhandlungen mit Deutschland; er hält das aus wirtschaftlichen Gründen – nur so sei Österreich überlebensfähig –, aber auch aus politischen – nur so habe eine starke sozialistische Bewegung eine Chance auf eine Mehrheit – für dringend notwendig. Doch die deutsche Sozialdemokratie reagiert kühl, bereits der erste Schritt einer Währungsunion scheitert, und es bleiben nur recht vage, langfristige Absichtserklärungen.

Bauer arbeitet dennoch unverdrossen wie ein Berserker an seiner neuen Aufgabe. Ein Genosse, der ihn im Frühjahr 1919 am Ballhausplatz besucht, stellt fest, dass der kleine, kettenrauchende Mann dort sichtlich müde wirkt und abgemagert ist. Seine Mehrfachfunktion als Ressortleiter, Sozialisierungskommissär, De-facto-Parteichef und ideologisches Mastermind ist einfach zu viel für ihn. Dennoch hat er keinen Augenblick erwogen, sich das Leben einfacher zu machen und in die freie Ministerwohnung im Palais einzuziehen – diese wird vielmehr geräumt, dann zuerst als Dienstwohnung für das Staatsoberhaupt in Aussicht genommen und später in den Amtsbetrieb einbezogen.

Otto Bauer bleibt auch als Staatssekretär primär der sozialistische Politiker und Theoretiker, der seine staatliche Funktion daher auch in seinem Buch *Die österreichische Revolution* klar politisch reflektiert und einschätzt: „Hat der Sieg der Ententeheere im Herbst 1918 die Revolution entfesselt, so hat der Sieg des Ententeimperialismus über die Ententedemokratie auf der Pariser Konferenz von 1919 der Weiterentwicklung der nationalen und sozialen Revolution in Mitteleuropa unverschiebbare Schranken gesetzt und damit die Kraft der Revolution gebrochen, der bürgerlichen Reaktion den Weg gebahnt." Als Chef der Sozialisierungskommission, in die er sich ebenfalls hervorragend qualifizierte Menschen seines Vertrauens, etwa Käthe Leichter, holt, muss er erkennen, dass die Kräfte der Banken und der Wirtschaftseliten stärker sind als die Bemühungen der Regierung, die Not der Menschen zumindest durch Verstaatlichung einiger Schlüsselbereiche der Wirtschaft zu mildern.

Bauer übernimmt im Mai 1919 nicht die Delegationsleitung in Saint-Germain, vielmehr nimmt sich Renner dieser Aufgabe an, obwohl er eigentlich als Regierungschef nicht so lange im Ausland sein sollte. Er ist ein gewiefter Verhandler, verbindlich und wendig, dennoch scheitert auch er. Dieses Scheitern in den für Bauer zentralen Punkten – Anschluss an Deutschland, Südtirol-Frage und Rechtsnachfolge der Gesamtmonarchie – führt im Juli 1919 zu dessen Rücktritt von der Führung des Außenressorts. Verzweifelt und erfolgreich hat er in den letzten Monaten vom Ballhausplatz aus das Land zwischen der Hypothek der Monarchie und der Gefahr der Revolution der hungernden Massen durchgesteuert – doch danken ihm das die Westmächte nicht. Und Bauer wird auch das Gefühl nicht los, dass Renner und seine eigenen Mitarbeiter im Außenamt

Ansprache Otto Bauers vom Balkon des Ballhausplatzes am 9. Februar 1919

im Grunde überzeugt davon sind, dass es in Saint-Germain besser liefe, wenn das Ressort nicht mit Bauer identifiziert würde. Am 26. Juli übernimmt Staatskanzler Renner daher auch formell selbst die Führung des Staatsamtes des Äußeren, ohne allerdings seinen ständigen Dienstsitz ins Haus zu verlegen.

Saint-Germain beendet somit die „rote" Herrschaft am Ballhausplatz, denn jetzt fällt die politische Regierungsfunktion Bauers weg, es ist kein Chef täglich im Haus, die Berufsdiplomaten gewinnen wieder mehr Bedeutung im Palais. Unterstaatssekretär Egon Pflügl ist das kontinuierliche Element, er vertritt die Ressortchefs Bauer, Renner und später auch noch Mayr.

Der Kanzler und Außenminister ist nur selten am Ballhausplatz zu sehen, denn er hält sich zunächst in Saint-Germain auf und führt die dortigen Verhandlungen. Österreichs Vertreter bringen dabei immer wieder die „Drohung" ins Spiel, in Österreich könnte eine bolschewistische Revolution stattfinden, wenn man das Land nicht stabilisiert und unterstützt. Umgekehrt nutzen aber auch die Siegermächte Österreich in ihrem Kampf gegen die ungarische Räterepublik. Eine Reihe Beamter vom Ballhausplatz nimmt neben Renner an der Konferenz teil – hochqualifizierte Personen wie Johann Eichhoff, vormals Berater des Thronfolgers Franz Ferdinand, Bauers Wirtschaftsexperte Schüller, General Schneller, Diplomaten und sechs Presseleute. Die Delegation wird allerdings in Paris ausnehmend schlecht behandelt und praktisch von der Außenwelt isoliert – ihre Position ist persönlich kaum erträglich.

So muss Staatskanzler Renner am 10. September trotz der großen am Ballhausplatz und am Verhandlungstisch geleisteten Arbeit in Saint-Germain einen Vertrag unterzeichnen, der für den jungen Staat harte Bedingungen festsetzt – das „Todesurteil", wie Karl Seitz es nennt. Vom „letzten Auftritt des Wiener Kongresses", wie der Historiker Thierry Lentz später diese Episode nennt, ist nichts zu spüren. Es gelingt Renner erst in der Folge, zumindest Verträge mit den Nachbarländern Tschechoslowakei und Italien zu schließen, welche die Versorgung der hungernden Bevölkerung Ostösterreichs verbessern. Seine außenpolitischen Aktivitäten in diesem Zusammenhang sind Besuche bei Beneš im Jänner 1920 und danach in Italien.

Sein Modell der Funktionenverbindung von Regierungschef und Außenminister wird übrigens auch nach seiner Amtszeit immer wieder aufgegriffen: Die meisten Bundeskanzler der Ersten Republik behalten sich selbst auch das Außenressort vor und führen so scheinbar die Tradition der großen Politiker des 18. und 19. Jahrhunderts weiter.

Neben den außenpolitischen Aktivitäten werden sukzessive auch wieder andere Funktionen im Haus am Ballhausplatz wahrgenommen: Hier finden ab 1920 immer regelmäßiger die Sitzungen der Staatsregierung und dann der Ministerräte statt – weiterhin unter dem Bild des jungen Kaisers Franz Joseph, an dessen Beseitigung allem Anschein nach auch im größten revolutionären Schwung niemand denkt. Noch immer ist das Palais aber nicht der Sitz des Bundeskanzlers, sondern der des Außenministeriums mit nunmehr vier Sektionen.

Darüber hinaus hat hier im Haus auch das Staatsoberhaupt, der im März 1919 zum Präsidenten der Nationalversammlung gewählte Karl Seitz, seine Dienstwohnung, die er auch nach dem Ende dieser Funktion im Oktober 1920 weiter behalten darf.

Die große Nachkriegskoalition zerbricht im Sommer 1920, und nach den Wahlen am 17. Oktober, die eine christlichsoziale Mehrheit bringen, übernehmen christlichsoziale Politiker den Ballhausplatz – insgesamt zählt man in den 20 Jahren nach dem Ende der Monarchie 21 Minister und 12 Kanzler. Otto Bauer und Ignaz Seipel können sich infolge ihrer politischen Gegensätze und ihres Naturells nicht in einer Koalition zusammenfinden, sodass der seit Juli 1920 amtierende Regierungschef Prof. Michael Mayr von Seipel als Kanzler einer kleinen Koalition installiert wird. Sein Kabinett besteht zum Teil aus Fachleuten, er selbst führt auch das Außenressort mit, und hier liegt auch seine Hauptaufgabe und die der Beamten am Ballhausplatz – der Versuch, internationale Kredite für das Land zu beschaffen, das sich ganz offensichtlich nicht allein aus der wirtschaftlichen Krise herausentwickeln kann. Mayr ist ein Tiroler Geschichtsprofessor und Abgeordneter, Renner hatte ihn zum Staatssekretär für die Verfassungsvorbereitung gemacht, und er hat in der Verfassungsdebatte Profil gewonnen. Er ist ein Mann des Ausgleichs und schafft es so auch, im Zusammenwirken mit Renner und Hans Kelsen, das Projekt des Bundes-Verfassungsgesetzes zum Abschluss zu bringen.

Mit der Fertigstellung des B-VG, das zu einem Gutteil auch hier im Haus ausgearbeitet wird, kommt eine weitere Staatsfunktion an den Ballhausplatz, nämlich die des Bundespräsidenten. Das Haus nimmt diese Dienststelle der Republik auf, und so amtiert der erstmals im Dezember 1920 von der Bundesversammlung gewählte Bundespräsident Michael Hainisch im Palais, und zwar in den an der Löwelstraße gelegenen Ministerzimmern. Die junge Republik schreckt davor zurück, sich in ihren Symbolen zu eng an die überwundene Monarchie anzulehnen; daher soll das Staatsoberhaupt nicht in der kaiserlichen Hofburg sitzen, sondern in der diesbezüglich unbelasteten Staatskanzlei.

Die frühere Dienstwohnung der Staatskanzler und Außenminister steht weitgehend leer und soll nun Dienstwohnung des Bundespräsidenten werden. Doch dieser Plan wird vorerst nicht realisiert.

Im März 1921 ist das Außenamt kurzfristig in Alarmzustand, da der abgesetzte Kaiser Karl heimlich über Wien nach Ungarn einreist und dort versucht, seine Herrschaft wieder zu beanspruchen. Auch in den westlichen Bundesländern gärt es, als im April und Mai Volksabstimmungen in Tirol und Salzburg klare Mehrheiten für den Anschluss an Deutschland ergeben. Die Regierung schleppt sich unter dem Druck einer immer schneller dahingaloppierenden Inflation aber noch bis in den Sommer, Mayr erreicht auch eine internationale Sanierungszusage, doch deren Bedingungen sind vor allem den Ländern zu hart, sodass sie ihn zum Rücktritt nötigen.

Am 21. Juni 1921 übernimmt daher der Wiener Polizeipräsident Johann Schober die Kanzlerschaft, formal ein parteiloser Beamter, im Herzen konservativ und autoritär, der jetzt aus allen konservativen und nationalen Parteien eine Bürgerblockregierung bildet. Er stammt aus kleinen Verhältnissen im oberösterreichischen Perg, hat eine atemberaubende Karriere in der Polizei gemacht und war noch vom Kaiser zum Wiener Polizeichef bestellt worden. Er bleibt auch während seiner politischen Funktionen Beamter und wechselt so mehrmals zwischen Ballhausplatz und Polizeipräsidium, denn dreimal wird er Bundeskanzler, mehrfach Außenminister und einmal Vizekanzler im Palais.

Wieder wird es dramatisch am Ballhausplatz, denn nun droht eine Teilung des Österreich zugesprochenen Burgenlandes. Schober, der so wie sein Vorgänger auch das Außenressort mit leitet, kann trotz einer Blitzreise nach Italien im

Karl Renner

Oktober die in den Venediger Protokollen diktierte Volksabstimmung in Ödenburg nicht verhindern, die Hauptstadt des Burgenlandes kommt zu Ungarn, der Rest des Landes zu Österreich. Und noch einmal versucht Exkaiser Karl in Ungarn zu putschen, wird aber diesmal nach einem kläglichen Restaurationsversuch gewaltsam abgeschoben. Bei all diesen Vorgängen spielt der einst so mächtige Ballhausplatz, die Institution, von der aus einmal Europa gelenkt wurde, fast nur mehr die Rolle eines machtlosen Zusehers.

Nicht so einflusslos ist die Beamtenschaft insgesamt. In kaum einer anderen historischen Epoche werden derart viele Regierungsmitglieder aus der Verwaltung rekrutiert wie jetzt. Die treuen Staatsdiener sind konservativ, katholisch, deutschorientiert und entsprechen daher perfekt der herrschenden politischen Strömung. Nicht zufällig nimmt sich gerade nun auch die Literatur ihrer an, und ebenso wenig zufällig ist daher der Arbeitsplatz von Musils Sektionschef Tuzzi in seinem nun entstehenden *Der Mann ohne Eigenschaften* das Palais am Ballhausplatz.

Die „Beamten"-Regierung Schober I hält nur ein halbes Jahr, bis zu dem Zeitpunkt, zu dem die großdeutsche Partei aus der Regierung ausscheidet, weil der Kanzler gegenüber der Tschechoslowakei auf das Selbstbestimmungsrecht der Sudetendeutschen verzichtet hat. Es folgt aber nach einer Übergangsregierung Breisky, die nur einen einzigen Tag amtiert, für weitere vier Monate die Regierung Schober II, in der nicht mehr er selbst das Außenressort führt, sondern Leopold Hennet, ein früherer Beamter. Als diese Regierung eine einigermaßen befriedigende internationale Finanzzusage verhandeln kann, will der Führer der Christlichsozialen, Prälat Seipel, diesen Erfolg für sich und seine Partei verbuchen, lässt Schober von heute auf morgen fallen und übernimmt im Mai 1922 selbst das Ruder.

Der bei seinem ersten Amtsantritt 46-jährige Theologieprofessor Seipel prägt in seinen beiden insgesamt fünf Jahre dauernden Kanzlerschaften die Politik des Hauses am Ballhausplatz mehr als jeder andere Politiker der Ersten Republik. Er kennt sich aus in der Innenpolitik und auch im Haus – er war in den letzten Tagen der Monarchie bereits kurzfristig Minister, ist gut mit Kelsen und dem in der Staatskanzlei arbeitenden Merkl bekannt, und er war im Parlament intensiv mit der Verfassung befasst und in engem Kontakt mit deren Autoren. Er kommt von seiner Wohnung im dritten Bezirk immer nur in der Soutane ins Haus, gibt sich asketisch, persönlich integer, fleißig trotz seiner schlechten Gesundheit und umgänglich, hinter seinen Aktivitäten steckt aber eine einzige Strategie: der Kampf gegen die Parteiendemokratie und ein kompromissloser Einsatz gegen die Sozialisten.

Seipel, der das Außenamt dem aus der Beamtenschaft kommenden früheren Handelsminister Alfred Grünberger überträgt, bemüht sich zunächst weiterhin intensiv um eine Verbesserung der katastrophalen wirtschaftlichen Situation des Landes und reist sofort – hier muss der Ballhausplatz mit Volldampf die Vorbereitungen leisten – in die Nachbarstaaten und zum Völkerbund nach Genf. Dort erreicht er – als Ende 1922 die Inflation explodiert und die Situation für Österreich verzweifelt wird – letztlich die Gewährung eines internationalen Darlehens von 650 Millionen Goldkronen, das allerdings mit weitgehenden Auflagen, insbesondere einer Verwaltungsreform und einem Verzicht auf jegliche Anschlussaktivitäten an Deutschland, verknüpft ist.

Diese Sparmaßnahmen infolge der Verwaltungsreform haben eine unmittelbare Auswirkung auf den Ballhausplatz, denn ihnen fällt am 9. April 1923 das selbstständige Bundesministerium für Äußeres zum Opfer, das als Sektion IV und V mit insgesamt acht Abteilungen in das Bundeskanzleramt integriert wird. Diese Maßnahme findet aber allseits Zustimmung, sogar beim früheren sozialdemokratischen Außen-Staatssekretär Otto Bauer. Bei dieser Konstellation – ein Ministerium, aber mitunter zwei Regierungsmitglieder, nämlich Bundeskanzler und Außenminister, die sich derselben Infrastruktur bedienen – bleibt es danach in der Republik Österreich bis zum Jahr 1959.

Am 18. Juni beschließt die Bundesregierung auch die räumliche Zusammenlegung der beiden Ressorts – also Kanzleramt und Außenamt – im Palais, wo man dadurch Platz gewinnt, dass nun auch die alte leere Ministerwohnung und Seitz' Dienstwohnung in Büroraum umgewidmet werden. In das Fürstenappartement zieht der Bundeskanzler mit seinem Büro ein. Jetzt wird der Ballhausplatz wirklich zum Zentrum der österreichischen Politik, denn hier amtieren nun der Bundespräsident, die Bundesregierung als Kollegium und der Bundeskanzler mit seinen Ressorts Kanzleramt, Äußeres, Innere und Justizangelegenheiten. Bereits seit 1921/22 ist der Pressedienst aller Ressorts und der Bundesregierung hier (übrigens bis 1938 als Teil des Außenamtes) angesiedelt.

Am Minoritenplatz vor den Fenstern des Palais hat sich nach dem Krieg ein kleiner Park auf jenem Areal entwickelt, das Niederösterreich noch vor 1914 für ein Amtshaus angekauft hat – er wird im Volksmund „Renner-Park" genannt. 1920 wird dort aus nicht mehr nachvollziehbaren Gründen ein kleiner zur Schauflergasse hin gelegener Teil des Grundstücks abgezäunt und kurz darauf mit Hühnern und einer Ziege bevölkert, die dem Hausverwalter des Ballhausplatzes gehören. Er selbst wohnt im Palais und bessert sich so in diesen Notzeiten seinen Lebensunterhalt auf. Diese offensichtliche Ärmlichkeit ist ein scharfer Gegensatz zur wieder wachsenden Bedeutung und zum repräsentativen Charakter des Palais und zur Dramatik, in der sich dessen Beamte und Funktionsträger jetzt bewähren müssen.

Aufgrund des Großressorts des Bundeskanzlers gibt es in den Folgejahren der Ersten Republik zahlreiche Kanzleramtsminister, die zumeist die auswärtigen Angelegenheiten und die öffentliche Sicherheit verantworten. Das Spardiktat des Völkerbundes hat sich ja nur auf die Zahl der Ministerien, nicht auf die der Minister bezogen – was an sich nicht unvernünftig ist, denn im Gegensatz zu immer wieder aufgewärmten Behauptungen ist es nicht notwendigerweise billiger, weniger Regierungsmitglieder zu haben als mehr; ein effizienter und kostenorientierter Minister oder Staatssekretär kann ein Vielfaches dessen einsparen, was er samt seinen unmittelbaren Zuarbeitern kostet.

Eine zunehmend wichtige Aufgabe ihres Ressorts sehen die Bundeskanzler der 1920er-Jahre angesichts der wachsenden gesellschaftlichen Spannungen im Staatssicherheits- und staatspolizeilichen Bereich. Eine Symbolgestalt dieser Entwicklung am Ballhausplatz ist General Maximilian Ronge. Er war hoher k. u. k. Geheimdienstoffizier und wird unter Schober, der diese polizeiliche Ausrichtung forciert, 1922 Leiter der Abteilung 7/M im Bundeskanzleramt. Formal ist diese für Militärmatrikelwesen zuständig, in Wahrheit aber ist sie die Koordinationsstelle der Zusammenarbeit von Polizei, Heer und Heimwehr gegen die Sozialdemokraten. Ronge bleibt bis 1932 in dieser Funktion, arbeitet aber auch noch nach seiner Pensionierung im Geheimdienst weiter.

Bundeskanzler Seipel, der jetzt am Ballhausplatz residiert, nimmt gerne und häufig Auslandskontakte wahr, sein schwacher und ergebener Außenminister Alfred Grünberger überlässt ihm diese mit Selbstverständlichkeit. Als er das Gefühl hat, international erfolgreich zu sein und seine Regierung stabilisiert zu haben, und da er fürchtet, dass die Menschen im Land die harten Auswirkungen der Genfer Sanierung nicht goutieren werden, flüchtet er im Oktober 1923 in Neuwahlen – die allerdings nicht das von ihm erhoffte Ergebnis bringen: Die Sozialdemokraten legen stark zu, und die Christlichsozialen erreichen keine absolute Mehrheit.

Die Völkerbundvorgaben wirken sich tatsächlich deutlich merkbar in der österreichischen Verwaltung aus, vor allem auch in dem vom Ballhausplatz verantworteten öffentlichen Dienst: 23.477 Beamte der Hoheitsverwaltung werden entlassen, mehr als 11.000 Bahnbedienstete und knapp 62.000 Mitarbeiter der Bundesbetriebe. Auch im Palais spürt man die Personaleinsparungen, und nun beginnen innerparteilich die Länder zu rebellieren und legen Seipel den Rücktritt nahe. Der Prälat ist seit dem Schussattentat eines verzweifelten Arbeitslosen am Südbahnhof ohnedies psychisch und körperlich geschwächt und demissioniert am 8. November 1924.

Jetzt wird der Salzburger Christlichsoziale Rudolf Ramek neuer Bundeskanzler; er führt ein sogenanntes Länderkabinett, weil in ihm vor allem Vertreter der Länder starke Positionen innehaben. Zum Außenminister im Haus bestellt er Heinrich Mataja, einen altgedienten Politiker, der schon dem Reichsrat angehört hatte. Er organisiert das Ressort gründlich um, legt die beiden Sektionen zusammen und reduziert die Zahl der Abteilungen drastisch. Ramek selbst ist ein erfahrener Pragmatiker – er war ja schon in der Regierung Renner Justiz-Staatssekretär –, und er schafft es, immerhin bis Oktober 1926 – nach einer Umbildung, bei welcher der Außenminister ausscheidet und der Kanzler das Außenressort mit übernimmt – seine Regierung zu halten. In seine Amtszeit fällt die Einführung des Schillings, die eine gewisse ökonomische Stabilisierung der Republik symbolisiert, letztlich stolpert aber auch er über ökonomische Probleme, nämlich Bankenzusammenbrüche, die er nicht verhindern kann.

Es macht Sinn, sich an dieser Stelle ausführlicher der Organisation und Raumstruktur am Ballhausplatz zuzuwenden, bevor der weitere Gang der historischen Ereignisse dargestellt wird:

In der späteren Ersten Republik beherbergt das Haus am Ballhausplatz neben dem Bundeskanzler und dem Außenminister – die in vielen Regierungen ein und dieselbe Person sind – sowie neben fallweise bestellten Kanzleramtsministern und Staatssekretären die Präsidentschaftskanzlei. Dafür ist der vordere Trakt zur Löwelstraße reserviert, wo auch der Bundespräsident selbst sein Amtszimmer hat – im Zimmer Metternichs, das auch heute das des Bundeskanzlers ist. Dahinter liegen zur Metastasiogasse die Räume des Kabinettsdirektors und seines Stellvertreters. Auch Steinsaal, Kongresssaal, der Graue Ecksalon und der Ministerratssaal sind dieser Verwendung zugeordnet; die übrige Präsidentschaftskanzlei allerdings ist im ganzen Haus verstreut. Einzelne Raumgruppen des Kanzleramtes greifen mit denen der Kanzlei ineinander und sind auf verschiedene Stockwerke aufgeteilt.

An der Ecke der Metastasiogasse sitzt der Außenminister, sofern ein solcher bestellt ist, ansonsten der in diesen Jahren zur Unterstützung des Bundeskanzlers institutionalisierte Generalsekretär für die auswärtigen Angelegenheiten – von 1926 bis 1937 Franz Peter, ein früherer kleinadeliger k. u. k. Berufsdiplomat. Seine Sektionen sind mit anderen Organisationseinheiten des Kanzleramtes ineinander verschachtelt, nur das Hochparterre gehört traditionell dem diplomatischen Dienst. Raumentscheidungen werden ad hoc getroffen und ständig wieder revidiert – insgesamt ergibt das ein recht chaotisches Bild.

Die Kanzleramtsminister oder Staatssekretäre bringt man fallweise in den Zimmern über der Hauskapelle unter – sie benötigen ja nur zwei, maximal drei Räume, denn größere Ministerkabinette oder Staatssekretärsbüros im heutigen Sinne gibt es noch nicht.

Der rechte Teil des ersten Stocks, also der ehemalige Privatflügel des Palais, ist dem Bundeskanzler zugeordnet. Seine Amtsräume umfassen den Marmorecksalon als Vorzimmer, das daran anschließende heutige Haerdtl-Zimmer als Arbeitszimmer, dahinter den Säulensaal als Besprechungsraum und daran anschließend drei bis vier Räume an der Außenfront und vier innen liegende Zimmer. Im rückwärtigen Teil der Beletage werden die Räume von Abteilungen des Kanzleramtes genutzt.

Auch in personeller Hinsicht gibt es Verschränkungen zwischen den Dienststellen im Haus, so wird etwa Otto Huber, der Präsidialchef des Bundeskanzleramtes, danach Kabinettsdirektor, und Ernst Horitzky amtiert als Präsidialchef mitten in der Präsidentschaftskanzlei, nämlich neben dem Roten Salon, mit dem die Eckzimmersuite der Außenminister beginnt.

Im Tiefparterre befinden sich an der rückwärtigen Front zur Metastasiogasse eine Portierwohnung und die Kurierleitung des Außenamtes, im Vordertrakt so wie heute die Sicherheit, Werkstätten und die Hausverwaltung. Das Hochparterre ist zur Gänze – wie seit den Zeiten des alten Sinzendorf – dem auswärtigen Dienst zugeteilt. Das niedrige und kleine zweite Teilgeschoß im Hintertrakt beherbergt den Bundespressedienst, und der dritte Stock ist zwischen Kanzleramt (Lichtbildstelle und eine Hausaufseherwohnung) und auswärtigem Dienst aufgeteilt, der hier das Chiffrierdepartement führt. Der vierte Stock wird zur Gänze vom Kanzleramt genutzt.

Erwähnenswert ist, dass der Teilausbau eines fünften Geschoßes bereits zu dieser Zeit existiert, denn es wird in diversen Publikationen auch behauptet, dass dieser Gebäudeteil erst in den 1960er-Jahren entstanden sei. Hier unterm Dach hat man kleine Wohnungen für eine Bedienerin, für den Hauswart und für einen Pensionisten der Präsidentschaftskanzlei geschaffen.

1923 entscheidet man sich dazu, dem Park und dem Hühnergehege vor dem Palais ein Ende zu machen. Es wird beschlossen, das Grundstück dem Bankier Siegmund Bosel zu verkaufen, der angeboten hat, hier für sein Unternehmen Büroräumlichkeiten, darüber hinaus aber auch ein Zentralarchiv für die Republik zu errichten. Bauwerber ist die Allgemeine Österreichische Baugesellschaft, dahinter stehen aber offenbar Bauspekulanten. Der Kaufpreis ist auch deutlich niedriger als beim letzten Eigentümerwechsel. Trotz dieser etwas merkwürdigen Umstände beschließt der Nationalrat Anfang 1924 den Verkauf, und die Wiener Baubehörde stellt auch die rasche Festsetzung der Baulinie und Bebauung in Aussicht. Allerdings wird eine Reihe von Auflagen erteilt, die insbesondere den geplanten Bau der U-Bahn unter dem Areal sicherstellen sollen. Anfang 1925 beginnen erste Arbeiten, doch sie gehen bald zu Ende – der Investor scheint sich übernommen zu haben.

Doch zurück zum Palais und zum Verwaltungs- und Politgeschehen: Im Oktober 1926 übernimmt noch einmal Prälat Seipel selbst die Regierungsgeschäfte und geht eine Koalition mit den Großdeutschen ein, die in der Öffentlichkeit zunächst durchaus positiv aufgenommen wird. Von da an amtiert der jeweilige Bundeskanzler bis Ende 1930 auch als Chef der österreichischen Außenpolitik.

In den kommenden Jahren verschärfen sich die innenpolitischen Spannungen in Österreich zusehends. Am Ballhausplatz ist das daran zu merken, dass in zunehmendem Ausmaß Demonstrationen ihren Weg zum Bundeskanzleramt finden. Einen ersten blutigen und dramatischen Ausbruch finden die Konflikte im Land am 30. Jänner 1927, als im burgenländischen Schattendorf Mitglieder der Frontkämpfervereinigung Deutschösterreichs aus einem Haus heraus das Feuer auf eine Demonstration des Republikanischen Schutzbundes eröffnen und zwei Menschen töten. Die Verantwortung ist klar, aber Kanzler Seipel beschwört vom Ballhausplatz aus unentwegt die Gefahr der roten Volksfront, gegen die er eine Einheitspartei aus Christlichsozialen und Großdeut-

Der Gelbe Salon, das Arbeitszimmer des Bundeskanzlers in der Ersten Republik
(1944 zerstört)

schen formieren will. Es wird mehr und mehr erkennbar, dass die bürgerliche
Regierung darauf hinarbeitet, die Sozialdemokratie vollständig aus dem politischen Leben auszuschalten.

Die Allgemeinheit glaubt Seipel dieses Bedrohungsszenario allerdings offenbar nicht, denn bei den Wahlen im April 1927 erreichen die Sozialdemokraten mit über 42 Prozent ihr bisher bestes Ergebnis. Die Regierung tritt zurück,
und Seipel formiert ein Koalitionskabinett aus drei Parteien, in dem Landbund
und Großdeutsche sogar überrepräsentiert sind, um die Wahlsieger von Regie-
rungspositionen fernzuhalten.

Als am 14. Juli die Mörder von Schattendorf in Wien freigesprochen werden, bricht tags darauf in der Innenstadt der Aufstand los: Eine empörte Menge
stürmt den Justizpalast und setzt ihn in Brand. Das Kanzleramt ist mittelbar
betroffen – nicht von den Gewaltaktionen als solchen, sondern davon, dass wesentliche Archivbestände des Staatsarchivs, darunter die umfangreichen
Metternich'schen Spitzelakten vom Wiener Kongress, dem Brand zum Opfer
fallen. Die Polizei unter ihrem Präsidenten Schober setzt rücksichtslos Schuss-
waffen ein, am Ende sind 90 Todesopfer zu beklagen. Die Regierung und der
Bundeskanzler sehen sich einer kaum mehr lösbaren offenen innenpolitischen
Krise gegenüber. Seipel sucht daraufhin sein Heil in einer immer aggressiver
werdenden harten Verfolgung sozialdemokratischer Institutionen, übersieht
dabei aber anscheinend die wachsenden internen Konflikte innerhalb seines

Bürgerblocks. Als diese offen aufbrechen, tritt Seipel im April 1929 mit seinem Kabinett zurück – er ist abermals gescheitert.

Außenpolitisch war der Regierungschef und Außenminister davor durchaus großspurig: Anlässlich eines Handelsvertrags mit Ungarn führt er aus, dass Österreich irgendwann einmal aus der Enge seiner Wirtschaftsgrenzen heraustreten und an der Konstruktion eines neuen Mitteleuropa gemeinsam mit Deutschland mitwirken werde. In ein italienisches oder jugoslawisch-tschechisches Wirtschaftssystem werde man sich jedenfalls nicht einordnen.

Noch einmal eröffnet sich am Ballhausplatz eine kleine Chance auf konstruktive Zusammenarbeit der großen gesellschaftlichen Kräfte im Land, als 1929 Ernst Streeruwitz für viereinhalb Monate das Kanzler- und Außenamt übernimmt. Der neue Kanzler ist ein ehemaliger böhmischer Ritter, Industrieller und Abgeordneter, seine kurze Amtszeit am Ballhausplatz ist durch die erfolgreichen Verhandlungen in Genf über die Befreiung Österreichs von Reparationszahlungen gekennzeichnet, vor allem aber davon, dass er die Sozialdemokraten für eine umfassende Verfassungsnovelle gewinnen kann. Doch er wird über Nacht von den eigenen Parteigängern gestürzt, die einen radikaleren Kurs sehen wollen. Ein weiteres Mal übernimmt Polizeipräsident Schober am 26. September das Kanzleramt für ein Jahr – er ist aber das absolute Feindbild der Arbeiterbewegung; seine Berufung ist eine Provokation und an eine formelle Zusammenarbeit nicht zu denken. Dennoch bringt die Regierung Schober im Dezember 1929 die im Palais minutiös vorbereitete große Verfassungsreform

Die Bundeskanzler Seipel und Dollfuß in einer zeitgenössischen Bildmontage

zum Abschluss, die unter anderem die Stellung des Bundespräsidenten stärkt und die Kompetenzen der Bundesregierung verändert.

Außenpolitisch kann Schober in den nächsten Monaten einige Erfolge erzielen, die vor allem den Wirtschaftsbereich und das Ende der Reparationszahlungen betreffen. Man verfolgt wieder einen italienfreundlichen Kurs, ohne aber Deutschland aus den Augen zu verlieren. Zwar wird mit Italien im Februar 1930 ein Freundschaftsvertrag unterzeichnet, doch versichert man gleichzeitig Deutschland seiner Loyalität.

Im Mai 1930 erklärt die Heimwehr mit dem „Korneuburger Eid" offen, die Auflösung der parlamentarischen Demokratie herbeiführen und die Verfassung beseitigen zu wollen. Im September werden zwei prominente Vertreter dieser politischen Haltung – Ernst Rüdiger Starhemberg und Franz Hueber – Mitglieder der zweieinhalb Monate in der Vorwahlzeit am Ballhausplatz amtierenden Minderheitsregierung des 57-jährigen christlichsozialen Parteiobmanns und Verteidigungsministers Carl Vaugoin, der schon zu dieser Zeit einen findigen Juristen mit Namen Dr. Hecht fördert. Auch Seipel kommt noch einmal ins Palais, diesmal als Kurzzeitaußenminister. Bundespräsident Wilhelm Miklas hat diese Regierungsform ermöglicht und erweist sich damit wiederum als treuer Handlanger der Heimwehren.

Gegen einen Putschplan der Heimwehren unmittelbar nach den Wahlen verwehrt sich der Bundespräsident dann aber doch. Er ist nicht der Einzige im Palais, der an der Verfassungsordnung festhalten will, auch Schober stimmt schon seit einiger Zeit dem Heimwehrkurs nicht mehr zu.

Die Verschärfung, Militarisierung und Faschisierung der Innenpolitik gehen trotz der vorübergehenden Kompromisse der Sozialdemokratie mit den bürgerlichen Parteien in der Verfassungsdiskussion weiter. Insbesondere als die Christlichsozialen und der rechte Heimatblock bei den Wahlen im November 1930 wieder schlecht abschneiden – die Sozialdemokraten werden abermals stärkste Partei, die Heimwehr kommt gerade einmal auf sechs Prozent –, verfestigt sich bei den Entscheidungsträgern im Palais am Ballhausplatz der Gedanke, dass es für sie notwendig werden wird, weitere Wahlen überhaupt zu vermeiden und das Land autoritär und diktatorisch zu regieren. Die Heimwehr ist ohnedies zu allem entschlossen: 1931 versucht ihr steirischer Anführer Walter Pfrimer sogar einen ersten Putsch, der allerdings kläglich misslingt.

Noch einmal wird eine Bürgerblock-Regierung gebildet. Miklas beruft im Dezember 1930 den Vorarlberger Landeshauptmann Otto Ender ins Amt des Bundeskanzlers, Schober wird dessen Vizekanzler und Außenminister, der junge Bauernfunktionär Engelbert Dollfuß wird Landwirtschaftsminister. Das Innenressort übernimmt – formell als Kanzleramtsminister – Franz Winkler vom Landbund. Seipel tritt verbittert ab und geht für Monate auf Urlaub.

Ender ist überzeugter Antidemokrat und verlangt vom Parlament Sondervollmachten für den Ballhausplatz, die ihm aber zunächst noch verweigert werden. Er entwickelt aber diese seine Haltung konsequent weiter, auch nachdem er als Bundeskanzler zurücktritt, und wird nicht zuletzt deshalb später, nämlich 1933, wieder als Minister ohne Portefeuille ins Kanzleramt berufen, um hier die neue ständestaatliche Verfassung auszuarbeiten.

Außenpolitisch muss sich der Ballhausplatz weiterhin auf Wirtschaftsfragen konzentrieren, denn aufgrund der Weltwirtschaftskrise und der innenpolitischen Stagnation geht es dem Land ökonomisch schlecht. 1931 versucht der mit der sachlichen Leitung der auswärtigen Angelegenheiten betraute Minister im Bundeskanzleramt Schober eine Zollunion mit Deutschland – scheitert aber damit. Als schon nach kurzer Amtszeit die Regierung wegen des Zusammenbruchs der Creditanstalt zurücktreten muss, versucht Seipel aus dem Hintergrund noch einmal den Brückenschlag einer Konzentrationsregierung, dies allerdings wieder erfolglos, sodass der neue Bundeskanzler Karl Buresch im Juni 1931 wieder eine bürgerliche Koalitionsregierung mit den Großdeutschen bilden muss. Buresch war zuvor lange Jahre niederösterreichischer Landeshauptmann, und man wirft ihm vor, in dieser Zeit in mehrere Finanzskandale verwickelt gewesen zu sein. Noch gravierendere Vorwürfe tauchen in seiner späteren Amtszeit als Finanzminister und Postsparkassenchef auf.

Schober bleibt als Außenminister am Ballhausplatz und ist damit jener Politiker der Ersten Republik, der im Palais die meisten Funktionen innehatte. Diese Regierung scheitert bereits nach kurzer Dauer Anfang 1932 vor allem daran, dass immer neue und immer größere Dimensionen eines Finanzskandals der Creditanstalt auftauchen und klar wird, dass die Regierungen der vergangenen Jahre zumindest fahrlässig damit umgegangen sind. Für die Übergangszeit bis nach den Wahlen übernimmt nun Kanzler Buresch auch das Außenamt. Er ist aber offenkundig nach wenigen Monaten mit seinen beiden schwachen Regierungen gescheitert und kehrt wieder nach Niederösterreich zurück.

Viele Kurzzeitkanzler der Ersten Republik erleben ihre Zeit am Ballhausplatz nur als eine Episode in ihrer langen und wechselhaften politischen Karriere. Sie haben davor und danach Parlamentsmandate, Ministerposten, hohe staatliche oder Wirtschaftspositionen inne, sie bewegen sich im Karussell von Parteifunktionären mit, die einander in diversen Funktionen ablösen, und nicht wenige von ihnen ziehen sich nach diesen Ämtern völlig ins Privatleben zurück. Auffällig ist, dass sie zu einem sehr hohen Prozentsatz dem Cartellverband (CV) angehören und in diesem führende Funktionen innehaben. Eine nachhaltige Prägung des Hauses und seiner Verwaltung ist bei kaum einem dieser „Hausherren" festzustellen.

Im April 1932 bringen Landtagswahlen wieder schlechte Ergebnisse für die Regierungsparteien, aber auch eine starke Unterstützung der erstmals antretenden Nationalsozialisten. Jetzt erfasst die Christlichsozialen Panik, und der Weg in ein autoritäres Regime wird vorbereitet. Seinen Ausdruck findet er mit der Regierungsübernahme durch Engelbert Dollfuß im Mai 1932. Der 40-Jährige stammt aus

Der Ballhausplatz 1932

kleinsten Verhältnissen und hat sich nach seinem Jusstudium im Bauernbund und bis zum Bundesbahnpräsidenten und Landwirtschaftsminister hochgearbeitet. Ehrgeizig hat er sich eine starke Position in seiner Partei aufgebaut und sich privat nobel in der Stallburggasse etabliert. Er ist mit einer Deutschen verheiratet und hat eine kleine Tochter. Sein ganzes Engagement gilt dem Deutschtum, einem radikal-konservativen Katholizismus und dem Kampf gegen „die Roten". Er zeigt dies so entschlossen, dass diese ihn postwendend und in Anspielung auf den Amtsvorgänger aufgrund seiner Kleinwüchsigkeit als „Millimetternich" karikieren.

Dollfuß versucht sofort nach seinem Amtsantritt, die verfassungsmäßigen staatlichen Institutionen, auch die Verwaltung am Ballhausplatz, total für sein Ziel umzukrempeln. Im Parlament bleiben ihm angesichts seiner knappen Mehrheit von nur einem Mandat entscheidende Erfolge verwehrt. So setzt er zunehmend auf die Macht der Straße, die Institutionen der Demokratie werden systematisch propagandistisch desavouiert, paramilitärische Verbände aufge-rüstet und die gesellschaftlichen Machtpositionen der Sozialdemokratie zurück-gedrängt, wo immer dies möglich ist. Die Angelegenheiten der öffentlichen Sicherheit werden unter den damit betrauten eigenen Bundesministern, zunächst Franz Bachinger und dann Hermann Ach, zu diesem Zweck eng an das Bundeskanzleramt angebunden.

In der Verwaltung, insbesondere in dem von Sektionschef Hecht geleiteten Rechtsdienst des Verteidigungsressorts, bastelt man derweil an juristischen Modellen, mit Hilfe des Kriegswirtschaftlichen Ermächtigungsgesetzes aus dem Jahr 1917 das Parlament gänzlich auszuhebeln und den Staat mit Bundesregierung, Bundespräsident und Bundeskanzler diktatorisch zu führen. Am 1. Oktober 1932 wendet Dollfuß dieses auch am Ballhausplatz ausgetüftelte Produkt seines Rechtsdienstes zum ersten Mal „probeweise" an.

Außenpolitisch scheitert Anfang 1932 ein französischer Plan für eine Zusammenarbeit im Donauraum an deutschem und österreichischem Widerstand. Gleiches gilt auch für den ungarischen Plan einer Zollunion zwischen Österreich, Ungarn und Italien. Im November kommt es dennoch zu einem bemerkenswerten Treffen von Dollfuß, der ja auch Außenminister ist, und Gömbös im Kanzleramt zu Fragen einer italienisch-österreichisch-ungarischen Wirtschaftskooperation. Der Plan geht aber nicht auf.

Als im Jänner 1933 in Deutschland Hitler die Macht ergreift, alarmiert dies das Hochparterre des Palais. Dollfuß erkennt die potenziellen Auswirkungen auf Österreich und versucht sofort verzweifelt, einen Kontakt zum neuen deutschen Führer aufzubauen; dies aus wirtschaftlichen Überlegungen, aber auch aus purer Angst vor der österreichischen Legion der Nazis, die nach den ihm vorliegenden Berichten schon zu einer Stärke von 10.000 Mann angewachsen ist. Außenpolitisch isoliert sich die Regierung in dieser Phase allerdings noch mehr als bisher, als die Arbeiterzeitung eine Waffenlieferung Italiens an Ungarn und an die Heimwehren aufdeckt – die sogenannte Hirtenberger Waffenaffäre.

Die Sozialdemokratie, obgleich sie kaum mehr Einfluss auf die reale Politik hat, versucht, eine Alternative zum italienischen und zum deutschen Kurs faschistischer Bündnisse aufzuzeigen und spricht sich – zuletzt noch auf einem Parteitag im Oktober 1933 – für eine neutrale Positionierung Österreichs aus. Die Idee wird vom Regime am Ballhausplatz aber nicht einmal ignoriert.

Innenpolitisch ist der Bundeskanzler jetzt endgültig zum Putsch entschlossen. Als im Nationalrat am 4. März 1933 dessen Präsidenten der Reihe nach zurücktreten, um mitstimmen zu können, nutzt Dollfuß dies und schaltet als ersten Schritt gewaltsam das Parlament aus. Danach wendet er sich sofort an die Bevölkerung mit dem Argument, in dieser Staatskrise müsse die Regierung entschlossen handeln können. Als nächsten Schritt erlässt er ein Versammlungsverbot. Und als der Nationalrat wieder zusammentreten will, verhindert er das mit Polizeigewalt. Am 31. März wird der Republikanische Schutzbund aufgelöst, am 20. Mai die Vaterländische Front als Zwangsorganisation gegründet, am 27. Mai wird die Kommunistische Partei verboten, am 19. Juni die NSDAP, am 11. September verkündet Dollfuß auf dem Trabrennplatz sein Programm des autoritären Ständestaats, am 23. September werden Anhaltelager für politische Oppositionelle eingerichtet.

Nun liegt wirklich die ganze Staatsmacht am Ballhausplatz. Hier werden im Stakkato die Maßnahmen gegen die demokratische Republik entworfen, in Rechtsformen gegossen und umgesetzt. Dollfuß' Modell ist der italienische Faschismus, mit dem er das Einvernehmen in grundsatzpolitischen Fragen und in einem gemeinsamen Auftreten gegen Deutschland sucht. Als Gehilfen für den Sicherheitsbereich holt sich Dollfuß zunächst Vinzenz Schumy für die Innere Verwaltung und Wirtschaftspolitik ins Kanzleramt und danach im September 1933 Robert Kerber, der dann als Kanzleramtsminister auch zusätzlich die Angelegenheiten der Statistik zu führen hat.

Der Platz vor dem Palais und die angrenzenden Flächen erleiden in diesen turbulenten Jahren ebenfalls ein wechselvolles Schicksal. Die Baulücke des „Renner-Parks" zwischen dem alten Palais und der Rückseite des Innenministeriums ist wahrlich keine Zierde der Innenstadt, und wieder versucht ein Planer, Interessenten zu finden. Jetzt werden eine Garage und ein Wohngebäude vorgeschlagen – aber ebenfalls nicht realisiert. Der Platz vor Dollfuß' Amtssitz ist ganz im Gegensatz zu dessen Repräsentationssucht mittlerweile verwahrlost und unattraktiv geworden, was Engelbert Dollfuß nicht stört, geht er doch mit seinen Aufmärschen ohnedies zusehends lieber an größere Plätze.

Das Palais und seine Beamten haben wieder einmal intensiv an der Geschichte Österreichs mitgeschrieben. Die schrittweise Entwicklung von der brodelnden Nachkriegsdemokratie zum vorfaschistischen autoritären Staat, der stetige, aber kurzfristig unmerkbare Wandel vom demokratischen Parteiensystem zur Diktatur eines Einheitsbündnisses, das ständige Abbröckeln der Macht des Parlaments als Volksvertretung und oberster Souverän – all das wurde von hier aus mitgestaltet, in rechtliche Formen gegossen, propagiert, legitimiert, theoretisch überhöht und als ganz normale Entwicklung eines Staatswesens präsentiert. Bedrückend ist für den Beobachter späterer Zeiten, dass all das auf so leisen Pfoten und in so wohlgeordneten bürokratischen Bahnen daherkommen konnte. Alarmierend und zur Vorsicht mahnend ist der Umstand, dass es so einfach war, sich in diesem Prozess der hochentwickelten verfassungs- und verwaltungsrechtlichen Werkzeuge zu bedienen. Aus kaum einer anderen Episode des Ballhausplatzes kann man so viel für die Gegenwart und Zukunft lernen wie aus dieser.

10 Der Austrofaschismus – Mord am Ballhausplatz

(1934–1938)

Ab dem Jahr 1933 ist dem Amt am Ballhausplatz eine neue Machtfülle zugewachsen: Das autoritäre Dollfuß-Regime hat im März das Parlament ausgeschaltet und führt den Staat seither mit Regierungsverordnungen, die sich auf das Kriegswirtschaftliche Ermächtigungsgesetz aus dem Jahr 1917 stützen – der Ballhausplatz ist damit de facto auch Sitz der Gesetzgebung geworden. Zudem gehören die Sicherheitsminister zum Ressort, und der Kanzler führt das Militär.

Außenpolitisch lehnen sich der Ballhausplatz und das Regime immer stärker an das faschistische Italien an, im März werden die Römischen Protokolle zwischen Österreich, Ungarn und Italien unterzeichnet, in denen Dollfuß weitgehend die österreichische Bewegungsfreiheit in der Außenpolitik opfert, um zumindest einen kleinen Rückhalt gegenüber Deutschland zu haben.

Vom Ballhausplatz aus geht man jetzt in immer gezielteren Aktionen Schritt für Schritt rechtlich und mit den Mitteln der staatlichen Finanzpolitik auch gegen das „Rote Wien" vor.

Der bereits pensionierte frühere Geheimdienstchef Ronge bleibt in das politische Konzept eingespannt: 1934 wird er als Vertragsbediensteter „reaktiviert" und bezieht neben seiner Pension ein beträchtliches Sondervertragsgehalt. Er koordiniert vom Ballhausplatz aus die Aktionen gegen die Sozialdemokratie und wirkt an der im September 1933 von Dollfuß durchgedrückten Verordnung über die „Verhaltung sicherheitsgefährlicher Personen zum Aufenthalte in einem bestimmten Orte oder Gebiete" mit. Die daraufhin errichteten Anhaltelager, darunter das berüchtigte Wöllersdorf, unterstehen dem Bundeskanzleramt, genauer gesagt der seit 1930 hier eingerichteten Generaldirektion für die öffentliche Sicherheit. Als besonderer Scharfmacher profiliert sich Sicherheitsminister und Vizekanzler Emil Fey, den der Kanzler durch Ronge einerseits unterstützen, andererseits aber auch kontrollieren lässt.

Als am 12. Februar 1934 in Linz eine provokante Hausdurchsuchung der Polizei bei sozialdemokratischen Einrichtungen auf Widerstand stößt, setzt Dollfuß offen die Staatsmacht gegen die Linke ein. Militär – dem Bundeskanzler jetzt direkt unterstellt – und Polizei brechen die noch einigermaßen intakte organisatorische, logistische und militärische Kraft der Sozialdemokratie, die Partei wird verboten, ihre Exponenten – sofern sie nicht fliehen können – werden inhaftiert, vor Gericht gestellt, umgebracht oder langjährig eingesperrt. Die Mitglieder und Sympathisanten der Partei und der Gewerkschaft verlieren Arbeit, Lohn und Brot. Die Regierungsspitze am Ballhausplatz sieht sich einer zunehmenden Verelendung der Massen gegenüber.

Maximilian Ronge aber sammelt und wertet Zeitungsberichte in seinem Büro im Kanzleramt aus, legt Listen der Festgenommenen und Verdächtigen an und wird formeller Behördenchef: „Wie die Erfahrungen der letzten Tage gezeigt haben" hält ein Akt vom 23. Februar 1934 fest, „erweist es sich im Interesse [...] des Sicherheitsdienstes als unbedingt notwendig, im Verband der Generaldirektion für die öffentliche Sicherheit für staatspolizeiliche Zwecke ein Evidenzbüro einzurichten. Die Aufgabe des Evidenzdienstes wird in der Erfassung und Evidentführung der der Bundesregierung zur Verfügung stehenden Kräfte und der gegnerisch eingestellten Personen und Organisationen sowie in der Verwertung des staatspolizeilichen Materials bestehen. Mit der Leitung [ist] Generalmajor a.D. Maximilian Ronge betraut, der mit dem heutigen Tage seine Tätigkeit aufgenommen hat."

Das Sicherheitswesen wird beim Bundeskanzleramt zentralisiert, und in staatspolizeilichen Angelegenheiten werden die Polizei und der zuständige Minister Fey zunehmend ausgeschaltet. Emil Fey ist überhaupt eine der schillerndsten Figuren am Ballhausplatz. Politisch wendet er sich vom Heimatbund zur Vaterländischen Front und wird 1932 zunächst Staatssekretär und ab Mai 1933 Minister für die Öffentliche Sicherheit im Bundeskanzleramt, dann kurzzeitig Vizekanzler und ab Juli 1934 Innenminister, bis ihn Schuschnigg abberuft. Seine Rolle während der Geschehnisse des Dollfuß-Mordes scheint mehr als dubios, ist er doch der einzige Repräsentant des Regimes, der ganz offensichtlich mit den Putschisten ein ausgezeichnetes Gesprächsverhältnis hat.

Der 1. Mai 1934 bringt ein besonderes Ereignis im Palais. Durch Regierungsverordnung wird eine neue ständestaatliche Verfassung erlassen, die in den Wochen davor am Ballhausplatz ausgearbeitet worden ist und eine Regierungsdiktatur etabliert. Die Gesetzesinitiative kommt jetzt ausschließlich der Bundesregierung zu, denn die nach der Verfassung zur Mitwirkung berufenen Stände werden nicht eingerichtet. Politisch stützt sich das Regime auf die Parteiorganisation der Vaterländischen Front, für die folgerichtig am Ballhausplatz auf der brachliegenden unansehnlichen Fläche gegenüber dem Bundeskanzleramt ein neues Haus als Parteizentrale errichtet werden soll.

Der Bundeskanzler führt zusätzlich zu seinen eigentlichen Agenden auch die des Innenressorts und des Außenministeriums – und temporär in Personalunion auch noch das Bundesministerium für Heerwesen. Nur kurzzeitig wird von Juli bis August 1934 ein Staatssekretär, Stephan Tauschitz, für den außenpolitischen Bereich bestellt, für den Sicherheitsbereich gibt es mehrere aufeinanderfolgende Minister, die aber dem Bundeskanzler unterstehen. „Der Bundeskanzler war Diktator" – so formuliert dies der Verfassungsjurist Manfried Welan für diese Jahre eindeutig.

Aufgrund der Machtfülle des Kanzlers und seines Amtes wird der Ballhausplatz aber auch in steigendem Maß zum zentralen Angriffsziel aller Gegner des Regimes, und das sind in den Monaten seit dem Verbot der NSDAP vor allem die illegalen Nazis. Sie werden vom Ballhausplatz mit großem Aufwand beobachtet, seit man hier den Kanzler über das Auffinden einer bereits 110.000 Beitrittserklärungen umfassenden Liste informierte.

Ihre terroristischen Aktivitäten machen daher auch nicht vor dem Ballhausplatz halt, der immer wieder im Fokus von Überlegungen zu einer gewaltsamen Machtergreifung steht, sieht man darin doch die Gelegenheit, den Bundespräsidenten, den Bundeskanzler und die Bundesregierung mit einem Streich festzusetzen. Zudem haben die Nationalsozialisten bereits Sympathisanten oder sogar Mitkämpfer im Haus selbst, jedenfalls in seinem Hintertrakt, dem Haus-, Hof- und Staatsarchiv, die ihnen die Umsetzung derartiger Pläne erleichtern können.

Überhaupt nimmt der Terror illegaler nationalsozialistischer Aktivisten zu. Sprengstoffanschläge auf Infrastruktureinrichtungen, Attentate und gewaltsame Propagandaaktionen sind an der Tagesordnung. Sie erreichen schließlich am 25. Juli 1934 mit einem militärisch organisierten Angriff auf den Ballhausplatz ihren tragischen Höhepunkt.

Um die Mittagszeit machen sich 154 Angehörige der illegalen SS-Standarte 89 von einer Turnhalle im siebenten Bezirk aus in einer Lkw-Kolonne auf den Weg. Sie stecken in Bundesheeruniformen und sind schwer bewaffnet. Sie stehen unter der Leitung des ehemaligen Wachtmeisters Franz Holzweber, der Führer der Standarte ist Fridolin Glass, der politisch verantwortliche Kopf ist der Gauamtsleiter Otto Gustav Wächter – beide sind aber nicht direkt an der Aktion an Ort und Stelle beteiligt (Wächter wird man fünf Jahre später in offizieller Funktion am Ballhausplatz antreffen). Ihr Ziel ist der Ballhausplatz, an dem an diesem Tag eine Regierungssitzung angekündigt ist. Nach wenigen Minuten erreichen sie um 12.50 Uhr den Platz genau zu der Zeit, in der die Torwache abgelöst wird. Sie dringen während der Ablöse praktisch ohne Widerstand in das Haus ein, setzen die Sicherheitsexekutive im Parterre fest und verteilen sich blitzschnell über mehrere Treppen im ersten Stock des Gebäudes.

Nützlich ist ihnen dabei eine Handskizze, die offensichtlich unter Mithilfe einer ortskundigen Person angefertigt wurde (und die erst 70 Jahre nach dem Putschversuch auftaucht und dem Staatsarchiv übergeben wird). Aus ihr lässt sich nicht nur die Nutzung der Räume gut erkennen, sondern auch anderes ableiten: Die Putschisten haben Verbündete im Haus, denn ihr Plan ist trotz seiner Ungenauigkeiten im Maßstab mit inhaltlich so präzisen Anmerkungen versehen, wie sie nur ein wirklicher Insider erstellen kann. Der Plan muss wenige Tage vor dem Putschversuch und mit aktuellem Wissen entstanden sein, denn es ist bereits das Zimmer von Kanzleramtsminister Otto Ender eingezeichnet, der erst am 19. Juli zum Minister für Verfassungs- und Verwaltungsreform ernannt wurde. Die Vermutung liegt nahe, dass die Informationen aus dem Staatsarchiv stammen, ist doch der Leiter des Haus-, Hof- und Staatsarchivs Ludwig Bittner ein exponierter illegaler Nazi.

Die Notizen auf dem Plan zeigen, dass man über die Organisationsabläufe, die Dienstzeiten der Portiere, den Standplatz von Gewehren und Munition im Parterre, den Aufenthaltsort der Wachmannschaft und des Telefondienstes präzise Bescheid weiß. Und ein symbolischer Judenstern in einem Amtszimmer wird sicherlich nicht ohne Absicht eingezeichnet worden sein. In der Skizze des ersten Stocks ist die Lage der Präsidentschaftskanzlei exakt angegeben und mit merkwürdigen Symbolen versehen – offenbar ist auch der Bundespräsident Ziel des Putsches, Miklas befindet sich an diesem Tag aber nicht im Amt.

Im Bereich der Amtsräume des Bundeskanzlers ist genau jener Weg besonders hervorgehoben, den der Todesschütze Planetta dann auch tatsächlich nimmt. Sogar die Wendeltreppe ist eingezeichnet, über die Dollfuß zu entkommen versuchen wird. Das Ziel des Attentats, das Amtszimmer des Bundeskanzlers, ist mit einem Vogel gekennzeichnet.

Der Kanzler selbst ist am Morgen dieses Tages schon vorgewarnt, dass ein Anschlag geplant ist, und hat daher kurzfristig die Regierungssitzung abgesagt. Außer ihm und Minister Fey befinden sich keine Regierungsmitglieder im Haus. Dollfuß wird zu Mittag vom Lärm der Putschisten-Soldateska in seinem Arbeitszimmer, dem Gelben Salon (heute Haertdl-Zimmer), überrascht. Erschreckt versucht er, mit Fey und Staatssekretär Carl Karwinsky in Richtung Haus-, Hof- und Staatsarchiv zu entkommen und eilt zunächst in den Säulensaal (heute Kreisky-Zimmer), da von dort eine Zimmerflucht (die heutigen Präsidialchef-Büros) zur Durchgangstür ins Archiv führt. Im Säulensaal kann man gerade noch die Tür zum schmalen Flur versperren, doch es ist unsicher, ob der Durchgang ins Archiv offen ist, und ein Erreichen des Pawlatschengangs zum Staatsarchiv oder zur Stiege 3, über die man in die anderen Stockwerke hätte gelangen können, ist nicht mehr möglich. Schon schlagen dort die Aufständischen, die von der Feststiege in den schmalen Gang vorgedrungen sind, an die Tür und versuchen, sie gewaltsam einzutreten, was ihnen ein paar Minuten später auch gelingt.

Da zieht der Amtsdiener Hedvicek Dollfuß wieder zurück in sein Amtszimmer und weist dem Kanzler eine andere Fluchtrichtung, nämlich die zur Wendeltreppe im Grauen Ecksalon, über die man in den Keller oder in die oberen Geschoße gelangen kann. Sie laufen durch das Arbeitszimmer in das Eckzimmer (heute Marmorecksalon). Schon haben sie die Tür zum Kongresssaal erreicht, als mehrere Uniformierte mit schussbereiter Pistole aus dem Stiegenhaus ins Zimmer stürzen, Otto Planetta an der Spitze. In rascher Reihenfolge fallen zwei Schüsse. Dollfuß hebt die Hände wie schützend an den Kopf und schlägt zu Boden.

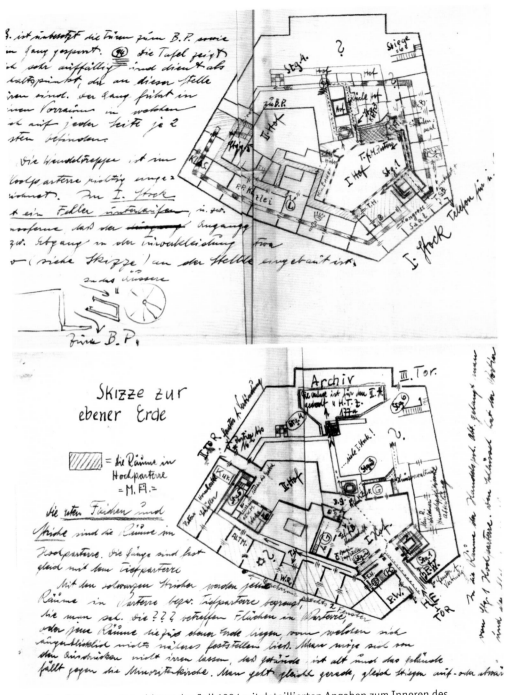

Handskizze der Putschisten des Juli 1934 mit detaillierten Angaben zum Inneren des Bundeskanzleramtes

Der Bericht von Anton Steininger stellt die Fakten schlüssiger als alle späteren Beschreibungen des Hergangs dar. Er stimmt auch im Wesentlichen mit Planettas Rechtfertigung überein: „Inzwischen hat der Türhüter Hedvicek vom Fenster des ersten Stockes aus die einfahrenden Autos mit den fremden Soldaten gesehen. Er hört die Kommandos ‚Hände hoch!' und ahnt instinktiv, dass da etwas nicht mit rechten Dingen zugeht. Diese unterwürfige k. k. Dienerseele eilt, den Systemkanzler Dollfuß zu warnen. Er weiß den einzigen Weg zur Flucht. Er will Dollfuß durch sein Arbeitszimmer und durch das Eckzimmer in den Kongresssaal bringen und von dort über die Wendeltreppe in das Archiv zu einem der rückwärtigen Ausgänge." Diese Textpassage führt offenbar zur späteren missverständlichen Darstellung, Dollfuß hätte über die eiserne Wendeltreppe in das Staatsarchiv entkommen wollen, das aber in der entgegengesetzten Richtung liegt. Mit dem „Archiv" ist hier nicht das Staatsarchiv gemeint, sondern das Aktenlager im Tiefparterre, durch das man tatsächlich zum Hinterausgang Metastasiogasse hätte gelangen können.

Die zwei Schüsse treffen Bundeskanzler Dollfuß aus nächster Nähe in die Halsgegend, verletzen ihn schwer – er stürzt gelähmt zu Boden – und führen binnen weniger Stunden zu seinem Tod. Er stirbt um 15.45 Uhr im heutigen Marmorecksalon, da ihm ärztlicher Beistand verweigert wird. Ein in den Marmorfußboden eingelassenes Kreuz erinnert bis heute an den Ort des Mordes und sein Opfer.

Auf Dollfuß wird zweimal geschossen, und die Schüsse kommen aus zwei verschiedenen Waffen mit unterschiedlichen Kalibern. Man muss also annehmen, dass zwei Personen geschossen haben, nicht nur Planetta. Doch eine zweite Person wurde niemals angeklagt. Erst vor wenigen Jahren tauchte ein zweiter Name auf, nämlich Rudolf Prochaska – ehemaliger Luftwaffenoffizier und illegaler SA-Aktivist. Die Information stammt vom Leiter des Kriegsarchivs von 1936 bis 1945, Rudolf Kiszling, der möglicherweise auch selbst eine Rolle bei diesen Ereignissen gespielt hat.

Der ganze Putschversuch ist derart dilettantisch angelegt, dass sein Scheitern rasch erkennbar wird. Mit dem Tod von Dollfuß haben die Putschisten ihr wichtigstes Druckmittel, nämlich den Kanzler als Geisel, verloren. Sie haben zudem keinen Nachrichtenkontakt aus dem Kanzleramt nach außen zu ihrer Parteiführung, in die Stadt oder in die Bundesländer. Die gesamte Bundesregierung ist weiterhin im Besitz ihrer Funktionen und Apparate. Die geplante gleichzeitige Übernahme des Rundfunks ist gescheitert. So bleibt den Nazis am Ballhausplatz nur mehr das Verhandeln über die Möglichkeit eines Abzugs und freies Geleit, bei dem Emil Fey, mit dem die Putschisten ganz offen und unbefangen reden, über Stunden die Rolle des mehrfachen Botengängers, Unterhändlers und Kontaktmanns spielt. Diese Verhandlungen finden in der ehemaligen Fürstenwohnung statt, wo sich die Putschisten in den Amtsräumen des Kanzlers und die Regierungsvertreter im späteren kleinen Ministerratssaal aufhalten. Bis

Panzerwagen vor dem Bundeskanzleramt am 25. Juli 1934

halb acht am Abend dauern diese Verhandlungen über den Flur hinweg, dann geben die Nazis kampflos auf.

Jetzt wendet sich das Blatt völlig, denn die Regierung zieht ihre Zusage für ein freies Geleit zurück. Der Grund: Durch die Ermordung von Dollfuß hätte sich für sie die Sachlage völlig geändert. Dass sie davon schon zuvor Kenntnis hatte, wird verschwiegen.

Der Putsch ist trotz seines Scheiterns nicht auf den Ballhausplatz beschränkt: In Oberösterreich dringen bei Kollerschlag einige Dutzend bewaffnete Mitglieder der sogenannten Österreichischen Legion in österreichisches Hoheitsgebiet ein, in der Steiermark, in Kärnten, Oberösterreich und Salzburg gibt es Kämpfe von nationalsozialistischen Gruppierungen mit der Heimwehr und der Exekutive. Insgesamt fordern diese Aktionen mehr als 220 Tote und Hunderte Verletzte.

In den Folgetagen richtet die österreichische Regierung einen Sonder-Militärgerichtshof ein, der 13 Putschisten zum Tod verurteilt, die dann auch hingerichtet werden. Tausende illegale Nationalsozialisten fliehen „ins Reich", Tausende werden in österreichischen Lagern interniert. Die organisatorischen Strukturen der österreichischen NSDAP werden ob dieses Misserfolgs von Hitler aufgelöst und die Führungspositionen neu besetzt. Hitler setzt nun nicht mehr auf einen Putsch, sondern auf Unterwanderung und Infiltration zur Vorbereitung einer späteren vollen Machtübernahme.

Im Haus am Ballhausplatz aber bleibt ein Mythos, eine Erinnerungsgeschichte und eine Erinnerungskultur in zumindest zwei Varianten bestehen: Mit wechselnder Intensität wird in Zeiten von ÖVP-Bundeskanzlern das Sterbezimmer Dollfuß' als Gedenkstätte inszeniert – zeitweilig tauchen dort sogar ein Wandbild, eine Art Herrgottswinkel und ein schwerer Kerzenständer auf. In Zeiten sozialdemokratischer Kanzler hingegen verschwinden diese Dekorationen wieder, beispielsweise der Kandelaber in die Hauskapelle, zu deren Inventar er auch gehört, das Dollfuß-Bild offenbar ins Bilderarchiv.

In einem zweiten Zusammenhang lebt dieser Moment der Geschichte mit der alljährlich in der Kapelle zelebrierten Messe fort. In ÖVP-Zeiten scheut man sich nach 1945 nicht, den Gottesdienst – wenn schon nicht in den Akten, so doch im Sprachgebrauch des Hauses – als „Dollfuß-Messe" zu bezeichnen und am 25. Juli abzuhalten. Die Bediensteten des Hauses werden offiziell dazu eingeladen, und es finden sich auch immer ausreichend Besucher der Messe und des danach im kleinen Kreis zumeist in Anwesenheit des Bundeskanzlers gegebenen Frühstücks. Als Bruno Kreisky 1970 Bundeskanzler wird, schafft er den Brauch nicht ab, die Terminologie ändert sich aber, indem man nur mehr von einer Gedenkmesse für die verstorbenen Bundeskanzler spricht. Dabei bleibt es dann auch bis zur Regierung Schüssel. Nach deren Ende wird im Jahr 2010 die Symbolik noch einmal geändert, indem der Zeitpunkt der Messe auf den Allerseelentag verlegt und die Widmung ausdrücklich auf alle verstorbenen Bediensteten des Hauses ausgedehnt wird.

Nach den tragischen Ereignissen vom Juli 1934 übernimmt der bisherige, erst 36-jährige Justizminister Kurt Schuschnigg das Bundeskanzleramt. Seine Amtsperiode setzt die Politik seines Vorgängers fort, die er bisher schon radikal unterstützt hat. Innenpolitisch setzt er weiterhin auf autoritären Ständestaat und brutale polizeiliche Kontrolle – dafür ernennt er im Oktober 1935 Eduard Baar-Baarenfels zum Kanzleramtsminister für die öffentliche Sicherheit und innere Verwaltung. Für ein paar Monate gibt es noch einen weiteren Bundesminister im Bundeskanzleramt, nämlich den früheren Bundeskanzler Buresch. Dann holt sich der Kanzler Odo Neustädter-Stürmer als Minister ins Haus, der die Gesetze zur berufsständischen Neuordnung mit Hilfe der Experten des Rechts- und Verfassungsdienstes vorbereiten soll. Und schließlich wird auch wieder ein Außenminister bestellt. Schuschnigg selbst ist womöglich noch stärker katholisch und legitimistisch orientiert als sein Vorgänger; jedenfalls ist er monarchie- und adelsfreundlich, gehört zu seinen ersten Akten doch die Aufhebung des Habsburgergesetzes, und er nennt sich auch wieder stolz „von" Schuschnigg.

Mehrfach übernimmt in dieser Zeit der Heimwehrführer Ernst Rüdiger Starhemberg offizielle staatliche Funktionen im Palais. Er war schon einmal 1930 als Kurzzeitminister in der Regierung Vaugoin im Haus, jetzt wird er Vizekanzler und führt die Angelegenheiten des Sicherheitswesens und „der körperlichen Ertüchtigung" (die Sportagenden werden übrigens in den 1990er-Jahren wieder auf den Ballhausplatz zurückkehren).

Die Kontinuität der austrofaschistischen Politik am Ballhausplatz gilt auch für die außenpolitische Linie, sich den Rückhalt Italiens gegenüber Deutschland zu sichern. Hierfür bestellt Schuschnigg wieder einen Bundesminister für auswärtige Angelegenheiten, nämlich Egon Berger-Waldenegg, der bis Mai 1936 amtiert. 1935 orientiert sich die italienische Außenpolitik um, konzentriert sich stärker auf kolonialistische Projekte, insbesondere auf Äthiopien, und verliert das Interesse am Donauraum. Für Österreich ist diese Entwicklung alarmierend, denn jetzt bleibt nur mehr die ČSR als möglicher weiterer verbündeter Staat. Man arbeitet bei der Bespitzelung der sozialdemokratischen Emigranten zusammen, vereinbart eine stille Duldung des autoritären Regimes durch Prag und organisiert eine Reihe bilateraler Treffen und Vereinbarungen.

Im Jänner 1936 reist Schuschnigg vom Ballhausplatz nach Prag, um Beneš zu treffen. Dies verstimmt allerdings Italien und Ungarn. Prompt wird im März ein Protokoll zu den Römischen Verträgen formuliert, das dessen Mitgliedsländern künftig solche Eigenmächtigkeiten mit Drittstaaten verbietet. Jetzt wird der bisherige Außenminister zum Botschafter in Rom ernannt, und im Haus am Ballhausplatz folgt ihm nur mehr ein Staatssekretär, nämlich der Nazi Guido Schmidt – dies aber bereits auf Druck Hitlerdeutschlands.

Schuschnigg und der Ballhausplatz haben nämlich auf diplomatischer Ebene in einer im Endergebnis sehr unglücklichen Weise die Destabilisierung des Regimes bewirkt: Anfang 1935 finalisiert man Abkommen zwischen Italien, Frankreich und Großbritannien über Konsultationen im Fall einer Bedrohung der Souveränität Österreichs; auf der Konferenz von Stresa wird im selben Jahr nochmals eine Garantieerklärung zugunsten Österreichs formuliert. Eine Donaukonferenz in Rom soll die Selbstständigkeit Österreichs sichern helfen, besonders bemüht man sich um den Aufbau einer stabilen Achse zu Italien. Diese bröckelt aber im Gefolge des Abessinienkrieges, als der Völkerbund Sanktionen gegen Italien verhängt, an denen sich aber Österreich und Deutschland nicht beteiligen. Dies bewirkt einerseits eine für den Ballhausplatz verhängnisvolle Annäherung zwischen Italien und Deutschland, andererseits aber eine Isolierung Österreichs von den anderen Mitgliedstaaten des Völkerbunds – insgesamt also eine dramatische außenpolitische Schwächung der Position des Regimes und wahrlich keine Meisterleistung des Ballhausplatzes und seines Stabs. Der Spanische Bürgerkrieg führt schließlich im Oktober 1936 zu einem formellen deutsch-italienischen Abkommen – dass Italien Österreich vor Deutschland schützen wird, ist für Österreich nun sicher nicht mehr zu erwarten.

Gleichzeitig bemüht sich die deutsche Diplomatie aber um eine Verbesserung der Beziehungen zu Österreich, die man auf Erklärungen des Führers stützt, sich in die inneren Verhältnisse Österreichs nicht einmischen zu wollen. Schuschnigg muss auf dieses Angebot eingehen, was aber innenpolitisch im Mai 1936 eine Entmachtung des Heimwehrflügels nach sich zieht. Im Juli 1936 wird auf dem Obersalzberg ein Normalisierungsvertrag vereinbart, und am 11. Juli wird dieser am Ballhausplatz unterzeichnet. Darin erkennt Deutschland „die volle Souveränität des Bundesstaates Österreich" an. In geheimen Zusatzvereinbarungen verpflichten sich die Herren vom Ballhausplatz aber dazu, alle inhaftierten Nazis zu amnestieren, eine deutschlandfreundliche Außenpolitik zu betreiben, zwei Vertreter der Nationalsozialisten in die Regierung aufzunehmen – Edmund Glaise-Horstenau als Minister ohne Portefeuille und Guido Schmidt als Staatssekretär für auswärtige Angelegenheiten. Der Ballhausplatz ist also bereits erkennbar mit mehreren Schlüsselpersonen an die Machtzentralen in Berlin angeschlossen, auch wenn sich alle Seiten bemühen, dies nicht erkennbar werden zu lassen. Faktum ist aber, dass Schuschnigg mit der Ablöse von Fey durch Glaise-Horstenau den illegalen Nazis eine Schlüsselposition des Staates in die Hand gibt.

Nochmals trifft Schuschnigg – jetzt in seiner Funktion als Ressortleiter des Außenamtes – die tschechische Staatsspitze 1937, doch ergibt sich daraus keine weitere Annäherung. Im Gegenteil lässt sich Österreich ab Beginn 1938 mehr und mehr in die deutschen Pläne zur Vorbereitung eines Angriffs auf die Tschechoslowakei hineinziehen, um sich Garantien von deutscher Seite für die eigene Unabhängigkeit zu verschaffen.

Im Februar 1938 wird Schmidt noch schnell zum Außenminister ernannt, doch außenpolitische Initiativen hat er nicht mehr zu entwickeln. Die Außenpolitik ist dem autoritären Regime entglitten. Dieses hat zwar in den letzten Jahren der Ersten Republik noch eine ganze Reihe von Botschafterposten mit abgehalfterten oder in internen Fraktionskämpfen der Austrofaschisten ausgeschalteten Politikern besetzt, die Qualität der Arbeit im Hochparterre ist dadurch aber nicht gestiegen.

In Bezug auf die Umgebung des Hauses am Ballhausplatz und seine Architektur bringt die Ära Schuschnigg wieder einmal einen besonderen Impuls. Er will seinem Amtsvorgänger und seiner politischen Bewegung ein Denkmal setzen, und das im wahrsten Sinne des Wortes. Für den „ersten Märtyrer des Kampfs gegen den Nationalsozialismus", für den „Heldenkanzler" Dollfuß soll ein würdiges Monument entstehen, wie dies an zahlreichen Orten, insbesondere Niederösterreichs, spontan bereits erfolgt ist. Zunächst lässt Schuschnigg im heutigen Marmorecksalon des Bundeskanzleramtes eine Schmerzensmadonna des Bildhauers Gustinus Ambrosi aufstellen, dann geht es an die Planung einer größeren Gedenkstätte, die allerdings einige Zeit in Anspruch nimmt. Die Vaterländische Front schreibt einen Wettbewerb aus, den Clemens Holzmeister und Hans Andre gewinnen.

Dabei fällt das Interesse auf die Ecke des Volksgartens, in der kürzlich ein bescheidenes Denkmal für Otto Wagner errichtet worden ist. Hier soll das „Märtyrerdenkmal" entstehen. Vorgabe ist, dass eine Grube ausgehoben werden und aus dieser das Monument herauswachsen soll. Im Oktober 1936 wird der Grundstein von Kardinal Innitzer geweiht und Anfang 1937 gegenüber dem Bundeskanzleramt mit den Aushubarbeiten für einen späteren riesigen Steinblock des Dollfuß-Denkmals begonnen. Es bleibt allerdings bei den Fundamentierungsarbeiten und der Errichtung von zwei eher komisch wirkenden Schilderhäuschen.

Dasselbe Schicksal scheint dem Parallelprojekt eines Hauses der Vaterländischen Front beschieden zu sein. 1937 wird dieser Organisation der freie Teil des Minoritenplatzes durch ein eigenes Gesetz übertragen, weil sie hier Seite an Seite mit dem Bundeskanzleramt ihr zentrales Parteigebäude errichten soll; so soll auch baulich die Einheit von Staat und Partei sichtbar werden. Die Planung wird wieder Clemens Holzmeister übertragen, im Oktober beginnt man zu bauen, binnen eines Jahres will man fertig sein. Die Leitung der Vaterländischen Front soll in diesem Haus untergebracht werden, weiters ein großer Ehrensaal und ein „Weiheraum" – eine Gruft, in der Dollfuß seine letzte Ruhestätte finden soll.

Holzmeister gibt als Planer sein Bestes, doch der „Anschluss" im Frühjahr 1938 verhindert die Realisierung dieses Projekts ebenso wie die des Denkmals. Ein Erdgeschoß-Rohbau und eine Grube sind alles, was von diesen Plänen übrig bleibt.

Schuschnigg versucht nun vom Ballhausplatz aus bereits recht verzweifelt, kleinere Organisationen der Opposition an die Regierung zu binden oder sie ins System zu integrieren, besonders erfolgreich ist er damit allerdings nicht. Eine Schlüsselfigur in diesen Bemühungen ist der Anwalt Arthur Seyß-Inquart, der vom Kanzler 1937 zum „Befriedungs-Kommissar" berufen wird; er sorgt in der Folge aber eher für eine Beschleunigung der Unterwanderung staatlicher Einrichtungen mit Nationalsozialisten. Im November 1937 scheinen sich Hitler und seine Berater für eine Okkupation Österreichs zu entscheiden. Mit der Einführung der allgemeinen Wehrpflicht und der Übernahme des Verteidigungsressorts durch den Bundeskanzler setzt das ständestaatliche Regime nochmals ein Zeichen gegen die bereits erkennbare Entwicklung, jedoch scheint es bereits zu spät, um Österreich zu retten.

Im Jänner 1938 findet die Staatspolizei beim Landesleiter der NSDAP Leopold belastendes Material zur Vorbereitung eines Putsches, die Spannungen zwischen dem Regime und den Nazis steigen. Am 12. Februar trifft Schuschnigg auf dem Berghof mit Hitler zusammen, das Treffen verläuft offenbar sehr einseitig, und am Ende beugt sich der österreichische Bundeskanzler einem Diktat: Er verpflichtet sich, Seyß-Inquart als Innenminister zu bestellen, den Generalstabschef zu entlassen und die Vaterländische Front für Nationalsozialisten zu öffnen. Mit 16. Februar wird die Regierung umgebildet. Am 17. Februar bietet sogar Otto Habsburg Unterstützung an, die Schuschnigg aber als Restaurationsversuch ablehnt; am 24. Februar ruft der Kanzler in einer großen Rede dazu auf, „bis in den Tod: Rot-Weiß-Rot" zu bleiben; am 3. März sucht er den Kontakt zu den vom Regime verbotenen freien Gewerkschaften, die er unter Führung von Friedrich Hillegeist im Bundeskanzleramt empfängt. Am 7. März tagt daraufhin eine große Konferenz diverser Arbeiterorganisationen, die dem Bundeskanzler ihre Unterstützung zusichert – doch ein formelles Bündnis lehnt dieser ab. Am 9. März beraumt Schuschnigg nach intensiven Beratungen im Palais eine Volksbefragung über die Selbstständigkeit Österreichs für den 13. März an, er lässt Kundgebungen inszenieren, die konfessionellen Organisationen machen mit, letztlich sogar die Parteikonferenz der revolutionären Sozialisten.

Doch schließlich verlässt Schuschnigg wieder der Mut, sich klar gegen Deutschland zu wenden. Am 11. März sagt er die Volksbefragung wieder ab und tritt zurück. Bundespräsident Miklas betraut Seyß-Inquart mit der Regierungsbildung und kommt am Vormittag des 12. März noch einmal auf den Ballhausplatz, um die neue Bundesregierung anzugeloben, dann tritt auch er unter dem Druck der Nationalsozialisten zurück. Diese erzwungene Regierungsumbildung beschert dem Ballhausplatz mit Wilhelm Wolf, einem Mitarbeiter des Bundespressedienstes, noch einmal einen Außenminister für zwei Tage.

Der austrofaschistisch bzw. ständestaatlich geführte Ballhausplatz, der in den letzten Jahren zunehmend von Nazis infiltriert wurde, hat endgültig vor dem Hitlerfaschismus versagt und Österreich aufgegeben.

11 In dunkler Zeit

(1938–1945)

Am Freitag, dem 11. März 1938 verliert der Ballhausplatz unter dramatischen Begleitumständen seine Funktion als zentrales Haus der politischen Gestaltung des Landes. Kein anderer Ort in Österreich steht an diesem Tag so sehr im Zentrum der Ereignisse wie das Palais am Ballhausplatz, in dem Bundeskanzler Schuschnigg, nachdem Hitler gedroht hat einzumarschieren, mit seinen Beratern in hektischer Telefondiplomatie um die Beibehaltung der staatlichen Souveränität ringt. Sein Gesprächspartner auf deutscher Seite ist Hermann Göring, der ihm immer wieder aus Berlin die Positionen der dort versammelten Reichsführung mitteilt. Die Spitzen der österreichischen Nationalsozialisten halten sich nicht im Bundeskanzleramt auf, sondern warten im Hotel Regina und in der Seitzergasse den Gang der Ereignisse ab.

Doch Hitler hat bereits am Vortag den Befehl zur Militärintervention in Österreich erteilt, die Aufmarschvorbereitung läuft auf vollen Touren, aber Schuschnigg erfährt davon erst am frühen Morgen dieses 11. März. Daraufhin mobilisiert er um 6 Uhr das Bundesheer. Um 9 Uhr trifft Minister Glaise-Horstenau per Flugzeug aus Berlin ein, er bringt ein Ultimatum Hitlers mit. Etwa eine Stunde später langt dieses gleichzeitig mit dem deutschen Botschafter am Ballhausplatz ein: Deutschland verlangt die Verschiebung der Volksbefragung und gibt dem Kanzler bis 12 Uhr Zeit für seine Antwort. Nach Beratungen mit den Vertretern der Nationalsozialisten kann er die Verlängerung dieser Frist um zwei Stunden erreichen. Ein Ministerrat wird anberaumt, dann aber wieder abgesetzt. Der Bundespräsident, der zuvor nicht informiert worden ist, wird vom Mittagessen weg ins Haus geholt. Letztlich fügt sich Schuschnigg etwa um 14.30 Uhr und sagt die Volksbefragung ab. Während dieser ganzen Zeit kontaktieren die Beamten des Außenamtes von der Fernschreibstelle im dritten Stock aus Paris und London, um von dort Unterstützung zu erhalten, was jedoch ergebnislos bleibt.

Da meldet sich Göring persönlich aus Berlin und teilt mit, dass Schuschnigg nicht mehr das Vertrauen der Reichsregierung habe und zugunsten einer von Seyß-Inquart geführten Regierung zurücktreten müsse. Der Kanzler berät sich in seinem Arbeitszimmer mit Staatssekretär Schmidt, hohen Militärs, dem Wiener Bürgermeister. In der Erkenntnis, dass Österreich international keine Verbündeten mehr hat, demissioniert er um 16 Uhr. Etwa um 19.30 Uhr gibt er seinen Rücktritt auch der Öffentlichkeit bekannt, und zwar aus dem Marmorecksalon, in dem die RAVAG rasch die Übertragungstechnik installiert hat: „Der Herr Bundespräsident beauftragt mich, dem österreichischen Volk mitzuteilen, dass wir der Gewalt weichen." Am Ende der kurzen Rede rufen einige der Anwesenden „Hoch, Österreich!", andere stimmen das Deutschlandlied an, und der Rundfunk schaltet auf die Bundeshymne um.

Bundespräsident Miklas ist aber noch entschlossen, Seyß-Inquart nicht mit den Regierungsgeschäften zu betrauen. Er kontaktiert verschiedene Persönlichkeiten, die keine Nationalsozialisten sind, doch diese lehnen eine Betrauung ab. Nun stellt Göring dem Bundespräsidenten ein Ultimatum: Wenn er bis 19.30 Uhr diese Betrauung nicht durchführt, werden die Deutschen einmarschieren. Als sich Miklas weder dadurch noch durch die Androhung persönlicher Konsequenzen bewegen lässt, ergeht offiziell der Einmarschbefehl.

Dem amtierenden Innenminister Seyß-Inquart wird von Berlin aus ein Telegramm diktiert, in dem dieser die deutsche Regierung um Truppenentsendung ersuchen soll. Doch Seyß-Inquart zögert, so etwas abzusenden, vielmehr erwägt er, sich selbst an die Spitze eines irgendwie teilselbstständig bleibenden Österreich zu setzen. Erst auf Nachfrage bestätigt ein Beamter nach Berlin, dass Seyß-Inquart im Wesentlichen einverstanden sei. Jetzt ist allen klar, dass Hitlers 8. Armee am kommenden Morgen einmarschieren wird.

Rund um den Ballhausplatz bricht in den Abendstunden Hektik aus: In den Büros der Vaterländischen Front Am Hof werden Akten verbrannt, NS-Rollkommandos durchstreifen die Innenstadt, eine braune Flut, darunter viele Bewaffnete und „Heil Hitler" schreiende Zivilisten, formiert sich zu einem Fackelzug zum Haus der Vaterländischen Front, zum Rathaus und zum Bundeskanzleramt. Auf dem Ballhausplatz versammeln sich Tausende Demonstranten, während sich im Gebäude noch immer Schuschnigg und Miklas aufhalten. Hier sind auch zusätzliche Sicherheitskräfte zusammengezogen, Maschinengewehre postiert, die Wache hat die Bajonette aufgepflanzt, und in der Hofburg stehen 300 Gardisten in Reserve.

Aus dem Tumult am Platz heraus lösen sich immer wieder nationalsozialistische Funktionäre, die dann auch bereits ins Haus eingelassen werden. Sie versammeln sich im Säulensaal, dem heutigen Kreisky-Zimmer, von wo aus sie den von den Nazis organisierten Aufmarsch von 6.700 SA- und SS-Männern auf dem Platz dirigieren, während nur wenige Schritte über den Gang im späteren kleinen Ministerratssaal noch immer die Führung der Austrofaschisten zur Lage konferiert.

Um etwa 22 Uhr begehrt eine militärische Formation von 40 SS-lern Einlass ins Palais, und nach kurzer Abklärung lässt Seyß-Inquart für sie das rückwärtige

Tor zur Metastasiogasse öffnen. Sie verteilen sich sofort im Haus und besetzen die wichtigsten Türen. Unter ihnen sind auch mehrere Putschisten des Jahres 1934. Gleichzeitig erklettern Jugendliche die Fassade und hissen die Hakenkreuzfahne auf dem Balkon

Die kleine Gruppe aus Politikern und Beamten – unter ihnen zwei Gesandte, der Leiter des Verfassungsdienstes Jäckl und der Präsidialchef Huber – hat keine Handlungsfreiheit mehr in ihrem Sitzungssaal. Gegen 23 Uhr resigniert auch der Bundespräsident, nicht zuletzt auch, weil ihn Schuschnigg dazu gedrängt hat, und betraut schließlich doch Seyß-Inquart mit der Fortführung der Regierungsgeschäfte – vier Stunden nachdem sich bereits ein Telegramm nach Berlin auf diese Betrauung berufen hat. Um Mitternacht bestellt er ihn dann noch zum Bundeskanzler und genehmigt die von Seyß-Inquart bereits vorbereitete nationalsozialistische Ministerliste. Die Angelobung wird für den Vormittag des 12. März festgesetzt. Kurz nach Mitternacht tritt Seyß-Inquart mit einigen seiner neuen Regierungsmitglieder auf den Balkon und lässt sich von der organisierten Menge bejubeln.

Noch in der Nacht versucht Miklas verzweifelt, Kontakt mit Berlin aufzunehmen, um angesichts der Erfüllung der deutschen Forderungen den Einmarsch doch noch abzuwenden, doch Hitler lässt sich nicht mehr umstimmen. Um zwei Uhr früh verlassen Schuschnigg und Miklas das Haus und gelangen erstaunlicherweise unbehelligt in ihre Wohnungen – auch ein kleiner Trupp von Nazis, die Schuschniggs Residenz im Belvedere stürmen wollen, wird abgewehrt. Die beiden Spitzenvertreter des zurückgetretenen Regimes stehen de facto unter Hausarrest. Später wird Schuschnigg inhaftiert, mehrfach von einem Lager ins andere überstellt, überlebt aber trotz vieler Schikanen als anerkannter prominenter Häftling. Miklas bleibt die ganze Nazizeit hindurch unbehelligt in seiner früheren Dienstwohnung und erhält seine Pension weiter.

Am 12. März marschieren ab 5.30 Uhr deutsche Verbände in Österreich ein. Am Ballhausplatz erscheint Bundespräsident Miklas an diesem Vormittag aber wie gewohnt zum Dienst und gelobt die neue Regierung mit einem geradezu naiv anmutenden Appell an, sich dessen bewusst zu sein, dass sie österreichische Minister seien und die österreichische Verfassung zu beachten hätten.

In der Nacht zum 13. März erreichen die deutschen Truppen Wien. Heinrich Himmler und sein Stab sind schon um 4.30 Uhr mit ihrem Flugzeug in Aspern gelandet und setzen unverzüglich die vorausgeplanten personellen und administrativen Maßnahmen: rasche Besetzung von Schlüsselpositionen und in breitem Umfang Verhaftung, in vielen Fällen auch Ermordung potenzieller Regimegegner.

Mittlerweile hat sich auch Hitler selbst auf den Weg nach Oberösterreich gemacht; kurz schwankt er, ob die Eingliederung Österreichs in das Deutsche Reich schrittweise oder mit einem Schlag erfolgen soll, doch der begeisterte Jubel der Bevölkerung, die totale Implosion des österreichischen Regimes und

Arthur Seyß-Inquart auf dem Balkon am 13. März 1938

das Fehlen jeglicher eindeutigen internationalen Reaktion bestärken ihn, den zweiten Weg zu gehen. Rasch wird ein vorbereiteter Gesetzesentwurf dementsprechend umgearbeitet und in diese Arbeit auch der neue Chef des Verfassungsdienstes, Staatssekretär Dr. Friedrich Wimmer, eingebunden: Das „Bundesverfassungsgesetz über die Wiedervereinigung Österreichs mit dem Deutschen Reich" entsteht schon in den Amtsstuben am Ballhausplatz.

Folgerichtig erklärt Seyß-Inquart seinem um 15 Uhr im Ministerratssaal zusammentretenden Kabinett, dass seine erste Aufgabe sei, dieses Gesetz zu beschließen. Der Text wird nicht verteilt, und es gibt auch kein Protokoll der Sitzung, aber dem Befehl wird nach kurzer Erörterung Folge geleistet. Daraufhin begibt sich der Kanzler in die Amtsvilla des Bundespräsidenten, der sich allerdings wiederum weigert – er kann das verfassungsmäßige Zustandekommen nicht beurkunden. Daraufhin nötigt man ihn zum Rücktritt und erledigt die diesbezügliche Korrespondenz praktischerweise gleich im Arbeitszimmer der Amtsvilla. Da nun Seyß-Inquart die Funktion des Bundespräsidenten übernimmt, kann auch der noch fehlende Formalakt rasch erledigt werden, und zufrieden kehrt der Kanzler auf den Ballhausplatz zurück.

Am Abend wird die unterbrochene Ministerratssitzung fortgesetzt, in der noch weitere formale Beschlüsse gefasst werden, aber da das Gesetz sofort

Ehrenwache am 29. Jänner 1939 vor dem Ballhausplatz für die getöteten Putschisten des Jahres 1934

kundgemacht wird, endet mit 13. März die Funktion der Regierung nach nur zwei Tagen. Das Land ist nach der jetzt geltenden Rechtsordnung zu einem Teil des Deutschen Reichs geworden, das Amt am Ballhausplatz zu einer deutschen Dienststelle. Zuvor war es zwei Tage lang noch Bundeskanzleramt unter Leitung des Bundeskanzlers Seyß-Inquart, der auch vorübergehend die Funktionen des Bundespräsidenten innehat, und seines Vizekanzlers Glaise-Horstenau, sowie Außenamt unter Leitung von Wilhelm Wolf, einem ergebenen Hofrat des Unterrichtsressorts.

Um auch die Symbolik zu ändern, wird die an die Ermordung Dollfuß' erinnernde Madonnenstatue aus dem Marmorecksalon entfernt und dem Diözesanmuseum übergeben.

Am 25. Juli 1938 wird an der Außenseite des Bundeskanzleramtes eine Gedenktafel mit folgender Inschrift angebracht: „154 deutsche Männer der 89. SS-Standarte traten hier am 25. Juli 1934 für Deutschland an. 7 fanden den Tod durch Henkershand." In den folgenden Jahren findet jeweils am Jahrestag auch ein Gedenkmarsch von der Siebensterngasse zum Ballhausplatz statt.

Als Hitler am 15. März in Wien eintrifft, ernennt er Seyß-Inquart formell zum „Reichsstatthalter in Österreich"; seine Behörde ist nunmehr bis zum 1. Mai 1939 die Reichsstatthalterei am Ballhausplatz. Die politische Schaltzentrale, die von Josef Bürckel geführte Gauleitung, nimmt das Parlamentsgebäude in Besitz, Bürckel selbst wird ab 23. April 1938 auch „Reichskommissar für die Wiedervereinigung Österreichs mit dem Deutschen Reich" und greift in dieser Funktion immer häufiger und in wachsender Intensität in die Kompetenzbereiche des Ballhausplatzes ein. Der Eingliederungsprozess nach dem „Anschluss" dauert dann aber doch gut zwei Jahre und verläuft recht chaotisch, in widersprüchlichen Phasen und mit einer Fülle von Unklarheiten, was einander überlagernde Zuständigkeiten und Funktionen – auch und insbesondere am Ballhausplatz – betrifft.

Von 13. März 1938 bis 30. April 1939 ist der Ballhausplatz also Sitz des Reichsstatthalters Seyß-Inquart und damit Zentrale der Verwaltung der österreichischen Gebiete. Sein Stellvertreter im Haus ist zunächst weiterhin Glaise-Horstenau und von 31. Mai 1938 bis 12. Februar 1939 Hubert Klausner.

Die Entscheidungsstrukturen des NS-Regimes am Ballhausplatz sind im Detail aber unübersichtlich und komplex: Da regiert zunächst von ganz oben Göring als Beauftragter für den Vierjahresplan in wirtschaftlichen Dingen mit und bedient sich dazu seines „Reichsbeauftragten für Österreich" Wilhelm Keppler, der von März bis Juni 1938 ebenfalls am Ballhausplatz sitzt; er ist zusätzlich als „Staatssekretär für besondere Aufgaben" mit der Führung der „Dienststelle des Auswärtigen Amtes in Wien" betraut und agiert vom Kongresssaal des Bundeskanzleramtes aus. Wo während des Wiener Kongresses noch Diplomatie herrschte, werden nun die außenpolitischen Sektionen der ehemaligen österreichischen Verwaltung liquidiert.

In die normale Verwaltung des Reichsstatthalters und des Reichsbeauftragten regiert weiters indirekt der Reichsinnenminister Wilhelm Frick hinein, da die „Zentralstelle zur Durchführung der Wiedervereinigung Österreichs mit dem Deutschen Reich" zu seinem Ressort gehört; sein verlängerter Arm am Ballhausplatz ist der Jurist und frühere Ministerialrat des Bundeskanzleramtes Egbert Mannlicher.

Die Briefe zwischen Berlin und Wien passieren mitunter drei Stationen, bis sie den Adressaten erreichen, kaum jemand kennt sich wirklich aus, und jeder nutzt die Unklarheiten zu seinen Gunsten.

Ab April 1938 regiert auch Josef Bürckel als Reichskommissar für die Wiedervereinigung pausenlos vom Parlamentsgebäude aus in den Ballhausplatz hinein: Anordnungen von Frick werden torpediert, Beschwerden an Hitler folgen, dieser stützt aber Bürckel, der sich daher auch ständig auf seine direkte Unterstellung unter den Führer beruft. Die Rolle Kepplers verliert an Bedeutung, er resigniert im Juni.

Bürckel hat sich bei Hitler als Beauftragter für das Saargebiet eine Sonderstellung erarbeitet, er übt auch weiterhin parallel zu seinen Wiener Funktionen die des saarpfälzischen Gauleiters aus. Er ist ein cholerischer Machtmensch, und sein Wiener Spitzname „Bierleiter Gauckel" lässt auf größeren Alkoholkonsum schließen. Selbstbewusst versucht er ständig, seine Parteifunktion gegenüber den staatlichen Zuständigkeiten des Reichsstatthalters Seyß-Inquart auszuweiten, wobei er kaum auf Widerstand vom Ballhausplatz stößt. Dort lässt man es sich sogar gefallen, dass alle Schreiben nach Berlin über Bürckel geleitet werden müssen. Seine Bestellung zum Reichskommissar ist ursprünglich mit 1. Mai 1939 befristet, wird dann aber bis 31. März 1940 verlängert.

Im Amtsgebäude am Ballhausplatz sitzt als Stellvertreter des Reichsstatthalters der frühere Landesführer der österreichischen NSDAP Hubert Klausner, nunmehr „Minister für die Angelegenheiten der politischen Willensbildung". In dieser Funktion hat er aber nicht sehr viel im Amt zu arbeiten, denn er ist nebenbei auch noch Gauleiter und Landeshauptmann von Kärnten. Er stirbt aber im Februar 1939, und sein Posten in der Reichsstatthalterei wird nicht nachbesetzt.

In dieser Gemengelage versucht Seyß-Inquart als Reichsstatthalter, seine Regierungsgeschäfte zu besorgen, so gut es eben geht. Er untersteht zwar als nachgeordnete Dienststelle der Dienstaufsicht des Reichsinnenministers und der Fachaufsicht der jeweils zuständigen Reichsressorts, hat aber doch weitgehende Entscheidungsfreiheit in „österreichischen Landesangelegenheiten", so auch insbesondere das Gesetzgebungsrecht in den Bereichen, die nicht reichsrechtlich geregelt sind. Tatsächlich spielt er hinter Bürckel die zweite Geige und findet sich anscheinend damit ab. Er resigniert innerlich schon früh, wie man aus einem Brief an Geppler vom Juni 1938 erkennen kann. In Berlin schätzt man ihn nicht sehr, für Göring ist er nur der „Hampelmann". Er wird im Mai 1939 abberufen, aber gleichzeitig als Minister ohne Portefeuille in die Reichsregie-

Die sogenannte „Wächter-Kommission" zur Säuberung des Personalstandes von Nicht-Nationalsozialisten in ihrem Amtsraum am Ballhausplatz

rung befördert, was er auch bis Kriegsende bleibt. Im Nürnberger Prozess gegen die Hauptkriegsverbrecher wird er 1946 zum Tod verurteilt und hingerichtet.

Am 1. Mai 1939 tritt Bürckel die Nachfolge von Seyß-Inquart zunächst nur mit dem Titel des Reichskommissars und ab 1. April 1940 mit dem des Reichsstatthalters in Österreich an. Er wechselt seinen Amtssitz aber nicht, sondern regiert vom „Gauhaus" im Parlamentsgebäude aus. Damit ist der Ballhausplatz erstmals in seiner Geschichte nicht mehr Sitz einer Regierung oder eines Regierungschefs. Nur mehr der Verwaltungsstab amtiert hier: Ministerialdirektor Dill soll die unnötigen österreichischen Dienststellen abwickeln, Minister Glaise-Horstenau ist für das Archivwesen zuständig, Staatskommissar Wimmer für die Rechtsangelegenheiten, Staatskommissar Otto Wächter für das Personal, weiters sitzen hier der Planungsstab und die Abteilung für Allgemeine und Innere Angelegenheiten. Andere Funktionäre der Reichsstatthalterei amtieren von anderen Amtssitzen aus, wie etwa der für Polizeiangelegenheiten zuständige Staatssekretär Ernst Kaltenbrunner in der Herrengasse oder der für Erziehung zuständige Staatskommissar Friedrich Plattner am Minoritenplatz 5. Bürckel säubert das Amt von engen Vertrauten Seyß-Inquarts – was diesen im Juni zu einem ebenso scharfen wie nutzlosen Protestbrief veranlasst – und ersetzt alle, die seiner Meinung nach noch irgendwie eine Eigenständigkeit des Landes Österreich im Auge haben, durch stramme „Liquidierer".

Doch zurück zu den Märztagen 1938: Das österreichische Außenamt wird aufgelöst und zunächst zur Dienststelle des Auswärtigen Amtes Wien, bis diese im August ebenfalls geschlossen wird. Rund ein Drittel der Spitzenbeamten des

Hochparterres am Ballhausplatz wird entlassen, pensioniert oder inhaftiert. Die Mehrheit der 115 Bediensteten der Zentralleitung wird allerdings übernommen, und einige illegale Nazis werden neu aufgenommen. Ein paar Beamte sind auch besonders beflissen – so beflaggt der Botschafter in Warschau, Maximilian Attems-Heiligenkreuz, die Botschaft mit der Hakenkreuzfahne – und wechseln in den auswärtigen Dienst des Dritten Reichs nach Berlin. Sie machen dort allerdings keine besondere Karriere, da sie gewissermaßen „zu spät" kommen. Zahlreiche Beamte in den Botschaften im Ausland setzen sich aber auch vom Naziregime ab und bleiben in ihrem Aufenthaltsstaat.

Ab dem Beginn des Zweiten Weltkrieges, also mit Herbst 1939, werden einige NS-Spitzenbeamte vom Ballhausplatz Teil der Besatzungs- und Vernichtungspolitik. Otto Wächter etwa wird Gouverneur des Distrikts Krakau und ist dort für die Ausweisung von 68.000 Juden und die Errichtung eines jüdischen Ghettos verantwortlich. Sein Mitarbeiter Rudolf Pavlu wirkt aktiv an der Deportation der polnischen Juden mit, Seyß-Inquart leitet ab 1940 die Deportationen in den Niederlanden.

Im folgenden Jahr werden Schritt für Schritt alle früheren österreichischen Zentralstellen in die Verwaltungsorganisation des Reichs eingegliedert, abgeschlossen wird dieser Prozess nicht wirklich, sondern bloß formal mit April 1940. Bürckel hat damit seine Aufgaben in Wien erfüllt, er kann zurück in sein Saarland, und mit 7. August wird der bisherige, Hitler von Kindheit an glühend ergebene Reichsjugendführer Baldur von Schirach zu seinem Nachfolger als Reichsstatthalter, Gauleiter und Reichsverteidigungskommissar von Wien bestellt.

Schirach entscheidet sich sofort dafür, wieder vom Ballhausplatz aus zu regieren – er hat als Aristokrat aus einer kunstsinnigen Familie ein besseres Gespür für Symbole und Traditionen als sein polternder saarländischer Vorgänger. Nicht nur dadurch wertet er das Palais wieder auf, sondern auch dadurch, dass es nunmehr auch Sitz des Chefs der „Gauselbstverwaltung des Reichsgaues Wien" wird, also die Zentrale der Gemeindeverwaltung, die administrativ aber weiterhin im Rathaus und unter der Leitung des dem Ballhausplatz unterstellten Bürgermeisters verbleibt.

Das Handbuch des Reichsgaues Wien aus dem Jahr 1941 – eine Art Amtskalender – beginnt dann auch mit dem Kapitel „Reichsstatthalter von Wien – Gemeindeverwaltung" an der Adresse Ballhausplatz 2. Erst danach wird im zweiten Teil der Reichsstatthalter mit der unmittelbaren Führung folgender Abteilungen im Amtsgebäude des heutigen Bundeskanzleramtes ausgewiesen: Zentrale Verwaltungsangelegenheiten mit den Referaten Haushaltsangelegenheiten, Berichte und Bücherei, Raumordnung; Abteilung I für allgemeine und innere Angelegenheiten mit der Unterabteilung für innere Angelegenheiten (am Ballhausplatz sind aber nur die Referate für Polizei, Verteidigung, Vereine, Stiftungen und Kultus sowie Fürsorge untergebracht) und der Unterabteilung für

Personal- und Organisationsangelegenheiten; Abteilung II für Erziehung und Volksbildung; Abteilung III für Wirtschaft, Landwirtschaft und Arbeit; Abteilungen für Bauwesen, Vermessungswesen, Eichwesen, Punzierungswesen und Statistik komplettieren das Amt.

Neben diesen Verwaltungsfunktionen gewinnt ein weiterer Aufgabenbereich, der den Gauleitern übertragen ist – nämlich die Funktion des Reichsverteidigungskommissars –, aufgrund der Kriegsentwicklung immer größere Bedeutung. Letztlich übernehmen diese Kommissare ab 1944 de facto sukzessive alle Regierungsgeschäfte. In dieser Funktion kommt Schirach und seinem Vertreter Hans Dellbrügge sowie ihren Leuten am Ballhausplatz auch die Aufgabe zu, ihr Herrschaftsgebiet „judenfrei" zu machen. Die aktive Rolle des sich gerne als „Schöngeist" gebenden Schirach bei der Deportation von 48.000 Wiener Juden ist ausführlich belegt. Die Organisation der Transporte kranker Menschen vom Steinhof zur Tötung nach Hartheim „im Auftrag des Reichsverteidigungskommissars" ist in diesem Kontext ebenfalls aktenkundig nachgewiesen. Umso erstaunlicher ist es, dass es Schirach im Nürnberger Prozess gelingt, sich als beim Führer in Ungnade gefallenen Humanisten darzustellen, der sogar ab und zu Kritik an dessen Umgang mit Juden habe erkennen lassen.

Im Haus am Ballhausplatz lässt sich Schirach seine Büroumgebung entsprechend seinem Verständnis von Autorität und Machtgepränge gestalten und knüpft so an das Verhalten mancher seiner Vorgänger an. Das Haus und sein Interieur werden in den Folgejahren umfassend verändert – und diese Änderungen werfen ganz allgemein ein bezeichnendes Licht auf den Charakter und die Persönlichkeit der Funktionsträger, die sie vornehmen. Zunächst bleibt der Chef in jenen Räumen, die schon die österreichischen Vorgänger im Kanzleramt genutzt haben. Insbesondere wird der Kongresssaal weiterhin für größere Besprechungen, Empfänge von Delegationen und protokollarische Veranstaltungen, wie etwa Ordensverleihungen, genutzt. Dann wird er aber mit mehreren Sitzgruppen möbliert und dient als eine Art Wartesaal. Auch der heutige Ministerratssaal ist mit mehreren Sitzgarnituren ausgestattet und fungiert seit der Zeit von Seyß-Inquart als Warteraum. Von dort betritt man zunächst das Dienstzimmer des Büroleiters des Reichsstatthalters, Dr. Hammerschmid, und dann dessen Amtsraum. Offenbar hat man angesichts der schrumpfenden Bedeutung der Behörde jetzt recht viel Platz für Repräsentationsflächen und nutzt sie auch gerne.

Das Reichsstatthalterbüro, das heutige Büro des Bundeskanzlers, ist düster tapeziert und mit nichtssagenden Kunstwerken ausgestattet. Es wird aber bald als Dienstzimmer aufgegeben – Baldur von Schirach übersiedelt in einen moderneren Raum bzw. lässt das Zimmer von Grund auf modernisieren (leider ist aufgrund des vorhandenen Fotomaterials nicht mehr präzise anzugeben, ob es sich weiterhin um das heutige Kanzlerzimmer, das Eckzimmer zur Metastasiogasse oder das heutige Haerdtl-Zimmer handelt). Dessen Wände sind hell tapeziert, den Fußboden ziert ein auffallend großgeblümter Teppich, an der Wand

Baldur von Schirach bei einem Empfang in seinem letzten Arbeitszimmer,
dem heutigen Kongresssaal

hängen Gobelins – Schirach will sich also auch hier von seinem Vorgänger abheben, zeigen, wie kunstsinnig er ist und vermitteln, dass er zu repräsentieren weiß. In weiterer Folge zieht er noch ein paarmal um – primär zu dem Zweck, den „Anmarschweg" zu seinem Büro für die Besucher zu verlängern und damit eindrucksvoller zu machen. Großmannssucht, eine übertriebene Wertschätzung von Äußerlichkeiten und die Lust an der Inszenierung der persönlichen Umgebung durch die Nutzung vorhandener baulicher Ressourcen prägen seinen Stil. Schließlich übersiedelt er in den größten Saal des Hauses, in den Kongresssaal, da ihm nur mehr dieser Prachtraum seiner Position angemessen zu sein scheint.

Neben dem Reichsstatthalter nutzen noch andere hohe und höchste Funktionäre des Regimes die Beletage des Hauses – dokumentiert sind das zur Löwelstraße gelegene Dienstzimmer des für die Beamten-„Säuberungen" zuständigen Staatssekretärs Wächter mit viel Stuckatur an den Wänden und einem großen Feudalherren-Porträt an der Wand. Das Zimmer des Stellvertreters des Reichsstatthalters ist groß, dunkel und sieht noch genauso aus wie in der Ersten Republik; hier macht man sich also nicht die Mühe einer besonderen Renovierung oder Modernisierung.

Während der ganzen Zeit der Naziherrschaft arbeitet das Haus-, Hof- und Staatsarchiv nahezu unberührt von den äußeren Umständen im Hintertrakt des Palais weiter. Sein Chef Ludwig Bittner ist ein alter Deutschnationaler und macht jetzt große Karriere. Besonders tut er sich durch die Akquisition von Privatarchiven und Beständen aus der besetzten Tschechoslowakei für das „Reichsarchiv Wien" hervor. Als die Front Wien näher rückt, werden die Bestände in 250 Lkw-Ladungen evakuiert, einiges davon wird bedauerlicherweise in den Außendepots im Jahr 1945 vernichtet. Bittner begeht bei Kriegsende Selbstmord. Wie sehr er das Archiv (um)politisiert hat, mag der Umstand zeigen, dass zu Beginn der Zweiten Republik alle Archivare mit einer einzigen Ausnahme im Rahmen der Entnazifizierung entlassen werden mussten.

Die Nazis machen sich auch über die Umgestaltung des Minoritenplatzes neben dem Palais her, wo immer noch die hässlichen Reste des geplanten Hauses der Vaterländischen Front vor sich hin bröseln. Jetzt will man hier ein Verwaltungsgebäude für den „Reichsnährstand" errichten. Man beginnt auch tatsächlich am vorgefundenen Rohbau herumzubasteln, doch zu Beginn 1940 werden die Bauarbeiten eingestellt. Bald darauf werden neue Pläne gewälzt, nämlich die Errichtung eines Archivgebäudes in neobarockem Stil, welches das Palais am Ballhausplatz mit dem rückwärtigen Trakt des Palais Modena, dem heutigen Innenministerium, verbinden soll. Zunächst lässt sich die Sache ganz gut an, doch Ende 1942 wird auch diese Planung anscheinend auf Befehl des „Führers" gestoppt, der sich – wohl von Schirach darum ersucht – für eine Erweiterung der Reichsstatthalterei ausspricht. Diese Absicht kommt allerdings nicht mehr über das Modellstadium hinaus.

Im Jahr 1944 befinden sich große Teile der Behörde des Reichsstatthalters in Wien noch immer an der Adresse Ballhausplatz 2. Es ist dies weiterhin der Bereich „Zentrale Verwaltungsangelegenheiten", der unmittelbar einem Regierungspräsidenten untersteht. Zu diesem gehört das Hauptbüro (Amtswirtschaft und Beschaffung), das Referat Haushaltsangelegenheiten, das zentrale Personalreferat, ein zweites Personalreferat für die zentrale Versorgung, das Organisations- und das zentrale Rechtsreferat. Die Verwaltungsbibliothek ist in der Herrengasse 23, das Reichsarchiv am Minoritenplatz 1 angesiedelt. Erstaunlich ist die Kontinuität der bürokratischen Organisation, die sich gar nicht so besonders von der Zeit der Ersten Republik und der Zweiten Republik unterscheidet.

Weiters findet sich an der Adresse Ballhausplatz 2 das Referat Reichsverteidigungsangelegenheiten, die Abteilung 1 für allgemeine und innere Angelegenheiten, mit einer Reihe von Referaten in anderen Amtsgebäuden. Im Haus selbst ist noch die Unterabteilung für innere Angelegenheiten mit dem Polizeireferat und das Referat für die Hitlerjugend angesiedelt. Die polizeilichen Referate sind Am Hof 4, die für das Erziehungswesen am Minoritenplatz 5 ausgelagert.

So extrem die Brüche auch sind, die das Naziregime im alten Palais herbeigeführt hat, so sehr verblüfft die Kontinuität in den Aufgabenbereichen des Hauses über die Regimewechsel hinweg. Immer wieder war und ist dieses Ministerium nicht nur für oberste und koordinative Regierungsgeschäfte zuständig, wie dies für eine Staatskanzlei selbstverständlich ist, sondern auch für andere Agenden – und zwar immer wieder für dieselben. Aufgaben der Staatssicherheit, der wirtschaftlichen Koordinierung, Statistik, Sportagenden, Kulturpolitik, spezielle Aufgaben der Außenvertretung, das Personalwesen und zentrale Rechtsangelegenheiten wurden vielfach bereits in der Monarchie hier wahrgenommen, gehörten zum Aufgabenbestand in der Ersten Republik, laufen in der Nazizeit hier zusammen und zählen auch in der Zweiten Republik – in unterschiedlichen Phasen – zum Kompetenzbereich des Amtes. Teilweise überdauern sogar die konkreten Büroräumlichkeiten der Fachabteilungen die Epochen. Es ist dies wohl ein österreichisches Spezifikum, denn in praktisch allen anderen Staatskanzleien des Kontinents liegen derartige Aufgabenbereiche immer bei Linienministerien, nie beim Premier oder beim Amt des Regierungskollegiums.

In den Jahren des NS-Regimes scheint sich der Reichsstatthalter allerdings persönlich nicht allzu viel mit der großen Fülle seiner Verwaltungsaufgaben befasst zu haben. Zu sehr ist er mit dem ständigen Kampf zur Behauptung seiner politischen Position und seinen Repräsentationstätigkeiten beschäftigt. Vor allem bedient sich Schirach ausgiebig aus den Kulturbeständen der Stadt und wohl auch des Palais. Nach Kriegsende findet man in seiner Villa im Helenental wertvolle Gobelins und Kunstgegenstände. Ansonsten bemüht er sich sehr um die Kulturpolitik, fördert Burgtheater und Staatsoper, offenbar davon beseelt, seiner Herrschaft historischen Glanz und die Anmutung einer feudalen Hofhaltung zu geben. Feste und Jagden im Lainzer Tiergarten, Künstlergespräche und eine große arisierte Kunstsammlung vervollständigen dieses Bild. Der mitunter als „Pompadour von Wien" bezeichnete Politiker kam ja auch mit dem Auftrag nach Wien, die österreichische Kultur wieder zu beleben, um die Bevölkerung den Kriegsalltag leichter vergessen zu lassen.

1944 spürt dennoch jeder in Wien, dass das Regime seinem Ende zugeht. Ständig gibt es Fliegerangriffe, und zunehmend werden Gebäude, ja ganze Viertel zerstört. Schirachs Repräsentationssucht nimmt ein jähes Ende, als das Palais am 10. September 1944 zwischen 10.22 und 11.15 Uhr bei einem Bombardement schwer getroffen und der rechte Flügel des Hauses neben dem Eingang weitgehend zerstört wird. Eine wahre Volkswanderung bewegt sich danach über den Ring, um die massiven Schäden zu besichtigen und festzustellen, „die Gerüchte sind wahr. Das Bundeskanzleramt getroffen. Rechts vom Portal die Ecke durch einen Volltreffer bis zum Parterre zerstört, dazu ein gutes Stück der Front zum Ballhausplatz zu, Boden mit Schutt und Glassplittern bedeckt." Täglich folgen danach weitere Bombardements und Zerstörungen, auch in der Innenstadt und ihren Palais, am 5. November werden Teile der Ringstraße getroffen.

Der alte Säulensaal, der Gelbe Salon und der Marmorecksalon – also die Kanzlerzimmer der Ersten Republik – samt dem darüber liegenden Geschoß liegen in Trümmern auf dem Ballhausplatz, Decken im früheren Wohnungsflügel und im Stiegenhausbereich sind zerstört, nutzbar sind eigentlich nur mehr der linke Flügel zur Löwelstraße, die beiden Quertrakte, die Front zum Haus-, Hof- und Staatsarchiv und der Archivkomplex.

Verängstigt zieht sich Schirach völlig aus dem Haus zurück, lässt seine Frau und seine Kinder nach Bayern in Sicherheit bringen und amtiert bei Gefahr von Fliegerangriffen nur mehr in seinem Bunker am Gallitzinberg, aus dem er sich immer seltener herauswagt. Da er für seine Fahrten vom Amt dorthin immer durch die Thaliastraße fährt, wird diese im Volksmund bald spöttisch „Heldenstraße" getauft. In seiner amtlichen Funktion organisiert er schließlich noch die Evakuierung Wiens und die Lahmlegung der Infrastruktur – so werden etwa die Feuerwehren ins Waldviertel abkommandiert und die Gasversorgung abgedreht. Die Lebensumstände der Bevölkerung spielen für den eitlen und furchtsamen „Helden" vom Ballhausplatz so gut wie keine Rolle mehr. Das ehrwürdige Palais am Ballhausplatz aber verkommt im Winter 1944 zu einer weitgehend funktionslosen Geisterruine und vermittelt mit seinen bloß notdürftig abgedeckten Schäden nur mehr das Elend des untergehenden „tausendjährigen" Reichs.

Im Herbst und Winter 1944 verschlechtert sich die Lage weiter: Gasmangel, Verpflegungsmangel, Einquartierungen … und es gibt keine Kohlen mehr, um das Palais zu heizen. Am Gitter vis-à-vis des Ballhausplatzes aber steht ein Mann und verkauft geröstete Kartoffelscheiben, immer von vielen Menschen umgeben.

In den letzten Kriegstagen im April 1945 finden im Bereich des Ballhausplatzes auch noch Infanteriekämpfe statt, die jedoch dem Gebäude keinen weiteren Schaden zufügen. Schirach hetzt in diesen Kriegswochen von einem Versteck zum anderen und ergreift schließlich von der Hofburg aus am 9. April die Flucht, wobei verwundete Mitarbeiter gnadenlos zurückgelassen werden. Er setzt sich nach Tirol ab, taucht unter dem Namen Paul Falk unter, dient sich mit Bart und Brille zunächst sogar den Amerikanern als Informant an und stellt sich diesen schließlich im Juni 1945. Im Nürnberger Prozess wird er nur zu 20 Jahren Haft verurteilt.

In den ersten Tagen nach dem Ende der Kämpfe in der Wiener Innenstadt können Passanten am Portal des teilweise zerstörten Hauses am Ballhausplatz, wenn sie sich an dem riesigen Schutthaufen vorbeizwängen, der den halben Platz bedeckt, einen Zettel lesen, wonach sich alle früheren österreichischen Beamten am Montag, dem 16. April 1945 zur Wiederaufnahme des Dienstbetriebes melden sollen. Wer den Zettel geschrieben hat, lässt sich nicht mehr feststellen, denn gleich mehrere höhere Beamte reklamieren ihn später für sich. Es finden sich an diesem Tag um 10 Uhr tatsächlich etwa dreißig bis vierzig Beamte im Roten Salon des ersten Stocks ein, die 1938 aus dem Dienst entlassen wurden oder bereits aus den Gefängnissen und Lagern freigekommen sind, darunter auch der künftige Generalsekretär für die Auswärtigen Angelegenheiten Heinrich Wildner. Einer von ihnen, Dr. Franz Sobek, ergreift das Wort und ruft dazu auf, dass die Beamten, die keine Nazis gewesen sind, gemeinsam den Dienstbetrieb wieder aufnehmen müssen, um das Haus auf die kommende Regierung vorzubereiten. So geschieht es auch – der Ballhausplatz ist also wieder österreichisch geworden, und die Verwaltung ist schneller auf ihrem Platz als die Politik.

Das zerstörte Palais nach
dem Bombentreffer vom
10. September 1944

12 Die Konsolidierung der Republik

(1945–1953)

Österreich ist als Staatswesen in den letzten Apriltagen und im Mai des Jahres 1945 noch in keiner Weise funktionsfähig. Es ist ein vierfach besetztes Land ohne klare Strukturen, seine Souveränität wird erst Schritt für Schritt durch neue Organe konstituiert, aber deren Handlungsfähigkeit ist durch die Alliierten noch sehr eingeschränkt. Trotzdem wird das Haus am Ballhausplatz, zunächst wie 1918 abermals als „Staatskanzlei" bezeichnet, rasch wieder zum Zentrum der sich entwickelnden eigenständigen Politik des Landes und zum Sitz einer Regierung.

Der 75-jährige Karl Renner übernimmt, zunächst nur mit Rückendeckung der Sowjettruppen, die ihn am 20. April von Gloggnitz nach Wien holen, die Aufgabe der Regierungsbildung. Ihr sollen die drei als staatstragend angesehenen Parteien – Sozialdemokraten, Christlichsoziale und Kommunisten – angehören. Die genaue Zusammensetzung wird in Verhandlungen zunächst nicht im zerstörten Palais, sondern in der Renner zugewiesenen Villa in Hietzing, Wenzgasse 2, erarbeitet. Am 27. April tritt diese „Provisorische Staatsregierung" erstmals zusammen, tags darauf veröffentlicht sie eine Unabhängigkeitserklärung, mit der sie anordnet, dass die demokratische Republik Österreich im Geist der Verfassung von 1920 wiederherzustellen ist. Das Gremium tagt zuerst im Parlamentsgebäude, schon bald aber trifft sich diese Regierung, die zunächst sowohl exekutive als auch legislative Gewalt ausübt, wieder im Palais am Ballhausplatz. Der Staatskanzler und seine drei die wesentlichen politischen Kräfte repräsentierenden Staatssekretäre ohne Portefeuille nehmen die politische Leitung des Staates im Übergang wahr, andere Staatssekretäre werden mit konkreten Verwaltungsaufgaben betraut. Die Regierungssitzungen, an denen später mit Staatssekretären und Unterstaatssekretären bis zu 41 Personen teilnehmen, werden als Kabinettsrat bezeichnet.

Renner ist ein erfahrener und konsequenter Verfassungslegist, daher konzentriert er sich und die Arbeit seiner Rechtsexperten zunächst auch auf diesen Bereich: Am 29. April beruft er die Fachbeamten ins Haus am Ballhausplatz ein, am 30. hält er selbst hier eine Rede zum Wiederaufbau der Beamtenschaft, und binnen weniger Tage ist in der zuständigen Abteilung im Haus das Verfassungs-Überleitungsgesetz 1945 fertiggestellt, welches das Bundes-Verfassungsgesetz in der Fassung von 1929 wieder in Kraft setzt. Damit haben die staatlichen Organe zumindest eine gewisse formale Legitimität, und es gibt geregelte Prozesse der staatlichen Willensbildung. Im Alltagsgeschäft nutzt Renner von Anfang an sofort einzelne, nicht durch den Nationalsozialismus korrumpierte Mitglieder der alten österreichischen Bürokratie des Hauses, zu der er einen guten Zugang findet. Er hat eine große Fähigkeit, Beamte optimal einzusetzen und zu motivieren – ist er doch im Grunde seiner Denkungsart einer von ihnen.

Als Karl Renner am 30. April nach 25 Jahren wieder persönlich am Ballhausplatz eintrifft, findet er bereits einen von ehemaligen Mitarbeitern des Hauses organisierten einigermaßen funktionsfähigen Verwaltungsapparat vor, dem er nur mehr die nötige Autorität verleihen muss. Er bestellt – „natürlich in der für alles geltenden provisorischen Form" – den 66-jährigen Diplomaten Heinrich Wildner zum beamteten Leiter des Außenamtes. Sofort kommuniziert dieser das an seine Kollegen – und führt dann sein akribisches Tagebuch weiter, in dem er zu diesen ersten Tagen festhält, dass sich die Beamten des Ballhausplatzes leider trotz ihres Engagements für das Gemeinwesen auch in der unwürdigsten Weise um die Zimmer streiten und „Stellenjägerei" betreiben, weil ja sonst noch wenig zu tun ist. Provisorien halten bekanntlich lange in dieser Republik, und so bleibt Wildner vier Jahre lang Generalsekretär des Außenamtes, ja de facto des ganzen Hauses.

Der Kabinettsrat bei einer Sitzung im Ministerratssaal

Wiederaufbau des Palais, hier das Gerüst an der heutigen Bruno-Kreisky-Gasse

Die Sowjetmacht erkennt das Amt, die Regierung und deren Rechtsgrundlagen an – und übernimmt sogleich auch die Hauswache am Ballhausplatz. Die Westalliierten hingegen bleiben noch zurückhaltend. Erst im Sommer gelingt es dem jetzt schon hauptsächlich in der Staatskanzlei arbeitenden Renner und den an seiner Seite stehenden Gründungspolitikern der Volkspartei, auch sie von der Sinnhaftigkeit des am Ballhausplatz eingeschlagenen Weges zu überzeugen.

Noch im Lauf des Mai, der in diesem Jahr besonders warm und sonnig ist, organisiert Kanzler Renner mit Hilfe von Heinrich Wildner das Kanzleramt neu. Die Alltagsarbeit umfasst primär die Organisation der Versorgung der Bevölkerung mit dem Lebensnotwendigsten, die Koordination mit der russischen Militärmacht und die Abwehr ihrer ständigen Übergriffsversuche, dazu aber zunehmend auch die Kontakte hinaus in die Länder. Die Russen stellen dem Amt dafür sogar einen sechssitzigen Packard als Dienstauto zur Verfügung.

Nahezu täglich trifft sich der Kabinettsrat am Ballhausplatz, manchmal dauern die Sitzungen bis weit in die Nacht hinein, nur in den Tagen, an denen sich der alte Renner zu krank fühlt, wird er in dessen Wohnung in Hietzing und ab Juli in seiner neuen Residenz in der Himmelstraße 26 abgehalten, wo sich Renner ein Sitzungszimmer einrichten lässt. Die schwierige Arbeit am Ballhausplatz wird immer öfter noch zusätzlich damit belastet, dass russische Beschlagnahmungen und Festnahmen abgewehrt werden müssen, was Renner zusehends an dieser Befreiungsmacht verzweifeln lässt, weil es Wichtigeres zu tun gäbe. Beispielsweise ist die Lebensmittelversorgung ständig am Zusammenbrechen, sodass sogar für die Regierungsmitglieder und höheren Beamten eine Art Notausspeisung im früheren Restaurant zu den drei Husaren organisiert werden muss. Bei den Improvisationen um die gewaltige Aufgabe der Versorgung Wiens zeigt Leopold Figl erstmals sein Können als Organisator, seinen Mut und seine Kreativität.

Als Entscheidungszentrum kristallisiert sich neben Renner immer deutlicher der Politische Kabinettsrat aus drei Staatssekretären von ÖVP (Leopold Figl), SPÖ (Adolf Schärf) und KPÖ (Johann Koplenig) heraus, die sich im Lauf des Sommers auch immer klarer als die künftigen Träger der Regierung darstellen. In der Staatskanzlei amtieren daneben auch mehrere Unterstaatssekretäre: der parteilose Heinrich Herglotz als Unterstaatssekretär ohne Portefeuille und Franz Winterer als sozialdemokratischer Unterstaatssekretär für Heerwesen; ein weiterer Unterstaatssekretär wird im September folgen.

Jetzt geht es auch darum, das beschädigte Gebäude am Ballhausplatz rasch wieder für den normalen Geschäftsgang funktionsfähig zu machen, und so wird – in altgewohnter Form aktenmäßig – am 4. Juli vom Staatssekretär für öffentliche Bauten, Julius Raab, verfügt, dass die Instandsetzungsarbeiten an der Staatskanzlei ohne jeden Aufschub zu beginnen sind. Ein Betrag von 500.000 Reichsmark wird dafür reserviert, der Architekt Anton Jung beauftragt – und dann geschieht einmal gar nichts. Allein die Auftragsausfertigung dauert Monate, und im April 1946 bittet der Architekt schließlich darum, aus seinen Verträgen wieder entlassen zu werden, da er krank ist, der Weg von zu Hause zu den Baustellen weit ist und die öffentlichen Verkehrsmittel nicht funktionieren. Nun übernimmt die Bundesgebäudeverwaltung die Sache.

Auf politischer Ebene werden im Sommer 1945 vom Ballhausplatz aus die Kontakte zu den Bundesländern aktiviert und mehrere Länderkonferenzen vorbereitet und durchgeführt. Dazwischen gibt es aber immer wieder bittere Rückschläge, die Renner auch physisch sehr zusetzen, so etwa in der Steiermark, die sogar eine eigene Notenbank gründen will. Immer öfter notiert jetzt der Generalsekretär, dass der Kanzler schlecht gelaunt sei und schon in aller Früh im Haus herumgeschrien habe. Im August allerdings beruhigt sich die Situation, als die Alliierten erkennen lassen, dass sie die Regierung Renner als Regierung des Gesamtstaates anerkennen wollen. Und am 25./26. September 1945 akzeptiert letztlich auch eine Länderkonferenz die Souveränität der Wiener Regierung über ganz Österreich. Dass Renner in dieser Zeit vom Ballhausplatz aus bereits so etwas wie eine offensive Medienpolitik betreibt, indem er Informationen über sowjetrussische Übergriffe ausländischen Zeitungen zuspielt, ist zwar ein gefährlicher Balanceakt, der insbesondere der außenpolitischen Mannschaft am Ballhausplatz mehr als einmal unruhige Tage beschert, zeigt aber letztlich positive Wirkung.

Die auswärtigen Agenden werden in diesen ersten Monaten vom Politischen Kabinettsrat gemeinsam mit dem Staatskanzler geführt. Erst Ende September wird dafür ein Unterstaatssekretär, Karl Gruber, zur Führung dieses Aufgabenbereichs bestellt. Renner entscheidet sich für den jungen Tiroler, weil er ihm primär die Kontakte zu den Westalliierten und zur Südtirol-Frage übertragen will, er selbst hingegen will weiterhin die „große" Außenpolitik leiten. Die Wiener Beamtenschaft lehnt den Newcomer, der am 11. Oktober am Ballhausplatz im Eckzimmer zur Metastasiogasse seinen Dienst antritt, allerdings zunächst recht grob ab und versucht ihn zu desavouieren, wo es nur geht. Auch das persönliche Verhältnis des erkennbar parteipolitisch agierenden Gruber zu Renner gestaltet sich zu Beginn nicht zum Besten. Es gibt laute Wortwechsel und wieder einmal Intrigen über Intrigen am Ballhausplatz, doch mit der Zeit gibt Gruber nach, orientiert sich mehr am Ganzen als an seinen Parteiinteressen, findet ein besseres Verhältnis zu seinen Beamten und arrangiert sich auch im Ton und im Arbeitsstil mit Renner.

Im Herbst werden auch die jetzt notwendig werdenden ersten Wahlen zum Nationalrat ausgeschrieben, die am 25. November stattfinden sollen. Danach soll nach dem Plan Renners die Ordnung der verfassungsmäßigen Organe von 1920/1929 gänzlich wiederhergestellt und er selbst zum Bundespräsidenten gewählt werden, womit seine Arbeit am Ballhausplatz beendet sein wird. Die Wahlen können ordnungsgemäß und ohne Pannen durchgeführt werden und bringen eine absolute Mehrheit der ÖVP von 85 Mandaten, 76 Mandate für die SPÖ und vier für die KPÖ.

Damit ist klar, dass Leopold Figl als Bundeskanzler am Ballhausplatz einziehen wird, sein Vizekanzler wird Adolf Schärf, der ebenfalls im Haus seinen
Amtssitz nimmt, denn er führt kein eigenes Ressortministerium. Die Regie-
rungsbildung gestaltet sich aber alles andere als einfach, denn die Ministerliste
benötigt die Zustimmung der Alliierten, die den Austausch von vier belasteten
Kandidaten – darunter des späteren Bundeskanzlers Raab – verlangen. Erst am
18. Dezember liegt diese Zustimmung formell vor, und Bundeskanzler Figl, sein
Vizekanzler Schärf, Kanzleramtsminister Lois Weinberger und Außenminister
Gruber können ihre Räume am Ballhausplatz jetzt auch als Minister beziehen.
Renner bleibt als Bundespräsident vorerst noch im Haus.

Dieses Haus ist allerdings noch immer mehr als ungemütlich, denn der
rechte Flügel liegt nun schon seit fast eineinhalb Jahren unverändert als trostlose Ruine da, und im unzerstörten Teil kann nur in wenigen Räumen geheizt
werden – sofern überhaupt Brennmaterial da ist. Die Beamten arbeiten im
Winter in Mänteln, und die klaffenden Gangöffnungen sind mit Brettern ver-
schlagen.

Die Übergabe der Staatsmacht aber funktioniert reibungslos. Die Parteigre-
mien haben ihre Zustimmung erteilt, am 13. und 17. Dezember tritt die Provisorische Staatsregierung zu ihren letzten Sitzungen im Palais zusammen und legt
minutiös die einzelnen Schritte der Installierung der verfassungsmäßigen Organe fest. Am 19. Dezember tagt der Nationalrat, und am selben Tag organisiert
Bundeskanzler Figl am Ballhausplatz bereits eine publikumswirksame Aktion,
nämlich die Rückgabe der Kunstschätze des Kunsthistorischen Museums an Österreich durch die amerikanische Besatzungsmacht, die in Form der Eröffnung
einer Ausstellung im Amalientrakt und im Reichskanzleitrakt gefeiert wird. Figl
zeigt auch hier, dass er ein „Macher" ist. Das hat er ja bereits als Organisator der
Lebensmittelversorgung Wiens in den ersten Wochen nach Kriegsende bewie-
sen, und das prägt auch seinen weiteren Stil am Ballhausplatz.

Tags darauf, am 20. Dezember 1945, wird Renner von der Bundesversammlung zum Bundespräsidenten gewählt – eine bewusste Abweichung von der
Verfassung des Jahres 1929, da man sich in dieser Zeit der Not keine Volkswahl
leisten will. Unmittelbar nach seiner Wahl begibt sich der alte Staatsmann zu
Fuß vom Parlament auf den Ballhausplatz, wo bereits sein Büro als Bundespräsident vorbereitet ist, und gelobt hier die Bundesregierung an. Diese tritt noch
am selben Tag zu ihrer ersten Arbeitssitzung zusammen, bei der drei Stunden
lang das Regierungsprogramm Punkt für Punkt durchgegangen wird. Renner
selbst fährt wehmütig vom Ballhausplatz nach Hause – seine Mitarbeiter haben
den Eindruck, er wäre eigentlich doch lieber Regierungschef geblieben.

Als der 43-jährige Bauernbundfunktionär und bisherige provisorische Landeshauptmann von Niederösterreich Leopold Figl als Bundeskanzler seine vor-
läufigen Amtsräume im Haus am Ballhausplatz bezieht, das jetzt wieder offiziell Bundeskanzleramt heißt, muss hier noch viel improvisiert werden. Die

Zimmerflucht der Kanzlerräume der Ersten Republik im rechten Flügel kann er wegen der weitgehenden Zerstörung nicht nutzen, und die Unterbringung von Bundespräsident, Bundeskanzler, Vizekanzler, Kanzleramtsminister und Außenminister stellt das Haus vor keine geringen logistischen Probleme. Figl ist aber auch hier ein guter Teamspieler, und so kann man die Arbeit schon irgendwie abwickeln. Sofort nach seinem Amtsantritt spricht er lange und ausführlich zur versammelten Mannschaft des Hauses und kündigt dabei an, dass auch er selbst sich stark um die Außenpolitik kümmern will.

Zu Weihnachten hält er im Haus seine berühmte und ergreifende Rede mit dem Appell: „Glaubt an dieses Österreich!" Der Überlieferung nach wird sie im Grauen Ecksalon aufgezeichnet, es bleibt aber keine Dokumentation dazu erhalten – das allseits bekannte Tondokument wird von Figl erst 1965 auf Tonband nachgesprochen. Wenn Figl hier bedauert, dass es „kein Glas zum Einschneiden" gibt, hat das einen sehr konkreten Bezug zu seinem halb zerstörten Amtssitz. Auch hier zieht es durch die Fenster, und in den Zimmern ist es bitterkalt. Nur durch außerordentliche Anstrengung gelingt es, die für die notdürftige Abdeckung des zerbombten Mittelteils notwendigen Blechplatten von der USIA – der Verwaltung des sowjetischen Vermögens in Österreich – zu ergattern, sodass es wenigstens nicht hereinregnet.

Der Kanzler, der Vizekanzler und ihre Umgebung drängen aber angesichts der unzumutbaren Arbeitssituation darauf, bald in die Räume des Bundespräsidenten in der Mitte der Löwelstraßenfront einziehen zu können. Nicht nur deshalb entscheidet sich Renner rasch dafür, das Haus zu verlassen und im Leopoldinischen Trakt der Hofburg seine Amtsgeschäfte aufzunehmen. Dies ist auch eine symbolhafte Entscheidung von Renner, um klarzustellen, dass es nie wieder eine derartige Abhängigkeit des Staatsoberhaupts von der Bundesregierung geben soll wie in den Krisensituationen der Ersten Republik, insbesondere während der Tragödien am Ballhausplatz im Juli 1934 und im März 1938.

Im Gegensatz zu 1918 hat Renner auch keine Berührungsängste mehr mit der habsburgischen Tradition. Er selbst nimmt sich der Sache seiner Übersiedlung an und hat in diesem Sinn schon am 2. November 1945 an Julius Raab, den Staatssekretär für öffentliche Bauten, der ihm eine Reihe von möglichen Amtssitzen vorgeschlagen hatte, geschrieben: „Mir scheinen persönlich hiefür am geeignetsten Räumlichkeiten in der Hofburg zu sein, die zweifellos durch die Unterbringung des Staatsoberhauptes eine entsprechende Ausnutzung erfahren würden." So geschieht es auch, und man entscheidet sich für die Beletage des Leopoldinischen Traktes der Hofburg. Hier muss man aber zunächst Dienststellen der Roten Armee hinausbitten – was gelingt – und einige Rückbauten der austrofaschistischen Umgestaltung der Räume vornehmen. Schließlich zieht Renner als Bundespräsident im Oktober 1946 in diese Räume ein, und die Beletage am Ballhausplatz kann zur Gänze in die Neugestaltung und Neubelegung des Kanzleramtes einbezogen werden. In einen Teil der

Bundeskanzler Figl bei der Gleichenfeier im noch unfertigen Kanzlerbüro

Präsidentschaftskanzlei zieht jetzt der Vizekanzler ein. Die Raumsituation stabilisiert sich noch weiter, als Kanzleramtsminister Weinberger Vizebürgermeister von Wien wird und der an seine Stelle tretende Erwin Altenburger 1949 nicht mehr ersetzt wird.

Bundeskanzler Figl gelingt es, vom Ballhausplatz aus ausgezeichnete Beziehungen vor allem zur amerikanischen Besatzungsmacht aufzubauen, die er auch abends in seiner Wohnung in der Peter-Jordan-Straße weiter pflegt. Innenpolitisch festigt er seine Position und die Wählerbasis der ÖVP durch eine vorsichtige Öffnung der Partei in Richtung ehemaliger Nationalsozialisten. Vor allem aber punktet der Hausherr am Ballhausplatz durch seine persönliche gewinnende, joviale und emotionale Art.

Im Hochparterre beginnen nach dem Regierungsantritt Anfang 1946 unter der Leitung von Karl Gruber sehr konkrete außenpolitische Aktivitäten: Es geht primär um die Heimführung von Kriegsgefangenen, um die Versorgung von Flüchtlingen, um die Herbeischaffung von Lebensmitteln und um die Südtirol-Frage. Diplomatische Vertretungsarbeit belastet das Amt zunächst noch nicht sehr, gibt es doch 1945 nur eine einzige Vertretungsbehörde, nämlich in Prag; 1946 folgen einige wenige Botschaften in Washington, Paris, London und Moskau – hierfür wird auch eine Planstellenausweitung beantragt und von der Regierung genehmigt. Schwierig ist weiterhin das Verhältnis zu den Russen, was sich im Kleinen auch daran zeigt, dass sie, als der Dienst-BMW Grubers in einer

der Nachbargassen des Minoritenplatzes offenkundig von einem Russen ge-
stohlen wird, keinen Finger zu dessen Wiederbeschaffung rühren; erst 1948 gelangt das Auto nach mühseligen Korrespondenzen und bürokratischen Blockaden beschädigt wieder ins Kanzleramt zurück.

Die ersten Jahre der wiedererstandenen Republik sind vor allem wegen der
ökonomischen Lage alles andere als einfach für die Regierenden am Ballhausplatz. Die Linderung der Not und der Aufbau der Infrastruktur sind eine schier
unlösbare Aufgabe.

Umgekehrt aber normalisieren sich manche Dinge im internen Dienstbetrieb sehr rasch: Schon 1945 haben alle Regierungsmitglieder Dienstwagen –
Figl einen Alfa Romeo, weil dieses Auto den Italienern mit Tiroler Schnittholz
bezahlt werden kann, für Schärf steht ein Audi in der Garage im Hof, für Gruber
ein Chevrolet, und im Jahr darauf muss für Altenburger ein Fiat 1500 so dringend beschafft werden, dass man vom zuständigen Sektionschef sogar in seinem Sommerquartier in Kärnten die Bewilligung einholt. Den alten Packard
Renners, der mehr Sprit braucht, als zugeteilt werden kann, tauscht man gegen
einen Singer als Hauswagen ein.

Parallel zu ihren politischen Aufgaben müssen die Entscheidungsträger
jetzt aber auch endlich die Renovierung des bombengeschädigten Palais voran-
bringen. Die Bundesgebäudeverwaltung erkennt Mitte 1946 abermals die besondere Dringlichkeit der Instandsetzung an, der Herr Bundeskanzler urgiert

Demonstration am 5. Mai 1947 unter den Gerüsten der Baustelle Ballhausplatz

nachdrücklichst – so die Aktennotiz –, dennoch herrscht zunächst wieder für einige Monate Ratlosigkeit, weil „das Transport- und das Arbeiterproblem" nicht gelöst werden können und die beauftragten Baufirmen mangels Arbeitskräften mehrfach hintereinander zurücktreten. Erst im Herbst 1946 kann die Baustelle endgültig wetter- und winterfest gemacht werden, dann beginnen langsam die Maurerarbeiten.

Anfang 1947 sind alle Gewerke definiert, das Budgetvolumen ist rasch auf 1,700.000 Schilling angewachsen, und das Baugeschehen schreitet erkennbar voran – allerdings weiterhin von ausufernder Bürokratie begleitet, denn noch Anfang 1948 sieht sich das Handelsministerium „gänzlich außerstande", die für die Abschlussarbeiten notwendigen 48 Tonnen Eisen aufzutreiben. Es müssen zahllose Zusatz- und Abänderungsaufträge vergeben werden, und die Korrespondenz zwischen Bundeskanzleramt und Handelsministerium betreffend das „Staatsgebäude Wien I, Ballhausplatz 2" füllt viele Ordner. Dazwischen wird eifrig urgiert, denn dass bei einer Hungerdemonstration am 5. Mai 1947 die Demonstranten auf das Gerüst klettern und so in das Gebäude eindringen, findet Präsidialchef Eduard Chaloupka nicht tolerabel.

Erst um die Jahreswende 1947/48 ist die Substanzsanierung einigermaßen abgeschlossen, und die Ausschreibung der Innenausstattung kann erfolgen. Diese führt Anfang 1948 mit Zustimmung des Bundeskanzlers und des Vizekanzlers zur Betrauung von Oswald Haerdtl mit der architektonischen Leitung. Die Vorschläge der beiden anderen Bewerber Kossak und Jung sind den Auftraggebern zu verschnörkelt. Haerdtl soll jetzt den Kanzlertrakt wirklich rasch funktionsfähig machen und ihm eine entsprechend würdige und am historischen Vorbild orientierte Innenausstattung geben.

Die Ausstattung der neuen Repräsentationsräume wird – im Gegensatz zu Haerdtls nüchternem Stil in anderen Gebäuden – doch recht symbolbeladen und staatstragend. Die Anordnung der Zimmer wird zwar etwas verändert, die historischen Räume werden aber unter Zitierung zahlreicher Elemente des früheren Stils wiederhergestellt und ausgestattet. In den drei zentralen Räumen – heute Marmorecksalon, Haerdtl-Zimmer und Kreisky-Zimmer – orientiert sich Haerdtl erkennbar am historischen Vorbild – er hat ja den Auftrag dazu. Wo immer es geht, zitiert er die Säulenstruktur der barocken Innenarchitektur und die Simse, er verwendet dieselben Materialien – etwa im Marmorecksalon den beileibe nicht mehr üblichen Stuccolustro wie in den beiden großen erhalten gebliebenen Sälen –, und er schwelgt geradezu in Heraldik. Praktisch überall, wo es nur möglich ist, werden Bundesadler angebracht: an der Decke, in den Glasapplikationen der Luster und Leuchten, in Spiegelrahmen, in Wandintarsien, auf Schreibtischplatten und sogar auf Aschenbecherdeckeln. Dass diese Überfülle an Hoheitszeichen letztlich sogar dem Architekten selbst zu viel wird, kann man mit geschultem Auge erkennen: Im Marmorecksalon setzt er zwei Bundesadler ganz und gar unheraldisch oben auf die großen Spiegel und lässt

Innenausstattung des Kanzlervorzimmers

sie schräg einander zugeneigt munter tratschen. Und im Spiegelrahmen des Kanzlerzimmers ordnet er die Vögel so an, dass sie in der unteren Rahmenleiste kopfstehen und den Bürzel in die Höhe recken.

Aber auch die Innenausstattung schreitet keineswegs rasch ihrer Vollendung entgegen, denn der Architekt ist in einen ständigen Kampf mit Lieferschwierig-keiten und mit der Bürokratie verwickelt. Diese und der ambitiöse Auftrag, alle Details als Originale zu gestalten und einzeln zu fertigen – für Lampen, Kanzler-schreibtisch, Sessel, Sitzbänke, Kleiderständer, Schirmständer, Türbeschläge, Spiegel, Beleuchtungskörper, Wandvertäfelungen gibt es insgesamt rund tausend

Zeichnungen, ein Gobelin nach einem Entwurf von Albert Paris Gütersloh für das Sekretärszimmer wird in der Hofburg handgefertigt –, führen dazu, dass die gesetzten Termine nicht eingehalten werden können und immer wieder verschoben werden müssen. Ein heftiger Faszikel füllender Briefwechsel zwischen dem Architekten und der Verwaltung legt davon beredt Zeugnis ab.

Dabei wird im Detail nicht mehr gespart. Allein die Holzvertäfelung des Kanzlerzimmers kostet 109.000 Schilling, der Marmorboden im Ecksalon 36.000, die Stuckwände im Vorzimmer 25.200 und die Beleuchtungskörper 100.000. Der Kanzlerschreibtisch schlägt mit 15.000 zu Buche. Die gesamte Einrichtung verschlingt schließlich 622.000 Schilling. Oswald Haerdtl erhält aber erst im Juli 1948 seinen ersten „Vorschuss". Aber man knausert ja auch sonst bei Veranstaltungen des Kanzleramtes nicht – so werden 1948 einmal 700 Bouteillen Wein geordert und beim Heurigen anlässlich der hundertsten Ministerratssitzung Rauchwaren um 471 Schilling und 50 Groschen verqualmt.

Die Außenfront und der Rohbau der zerstörten Zimmerflucht sind seit 1947 fertiggestellt, die gesamte Innenausstattung des wiederaufgebauten Teils soll ursprünglich bis Ende 1948 fertig sein. Doch bereits die erste Kontrolle des Baufortschritts zeigt, dass dieser Termin nicht zu halten ist. Er wird zunächst auf Ende Jänner 1949 verschoben, doch letztlich dauert der Umbau bis Februar 1950, erst dann wird die Zimmerflucht endgültig und zur Gänze bezogen. Für diese Verzögerungen ist auch eine entscheidende Umplanung verantwortlich: Bis Ende 1947 ist eigentlich der Marmorecksalon oder das Haerdtl-Zimmer als Kanzlerzimmer vorgesehen und das spätere Kanzlerzimmer als Warteraum. Erst in letzter Sekunde entscheidet der Präsidialchef, die Raumfolge umzudrehen und den Bundeskanzler im früheren Säulensaal unterzubringen.

Immer wieder widmet man sich auch den absonderlichsten Details. So wird etwa eine aufwendige Abhörprobe in der Anlage der Heißluftheizung durchgeführt, die Beleuchtungskörper im Stiegenaufgang erfordern mehrere Sitzungen, und der Umstand, dass es in ganz Wien nur drei Fachleute für Stuccolustro gibt, wird einfach ignoriert. Im Zug der Sanierung werden schließlich auch die angrenzenden Räume ausgestattet – so erhält der Kongresssaal einen großen Teppich aus Schönbrunn, ein früheres Staatsgeschenk der Hohen Pforte an den Kaiser, und der Ministerratssaal bekommt eine neue Spiegelvergoldung.

Die Außenwelt ist vom Ergebnis nicht vollends überzeugt: Der Feuilletonist Kalmar mokiert sich darüber: „Das ministerielle Nobelmobiliar riskiert einen Seitensprung aus der k. k. Gediegenheit ins leicht Mondäne. Der goldene Bundesvogel avancierte aus einem hintergeordneten Amtsbereich, der Tabakregie, zum gehobenen Vorzimmerdienst. Auf diese Weise entstand in den sogenannten Salons des Regierungschefs eine erstaunliche Stilmischung zwischen der Reichskanzlei unseligen Andenkens und dem Linzer Bahnhof."

Es fällt in diesem Zusammenhang auf, dass man für viele Staatsakte und wichtige Vertragsunterzeichnungen in der Zweiten Republik nicht den eigent-

Vertragsunterzeichnung durch Vizekanzler Schärf im Ministerratssaal

lich nächstliegenden Ort, nämlich den Amtssitz des Bundeskanzlers und Außenministers verwendet, sondern andere Örtlichkeiten – wie etwa die Hofburg
oder das Schloss Belvedere. Nur im Jahr 1948 sticht einer der ganz wenigen großen und symbolträchtigen Staatsakte heraus, die am Ballhausplatz stattfinden:
die Unterzeichnung des Marshallplan-Abkommens, die man offenbar als persönliche Referenz vor Figl hier vornimmt.

Auch der Platz vor dem Kanzleramt wird in den Wiederaufbau einbezogen
und umgestaltet: Aus Sicherheitsgründen reißt man die höheren Mauerteile der
Bauruine der Vaterländischen Front an der Ecke Schauflergasse/Minoritenplatz
ab, mauert im Erdgeschoß deren Türen und Fenster zu und umgibt den Torso bis
zur Klärung der Eigentumsfrage mit einer zweieinhalb Meter hohen Mauer. Das
Ambiente rund ums Palais symbolisiert also Provisorium und Nachkriegsnot.

Auf diesen notdürftig wiederhergestellten Platz schauen jetzt die neuen
Amtsräume des Bundeskanzlers Figl hinunter. In diesen wendet man nun zusehends mehr Initiative dem Versuch zu, für Österreich einen Staatsvertrag und
damit das Ende der Besatzungen zu erreichen. Im September 1949 unternimmt
der Ballhausplatz einen diesbezüglichen Vorstoß bei den Amerikanern, im Dezember richtet Figl einen dramatischen schriftlichen Appell an die Russen. 1952

verfasst die Bundesregierung ein Memorandum an die Vereinten Nationen. Dabei wird ein Bekenntnis zur Neutralität, das Renner 1946 und Figl 1947 erstmals angedeutet haben, immer mehr in den Vordergrund gerückt. 1952 äußern sich auch Bundespräsident Theodor Körner und Außenminister Gruber deutlich in diesem Sinne. Alle diese Dokumente werden im Bundeskanzleramt vorbereitet.

Neben dem Kanzler, dem Außenminister und – bis Oktober 1949 – dem Kanzleramtsminister Altenburger amtiert in dieser Zeit als Repräsentant der Sozialdemokraten Vizekanzler Schärf mit einem ganz kleinen Stab im Löwelstraßentrakt. Sein Dienstzimmer ist seit dem Auszug des Bundespräsidenten das alte Metternich-Büro, ein bis zwei weitere Räume für die Mitarbeiter und ein Sitzungszimmer müssen für ihn reichen. Er führt kein Ressort, verbringt einen großen Teil seiner Arbeitszeit in der Parteizentrale und im Parlament und beschränkt seine Amtstätigkeit im Wesentlichen darauf, an der Vorbereitung der Ministerräte mitzuwirken, die Minister seiner Fraktion zu koordinieren und diejenigen zu vertreten, die abwesend sind. Existenziell ist er durch eine Ernennung zum Sektionschef im Bundeskanzleramt abgesichert. In dieser Zeit ist das Geschäft eines Spitzenpolitikers noch kein nervenzerfetzender 24-Stunden-Job – man macht die wesentlichen Dinge und führt die wichtigen Gespräche im Amt und hält sich viel Zeit für die Parteiarbeit oder für soziale Aktivitäten frei.

Schärf leidet offensichtlich darunter, dass er nur in der zweiten Reihe steht. Von Anfang an spürt er seine Machtlosigkeit und ist daher besonders kritisch gegenüber der Personalpolitik: „Die von Ing. Figl installierten Männer seines Vertrauens im Bundeskanzleramt räumten mit Andersgesinnten rasch auf. Die beiden ersten Opfer waren zwei Sektionschefs […]", schreibt er in seinen Erinnerungen *Österreichs Erneuerung*. Tatsächlich wird, wo immer dies möglich ist, ausscheidendes Personal beinhart durch Mitglieder des Österreichischen Cartellverbandes (ÖCV) ersetzt. In besonders krassen Fällen lässt sich Schärf die Akten vorlegen, kann vereinzelt auch helfen, aber den Trend nicht brechen. Auch auf Korruptionsfälle in den ÖVP-dominierten Ressorts macht Schärf mehr als einmal deutlich aufmerksam. Ansonsten ist er aber eher zurückhaltend, insbesondere Raab gegenüber, auch wenn er subtile Spitzen anzubringen weiß: So trifft er sich 1955 einmal zu Fragen des Deutschen Eigentums demonstrativ mit dem deutschen Ministerialdirektor Berger, den Kanzler Julius Raab nicht empfangen hat, und versteht es, diesen Umstand Adenauer zu hinterbringen, der über den Bundeskanzler daraufhin laut Schärf „sehr verwundert" ist.

Ebenso deutlich wie bei Schärf zeigt sich die relative Bedeutungslosigkeit der übrigen Regierungsmitglieder gegenüber dem Kanzler beim Kanzleramtsminister ohne Portefeuille Altenburger. Er hat praktisch überhaupt keine eigene Infrastruktur im Haus und nur Parteiarbeit und politische Zuarbeit für Figl zu leisten. Dennoch ist man sehr um seine materielle Absicherung bemüht: Er darf beispielsweise seine Wohnung aus Mitteln des Repräsentationsaufwandes sanieren.

Das materielle Elend der Bevölkerung kann in den ersten Jahren der Zweiten Republik nur langsam überwunden werden, die Wirtschaft wächst nicht schnell genug für die Lebensbedürfnisse der Menschen, die Arbeiterschaft kämpft um ihre Existenzgrundlage – bis hin zu Generalstreiks und Auseinandersetzungen rund um das vierte Lohn-Preis-Abkommen 1950, als sich am Ballhausplatz tumultartige Szenen abspielen, die bedrückend an die gewaltsamen Auseinandersetzungen der Ersten Republik gemahnen. In dieser Zeit gleicht der Ballhausplatz mitunter einer Festung, die von bewaffneten Polizeikräften rund um die Uhr bewacht wird.

Am 26. September 1950 versammeln sich gegen 11 Uhr vor dem Bundeskanzleramt an die 6.000 Demonstranten, vom Redner Ernst Fischer eingepeitscht. Die Situation ist angespannt, im Amt sind 400 Polizisten zusammengezogen, ein Demonstrant, der als russischer Offizier erkannt wird, wird im Hof festgehalten. Erst nach zwei Stunden beruhigt sich die Lage. Anfang Oktober versuchen sogar 14.000 Demonstranten das Kanzleramt zu stürmen, während der Ministerrat tagt. Eine Delegation spricht vor, aber Kanzler Figl findet entschlossene Worte: „Meine Herren, da im Nebenzimmer ist der Bundeskanzler Dollfuß g'storben – auch ich weiche der Gewalt nicht. Ich verlass das Haus nicht, eher sterbe ich!"

Der alte Renner amtiert noch immer im Leopoldinischen Trakt und arbeitet fleißig – auch zu Hause in seiner Villa in der Himmelstraße. Während einer schweren Grippe 1949 gelobt er beispielsweise dort vom Bett aus den Salzburger Landeshauptmann Josef Klaus an. Aber 1950 lassen seine Kräfte erkennbar nach, zu Weihnachten erleidet er einen Schlaganfall und stirbt zu Silvester knapp nach seinem 80. Geburtstag. Über sein Begräbnis entspinnt sich eine hässliche Kontroverse am Ballhausplatz, da die Familie in seinem Sinn eine katholische Zeremonie ablehnt, Figl und die katholische Kirche eine solche aber unbedingt zu erreichen versuchen.

Überhaupt verschärft sich Anfang der 1950er-Jahre der politische Ton in der Bundesregierung, wie auch Schärf in seinen Erinnerungen deutlich ausführt. Die Kanzlerpartei ist nervös, und als der Sozialdemokrat Körner zum Nachfolger des verstorbenen Bundespräsidenten gewählt wird, bricht in der ÖVP eine offene Krise aus. Ihr Ergebnis ist, dass Bundeskanzler Figl zunächst als Parteiobmann durch Julius Raab abgelöst wird, womit sich auch sein Fall als Bundeskanzler erstmals ankündigt.

Doch der Niederösterreicher ist ein Kämpfer und ein Meister der Inszenierung. Im Frühjahr 1952 unternimmt er eine große Auslandsreise in die USA, nach England und Frankreich – begleitet von nur zwei Beamten des Hauses – und lässt für sein Wiedereintreffen am Westbahnhof in Wien eine beachtliche Feier organisieren. Es ist dies zwar ein ÖVP-Empfang mit jubelnden Menschen, Kindern mit Blumen und einem Chor, der „Steig auf, du Fahne rot-weiß-rot" singt, aber er wird zur Gänze von der Protokollabteilung des Ballhausplatzes

Vizekanzler Schärf in seinem Arbeitszimmer am Ballhausplatz

organisiert. Wie sehr sich der Besuch gelohnt hat, berichtet daraufhin die *Wiener Zeitung:* Figl hat eine weitere US-Hilfe von 11 Millionen Dollar heimgebracht.

Der neugewählte Bundespräsident Körner möchte sich als Kabinettsvizedirektor einen Legationsrat aus der wirtschaftspolitischen Abteilung der Sektion für auswärtige Angelegenheiten im Bundeskanzleramt, nämlich Bruno Kreisky, in die Präsidentschaftskanzlei holen. Dieser hat am 2. Jänner 1951 dort seinen Dienst angetreten. Aufgrund seiner politischen Erfahrung hat er von Anfang an engen Kontakt zu Vizekanzler Schärf, nimmt auch an politischen Sitzungen teil und bleibt daher nicht lange im Haus am Ballhausplatz, denn im Mai gibt Schärf dem Ersuchen des Bundespräsidenten nach. In den folgenden Jahren nimmt Kreisky an allen Gesprächen Körners mit der sozialdemokratischen Regierungsfraktion, den von Renner eingeführten sogenannten Montagabendessen beim Bundespräsidenten, teil und baut sich so eine starke und anerkannte Position in der SPÖ auf.

Anfang 1953 wird wieder gewählt. Nach der für die SPÖ relativ erfolgreichen Wahl beginnen harte Koalitionsverhandlungen, die am 19. März im Bundeskanzleramt in eine entscheidende Phase treten. Wichtige Kreise in der ÖVP wollen den VdU (Verband der Unabhängigen, die Vorgängerpartei der FPÖ) in die Regierung nehmen, vor allem Raab erwägt zunächst eine Dreierkoalition,

Bundeskanzler Figl empfängt eine US-Delegation im Vorzimmer seines Büros, März 1950

doch als die SPÖ strikt dagegen ist und auch die USA am Ballhausplatz dagegen intervenieren, wird der Plan wieder fallen gelassen. Auf Wunsch Figls werden die Verhandlungstermine mehrfach verschoben, denn er erkennt, dass er bereits stark an politischer Bedeutung verloren hat. In der ÖVP zieht zunehmend Julius Raab die Fäden. Dann kommt die Überraschung für alle am Ballhausplatz: Die ÖVP-Führung entscheidet – ohne Figl –, nicht mehr ihn, sondern Raab zum Bundeskanzler zu machen. Der letzte Akt Figls im Amt als Bundeskanzler sind eine Reihe sehr persönlicher Dankesbriefe, darunter ein durchaus freundlicher auch an seinen im Haus verbleibenden Vizekanzler Schärf.

Dieser setzt nun in der Schlussphase der Koalitionsverhandlungen durch, dass die SPÖ den Posten eines Staatssekretärs für auswärtige Angelegenheiten im Bundeskanzleramt erhält, und nominiert dafür – nach Absagen anderer Kandidaten – Bruno Kreisky.

Parallel dazu wird am Ballhausplatz auch schon wieder umgebaut. Nur wenige Monate nach der Wiederherstellung der Repräsentationsräume entscheidet man sich nämlich für eine Erweiterung der Büroflächen – ein vierter Stock soll in das Dachgeschoß eingebaut werden. Der Denkmalschutz spricht sich allerdings dagegen aus, das äußere Erscheinungsbild des Hauses zu verändern, sodass man den Ausbau nicht an der Außenfront, sondern nur rund um den zweiten Innenhof durchführt. Immerhin können so 17 neue Arbeitsräume geschaffen werden.

13 Große Koalition am Ballhausplatz

(1953–1966)

Der neue Hausherr als Bundeskanzler ist nun also Julius Raab. Er kennt den Ballhausplatz bereits aus seiner Vergangenheit als Spitzenpolitiker der austrofaschistischen Zeit und als Staatssekretär nach 1945, er hat das Veto der Alliierten gegen seine Ministerernennung im ersten Nachkriegsjahr unbeschadet überstanden, er ist bereits seit längerer Zeit die graue Eminenz in der ÖVP, und er hat einen starken Wirtschaftsflügel hinter sich. Er passt auch irgendwie optisch besonders gut in die neuen Repräsentationsräume des Palais, dessen holzvertäfeltes Kanzlerzimmer in seiner Regierungszeit auch den Spitznamen „Zigarrenkistl" erhält – Raab ist Zigarrenraucher und hat auf seinem Schreibtisch einen geradezu riesigen Aschenbecher von Haerdtl stehen, mit Staatswappen auf dem Deckel. Auch der Stil der neu gestalteten Räume findet eine an Raabs Sozialpartnerfunktion gemahnende despektierliche Bezeichnung: „Handelskammerbarock".

Es kommt für ihn nicht überraschend, dass die SPÖ nach der erfolgreichen Wahl im April 1953 Kreisky als Staatssekretär für auswärtige Angelegenheiten nominiert, der Außenminister Gruber unterstützen und wohl auch kontrollieren soll. Kreisky bezieht nach seinen eigenen Angaben einen der „winzigsten und schäbigsten Räume" im ersten Stock am Ballhausplatz, denn Gruber versucht, den ihm aufgezwungenen Staatssekretär, den er noch dazu als unbotmäßigen Beamten in Erinnerung hat, möglichst zu isolieren. Ganz so schlimm dürfte die Unterbringung aber nicht gewesen sein, denn immerhin residiert er nur zwei Zimmer vom Minister entfernt, erhält ein weiteres Zimmer für seine Mitarbeiter und einen eigenen „Türhüter".

Außenminister Gruber stürzt wenige Monate später über ein Memoirenbuch, in dem er nach Ansicht seiner Parteifreunde zu viele Interna ausplaudert. Er muss im November zurücktreten und wird Botschafter in den Vereinigten Staaten. An seiner Stelle kehrt Exkanzler Figl wieder auf den Ballhausplatz zurück und übernimmt die Führung des Außenamtes. Zu ihm hat Kreisky ein weit besseres Verhältnis, was auf Gegenseitigkeit beruht, denn Figl lässt dem Staatssekretär mehr Spielraum.

Der Auswärtige Dienst der Nachkriegszeit ist von großer personeller Kontinuität geprägt. In beträchtlichem Ausmaß amtieren im Hochparterre Personen, die auch bereits vor der deutschen Okkupation hier saßen, und viele haben familiäre Beziehungen zu früheren Diplomaten bis weit zurück in die Monarchie. Auch ehemalige Nationalsozialisten sind wieder im Stab – man listet 17 führende Funktionsträger auf, darunter etwa Wilhelm Platzer, der später unter Waldheim sogar Generalsekretär wird, Carl Hudeczek, den Außenminister Gruber reaktivierte, obwohl er von den Nazis zur Mitarbeit an der „Lösung der Judenfrage" nach Berlin geholt worden war, oder Otto Fries, der noch 1948 wegen seiner Vergangenheit vom Außenamt abgelehnt wurde, 1954 jedoch wieder in den Dienst aufgenommen wird. Ähnlich verhält es sich mit dem Botschafter Attems-Heiligenkreuz, der wegen seiner NSDAP-Mitgliedschaft und seiner Funktion im Generalgouvernement in Krakau erst 1947 wieder in den Auswärtigen Dienst aufgenommen wird – und dort dann eine normale Karriere macht.

Figl ist zwar in gewisser Weise in die Eckräume des Außenministers „abgeschoben" worden und hat zudem noch einen sozialdemokratischen Staatssekretär in seinem Amt, doch ist er aufgrund seiner Popularität weiterhin ein starker Mann. Auch sein Staatssekretär agiert sehr geschickt und wirksam. Zwar wird er im Außenamt weitgehend geschnitten, baut aber ein gutes Arbeitsverhältnis

Schreibtisch im Arbeitszimmer des Bundeskanzlers

Kaiser Haile Selassie I. beim Arbeitsgespräch im Ministerratssaal am 30. November 1954

zu Julius Raab auf und wird schon bald zum „Gehilfen des Bundeskanzlers", wie er selbst schreibt, denn jetzt gehören zu seinen wichtigsten Aufgaben die Vorbereitung des Staatsvertrags und die damit zusammenhängenden Verhandlungen, die den Ballhausplatz intensiv beschäftigen. Auch zeigen prominente Staatsbesuche, dass Österreich international immer stärker wahrgenommen wird.

In den Amtsstuben des Kanzleramtes gehen in diesen Jahren des Wiederaufbaus indes die Verwaltungsangelegenheiten einen immer stärker geordneten Gang – auch mit all ihren Skurrilitäten. Unter der Geschäftszahl 135-074-3/53 entwirft man beispielsweise zu Weihnachten 1953 im Haus ein Rundschreiben an alle Beamten, in dem es heißt: „Die Weihnachts- und Neujahrsgratulationen im Dienst haben in der letzten Zeit einen solchen Umfang angenommen, daß eine Änderung notwendig erscheint." Man möge dies in Hinkunft unterlassen. Bundeskanzler Julius Raab unterzeichnet den Akt, und am 30. November 1953 passiert tatsächlich ein Weihnachtsgruß-Verbot den Ministerrat.

Die Zustände im Haus sind aber auch durchaus so, dass sie mitunter eine strenge Hand verlangen: Raab und sein Vizekanzler Schärf fühlen sich beispielsweise genötigt, den schwunghaften Weinhandel in den Ressorts zu kritisieren, und der Vizekanzler vermerkt spitz: „Ich will nicht der Denunziant sein, muß aber bemerken, daß auch hier im Hause ein lebhafter Weinhandel betrieben

Ablichtung des Ministerratsvortrags betreffend ein „Weihnachtsgruß-Verbot", 1953

wird." Bundeskanzler Raab schreitet ein: „Ich bitte um Abstellung derartiger Geschäfte im Bereich der Ressorts." Auch ein Ersuchen des Protokollchefs, einen nach seinem Empfinden ohnedies nur kleinen Empfang für Diplomaten geben zu können, der aber immerhin 3.000 Schilling kosten soll, wird abgelehnt.

Gleichzeitig macht man sich daran, die Innenausstattung des Hauses zu komplettieren und dabei ein überzeugendes Image seiner historischen Bedeutung aufzubauen. So wird im Jahr 1953 das Metternich-Bild von Sir Thomas Lawrence angekauft und prominent im Kleinen Ministerratssaal aufgehängt, für den Ministerratssaal selbst werden sündteure Wolkenstores beschafft, und die WC-Anlagen werden generalsaniert, da das „bisherige Abort-Schlüssel-System den Besuchern nicht zumutbar ist". Vor dem Haus wird der Ballhausplatz, auf dem regelmäßig die Ehrenkompanie aufmarschiert, asphaltiert.

Für Kanzler Raab ist der Staatsvertrag, die uneingeschränkte Souveränität Österreichs, von Anfang an ein primäres Ziel. Schon früh entwickelt und fördert auch er Vorstellungen in Richtung einer österreichischen Neutralität nach Schweizer Vorbild – weitergehend, als dies die Sozialdemokraten sehen wollen. Hier leistet wohl wieder das Team am Ballhausplatz wichtige theoretische völkerrechtliche Grundlagenarbeit – wie wir oben sahen schon seit 1946, besonders intensiv aber ab 1953.

Überhaupt nimmt das Bundeskanzleramt nicht nur in Form seiner Sektion IV – Auswärtige Angelegenheiten – außenpolitische Zuständigkeiten wahr. Eine der wichtigsten von ihnen ist der ERP (European Recovery Program)-Bereich, in dem das Amt sogar Außenstellen unter anderem in Washington, Paris und Triest mit beträchtlichem Personalstand und Aufwand betreibt, die von der Sektion V („allgemeine wirtschaftliche Koordination") geführt und erst ab 1956 mit großer Mühe und gegen den Widerstand der Beamten sukzessive aufgelöst werden.

1953 wird eine Tauwetterphase des Kalten Krieges genutzt, um wieder einmal das Neutralitätsbekenntnis ins Spiel zu bringen und ein darauf Bezug nehmendes Memorandum an die Sowjets zu übergeben. Man bemüht sich, das Vertrauen der internationalen Staatengemeinschaft, vor allem aber Moskaus zu gewinnen. Im August 1953 treffen Raab, Schärf und Kreisky den finnischen Ministerpräsidenten Urho Kekkonen im Palais, dann versucht man die Berliner Außenministerkonferenz 1954 zu nutzen und bringt den USA den Gedanken einer selbstbestimmten Neutralität Österreichs nahe.

Im April 1955 scheinen die Bemühungen des Ballhausplatzes um einen Staatsvertrag endlich Früchte zu tragen, und die gesamte Führung des Ballhausplatzes – Bundeskanzler Raab, Vizekanzler Schärf, Außenminister Figl und

Figl, Raab und Schärf in Erwartung einer russischen Delegation im Marmorecksalon, 1955

Präsentation des Staatsvertrags vom Balkon des Ballhausplatzes am 15. Mai 1955 –
das „Parallelbild" zum berühmten Foto vom Belvedere-Balkon

Staatssekretär Kreisky – folgt der Einladung zu Direktgesprächen in Moskau.
Das positive Ergebnis ist bekannt, und so ist der 15. Mai 1955 für diese Männer
wohl ein triumphaler Höhepunkt ihrer bisherigen politischen Arbeit. Er wird
nicht nur im Belvedere, sondern auch am Ballhausplatz gefeiert.

Mit dem 26. Oktober 1955 wird die verfassungsrechtliche Verselbstständigung abgeschlossen, und im Mai 1956 fährt die Volkspartei mit einem Wahlsieg
bei den Nationalratswahlen die Ernte für diesen von ihr für sich reklamierten
außenpolitischen Erfolg ein. Entscheidend dafür war wohl nicht nur der Eindruck des Figl-Fotos vom Balkon des Belvedere – übrigens gibt es dieselbe Bal-

konszene vorher auch schon am Ballhausplatz, sie hat medial aber weniger Echo gefunden –, sondern auch die gute Arbeit der Stäbe und der Politiker am Ballhausplatz, auch wenn nicht nur die Außenamtsbeamten im Haus, sondern vor allem Österreichs Botschafter in Moskau, Norbert Bischoff, einen wesentlichen Anteil daran hatten.

In der Wirtschaftspolitik forciert Bundeskanzler Raab die Sozialpartnerschaft und bleibt daher auch als Bundeskanzler formal Wirtschaftskammer-Präsident. Er ist im Grunde seines Herzens ein konservativer und fortschrittsfeindlicher Mann, in der Personalpolitik im Haus am Ballhausplatz pusht er mehr denn je über seinen Präsidialchef Chaloupka den CV, doch in seinem persönlichen Stil gibt er den jovialen niederösterreichischen Baumeister. Er ist immer wieder gut für „ein paar Stamperln Vogelbeer" in seinem holzvertäfelten Büro, raucht beständig Virginia, und man weiß eigentlich nicht immer, warum er einen zum Gespräch ruft – legendär ist ein äußerst wortkarges Interview mit einem englischen Journalisten, bei dem Raab schweigend raucht und seine Antworten auf drei Worte beschränkt: „Nein. […] London. […] Thank you."

Die Atmosphäre am Ballhausplatz ist in diesen Jahren trotz der unzähligen Schwierigkeiten im Zuge des Wiederaufbaus Österreichs und der Erlangung seiner vollen Souveränität eigentlich relativ entspannt. Die politische Situation ist stabil, die Abläufe sind konstant und kalkulierbar, die Politik frisst ihre Akteure noch nicht rund um die Uhr auf – ein Vizekanzler kann es sich leisten, nur wenige Stunden in der Woche im Haus zu sein und keine professionelle Bürostruktur mit zahllosen Sekretären und Referenten zu haben. Die Bezahlung ist zwar gut, hält sich jedoch im Rahmen – der Kanzler hat ein Monatsgehalt von 14.000 Schilling, das entspricht etwa dem siebenfachen Durchschnittseinkommen der Beamten –, aber der Respekt, ja die Unterwürfigkeit, vor dem Kanzler und den Ministern ist allseits groß. Gerd Bacher beschreibt diese Generation von Nachkriegspolitikern später einmal mit einem eingängigen Bild: „Sie lasen keine Bücher, sie aßen Würstl, tranken billigen Wein. Aber sie haben die Republik gerettet."

Mitunter ist Bundeskanzler Raab auch kleinkariert, wie eine Episode um das offizielle Staatsvertragsbild zeigt: Ursprünglich wird Sergius Pauser vom Bundeskanzleramt beauftragt, dieses Bild zu malen. Er ist auch zur Unterzeichnungszeremonie eingeladen und fertigt an Ort und Stelle seine Skizzen an. Als er allerdings sein Bild abliefert, sind Präsidialchef Chaloupka und sein Kanzler Raab entsetzt: Das Bild ist expressionistisch, die Stimmung wird zwar sehr eindrucksvoll vermittelt, jedoch sind die Personen nicht individuell erkennbar, da dies dem Künstler kein Anliegen war. Sofort entscheidet sich die Führung des Ballhausplatzes, dieses – in ihren Augen – Machwerk als offizielles Bild ablehnen Pauser wird vereinbarungsgemäß mit 5.000 Schilling entlohnt, und das Bild wandert unverzüglich in die Artothek, wo es inventarisiert wird und im Depot verschwindet. Chaloupka aber kontaktiert stehenden Fußes den bekannten Porträtmaler Professor Robert Fuchs und ersucht ihn in aller Deutlichkeit, ein Staatsvertragsbild zu malen, auf dem man alle Leute auch klar erkennen kann. Das Resultat ist allen österreichischen Schülern bekannt: Auf dem offiziellen Staatsvertragsbild vom Oberen Belvedere sind alle Funktionsträger abgebildet, die hätten dabei sein sollen; sie stehen in protokollarisch makelloser richtiger Reihenfolge – ganz im Gegensatz zur realen Szene, von der es Fotos gibt. Man kann jede Person klar erkennen. Und in der Mitte des Bildes, hinter seinem Außenminister, steht ein kleiner kahlköpfiger untersetzter Mann mit Brille, von einem geradezu überirdischen Sonnenstrahl hervorgehoben – Sektionschef Chaloupka, der den Auftrag gab und bezahlt hat.

Die Geschichte dieser beiden Bilder wird in den Zeitungen heftig und kontroversiell diskutiert – inklusive der Zitierung eines Raab-Ausspruchs, der angeblich meinte: „Fahrt's ab mit dem Dreck." Die Kunstwelt allerdings ergreift klar für Pauser und gegen die Kanzleramtsbürokratie Partei. Erst Jahrzehnte später erfährt Pauser eine gewisse Rehabilitation, als im Jahr 2002 wieder ein Präsidialchef des Bundeskanzleramtes auf diese Geschichte stößt, das Bild im Bezirksmuseum in Mistelbach aufspürt und ins Kanzleramt zurückbringen

Adenauer bei einem Staatsbesuch bei Bundeskanzler Raab im Ministerratssaal

Staatsvertragsbild von Robert Fuchs

lässt. Seither hängt es in einem friedlichen künstlerischen Dialog im Marmor-ecksalon dem Fuchs-Bild gegenüber.

Als Bundespräsident Körner 1957 stirbt, eröffnet sich für Raab eigentlich die Chance, Staatsoberhaupt zu werden – doch er lehnt den Ortswechsel auf die andere Seite des Platzes ab, bestimmt Professor Wolfgang Denk zum Kandida-ten der ÖVP und scheitert mit diesem Plan: Nach zwölf Jahren Ministerschaft ohne Portefeuille zieht der sozialdemokratische Vizekanzler Schärf jetzt vom Bundeskanzleramt in den vis-à-vis gelegenen Leopoldinischen Trakt der Hof-burg um, und sein Nachfolger im Amtsgebäude am Ballhausplatz wird in der-selben Funktion als Vizekanzler ohne eigenes Ministerium der bisherige Klubob-mann Bruno Pittermann. Dieser bringt umgehend einen neuen, weitaus kantigeren und konfliktorientierteren Stil ins Haus und ist deutlich um eine Ausweitung seiner Verantwortungsbereiche bemüht.

Julius Raab erleidet 1957 einen Schlaganfall, und damit beginnt nicht nur sein körperlicher Verfall, sondern auch der seiner Macht. Wieder einmal sitzt ein Kanzler auf Abruf am Ballhausplatz, der die Fäden der Politik im Lande zusehends nicht mehr voll und ganz in der Hand hat. Verzweifelt stemmt er sich, so wie vor Jahren Figl, gegen diese Entwicklung und inszeniert beispiels-weise im Mai 1958, ebenso wie seinerzeit sein Vorgänger, eine pompöse USA-Reise, bei der er dem Präsidenten Dwight D. Eisenhower einen prachtvollen

Staatsvertragsbild von Sergius Pauser

Gobelin im Wert von 130.000 Schilling mitbringt. Im Juli besucht er die Sowjetunion, im Jahr darauf Japan, doch auch die Auswertung dieser Kontakte im Wahlkampf bringt nicht mehr den gewünschten Erfolg.

1959 wird nämlich wie schon einmal die SPÖ stimmenstärkste Partei, allerdings erhält sie ein Mandat weniger als die ÖVP. Noch einmal wird Raab mit der Regierungsbildung beauftragt, doch muss er in den Regierungsverhandlungen Positionen abgeben – eine davon ist die Abtretung des Außenministers an die SPÖ. Neuer Außenminister wird Bruno Kreisky, den Raab zunächst eigentlich als Finanzminister vorgesehen hat, doch der Bundeskanzler bringt die von ihm präferierte Abtretung des Finanzressorts an die SPÖ nicht durch.

Kreisky ist es auch, der in den Koalitionsverhandlungen darauf beharrt, dass das Außenressort auch als Amt organisatorisch vollständig aus dem Bundeskanzleramt, in das es seit 1923 inkorporiert war, herausgelöst wird. Er setzt sich durch und zieht in der neuen Regierung Raab zwei Zimmer weiter als voll ausgestatteter Ressortchef in die für den Außenminister bestimmten Räume in der Ecke des Palais zur Löwelstraße und Metastasiogasse. Im Anschluss daran befinden sich an der Front zur Löwelstraße die Diensträume des Vizekanzlers und seines kleinen Kabinetts.

Das Außenamt ist nun nicht mehr eine Sektion des Bundeskanzleramtes, wie dies die längste Zeit der Republik der Fall gewesen ist, unter Leitung eines besonderen Ministers im Bundeskanzleramt, sondern ein eigenes Bundesministerium für auswärtige Angelegenheiten. Lediglich bestimmte unterstützende Funktionen wie Buchhaltung, Amtswirtschaft und Bibliothek werden mit diesem gemeinsam geführt. Aber auch Kreisky bekommt einen Staatssekretär von der anderen Koalitionspartei, den Tiroler Professor für Privatrecht Franz Gschnitzer, dem er allerdings ein anderes Zimmer zuweist, als er selbst hatte, weshalb der Präsidialchef in Räume des rechten Flügels hinter dem Kanzlerbüro auswandern muss.

Kreisky erhält aufgrund dieser Verselbstständigung des Ressorts sofort die Unterstützung der an sich konservativen Beamtenschaft. Im Personalbereich versucht er, Schritt für Schritt auch qualifizierte junge Leute seiner Gesinnungsgemeinschaft in das Haus zu holen, innenpolitisch baut er hervorragende Kontakte zu den Medien auf, und außenpolitisch kann er am Ballhausplatz neue Akzente setzen. Er hat beste Kontakte nach Ost und West, zu seinen Freunden in der Sozialistischen Internationale, aber auch zu Adenauer und de Gaulle, und er nutzt sie auch. Gleich 1959 versucht er, ein Zusammentreffen von Willy Brandt und Nikita Chruschtschow einzufädeln, doch erst später, im Juni 1961, kommt es auf seine Initiative hin zum Treffen von Kennedy und Chruschtschow in Wien. Dieses findet zwar nicht am Ballhausplatz statt, sondern in den beiden Botschaften, dennoch ist das Außenamt nicht nur im protokollarischen und organisatorischen Kontext involviert.

In den folgenden Jahren beginnt im Außenministerium am Ballhausplatz und im Kanzleramt die institutionelle Annäherung an Europa ein immer größeres Gewicht zu erhalten. Da ein Beitritt zur EWG zunächst nicht möglich ist, unterstützt man die britische Initiative einer Freihandelszone, die 1960 unter Einbeziehung Österreichs als EFTA geschaffen wird.

Weitere Schwerpunkte der Außenpolitik dieser Jahre sind nach wie vor die Südtirol-Frage, die Kreisky 1960 auch vor die UNO-Vollversammlung bringt, und der Ausbau der Beziehungen zu Ostblockstaaten wie Rumänien, Bulgarien und Ungarn. Ein besonderes Interesse gilt aber der Entwicklung der Dritten Welt und dem Nahen Osten. 1964 wird auf Initiative Kreiskys die Diplomatische Akademie wieder gegründet – der sozialdemokratisch geführte Ballhausplatz knüpft hier ganz bewusst an die von Kaunitz 1754 gegründete k. k. Orientalische Akademie an.

Die gesamte Legislaturperiode hindurch amtieren also im ersten Stock des Palais rechts der Bundeskanzler mit seinem Kabinett und links der Vizekanzler und der Außenminister. Beide Flügel beäugen und kontrollieren einander misstrauisch, und auch in der „roten" Haushälfte ist intern nicht immer alles eitel Wonne. Pittermann und Kreisky repräsentieren unterschiedliche Parteiflügel, und man steht einander trotz der täglichen Zusammenarbeit nicht wirklich

Staatsbankett im Kongresssaal anlässlich des Besuchs des russischen
Parteivorsitzenden Chruschtschow am 1. Juli 1960

nahe. Zudem sind die Arbeitsstile der beiden Männer auch zu unterschiedlich,
und Kreisky hasst es geradezu, dass Pittermann nach den Ministerratssitzungen
in seinem Büro immer Gulasch für die Fraktion kochen lässt, was die Zwiebel-
schwaden bis ins Büro des Außenministers treibt. Mitunter aber gibt es auch
geruchsfreie „Routineessen" in den Räumen der Beletage im Staatsarchiv in der
Wallnerstraße.

Auch der Vizekanzler Bruno Pittermann hat in der neuen Bundesregierung
eine gestärkte Position: Er ist aufgrund einer gesetzlichen Regelung für die
Verstaatlichte Industrie zuständig und erhält mit Entschließung des Bundespräsidenten vom 29. Juli 1959 einen eigenen Wirkungskreis, der faktisch die
Führung der Sektion IV und dazu auch Personal- und Organisationsagenden
umfasst. Demgemäß kann er auch sein Büro um ein weiteres Zimmer und zwei
Beamte vergrößern.

Irgendwann in dieser Zeit wird der hinterste Teil des Hauses aufgestockt
und dort eine fünfte Etage ausgebaut. Und auch in eine andere Richtung wird
erweitert: Schon 1956 ist das benachbarte Palais Dietrichstein am Minoritenplatz
vor allem für die Unterbringung von Abteilungen des auswärtigen Dienstes angekauft worden. Ein paar Jahre später, als sich das Bundesministerium für auswärtige Angelegenheiten im Jahr 1959 verselbstständigt hat, wird die noch dort
eingemietete Landwirtschaftskammer ausquartiert und das Palais durch einen

unterirdischen Gang mit dem Haupthaus verbunden. Auch ein weiteres Gebäude des Bundeskanzleramtes, nämlich das Bankgebäude in der Hohenstaufengasse, wird von fremden Mietern freigemacht – in diesem Fall von der Freiheitlichen Partei – und zur Gänze in die Nutzung des Ressorts übernommen. Das Amt verfügt nunmehr über vier Innenstadtgebäude.

Im Haus selbst hat sich eine stabile Raumaufteilung etabliert: Im Hochparterre sitzt das Außenministerium, in der Beletage befinden sich das Präsidium des Bundeskanzleramtes und die politische Spitze des Hauses: der Bundeskanzler im Nordflügel, der Außenminister im Südflügel an der Ecke zur Metastasiogasse, an der Front zur Löwelstraße der Vizekanzler und die jeweiligen Staatssekretäre möglichst nahe bei ihren Chefs. Den kleinen zweiten Halbstock nutzt das Kanzleramt, den dritten Stock teilen sich Verfassungsdienst und Personalsektion des Bundeskanzleramtes mit Abteilungen des Außenamtes. Im vierten Stock sind ebenfalls Räume beiden Ressorts zugewidmet, und der kleine fünfte Stock gehört wieder dem Bundeskanzleramt. Dazwischen zwängt sich der Bundespressedienst immer wieder in kleinere Zimmergruppen, und man hat den Eindruck, dass diese Abteilung immer nur herumgeschubst wird, bis sie endlich – und später sogar in Form einer eigenen Sektion – in die Amalienburg übersiedeln kann.

Die ersten zwanzig Jahre nach dem Zweiten Weltkrieg dominiert die große Koalition von ÖVP und SPÖ den Ballhausplatz. Einem christlichsozialen Bundeskanzler im rechten Flügel der Beletage sitzt ein sozialdemokratischer Vizekanzler im linken Flügel gegenüber, der Außenminister (zunächst der für Außenpolitik zuständige Staatssekretär) kommt zuerst von der ÖVP, dann von der SPÖ.

In den frühen 1960er-Jahren wird diese Koalition jedoch immer ineffektiver, brüchiger und konfliktbeladener, und das schlägt auch auf die Stimmung am Ballhausplatz durch. Jede Regierungspartei tritt immer stärker als Opposition zur anderen Regierungspartei auf, auch die internen Entscheidungsstrukturen in der ÖVP haben sich mit dem Schlaganfall Raabs 1957 zu ändern begonnen. 1960 treten die Reformer auf dem ÖVP-Parteitag offen an, Alfons Gorbach wird zum Parteiobmann und Hermann Withalm zum Generalsekretär gewählt. 1961 wird schließlich Julius Raab auch am Ballhausplatz abgelöst, doch der neue Bundeskanzler Gorbach schafft es nicht, zu einer effizienten großen Koalition zurückzufinden. Trotz der von ihm gewonnenen Wahl 1962 werden die jungen Reformer in der ÖVP weiterhin stärker, und die folgenden Koalitionsverhandlungen ziehen sich über mehrere Monate hin – Stillstand und Unsicherheit dominieren die Stimmung im Haus. Bei den Koalitionsverhandlungen geht es unter anderem auch wieder um das Außenamt, das wieder von der ÖVP beansprucht wird, doch die Sozialdemokratie hält erfolgreich daran fest.

Die Position von Bundeskanzler Gorbach in seiner Partei ist von Anfang an keine besonders starke, und sie wird rasch immer schwächer, dazu kommen

Bundeskanzler Gorbach und Vizekanzler Pittermann auf dem Weg zur Angelobung 1962

Bedrohungen vom Koalitionspartner, der Kontakt zu den Freiheitlichen auf-
baut, und eine innenpolitische Krise im Zusammenhang mit der geplanten
Rückkehr Otto Habsburgs nach Österreich, die 1963 vor allem die Juristen am
Ballhausplatz beschäftigt: Die SPÖ hat schon 1961 im Ministerrat gegen eine
Einreise gestimmt, jetzt stimmt sie im Parlament mit den Freiheitlichen gegen
die ÖVP, die Koalition bleibt trotzdem bestehen. Schließlich kommt es aufgrund
einer sogenannten „Verzichtserklärung" doch zu einer Einreise Otto Habsburgs
nach Österreich. Die Sache ist der Politik aber so peinlich, dass dieses – brav mit
einer Ein-Schilling-fünfzig-Stempelmarke versehene – Dokument umgehend in
einen Akt des Verfassungsdienstes eingelegt wird und für fünfzig Jahre aus
dem Blick der Öffentlichkeit verschwindet.

Ein Jahr nach dem Antritt der neuen Regierung erzwingen die „Jungen" in
der ÖVP 1964 schließlich den Rücktritt Gorbachs, und der bisherige Salzburger
Landeshauptmann Josef Klaus, bereits Parteiobmann der ÖVP, wird im April
dieses Jahres Hausherr am Ballhausplatz. Außenminister ist und bleibt Bruno
Kreisky – allerdings mit verminderten Kompetenzen, da ein Teil seiner bisherigen Aufgaben ins Kanzleramt wandert. Insgesamt wird das Klima am Ballhausplatz rauer, denn der Bundeskanzler und sein Vizekanzler können definitiv
nicht miteinander. Die große Koalition hat sich historisch überlebt, schlittert –

wie dies Pittermann einmal formuliert – in die Agonie, und auch menschlich gibt es kaum mehr ein Miteinander.

Der Ballhausplatz ist ein Ort der „Wiener Politik", in der sich die aus den Bundesländern stammenden ÖVP-Kanzler (Figl und Raab aus Niederösterreich, Gorbach aus der Steiermark und jetzt Klaus aus Salzburg) nie so ganz zu Hause fühlen. Immer wieder, und das kann man in ihren Memoiren oft und oft nachlesen, fahren sie nach anstrengenden und dramatischen Arbeitsphasen im Palais geradezu erleichtert nach Hause zur Familie aufs Land. Das ist ein klarer Gegensatz zur Ersten Republik, als großteils Wiener im Haus amtierten und das Palais auch tatsächlich der Mittelpunkt des Lebens der Entscheidungsträger war.

Der Ballhausplatz ist in den 1950er- und 1960er-Jahren auch das Zentrum der Proporzdemokratie, in der alles und jedes, insbesondere jegliche Personalentscheidung, zwischen den Großparteien aufgeteilt wird. Das geht so weit, dass Beamtendelegationen ins Ausland paritätisch besetzt sein müssen, was natürlich zu deren international belächelten Aufblähung führt. Mit erstaunlicher Offenheit beschreibt Josef Klaus in seinem Erinnerungsbuch *Macht und Ohnmacht in Österreich* das Phänomen: Er verweist ganz stolz darauf, dass er ja sogar Minister bestellt hat, die nicht dem CV angehörten, widerspricht aber nicht der Aussage seines Vizekanzlers, dass er im Kanzleramt „eine Art politischer Baumschule für den CV-Nachwuchs auf Regierungssesseln" aufgezogen habe. Erst in der Alleinregierungszeit sei es ihm möglich gewesen, bei Stellenbesetzungen wieder sachlichen Erwägungen den Vorzug zu geben. Die große Koalition sei die „totale Machtergreifung im Staate durch die Koalitionsparteien" gewesen, und die Verfassung sei gebogen worden, wie man es brauchte. Alles und jedes wird junktimiert, und wenn ein Junktim nicht gelingt, wird gegen die Initiative ein Veto eingelegt. Damit ist zwangsläufig ein Stillstand der Politik programmiert, der für die Menschen im Land offenkundig sichtbar wird. Die Regierung, der Ballhausplatz, der Bundeskanzler verlieren das Vertrauen der Bevölkerung. In den Ministerratssitzungen kommt es immer häufiger zu persönlichen Angriffen und Feindseligkeiten, der legendäre Stehsatz lautet: „Keine Einigung, nächster Punkt."

Eine Konstante allerdings gibt es am Ballhausplatz über nahezu zwanzig Jahre hindurch: den Präsidialchef Eduard Chaloupka. Er war schon ab 1934 im austrofaschistischen Bundeskommissariat für Personalwesen im Bundeskanzleramt tätig, wurde aufgrund seiner prominenten Funktion nach dem Anschluss mehrfach inhaftiert und aus dem Staatsdienst entlassen, war im Widerstand tätig und wurde daher 1945 sofort wieder in den Dienst im Bundeskanzleramt aufgenommen. Zunächst ist er der Leiter der Präsidialabteilung, 1947 wird er dann zum Sektionschef des Präsidiums bestellt – eine Funktion, die er bis zu seinem Tod im Amt im Jahr 1967 ausübt. Es sind allerdings nicht nur diese Funktion und die lange Dauer in dieser Position, die seine legendäre Stärke im Haus ausmachen, er ist darüber hinaus ab dem Jahr 1955 auch Vorsitzender des

H

An die

Österreichische Bundesregierung

W i e n   I
Ballhausplatz 2

          Ich, Endesgefertigter, erkläre
hiemit gemäß § 2 des Gesetzes vom 3.April 1919,
Staatsgesetzblatt für den Staat Deutschösterreich
Nr. 209, daß ich auf meine Mitgliedschaft zum
Hause Habsburg-Lothringen und auf alle aus ihr
gefolgerten Herrschaftsansprüche ausdrücklich
verzichte und mich als getreuer Staatsbürger
der Republik bekenne.
          Urkund dessen habe ich diese Er-
klärung eigenhändig unterschrieben.

Pöcking, am 31. Mai 1961.

Verzichtserklärung Otto
Habsburgs mit ordnungs-
gemäß geklebter Stempel-
marke

Österreichischen Cartellverbands. Die besondere Bedeutung, die der CV in der Personalrekrutierung der Republik in diesen Jahrzehnten erlangt, geht im Wesentlichen auf seine strikte und kompromisslose Personalpolitik zurück, die gnadenlos in alle Ressorts hineinwirkt.

Ab 1963 wird die Krise der Koalition immer offenbarer. In der ÖVP scharen Klaus und Withalm Reformer um sich, die einmal etwas anderes als die große Koalition versuchen wollen; das Rundfunkvolksbegehren 1964 trägt die Kritik am Proporz in eine breite Öffentlichkeit. In der SPÖ jagt eine Krise die andere: Zuerst sind es die Ereignisse um Franz Olah, der im September 1964 unter dramatischen Begleitumständen aus der Regierung und der SPÖ ausscheidet, dann die „Fußach-Affäre", in der die Vorarlberger Bevölkerung die Taufe eines Schiffs auf den Namen Karl Renner verhindert, und schließlich schadet noch eine Wahlempfehlung der KPÖ.

Angesichts der deutlich erkennbaren Schwächen der großen Koalition und der mangelnden Attraktivität der SPÖ entscheiden sich die Wähler für eine absolute Mehrheit der Volkspartei und damit für eine Alternative am Ballhausplatz. Die Nationalratswahlen von 1966 bringen das Ende der großen Koalition, und nach gescheiterten Verhandlungen über eine Fortsetzung der Koalition übernehmen Josef Klaus als Bundeskanzler und Lujo Tončić-Sorinj als Außenminister das Haus. Kreisky, der in den Verhandlungen für eine Fortsetzung der Koalition eingetreten, aber innerparteilich unterlegen ist, verabschiedet sich nach einem Mittagessen mit seinen Beamten und verlässt am 21. April das Gebäude, mit einem er dreizehn Jahre lang die Außenpolitik gestaltet hat, zu Fuß und mit einem Gefühl tiefer Traurigkeit. Schweren Herzens übersiedelt er in sein Parteibüro in der Löwelstraße (und von dort rasch in die niederösterreichische Landespartei in der Grillparzerstraße).

Er hat einen neuen Stil in das Außenamt am Ballhausplatz gebracht und auch einen neuen Stil in die Politik. Regelmäßig und weitaus öfter als sein Kanzler suchte er das Gespräch mit Journalisten, die er auch in seine Amtsräume im ersten Stock einlud – auf dem Weg dorthin mussten sie sich möglichst ungesehen im Stiegenhaus am Eingang zum Kanzlerflügel vorbeidrücken –, ja mitunter wurde auch noch ostentativ beim Verlassen des Hauses vor dem Tor am Ballhausplatz engagiert weiterdiskutiert. Und er hat Kontakte über enge Parteigrenzen hinaus gesucht – sogar sein Kabinettschef Kirschschläger, der nachmalige Bundespräsident, ist ein eher konservativer, religiöser Außenamtsmitarbeiter und nicht ein Parteifunktionär der SPÖ.

Auf dem Minoritenplatz, gegenüber dem Palais am Ballhausplatz und im Sichtfeld der Fenster des Kanzlerbüros, steht noch immer ein Provisorium. Viele Jahre hat nach 1945 der niedrige Rohbau und Fassadenteile des geplanten Hauses der Vaterländischen Front, später schamhaft verdeckt durch eine Plakatwand, das Bild dominiert. 1954 erwirbt die Niederösterreichische Landesregierung das Areal, denn wieder soll ein Amtsgebäude entstehen. Doch das Projekt scheitert, diesmal an der biederen Kleinkariertheit der Zeit, weil das Ergebnis eines Architektenwettbewerbs als zu modern empfunden wird. Das Siegerprojekt der Architekten Fritz Purr und Georg Lippert, ein mächtiger zehngeschoßiger Bau, erscheint den Entscheidungsträgern – auch denen am Ballhausplatz – und der (medialen) Öffentlichkeit einfach als zu großer Kontrast zur bestehenden Substanz in der Umgebung.

In den 1960er-Jahren wird ein neuer Entwurf von Josef Becvar und Viktor Ruczka vorgelegt – aber auch er wird nicht realisiert. Da nimmt sich ein niederösterreichischer Großbauer – Ferdinand Piatty – der Misere an, pachtet das Grundstück um einen symbolischen Schilling und legt einen Lehracker an, an dem die Stadtkinder sehen sollen, wie ihr Brot wächst. Schaukästen informieren darüber, was gerade reift, und zeitweise kommt es sogar zu einer Art Erntedankfest am Platz. Die Idee ist ebenso rührend wie nicht urban, sie ist auch nicht von Dauer, und nach wenigen Jahren verkommt der Fleck wieder zu einer veritablen „Gstättn".

14

Die
Kanzlerdemokratie
(1966–1999)

Die Nationalratswahl vom 6. März 1966 bringt eine völlig neue Situation für den Ballhausplatz: Die ÖVP kann allein regieren, und Bundeskanzler Klaus entscheidet sich auch für eine Einparteienregierung – und damit dafür, die Macht des Ballhausplatzes wesentlich zu stärken.

Verfassungsrechtlich ist die Stellung des österreichischen Bundeskanzlers ja keine besonders starke. Er hat weder eine Richtlinienkompetenz noch ein Eingriffsrecht in die Ressorts, und auch im Kollegium der Bundesregierung führt er bloß den Vorsitz, diesen aber ohne weitergehende Rechte. Daneben ist er nur Ressortchef eines vergleichsweise kleinen und armen Ministeriums.

Das ist dem neuen, mit einer absoluten Mehrheit ausgestatteten Bundeskanzler Klaus, wie er selbst in seinen Memoiren schreibt, absolut nicht genug, und er versucht daher von Anfang an klarzustellen, dass er der Chef – auch über die Minister – ist. Politisch hat er ja auch eine starke Position: Koordination der Verwaltung, Führung der Regierung nach außen, bestimmenden Einfluss auf das Parlament über seine Fraktion, Führung der stärksten Partei, neue starke mediale Präsenz – und die Auswirkung all dessen auf das Kanzleramt, dessen informelle Funktionen jetzt weitaus wichtiger werden als die rechtlich festgeschriebenen. Der neue Mann ist fest entschlossen, Österreich als Kanzlerdemokratie auszubauen.

Allerdings birgt die österreichische Verfassungslage ein spezifisches Problem für jeden Kanzler. Er ist auch der Chef eines recht facettenreichen Fachressorts, und daher fallen viele administrative Aufgaben einer Ressortführung in seinen Aufgabenbereich, die naturgemäß Zeit kosten und ihn von der Koordinationsarbeit, Entwicklung und Umsetzung großer Linien abhalten. Nicht zufällig wird daher seit den 1960er-Jahren immer ein Staatssekretär oder ein Kanzleramtsminister bestellt, der einen Teil der eigentlichen Ressortleitung übernimmt. Diese Konstellation – die mitunter überbordend sein kann, wenn ein Kanzleramtsminister und/oder mehrere Staatssekretäre bestellt sind – unterscheidet den Ballhausplatz grundsätzlich von allen (anderen) Bundesministerien.

Koalitionsverhandlungen 1966 im Grauen Ecksalon

Klaus ist ein starker Kanzler vor allem aufgrund der absoluten Mehrheit seiner Partei. Er holt Experten aus den Universitäten, aus den Parteien und aus zivilgesellschaftlichen Institutionen auf den Ballhausplatz, um die Neuordnung der Grund- und Freiheitsrechte gemeinsam mit dem Verfassungsdienst vorzubereiten – eine solche Öffnung hat es vorher nicht gegeben. Er holt Expertise aus dem Institut für Wirtschaftsforschung für seine wirtschaftspolitische Koordination ein. Er gründet ein Ministerkomitee für Raumordnung, bestehend aus Ministern, Sektionschefs und Professoren. Letztlich nutzt er auch seine parteiinterne „Aktion 20" – die Einbeziehung von Wissenschaftlern und Künstlern. Solche Vorgangsweisen hat es bisher noch nicht gegeben.

Erstmals finden neue Technologien Einzug in das Palais, der Bundeskanzler nimmt sogar Privatvorlesungen bei einem IT-Professor, und „Der moderne Staat und die Kybernetik" ist ein Referatsthema. Im Ressort manifestiert sich das auch in einem Neubau des statistischen Zentralamtes und des Bundesrechenzentrums.

Der Stil des Kanzlers ist offener als bisher, auch wenn ihm keine wirkliche Volksnähe gelingt. Klaus geht gerne mit Besuchern und Sekretären im Volksgarten eine Runde spazieren, um mit ihnen zu diskutieren. Ab und zu nimmt er persönlich an Sitzungen der Grundrechtekommission teil. Er lädt den ÖGB-Präsidenten Benya ins Kanzleramt ein, um mit ihm Lohnstabilität auszuhandeln, und er versucht, die Paritätische Kommission und die Sozialpartnerschaft vom Ballhausplatz aus zu steuern.

Auch die Verwaltungsreform wird zu einem wichtigen Anliegen im Haus. Jeden Montag tagt unter Vorsitz des Staatssekretärs Gruber oder unter dem des Kanzlers die Reformkommission aus Vertretern des Bundeskanzleramtes, des Finanzministeriums und des Rechnungshofes. Sie bewirkt eine Reduktion des Personalstands, eine Rechtsbereinigung, eine neue Kanzleiordnung und den Einstieg in die EDV. Besoldung und Personalvertretung werden neu geregelt. Rundfunkreform, Vergaberecht, Hochschulstudien-, Forschungsförderungsgesetz und ein großes Abkommen mit der EWG folgen.

Der neue Hausherr im Palais ist schnell, meist gut vorbereitet, ungeduldig, oberlehrerhaft, „messianisch" und autoritär – und bei allem Reformeifer „weltanschaulich und intellektuell introvertiert".

Es ist dies auch eine gute Zeit für die Beamten, deren Spitzenrepräsentanten sowohl von Klaus – und nach ihm übrigens auch von Kreisky – geschätzt werden. Er selbst spricht in hohen Tönen von seinen „weitschauenden, kompetenten und in bestem Sinn pädagogischen Sektionsleitern". Allerdings: Mit einem Schlag scheint der Platz für sozialdemokratische Beamte im Haus am Ballhausplatz eng zu werden, es kommt zu unschönen Ausquartierungen von Mitarbeitern, und das Palais wird recht konsequent „eingefärbt". Der Cartellverband hat dafür die personellen Ressourcen, und der langjährige Präsidialchef Chaloupka hat in seiner Doppelfunktion als beamtete Spitze des Bundeskanzleramtes und Vorsitzender des CV hier bereits solide Grundlagenarbeit geleistet. Mitunter gibt es im Haus aber auch Spannungen zwischen den altehrwürdigen Sektionschefs und Ministerialräten – deren Inkarnation Chaloupka ist – und dem erst 32-jährigen Leiter des Ministerratsdienstes im Bundeskanzleramt, Heinrich Neisser, den Klaus 1969 zum Staatssekretär macht – ein Schock für die Beamtenschaft.

Klaus hält mehrmals die Woche eine einstündige „Postsitzung" in der Bundesparteizentrale bei der Oper ab, an der auch der engste Mitarbeiterstab aus dem Ballhausplatz teilnimmt – etwa der Kabinettschef, der Staatssekretär im Bundeskanzleramt und ein paar „Sekretäre aus dem Bundeskanzleramt", wie er selbst schreibt. Sein eigentlicher Arbeitsplatz ist also zunächst eher das Palais Todesco und nicht das Bundeskanzleramt. Doch das dreht sich in der Folgezeit rasch um: Zunehmend wird für Bundeskanzler/Parteivorsitzende das Kanzleramt der eigentliche Arbeitsplatz, und die Präsenz in den Parteizentralen wird immer weniger. Klaus agiert jedenfalls sehr selbstherrlich und zentralistisch, was den Bünden und dem Parlamentsklub naturgemäß nicht gefällt. Doch immerhin gibt es eine klare Struktur: Der Kanzler gibt die Linie vor, er ist in Partei und Staat die starke Figur, welche die Initiative und die letzte Entscheidung hat.

Eine regelmäßige Parteisitzung gibt es auch am Ballhausplatz: die Ministerratsvorbesprechung am Dienstagvormittag, die – obwohl sie eigentlich als

Koordinationsgremium der Koalition entstanden ist – auch jetzt fortgeführt wird. Es wird politisch berichtet, diskutiert und schlussendlich auch noch die Ministerratstagesordnung durchgegangen – dieser Teil ist aber die am wenigsten interessante Debatte. Auch die Ministerratssitzungen werden wieder für inhaltliche Diskussionen genutzt, politisch und konstruktiv – obwohl hier auch immer wieder die Interessen der Ressorts oder der Bünde deutlich aufeinanderprallen.

Klaus ist der erste Kanzler, der sich im Haus ein größeres Kabinett aus einigen jungen intellektuellen Beratern einrichtet. Leiter des Kanzlerkabinetts wird Franz Karasek, der als Botschaftsrat und langjähriger Sekretär Raabs „mit den Praktiken und Tücken des Ballhausplatzes vertraut" ist. Einmal im Monat gibt es eine „kleine Kabinettsitzung" als Arbeitsbesprechung des gesamten Kanzlerbüros – am Abend, bei einem Glas Wein. Ähnlich agieren im Kanzleramt auch die Sektionschefs Loebenstein und Preglau, die in den Augen Klaus' eine „hervorragende Nachwuchspflege" betreiben, denn der Ballhausplatz soll auch die Kaderschmiede der ÖVP werden.

Klaus ist der erste „Medienkanzler". Er führt Hintergrundgespräche und baut sich ein kleines Netzwerk auf, aber dennoch hat er eine erkennbare Scheu vor Interviews. Um sich hier zu stärken, reformiert er den Bundespressedienst, setzt aber vor allem einen Staatssekretär im Bundeskanzleramt für die Öffentlichkeitsarbeit ein. Die erste Wahl, Hugo Portisch, folgt allerdings seiner Einladung nicht, da er „weder im Einkommensschema der Regierungsmitglieder noch in dem der höchsten Beamten unterzubringen war"; so wird Karl Pisa in dieses Amt berufen. Das Konzept geht allerdings nicht auf, der Posten – von den Medien „Propaganda-Staatssekretär" genannt – wird noch während der Legislaturperiode wieder abgeschafft. Auch die Einbeziehung unabhängiger Intellektueller funktioniert auf Dauer nicht, und in den Jahren der Alleinregierung wenden sich immer mehr von ihnen enttäuscht ab und ziehen sich zurück.

Neben Klaus sitzen nun zwei ÖVP-Politiker im ersten Stock des Palais: Hermann Withalm als Vizekanzler von 1968 bis 1970 – ein Bundesminister ohne Ressort und auch ohne großen Stab – und zunächst bis 1968 Lujo Tončić-Sorinj als Außenminister, der sich um besondere Kontinuität zur Politik seines Vorgängers Kreisky bemüht und sogar dessen Kabinettsmitarbeitern die Übernahme anbietet. Kreiskys Sekretärin arbeitet noch wochenlang bei ihm weiter – nur in der Mittagspause läuft sie schnell hinüber zu ihrem alten Chef in die Löwelstraße, um dort dessen Post aufzubereiten. Neben dem Außenminister kommt als Staatssekretär sein alter Amtsvorgänger Gruber wieder an den Ballhausplatz zurück.

1968 eskalieren innerparteiliche Konflikte in der ÖVP, und es kommt zu einer Regierungsumbildung. Jetzt wird Kurt Waldheim Außenminister und sofort mit einer akuten Krise konfrontiert, dem Einmarsch sowjetischer Truppen in der Tschechoslowakei. Am 21. August holt Thomas Klestil, Klaus' Sekretär für die Außenpolitik, diesen schon um vier Uhr früh aus seinem Wohnort Wolfpassing im Tullnerfeld ab. Es folgen Krisensitzungen im Bundeskanzleramt. Am 22. August hat Klaus auch eine lange Unterredung mit dem sofort aus Dalmatien zurückgereisten Kreisky. Diese Einbeziehung der Opposition funktioniert aber nicht, denn die *AZ* kritisiert die Regierungslinie als anpasslerisch, und Kreisky selbst greift in diesem Sinn am 27. August zur Feder.

Außenminister Waldheim verhält sich in der Tat nicht unbedingt mutig, als er anordnet, die Botschaft in Prag zu schließen und keine Flüchtlinge aufzunehmen – eine Weisung, die der dortige Botschafter Kirchschläger allerdings schlichtweg ignoriert. Erfolgreicher agiert der Außenminister später in der Südtirol-Frage, wo der Ballhausplatz Ende November 1969 eine Einigung mit der italienischen Regierung erreichen kann.

In Hinblick auf die kommenden Wahlen wird 1969 eine Regierungsbilanz anhand der Regierungserklärung mit dem Titel „Erfolg für Österreich" publiziert. Sie betont die Reformorientierung, Stabilität nach innen, Anerkennung von außen, die Position Österreichs als Kulturland und Land des sozialen Friedens. Besonderes Gewicht wird auf die Reform des Rechtsstaates gelegt – diese ging auch wirklich vom Ballhausplatz aus. Kelsens theoretische Grundlagen wurden vom Verfassungsdienst und dann von der gesamten juristisch orientierten Bundesverwaltung aufgegriffen und umgesetzt.

Doch die Propaganda verfängt nicht mehr. Bei den Nationalratswahlen vom 1. März 1970 wird die SPÖ relativ stärkste Partei, weil sie deutlicher den Reformwillen repräsentiert, den die Zeit verlangt. Sie hat inzwischen ihre Führungsmannschaft ausgewechselt, und Kreiskys Team geht selbstbewusst und mit klaren Forderungen in die Wahl. Man traut ihr daher nach den etwas enttäuschenden Ergebnissen der letzten vier Jahre eher zu, das Land in die richtige Richtung zu verändern als der ÖVP.

In den nun folgenden Regierungsverhandlungen mit der ÖVP ist diese überrascht davon, wie gut die SPÖ vorbereitet und wie entschlossen sie ist, das Steuer am Ballhausplatz in die Hand zu nehmen, und ein Verhandler meint sogar, der Wahlsieg „hat die Unterhändler der Sozialisten einfach das Maß verlieren lassen".

Noch glaubt man im Palais aber nicht an einen totalen Wechsel. Am 15. April findet am Ballhausplatz noch einmal der jährliche Präsidialausflug statt – nach St. Georgen bei Melk. Bundeskanzler, Sektionschefs, bis zu „Aufräumefrauen und Hausarbeitern" nehmen teil. Am 16. April gibt der Kanzler noch einen Festempfang für die SALT-Diplomaten, am 17. tagt die Grundrechtekommission, am 18. folgt dann aber schon eine etwas wehmütige „Sendung des Bundeskanzlers" im Radio, von der er sofort zu einer Westreise in die Bundesländer aufbricht. Doch die Würfel sind anderswo bereits gefallen: Der Bundespräsident gibt seine Zustimmung zu einer Minderheitsregierung der Sozialdemokraten, nachdem sich Kreisky der Unterstützung der FPÖ im Parlament versichert hat.

Am 21. April findet daher die Amtsübergabe im Beisein der höchsten Beamten des Hauses statt. „Die Schreibtische und Schränke waren ausgeräumt, das Sekretariat machte einen bis aufs letzte Stäubchen aufgeräumten spiegelblanken Eindruck, die allgemeine Stimmung aber schien ins Gegenteil umgeschlagen zu haben", notiert Klaus dazu in seinen Erinnerungen. Dann geht er über das „noble Stiegenhaus" hinunter und fährt mit seinem Ford Cortina in seine Wiener Wohnung am Stephansplatz.

Ihm folgt jetzt in die völlig leer geräumten Büros Bruno Kreisky als erster Chef einer Minderheitsregierung und als erster sozialdemokratischer Bundeskanzler. Er ist seit dem Parteitag 1967 Parteiobmann und hat zuerst von der niederösterreichischen Landespartei und dann von der Löwelstraße aus eine Reform der Partei eingeleitet – eine Öffnung, insbesondere auch nach Westen, eine Föderalisierung der SPÖ sowie inhaltliche systematische und flächendeckende Programmausarbeitungen durch seine berühmten 1.400 Experten. Dazu kommt die europäische Aufbruchsstimmung der Linken und der Jugend, die nicht unwesentlich zum Erfolg der SPÖ beiträgt.

Die Amtsübernahme am Ballhausplatz vollzieht sich wiederum nicht ganz ohne Dramatik. Angeblich – so eine ÖVP-Version – wird Staatssekretär Neisser in seiner Abwesenheit von Möbelpackern aus seinem Zimmer ausquartiert. Nach SPÖ-Version geht der Einzug in die Kanzlerräume aber recht zivilisiert vor sich – die Räume sind zwar völlig leer geräumt, was nicht den Gepflogenheiten früherer Regierungswechsel entspricht, aber Kreisky zögert nicht und zieht sofort in die Beletage ein; sein Mitarbeiterstab folgt erst später nach und nach auf die neuen Arbeitsplätze.

In der Kanzlerumgebung zieht eine für den Ballhausplatz völlig neue Gruppe junger und engagierter Experten ein, die allesamt von außerhalb des Hauses, ja zumeist von außerhalb der Verwaltung kommen. Die gesamte Infrastruktur muss zwar neu organisiert werden, aber Kreisky kennt das Haus ja schon seit vielen Jahren, und er findet auch rasch Kontakt zu den konservativen und ÖVP-nahen Spitzenbeamten wie Edwin Loebenstein im Verfassungsdienst, Friedrich Meznik im Pressedienst und Roland Jiresch im Präsidium. Man ist nicht besonders eng, aber man respektiert sich gegenseitig und entwickelt ein sehr korrektes Verhältnis, zumal der Kanzler mit den Spitzenleuten sofort direkt verkehrt und nicht seine Büromitarbeiter dazwischenschaltet.

Kreisky liebt das Ambiente des „Zigarrenkistls", wie man das holzvertäfelte Kanzlerzimmer nennt, überhaupt nicht. Immer wieder spottet er in den folgenden Jahren über das düstere „Handelskammerbarock" Julius Raabs – der allerdings an dieser Gestaltung schuldlos war.

Aber Kreisky nimmt es so, wie es ist und belässt die Räume seine gesamte 13-jährige Amtszeit hindurch unverändert. Die Gestaltung der Arbeitsumgebung ist ihm nicht wichtig, er übt hier nur eine Funktion aus und will sich nicht verewigen. Ein paar Bilder zeitgenössischer Künstlerfreunde, das ist alles an

Veränderung, was er in seinem Zimmer veranlasst. Selbst die grauenhaftesten Exemplare der vorgefundenen Möbel, wie ein mit geschnitzten Landeswappen übersäter Aktenschrank, dürfen ebenso bleiben wie die Erinnerungskerze an Dollfuß, jenen Mann, der den jungen Kreisky immerhin aus politischen Gründen einsperren ließ. Der Kanzler entwickelt auch kein besonderes Naheverhältnis zum Haus als solchem. Natürlich ist er sich der historischen Bedeutung seines Amtssitzes bewusst, aber weder denkt er an Umgestaltung nach seinen Vorstellungen noch daran, sich von seiner Familie hier besuchen zu lassen. Es ist einfach sein Arbeitsplatz in der Stadt, von dem aus er nicht selten selber am Abend seinen Wagen nach Hause in die Armbrustergasse, zu seinem „zweiten Arbeitsplatz", chauffiert.

Umso stärker sind die inhaltlichen und politischen Änderungen, die nun vom Ballhausplatz ihren Ausgang nehmen. Das neue Team um den sozialdemokratischen Kanzler ist inhaltlich sehr gut im Detail vorbereitet. Für praktisch jeden Bereich der Regierung gibt es ein umfassendes Arbeitsprogramm, und die Beamtenschaft kann sich so leicht auf die neue Situation einstellen, in der sich der Kanzler sofort kontroversiellen Themen und der Umsetzung seines Konzepts der „sozialen Demokratie" zuwendet.

Kreiskys wichtigstes Arbeitsmittel am Ballhausplatz ist das Telefon. Ständig ist er erreichbar, ruft Entscheidungsträger und Meinungsbildner an, verbringt angeblich ein Drittel des Tages mit Journalistenkontakten, will sofort nach Auslieferung der ersten Mobiltelefone auch ein solches Ungetüm in seinem Auto haben. Auch im Amt selbst kontaktiert er Beamte direkt, wenn ihm ein Akt erläuterungsbedürftig erscheint, und da will er den Referenten sprechen und nicht den Sektionschef, der ihm den Akt vorgelegt hat. Abends gibt es immer wieder Empfänge, Abendessen und Gesprächsrunden mit Künstlern, Wissenschaftlern und Journalisten im Haus – eine Öffnung des Palais greift Platz, die es zuvor schon lange nicht mehr gegeben hat.

Kreiskys erster Kabinettschef ist Peter Jankowitsch, der aus dem Außenministerium kommt, das weitere kleine Sekretärsteam ist handverlesen und hoch qualifiziert. Nicht wenige von ihnen machen später große Karrieren in Politik, Diplomatie, Medien und Wirtschaft. Sie schaffen es rasch, Reforminitiativen im Haus verständlich zu machen und Kreiskys Mannschaft dafür zu motivieren.

Am 25. April 1971 wird Bundespräsident Jonas wiedergewählt, der unterliegende Gegenkandidat ist der frühere Außenminister Waldheim, und am 10. Oktober geht Kreisky – auch gestärkt durch diesen Erfolg – in eine vorgezogene Nationalratswahl und erringt die absolute Mehrheit. Es ist ihm vom Ballhausplatz aus gelungen, zu vermitteln, dass er tatsächlich reformieren und modernisieren will und dass er die Anliegen der Bevölkerung, vor allem der Jugend und der Frauen, ernst nimmt.

Viermal hintereinander gewinnt Kreisky Wahlen – 1970, 1971, 1975 und 1979 – und wird damit immer mehr zum absoluten Chef des Ballhausplatzes, an dem sich von Jahr zu Jahr weniger Mitarbeiter vorstellen können, dass es hier oder überhaupt in der österreichischen Politik eine andere Leitung als „den Alten" geben könnte. Auch die große Welt gibt sich in diesen Jahren hier wieder die Klinke in die Hand – sämtliche europäische Regierungschefs, Schah Reza Pahlavi, Muammar al-Gaddafi, Jassir Arafat, Golda Meir und viele andere kommen. Letztere ist es auch, die ihm die wahrscheinlich schlechteste Presse seiner Amtszeit einbringt, als sie nach einem Kurzbesuch im Palais, bei dem sie vergeblich die Wiedereröffnung des Durchgangszentrums für jüdische Auswanderer aus der Sowjetunion zu erreichen versucht, grantig vermerkt, Kreisky habe ihr am Ballhausplatz nicht einmal ein Glas Wasser angeboten. Doch das tut dem Wachsen der internationalen Bedeutung Österreichs und seiner Entscheidungsträger und Diplomaten am Ballhausplatz keinen nachhaltigen Abbruch. 1972 wird ein Zoll- und Handelsvertrag mit der EWG unterzeichnet, 1974 führt Kreisky eine vielbeachtete Mission im Nahen Osten an, im selben Jahr wird in Laxenburg die IIASA angesiedelt, und 1980 wird Wien dritter UNO-Sitz.

Der Kanzler wird auch immer mehr zum Medienkanzler: Er sucht den Kontakt zur Menge der Journalisten, steht nach dem Ministerrat in dicht gedrängter Runde gerne Rede und Antwort und wirkt dabei nahbar und sympathisch, selbst wenn er einen Interviewer abkanzelt: „Lernen Sie Geschichte, Herr Reporter."

Rückschläge wie den Kärntner Ortstafelkonflikt 1972 oder die verlorene Abstimmung über das AKW Zwentendorf irritieren den Kanzler und den Ballhausplatz nur vorübergehend – man schafft es, auch diese Ereignisse im Endergebnis politisch zu nutzen. Prägend sind die Reformen, die strategisch vom Ballhausplatz aus entwickelt werden: Änderungen im Familien- und im Strafrecht, Öffnung der Universitäten, Bildungsreform, Befreiung der Kultur aus der Dumpfheit der Nachkriegszeit, große Schritte im Gesundheitswesen verändern tatsächlich und für alle spürbar das Land.

Kreisky versteht es auch, im Nahbereich seines Ressorts Institutionen zu schaffen, die ihn gewissermaßen von außen bei seinen politischen Plänen und Strategien unterstützen. Hier ist unter anderem das Österreichische Institut für internationale Politik (OIIP) zu nennen, das Alternativen zu inhaltlichen Ausarbeitungen des konservativer ausgerichteten Außenamtes entwickeln soll, weiters eine Gesellschaft für Kulturpolitik, die Entwicklungshilfeorganisation HOPE'87, ein Bundesinstitut für Gesundheitswesen, die Verwaltungsakademie des Bundes und andere mehr, in denen noch Jahrzehnte später das Bundeskanzleramt gestaltend oder allein bestimmend mitwirkt.

Ein Bild und eine Episode illustrieren die Kreisky-Periode am Ballhausplatz in besonderer Weise: Der Empfang vom 8. Februar 1972 für den von den Olympischen Winterspielen in Sapporo ausgeschlossenen Schifahrer Karl Schranz am Ballhausplatz, der nach einem vom ORF inszenierten Triumphzug bei Kreisky vorbeischaut und vom Balkon des Palais aus Zigtausenden Menschen auf dem Ballhausplatz und dem Heldenplatz zuwinkt. Wer die Fotos und

Karl Schranz auf dem Balkon des Bundeskanzleramtes am 8. Februar 1972

den Filmbericht von damals genau ansieht, erkennt deutlich, wie reserviert Kreisky diesen Auftritt wahrnimmt, die hysterische Mobilisierung vor dem Haus ablehnt und eigentlich am liebsten nicht mit dem Sportler auf den Balkon getreten wäre. Aber die Gesetze der Medien sind ihm nur zu geläufig, und so macht er widerstrebend mit.

Mehr als 40 Jahre später wird es einen ähnlichen Hype vor dem Bundeskanzleramt geben, als der Sieger des Eurovision Song Contest vom Bundeskanzler empfangen wird und danach ein ebenfalls von Zigtausenden Menschen bejubeltes Kurzkonzert vor dem Haus gibt. Doch dazu später.

In der Amtszeit des Bundeskanzlers Kreisky residieren nacheinander drei Außenminister im Südflügel des Palais. Zunächst sein früherer Kabinettschef Kirchschläger – der danach zum Bundespräsidenten gewählt wird – bis 1974, dann der parteilose Diplomat Erich Bielka-Karltreu und schließlich ab 1976 der frühere Leiter des Verfassungsdienstes Willibald Pahr. Alle drei sind Personen, die über ihr Amt hinaus keine besonderen politischen Ambitionen haben und die in großer Loyalität auch bereit sind, dem geborenen Außenpolitiker Kreisky trotz seiner Ressortunzuständigkeit die wichtigen Angelegenheiten der österreichischen Außenpolitik zu überlassen. Die legendäre europäische Zusammenarbeit der großen Sozialdemokraten Brandt, Palme und Kreisky gehört dem Kanzler ebenso wie die Vorbereitung der Ansiedlung der UNO in Wien und seine beständigen Initiativen in der Nahost- und Friedenspolitik.

Nach seinem Wahlerfolg 1975 setzt Kreisky noch einmal einen Reformschub. Diesmal steht die Gleichstellungspolitik im Mittelpunkt, welche die gesellschaftliche Position von Frauen nachhaltig verbessert. Vom Familienrecht bis zum Mutter-Kind-Pass reicht hier die Reformpalette. Die internationalen Bemühungen zeigen ihre Früchte, Wien wird am 1. Jänner 1980 dritter UNO-Sitz. Die SPÖ erreicht mit einer Mitgliederzahl von weit über 700.000 ihre größte Stärke.

Ab Mitte der 1970er-Jahre ändert sich allerdings die Sicherheitslage für Europas Spitzenpolitiker im Allgemeinen und für Bruno Kreisky im Besonderen: Man muss sich gegen terroristische Angriffe insbesondere von palästinensischen Splittergruppen wappnen. Es wird daher auf dringendes Anraten der Sicherheitsbehörden auch am Ballhausplatz wieder einmal umgebaut: Ein schweres Sicherheitstor schottet jetzt die Feststiege ab, die hohen Fenster der Kanzlerfront werden mit Panzerglas gesichert, und ab nun sind Kriminalbeamte ständig präsent. Der Kanzler selbst will von alledem am liebsten nichts wissen, und so erfolgt der Umbau in rasender Geschwindigkeit während des Sommers. Wie notwendig diese Baumaßnahmen sind, illustriert eine ganze Kette von tragischen Ereignissen: eine Geiselnahme jüdischer Emigranten durch zwei Palästinenser 1973 in Marchegg und Schwechat, ein Terroranschlag im Dezember 1975 auf die OPEC-Zentrale, der Mord am Wiener Stadtrat und Vorsitzenden der Österreichisch-Israelischen Gesellschaft Nittel am 1. Mai 1981 und der Terroranschlag auf die Synagoge im August desselben Jahres.

Auch die unmittelbare Nachbarschaft des Palais, die noch immer unverbaute Flanke des Minoritenplatzes, rückt wieder ins Blickfeld der Stadtplaner: 1975/76 gibt es abermals einen Architektenwettbewerb der Niederösterreichischen Landesregierung. Mehr als 200 Projekte werden eingereicht, die Architekten Marschalek, Ladstätter und Gantar gehen mit einer recht provokanten Fassadengestaltung als Sieger hervor, aber wieder wird nicht gebaut. Niederösterreich verliert nun endgültig die Lust an einem Erweiterungsbau am Minoritenplatz und verkauft die Liegenschaft an eine private Gesellschaft.

1980 kommt es zum nächsten Wettbewerb, und schließlich realisiert man 1983 bis 1986 das Projekt von Marchart und Moebius, das in Fachkreisen am wenigsten überzeugte: ein Bürogebäude als stilisierte Kopie seiner Umgebung, ebenso schlicht wie charakterlos, Beton gewordener Kompromiss und gemauertes Denkmal der Entscheidungsunfähigkeit. Eine weitere Veränderung erfährt der Platz Ende der 1980er-Jahre durch den Bau der U3 und die unterirdischen Gänge, die seither das Bundeskanzleramt, das Innenministerium, den Amalientrakt, das Palais Dietrichstein und die neue U-Bahn-Station miteinander verbinden. Diese Bauphase geht nicht folgenlos am Palais vorbei: Mehrfach müssen die U-Bahn-Arbeiten gestoppt werden, da sich bedrohliche Risse in den Wänden des Palais zeigen, und schließlich dringt aus der Baustelle so massiv Wasser in den unteren Keller des Hauses ein, dass tonnenweise Akten vernichtet bzw. aufgrund späteren massiven Schimmelbefalls unbrauchbar werden.

1979 erreicht Kreisky ein drittes Mal eine absolute Mehrheit, doch in der folgenden Legislaturperiode nimmt der Schwung, der vom Ballhausplatz ausgeht, deutlich ab.

Innerparteilich kulminieren Flügelkämpfe in einer schädlichen Auseinandersetzung Kreiskys mit seinem Vizekanzler Hannes Androsch, im Zug der erstarkenden Umweltbewegung bildet sich ein neues grünes politisches Lager, wirtschaftliche Probleme insbesondere rund um die Verstaatlichte Industrie und taktische Fehler bei der Vorbereitung einer Steuerreform tun ein Übriges. 1983 geht die Ära Kreisky am Ballhauplatz zu Ende. Innerparteilich und politisch geschwächt, von der langen Amtszeit ermüdet und ausgelaugt, von Krankheit gezeichnet, resigniert der Kanzler nach dem Verlust der absoluten Mehrheit bei der Nationalratswahl. Eine letzte Entscheidung trifft er noch, indem er in seiner Partei die Nominierung von Fred Sinowatz als Bundeskanzler sicherstellt. Er könnte seiner Meinung nach eine Art sozialistischer Raab werden.

Sinowatz war bisher ein engagierter und reformerfahrener Unterrichtsminister und hat auch einen guten Zugang zu den Medien, dennoch verfestigt sich rasch der Eindruck, dass der neue Mann am Ballhausplatz das Amt nur aus Parteidisziplin übernommen hat und sich eigentlich nicht einmal selbst sämtliche Qualitäten eines Bundeskanzlers zubilligt. Natürlich ist dieses Bild falsch, Sinowatz ist die wahrscheinlich am gründlichsten unterschätzte politische Führungspersönlichkeit der Zweiten Republik, doch er kann dieses Image nicht umdrehen. Vielmehr trägt er selbst noch dazu bei, als er in der Pressekonferenz zur Regierungserklärung formuliert, dass wohl „alles sehr kompliziert" sei.

Dazu kommt, dass sich die Sozialdemokratie erst in einer neuen Koalitionsform, diesmal mit der FPÖ, zurechtfinden und mit der massiven Kritik der ÖVP und der mit ihr verbündeten Kreise sowie mit Kritik der innerparteilichen Linken an diversen freiheitlichen Aktionen auseinandersetzen muss, wobei sie nicht immer den besten Eindruck macht. Hier bereitet dem Bundeskanzler unter anderem die sogenannte „Reder-Afäre", die Rückkehr eines verurteilten hohen Nazioffiziers und seine Hofierung durch den freiheitlichen Verteidigungsminister, besondere Probleme. Zu all dem kommen noch die nun ausbrechende veritable Krise der Verstaatlichten Industrie und eine Auseinandersetzung mit Umweltaktivisten rund um ein geplantes Wasserkraftwerk bei Hainburg, die Sinowatz verliert.

Eine zunehmend autoritäre Haltung des Kanzlers in der Partei und im Amt am Ballhausplatz ist die Folge der Selbsterkenntnis seiner Schwäche. Als Sinowatz im Präsidentschaftswahlkampf gegen Waldheim eine falsche Strategie einschlägt und damit scheitert, zieht er nach relativ kurzer Regierungszeit die Konsequenz. Dass sein Kabinettschef im Bundeskanzleramt eine bedeutende Rolle

bei der Aufdeckung von Waldheims NS-Vergangenheit und bei der Fehleinschätzung gespielt hat, wie man dieses Faktum in den Wahlkampf einbringen
solle, hat diese Rücktrittsentscheidung möglicherweise noch beschleunigt. Sinowatz resigniert und übergibt das Kanzleramt an Franz Vranitzky, den er 1984 in
die Bundesregierung geholt hat.

Zu seinen Amtsräumen findet der an sich bescheidene Burgenländer Sinowatz in seinen Kanzlerjahren gar keinen Bezug: „Ich werd da trübsinnig", wird
er zum holzvertäfelten Büro aus der Raab-Zeit zitiert, eine Umgestaltung lehnt
er allerdings aus Kosten- und Imagegründen ab. Das Einzige, was er akzeptieren kann, ist die bescheidene Einrichtung eines Schlafraums hinter seinem Büro,
denn er hat seinen Wohnsitz im Burgenland nicht aufgegeben, kann aber nach
langen Arbeitstagen nicht immer nach Hause pendeln.

Die Ära nach Kreisky bringt drei Kurzzeit-Außenminister an den Ballhausplatz. Es ist dies zunächst der bisherige Innenminister Erwin Lanc, der aber
nach 16 Monaten seine politische Laufbahn beendet, dann der bisherige Wiener
Bürgermeister Leopold Gratz, der nach 18 Monaten Nationalratspräsident wird,
und schließlich der frühere Kabinettschef des Altkanzlers, Peter Jankowitsch.

Mit der Amtsübernahme des relativ jungen Bankmanagers Vranitzky am
16. Juni 1986 ändert sich am Ballhausplatz einiges: Als in der FPÖ die Kritiker
der Regierungsbeteiligung die Macht übernehmen und diese Jörg Haider zum
Parteiobmann machen, beendet der neue Kanzler die Koalition und geht im November 1986 in riskante Neuwahlen und aus diesen mit einem knappen Vor-
sprung vor der ÖVP hervor. Es gibt also doch wieder einen starken und erfolgreichen Mann am Ballhausplatz.

Vranitzky geht nun wieder eine große Koalition mit der ÖVP ein, deren
Ausgangslage allerdings alles andere als rosig erscheint: Im Haus selbst amtiert
Alois Mock, der Verlierer der Wahl, als Außenminister und Vizekanzler – und
es ist bekannt, dass er die große Koalition eigentlich nicht wollte. Dementsprechend ist auch die Stimmung im Haus schlecht, und es gibt permanent Konflikte zwischen Kanzleramt und Außenministerium. Um jede Kleinigkeit an Kompetenzen wird gerungen, die Zuständigkeitsverteilung gegenüber Brüssel ist
verworren und unklar, die Entwicklungshilfezuständigkeiten wechseln immer
wieder zwischen den Ressorts hin und her, und persönliche Eifersüchteleien der
Diplomaten kosten unnötig Energie. Dazu kommt für die ÖVP die ständige Demütigung durch die positiven Umfragewerte des Kanzlers, denen sie nichts entgegenzusetzen hat.

Im Haus gibt es jetzt erstmals zwei Kanzleramtsminister: einen von der
ÖVP, nämlich Heinrich Neisser, der sich zwei Jahre lang als Bundesminister für
Föderalismus und Verwaltungsreform vergeblich um eine Ausweitung der Zuständigkeiten des Hauses in diesen Bereichen bemüht. Und einen weiteren von
der SPÖ, da in den Jahren 1987 bis 1991 dem Ballhausplatz eine weitere Zuständigkeit zufällt, die es im Haus bisher noch nie gab, nämlich die Angelegenheiten

des Gesundheitswesens. Offenbar will man damit zunächst den neuen Kanzleramtsminister Franz Löschnak über seinen bisherigen Aufgabenbereich, den öffentlichen Dienst, hinaus aufwerten, ein zweites Ziel ist es, die Effizienz des Krisenmanagements im Gesundheitssektor zu verbessern, nachdem der frühere Gesundheitsminister im Zusammenhang mit der Tschernobyl-Katastrophe keine überzeugende Figur gemacht hat. Als Löschnak 1989 Innenminister wird, folgt ihm Harald Ettl als Kanzleramtsminister im Gesundheitsressort nach.

1989 wird Außenminister Mock als ÖVP-Chef gestürzt. Der zu seinem Nachfolger gewählte Josef Riegler soll gewissermaßen „hauptberuflich" den Vizekanzler am Ballhausplatz machen. Er übernimmt daher die Agenden des Kanzleramtsministers für Föderalismus und Verwaltungsreform und zieht für zwei Jahre in die Beletage des Palais Dietrichstein ein. Den erhofften Aufschwung für seine Partei bringt diese Rochade allerdings nicht.

1990, nach einem für die SPÖ relativ guten Wahlausgang und einer halben Million Vorzugsstimmen für Vranitzky, wird die Regierungsarbeit am Ballhausplatz noch komplizierter, da dem ÖVP-Außenminister ein SPÖ-Staatssekretär zur Seite gestellt wird, der bereits früher einmal Außenminister war, nämlich abermals Peter Jankowitsch. Im Kanzleramt bleibt die Funktion des Bundesministers für Föderalismus und Verwaltungsreform, sie wird vom Vorarlberger ÖVP-Politiker Jürgen Weiss noch bis 1994 wahrgenommen.

Auf der anderen Seite des Ballhausplatzes sitzt bis 1992 Bundespräsident Waldheim in der Hofburg, und das Verhältnis seines Amtes zum Ballhausplatz ist denkbar schlecht bzw. überhaupt inexistent. Infolge der internationalen Isolierung des Bundespräsidenten muss der Kanzler einige Aufgaben gegenüber dem Ausland übernehmen, was die schwierige Dreierkonstellation zusätzlich belastet. Dennoch ist den Beobachtern und der Nachwelt klar, dass Vranitzky gerade in diesem Bereich – und da geht es nicht nur um seine über seine Amtszeit hinaus in Erinnerung bleibende Stellungnahme zur Mitschuld Österreichs am Naziregime – eine hervorragende Figur macht. Er hat anscheinend auch ein gutes Gespür für politische Talente, denn 1993 holt er mit Alfred Gusenbauer einen jungen Mann ins Parlament, der eineinhalb Jahrzehnte später ebenso einer seiner Nachfolger werden wird wie der in einem Staatssekretärsbüro erstmals positiv auffallende Christian Kern.

In einer wesentlichen Frage, die Vranitzky besonders am Herzen liegt, ziehen beide Parteien und der gesamte Ballhausplatz an einem Strang. Die Vorbereitung des EU-Beitritts, die Beitrittsverhandlungen und die nachfolgende Volksabstimmung, die mit einer Zweidrittelmehrheit für die EU endet, finden die gesamte Regierung geeint, und hier ist sie in ihrer Politik auch effizient. Dass die Unterzeichnungszeremonie wieder zu einem kleinkarierten ballhausplatzinternen Hickhack darüber wird, wer am Tisch sitzen darf – die ÖVP will unbedingt die Teilnahme der Europa-Staatssekretärin Brigitte Ederer verhindern –, steht auf einem anderen Blatt.

In den 1990er-Jahren geht auch wieder einmal ein wichtiger verwaltungsreformatorischer Impuls vom Ballhausplatz aus: eine Welle von Ausgliederungen staatlicher Institutionen, die öffentliche Aufgaben besorgen, aber – zumindest nach der Theorie von New Public Management – in privatrechtlichen Organisationsformen effizienter handeln können. Ein in der Folge sehr erfolgreiches Beispiel für diese Strategie ist die Auslagerung der Statistik Österreich in eine Bundesanstalt mit eigener Rechtspersönlichkeit, ein zweites die Schaffung eines staatlichen Kulturkonzerns in Form der Bundestheater-Holding und ihrer vier Töchterunternehmen. Es sind dies nicht die einzigen Beispiele, auch die Schaffung der Bundessportheime GmbH und diverser Regulatoren sind noch zu nennen. Diese Entwicklung, in die sich auch das Finanzressort einreiht, ändert die Verwaltung der Republik nachhaltig: Am Ende des Prozesses sind ebenso viele Menschen in die ausgegliederten Einrichtungen transferiert wie in der klassischen Verwaltung im eigentlichen Sinn verblieben.

Wieder ist es eine Bundespräsidentenwahl, die Dynamik am Ballhausplatz erzeugt und eine Veränderung herbeiführt: Vranitzky entscheidet sich 1992 dafür, nach dem Ende der Amtsperiode Waldheims nicht selbst als Bundespräsident zu kandidieren, sondern seinen Verkehrsminister Rudolf Streicher in die Kampagne zu schicken. Streicher verliert, und der für ihn in die Regierung geholte neue Mann Viktor Klima reüssiert zuerst als Verkehrs- und dann als Finanzminister. Als er auch noch 1996 in einem Fernsehduell eine gute Figur gegen Haider macht, entscheidet sich Vranitzky im Jänner 1997, überraschend für seine Partei und die österreichische Öffentlichkeit, für den Rücktritt und schlägt Klima als neuen Bundeskanzler vor.

Der neue Mann bringt „mehr Wärme", jedenfalls einen jovialeren Stil in die Beletage am Ballhausplatz und punktet zunächst wieder mit hohen Sympathiewerten. Ein absolut anerkannter Chef, eine so charismatische Figur wie sein Vorgänger ist er jedoch nicht. Und er ist auch nicht in der Lage, den ständigen Stimmenzuwachs der Freiheitlichen, die allmählich mit SPÖ und ÖVP gleichzuziehen scheinen, zu verhindern. Zudem ist die Stimmung in der Koalition wieder zunehmend getrübt, und vor allem am Ballhausplatz nehmen die gegenseitigen Intrigen und Detailkämpfe im Bereich der Europa- und Außenpolitik zu.

1995 hat auch ein neuer Minister der ÖVP das Außenressort übernommen: Wolfgang Schüssel, der bisherige Wirtschaftsminister, tritt insbesondere in der Innenpolitik deutlich angriffiger als sein Vorgänger auf, und das Koalitionsklima wird zusehends unangenehmer und konfliktträchtiger. Wieder steuert eine große Koalition auf Stillstand, Vertrauensverlust in der Bevölkerung und Ausweglosigkeit zu, und am Ballhausplatz herrscht eine Atmosphäre des permanenten Stellungskrieges und des Misstrauens. Profiteure dieser Entwicklung sind die Freiheitlichen.

Die Wahlen 1999 bringen dann auch herbe Verluste für beide Koalitionsparteien, die ÖVP rutscht gar auf den dritten Platz ab – Haiders FPÖ ist klarer

Sieger. Diese Konstellation bringt eine innenpolitische Dynamik hervor, die sich wieder einmal insbesondere auf die Situation am Ballhausplatz auswirkt, in der jetzt eine überraschende Führungsentscheidung fällt.

Bevor ich auf diese eingehe, möchte ich noch einen kurzen Blick auf eine Entwicklung werfen, welche die drei Jahrzehnte der starken Kanzler besonders kennzeichnet: Sie sind auch eine Periode geradezu inflationärer Bestellungen von Staatssekretären und Staatssekretärinnen sowie Kanzleramtsministern, wie es dies in den vorangegangenen Perioden noch nie gegeben hat. Sie finden zum Teil gar keinen Platz mehr im ehrwürdigen Palais am Ballhausplatz, sodass die Verwaltung des Hauses „Ausweichquartiere" für diese Funktionsträger und ihre anschwellenden Büros finden muss. Ausgewählt werden dafür die Beletage des Staatsarchivs in der Wallnerstraße, die Beletage des Palais Dietrichstein (dieses zunächst für die weiteren ÖVP-Regierungsmitglieder im Kanzleramt, dann für die freiheitlichen Vizekanzler und schließlich für die SPÖ-Kanzleramtsminister), eine Zimmerflucht im zweiten Stock des Reichskanzleitrakts in der Hofburg (zumeist für die Beamten-Staatssekretäre) und die frühere Gästewohnung des Zaren Alexander und der Kaiserin Elisabeth im Amalientrakt (vor allem für die Frauenministerinnen). Nur ganz wenige Staatssekretärinnen und Staatssekretäre dürfen direkt im Haus, in den früheren Räumen der sozialdemokratischen Vizekanzler bzw. in den heutigen Kanzlerräumen arbeiten – unter ihnen Johanna Dohnal, Ferdinand Lacina und Josef Ostermayer.

Diese Entwicklung beginnt bereits unter der Regierung Klaus, der nacheinander Stephan Koren und Heinrich Neisser für Wirtschaftspolitik und Karl Pisa für die Öffentlichkeitsarbeit zu Staatssekretären bestellt. Sie setzt sich erweitert in der Ära Kreisky fort: Ernst Eugen Veselsky ist von 1970 bis 1977 Staatssekretär für wirtschaftliche Angelegenheiten, in diesem Bereich folgen Adolf Nussbaumer und Ferdinand Lacina. Elfriede Karl amtiert acht Jahre lang als Staatssekretärin für Familie und Frauenfragen, ihr folgt Johanna Dohnal. Karl Lausecker und sein Nachfolger Franz Löschnak sind für den öffentlichen Dienst zuständig, ihnen folgen als Staatssekretäre Peter Kostelka, Caspar Einem, Karl Schlögl und Peter Wittmann. Peter Jankowitsch betreut 1990 bis 1992 europapolitische Agenden im Außenamt, Brigitte Ederer danach Europaangelegenheiten im Bundeskanzleramt. Und von 1994 bis 1996 gibt es auch einen ÖVP-Staatssekretär, Gerhard Schäffer, der für Verwaltungsreform und für Sport zuständig ist.

Das Ende der 1980er- sowie die 1990er-Jahre sind auch eine neue Ära der Kanzleramtsminister, in der sich vor allem das gegenseitige Kontrollbedürfnis und das wachsende Koordinationsbedürfnis der Koalition manifestiert. Die Konstruktion der Kanzleramtsminister ist eine verfassungsrechtliche Besonderheit: Es ist nur im Bundeskanzleramt möglich, einen zweiten Ressortchef zu installieren. Dieser kann ohne Portefeuille agieren, was nur selten der Fall war, oder aber es wird ihm durch Entschließung des Bundespräsidenten ein Teilbereich der Agenden des Bundeskanzleramtes zur selbstständigen Besorgung übertragen. Diese Variante wird immer wieder vor allem für Frauenangelegen-heiten, für die Regierungskoordination und für den öffentlichen Dienst gewählt, um politische Signale für einen Querschnittsbereich der Politik zu setzen und um den Bundeskanzler von den zeitraubenden Verwaltungsaufgaben der Per-sonalpolitik, der Ministerratsvorbereitung und des Koalitionsalltags freizuhal-ten. Der bisherige Staatssekretär Löschnak avanciert 1985 zum Bundesminister für Gesundheit und öffentlichen Dienst, ihm folgt Harald Ettl nach. Heinrich Neisser führt 1987 bis 1989 die Agenden der Verwaltungsreform, Josef Riegler amtiert danach als Vizekanzler ohne Portefeuille im Haus, dann folgt Jürgen Weiss als Föderalismusminister.

Die politisch herausragendste Persönlichkeit in dieser Reihe ist wohl Johan-na Dohnal, die nach elf Jahren als Staatssekretärin 1991 zur Frauenministerin aufgewertet wird. Sie baut in ihren 16 Amtsjahren eine moderne Frauenpolitik in Österreich auf und verschafft so dem Ballhausplatz eine neue, zusätzliche und gewichtige politische Bedeutung. Ihr folgen in dieser Rolle Helga Konrad und Barbara Prammer nach. Nur einige wenige dieser Ministerinnen, Minister, Staatssekretärinnen und Staatssekretäre können ein starkes eigenes Profil ge-winnen und nach dieser Funktion auch andere Spitzenpositionen im Staat errin-gen. Andere verschwinden nach relativ kurzer Zeit nahezu spurlos aus dem politischen Leben des Landes.

15 Das neue Jahrtausend
(ab 2000)

Die Wahlniederlage der SPÖ am 3. Oktober 1999 bedeutet für das Palais am Ballhausplatz eine der schwerwiegendsten und spürbarsten Zäsuren der Zweiten Republik. Unmittelbar nach dem Wahltag legt sich zunächst eine bleierne Lähmung über die Personen und Aktivitäten des Kanzlerkabinetts. Niemand in der Umgebung Viktor Klimas, und auch dieser selbst nicht, hat eine Vorstellung, wie es nun weitergehen soll. Eine Fortsetzung der großen Koalition wie bisher scheint am wahrscheinlichsten, führt doch die SPÖ mit sieben Prozent vor der ÖVP, doch niemand dort will noch einmal diese Regierungsform, und die ÖVP legt sich offiziell auf die Oppositionsrolle fest. Eine Minderheitsregierung wird ebenfalls überlegt, scheint jedoch wenig realistisch. Eine Kooperation der SPÖ mit den Grünen hat keine parlamentarische Mehrheit, und eine Zusammenarbeit mit der FPÖ wird am Ballhausplatz nicht ernstlich in Erwägung gezogen – obwohl sie von anderen in der Partei durchaus als Option gesehen wird. Die Abläufe im Kanzleramt in den letzten Wochen des Jahres, nachdem Klima am 9. Dezember offiziell mit der Regierungsbildung beauftragt wird, wirken seltsam. Es finden zwar Verhandlungen, Fraktionssitzungen und Ministerräte statt, als wäre nichts Besonderes geschehen, die Routinearbeit geht weiter, aber es gibt offensichtlich keinen handlungsfähigen Entscheidungsträger und keine Strategie mehr.

In der zweiten Jännerwoche 2000 wird es dramatisch. Die Koalitionsgespräche zwischen SPÖ und ÖVP geraten ins Stocken, das Gesprächsklima wird frostig. Am 20. Jänner scheitern die Regierungsverhandlungen. Hintergrund sind Gerüchte über Parallelverhandlungen zwischen ÖVP und FPÖ, die Forderung der ÖVP nach Übernahme des Finanzressorts und dass auch die Vertreter der Gewerkschaft den Regierungspakt vorbehaltlos unterzeichnen müssen, was der ÖGB-Vertreter ablehnt. Noch einmal beauftragt Bundespräsident Thomas Klestil Viktor Klima mit der Regierungsbildung, doch dann geht alles ganz schnell: Binnen einer Woche einigen sich FPÖ und ÖVP auf ein Regierungsprogramm. Das EU-Ausland äußert daraufhin schwere Bedenken gegen eine solche Koalition. Die ÖVP bringt daher im noch amtierenden „alten" Ministerrat den

Bundeskanzler Wolfgang Schüssel und Bundespräsident Thomas Klestil
bei der Angelobung am 4. Februar 2000

Antrag ein, diese Kritik zurückzuweisen, was seitens der SPÖ nur mehr als Demütigung empfunden werden kann. Dennoch glaubt man dort noch immer, dass die massive ausländische Kritik und der Bundespräsident eine schwarzblaue Regierung letztlich verhindern werden. Doch diese Annahme stellt sich als unrealistisch heraus. Am 1. Februar um 22 Uhr einigen sich Schüssel und Haider formell auf die neue Bundesregierung – der Bundespräsident muss sie aufgrund ihrer parlamentarischen Mehrheit akzeptieren und kann nur mehr eine EU-freundliche Präambel der Regierungserklärung erreichen und zwei der vorgeschlagenen Minister ablehnen.

Der Amtsantritt am 4. Februar ist von dramatischen äußeren Umständen begleitet: Am Vormittag verabschiedet sich Klima im Kongresssaal von den Mitarbeiterinnen und Mitarbeitern des Hauses, Tränen fließen, und sein Appell „Passt mir gut auf dieses Österreich auf" entbehrt nicht einer gewissen Theatralik.

Dann trifft sich knapp vor Mittag die neue Mannschaft im Zimmer des Außenministers und designierten Kanzlers Schüssel. Wie seit jeher ist im Grauen Ecksalon und im Ministerratssaal Kaffee vorbereitet, weil man von hier geschlossen zur Angelobung hinüber in die Hofburg geht – gemeinsam mit dem Präsidialbeamten, der das Schreiben des Kanzlers mit den Ministervorschlägen in seiner Mappe trägt. An diesem Tag hat sich aber auf dem Ballhausplatz eine

Unterirdischer Verbindungsgang vom Ballhausplatz in die Amalienburg

große Zahl von Demonstranten versammelt, und so wird entschieden, durch den unterirdischen Gang hinüber in die Amalienburg zur Angelobung zu gehen. Viel ist seither in diesen Gang unter der Erde hineingeheimnisst worden, tatsächlich aber ist die Sache recht unspektakulär: Die Bundesregierung benutzt einfach jene Verbindung des Palais zum Amalientrakt, die täglich alle Mitarbeiter benutzen, die in die Kantine Mittagessen gehen. Von diesem Gang führen eine Tür und ein kurzer Weg durch Kellerräume in den Leopoldinischen Trakt, und von hier aus gelangt man mit dem Lift direkt zum Bundespräsidenten.

Die ersten Wochen der neuen Bundesregierung sind von internationalen wie innerstaatlichen Protesten und Kritik geprägt. Das merkt man natürlich auch am Ballhausplatz, wo sich wöchentlich Demonstranten sammeln und im Haus die hektischen Aktivitäten, dieser Bewegung entgegenzuwirken, zunächst alles andere überdecken. Wider Erwarten kommt es aber zu keinen Ausquartierungen oder feindseligen Entfernungen von Beamten oder früheren Kabinettsmitarbeitern. Der neue Kanzler ist offenbar bestrebt, im eigenen Haus Stabilität und Funktionsfähigkeit jenes Apparats zu bewahren, den er ja gut kennt und den er auch routiniert einzusetzen vermag. So gibt es nicht einmal wesentliche Änderungen in der Geschäftseinteilung, geschweige denn bei den Spitzenbeamten.

Dennoch ist erkennbar, dass man im Haus mit vermeintlich sozialdemokratischen Traditionen brechen will. Sehr rasch erklärt der Kanzler, aus dem bisherigen holzvertäfelten Dienstzimmer ausziehen zu wollen und bestimmt das alte Metternich'sche Büro im Südflügel zu seinem neuen Domizil. Der Raum wird umgehend adaptiert, von Brokat und Verzierungen befreit und steht binnen weniger Wochen dem Bundeskanzler zur Verfügung. Er wird auch nach den Regierungen Schüssel das Büro des Bundeskanzlers bleiben. Auch der Erinnerungsort an den Dollfuß-Mord im Marmorecksalon wird wieder mit dessen Bild dekoriert.

Naturgemäß zieht ein neues Kanzlerkabinett ins Haus ein, es entspricht aber in Umfang, Zuständigkeiten und Raumnutzung weitgehend dem vorherigen – nur die Personen sind andere und kommen zum Großteil nicht aus der Verwaltung oder aus dem Haus.

Im Amalientrakt residiert jetzt ein Staatssekretär, der offenbar nach innerparteilichen Turbulenzen um einen anderen personellen Vorschlag erst in den letzten Stunden vor der Angelobung geradezu aus dem Hut gezaubert werden musste – Franz Morak ist nun für die Kulturangelegenheiten zuständig, die wie zu sozialdemokratischen Zeiten im Kanzleramt verbleiben.

Als Chefin der freiheitlichen Regierungsmannschaft wird Susanne Riess-Passer Vizekanzlerin, für die aber nur ein sehr kleines Ressort, Sport und öffentlicher Dienst, definiert wird. Offensichtlich ist die FPÖ mit den verfassungsrechtlichen Details und Rahmenbedingungen überfordert, denn zunächst erweckt die neue Vizekanzlerin den Eindruck, als sähe sie sich als Parallel-Ressortchefin im Bundeskanzleramt. Als man ihr klarmacht, dass es kein „Vizekanzleramt" gibt (die Terminologie hält sich hartnäckig noch für Jahre), die Ressortführung beim Bundeskanzler liegt und für sie nur die Alternative einer Bundesministerin im Bundeskanzleramt oder eines eigenen Miniressorts besteht, das administrativ dem Bundeskanzleramt angegliedert sein soll, sorgt das für Verwunderung. Das Modell, das sich an die Konstellationen der 1950er-Jahre anlehnt, als der Vizekanzler ressortlos am Ballhausplatz saß, ist für die Freiheitlichen nicht akzeptabel.

So wird also ein neues Bundesministerium „für öffentliche Leistungen und Sport" aus dem Bundeskanzleramt herausgelöst und bleibt lediglich topografisch mit diesem verbunden, weil es seinen Sitz im Palais Dietrichstein bezieht. Der Apparat besteht aus der vom Finanzministerium abgetretenen Personalsektion und der zu einer Sektion aufgewerteten Gruppe Sport aus dem Bundeskanzleramt. Dazu gibt es einige wenige weitere Planstellen für das Ministerkabinett.

Das Nebeneinander mehrerer „Chefs" ist am Ballhausplatz allerdings keine Seltenheit. Wie in keinem anderen Ressort gab es hier immer wieder und sehr konstant einen oder mehrere Staatssekretäre und einen Bundesminister ohne eigenen Verwaltungsapparat, der auf Teile der Aufgaben und der Organisationsstruktur des Bundeskanzleramtes zurückgreift.

Die Kanzleramtsminister haben eine Tradition bereits in der Ersten Republik, als sie zumeist die Aufgaben des Öffentlichen Sicherheitswesens führten, dann in den Jahren unmittelbar nach 1945 – Erwin Altenburger – und vor allem in den Jahren der Kanzlerdominanz. Jetzt wird dies eben in abgewandelter Form fortgesetzt – und auch später, nach dem Regierungswechsel von 2007, kehrt man mit Doris Bures (Frauenangelegenheiten und Medien), Gabriele Heinisch-Hosek (Frauenangelegenheiten und öffentlicher Dienst), Josef Ostermayer und Thomas Drozda (jeweils Verwaltung, Medien, vor allem aber Kunst) wieder zu diesem System zurück.

In die Zeit der Wende von der großen zur ÖVP-FPÖ-Koalition fällt auch die aus technischen Gründen notwendig gewordene Generalrenovierung des Haus-, Hof- und Staatsarchivs. Sie ruft zunächst eine Diskussion hervor, ob es nicht sinnvoll wäre, diesen baulichen Hintertrakt des Palais funktional in das Bundeskanzleramt einzubeziehen und Büroräume zu schaffen. Für die Bestände des Archivs ist ja im Neubau des Staatsarchivs in Erdberg ausreichend Platz. Gegen eine derartige Umwidmung legt sich aber der Denkmalschutz quer, und es kann nur eine vergleichsweise kleine Änderung der Nutzung erfolgen – die ehemaligen Werkstätten im obersten Geschoß, die nicht mehr benötigt werden, werden zu einem Veranstaltungssaal, dem sogenannten Dachfoyer, mit der notwendigen Peripherie und einem Durchgang in den vierten Stock des Bundeskanzleramtes umgestaltet.

In der Regierung Schüssel I geht die Dynamik der Politik wieder klar vom Ballhausplatz aus. Regierungskonzepte, die Umsetzung der Koalitionsvereinbarung, Initiativen zur Verwaltungsreform und zur Budgetkonsolidierung, eine neue Informationsstrategie werden hier entwickelt und präsentiert. Der Ballhausplatz nimmt auch Projekte in die Hand, für die es eigentlich keine klare Zuständigkeit im Bundesministeriengesetz gibt – wie etwa die Entschädigung der Opfer des Nationalsozialismus oder die Veranstaltung von Gedenkjahren anlässlich runder Jubiläen wichtiger Ereignisse der republikanischen Geschichte. Schüssel steuert mit Härte die Ressortchefs seiner Fraktion und akkordiert sich in jenen Fragen, die für ihn wichtig sind, bis ins Detail mit der Vizekanzlerin und dem Finanzminister. Ansonsten lässt er den FP-Ministern freie Hand.

Dennoch ist diese Phase eine schwierige Zeit für den Bundeskanzler und sein Haus. Und das nicht nur wegen der internationalen Isolierung, die besonders im EU-Kontext schmerzlich erfahrbar ist. Auch innenpolitisch verläuft die Entwicklung alles andere als ruhig und konstruktiv, da sich die Parteiführung der FPÖ unter Haider immer stärker zur Opposition gegen die eigene Regierungsfraktion entwickelt. 2002 kommt es schließlich zum Bruch, als Anfang September ein Sonderparteitag der FPÖ in Knittelfeld, bei dem es vordergründig um eine verschobene Steuerreform, de facto aber um eine Abrechnung mit der Regierungspolitik geht, der Regierungsfraktion das Misstrauen ausspricht. Vizekanzlerin Riess-Passer, Finanzminister Karl-Heinz Grasser und Klubobmann Peter Westenthaler erklären daraufhin in einem dramatischen Pressegespräch im Palais Dietrichstein ihren Rücktritt. Die anschließende Abschiedsparty der Gefolgsleute hinterlässt noch lange sichtbare Spuren in den Räumen. Trotz die-

Das neue Dachfoyer im Haus-, Hof- und Staatsarchiv

ses Paukenschlags bleiben die ehemals freiheitlichen Ressortchefs aber noch monatelang in ihren Ämtern.

Bei den durch die FPÖ-Turbulenzen veranlassten Neuwahlen verliert aber die FPÖ schwer, die ÖVP gewinnt deutlich, und wieder werden am Ballhausplatz Koalitionsverhandlungen zwischen ÖVP und der leicht gestärkten SPÖ aufgenommen. Schüssel führt Anfang Dezember zunächst mit der SPÖ, dann mit der FPÖ und schließlich mit den Grünen Sondierungsgespräche. Diese ziehen sich hin, und wieder ist die Situation im Haus mehr als unübersichtlich – jeden Tag scheint es eine neue Regierungsoption zu geben, dauernd gibt es Parallelgespräche. Wieder ist bis Mitte Februar die Situation am Ballhausplatz von Spekulationen geprägt. Erst dann werden die schwarz-grünen Verhandlungen als gescheitert abgebrochen, wenige Tage später platzen die sogenannten Intensivgespräche mit der SPÖ, und Ende Februar steht eine Neuauflage der schwarz-blauen Koalition fest.

In dieser sind jetzt allerdings der Bundeskanzler und das Kanzleramt stärker als zuvor. Man hat sich die Beamten- und Sportkompetenzen wieder zurückgeholt, und der neue Vizekanzler Herbert Haupt führt ein eigenes anderes Ressort, hat also weniger Kapazitäten für die Gesamtkoordination und Agenden des Ballhausplatzes frei. Zudem ist der weiteramtierende Finanzminister de facto Teil der ÖVP-Fraktion und damit vollständig vom Bundeskanzler abhängig. Wieder werden ambitionierte Reformprogramme initiiert, eine konturierte Gestalt nehmen allerdings nur zwei große Projekte an. Eines ist der Verfassungskonvent, in dem das Bundeskanzleramt aber trotz seiner Zuständigkeit keine wesentliche Rolle wahrnimmt, die Arbeit wird nämlich von einem eigenen Stab im Parlament koordiniert. Als der Konvent dann aber seine Ergebnisse abliefert, ist es doch der Verfassungsdienst, der die Beschlüsse zu Rechtsbereinigung, B-VG-Novellierung und Neuordnung der Verwaltungsgerichtsbarkeit umsetzt. Das Zweite ist eine für ganz Europa beispielgebende Initiative des

Das neue Amtsgebäude des Außenministeriums, Minoritenplatz 8, nach seinem Auszug
aus dem Palais am Ballhausplatz

Kanzlers und seines Amtes, eine konsequente Digitalisierung der Verwaltung
einzuleiten, E-Government und elektronische Verwaltungsservices einzurichten und zu perfektionieren. Auf diesem Feld erreicht Österreich in wenigen Jahren den Spitzenplatz in der EU. Der Ballhausplatz kann wieder einmal eine Verwaltungsreform von grundsätzlicher Bedeutung vorweisen.

2005 vollzieht sich in der Nutzung des Hauses eine historische Änderung:
Das Außenamt zieht nach 288 Jahren aus dem Palais aus, weil in der ehemaligen
niederösterreichischen Landesstatthalterei und im Landhaus am Minoritenplatz
Raum freisteht, der sich für eine Zusammenziehung seiner verstreuten Dienststellen gut eignet. Zusätzlich bietet diese Lösung auch den Vorteil, dass sich das
Bundeskanzleramt räumlich konzentrieren kann, was Einsparungen im Infra-
strukturaufwand zur Folge hat. Bei dieser Gelegenheit verschwindet auch eine
Gedenktafel aus dem Eingangsbereich des Hauses, die jenen Angehörigen des
österreichischen auswärtigen Dienstes gewidmet war, die Opfer nationalsozialistischer Verfolgung wurden.

In dieser Legislaturperiode sind auch die Jubiläen des Jahres 2005 (60 Jahre
Zweite Republik und 50 Jahre Staatsvertrag) sowie die zweite EU-Ratspräsi-
dentschaft wichtige Themen für den Außenauftritt und die Arbeit am Ballhaus-

platz. Vor allem bei letzterem Ereignis erstrahlt das Palais wieder einmal für einige Tage im internationalen Glanz. Für diese repräsentativen Ereignisse muss der bereits recht zerschlissene große Teppich im Kongresssaal ersetzt werden, den seinerzeit der Sultan dem Kaiser anlässlich der Weltausstellung mitgebracht hat und der seit der Nachkriegszeit hier liegt. Er ist so irreparabel beschädigt, dass man sich dafür entscheidet, einen neuen mit identem Muster knüpfen zu lassen, wobei nicht ganz unerwartet ein türkisches Unternehmen die internationale Ausschreibung gewinnt.

Die Regierungszeit Schüssel II ist von einer beträchtlichen Fluktuation von Ressortministern und Staatssekretären insbesondere in der freiheitlichen Fraktion geprägt. Drei Innenminister, je zwei Vizekanzler, Sozialminister, Justizminister und Außenminister, neun Staatssekretäre und zwei Parteinamen der kleineren Regierungsfraktion werden in knapp fünf Jahren verbraucht. Gegen Ende der Funktionsperiode und nach den sozialdemokratischen Wahlsiegen bei der Bundespräsidentenwahl und einigen Landtagswahlen ist auch erkennbar, dass selbst im stabilsten Ressort, im Bundeskanzleramt, die Dynamik erlahmt und ernsthaft damit gerechnet wird, dass die Führungsrolle der ÖVP bald zu Ende gehen könnte.

Die Zahl der Staatssekretäre und Staatssekretärinnen im Kanzleramt ist auch in dieser und in den folgenden Perioden beachtlich. Nach Franz Morak (Kunst und Kultur) ziehen Karl Schweitzer und Reinhold Lopatka (Sport), Heidrun Silhavy (E-Government und Regionalpolitik), Josef Ostermayer (Medien und Verwaltung), Andreas Schieder, Sonja Steßl und Muna Duzdar (jeweils Öffentlicher Dienst und Budgetkoordinierung) in die Räume des Bundeskanzleramtes in der Hofburg ein.

Das Nebeneinander von mitunter bis zu fünf Regierungsmitgliedern im Haus, nämlich Kanzler, Kanzleramtsminister und Staatssekretäre, bringt logistische Herausforderungen mit sich. Immerhin muss für jeden von ihnen eine adäquate Raumgruppe gefunden werden, die auch die stets wachsende Entourage beherbergen kann. Hier hilft die alte Baustruktur allerdings sehr, da im Palais Dietrichstein eine klassizistische Beletage zur Verfügung steht, in der schon Castlereagh während des Wiener Kongresses standesgemäß residieren konnte; im Amalientrakt gibt es die alte Gästewohnung der Kaiserin Elisabeth, die zu Kongresszeiten Zar Alexander bewohnt hat; im Reichskanzleitrakt schließlich existiert eine Zimmerflucht über dem alten Thronsaal, die ausreichend repräsentativ ist; und im Haupthaus sind seit jeher die Kanzlerräume und die Amtsräume des Außenministers als getrennte Einheiten verfügbar.

Doch diese Kumulation von Chefs ist nicht nur eine organisatorische, sondern auch eine rechtliche Herausforderung, die präzise Kenntnis der verfassungsrechtlichen Grundlagen, der Zuständigkeiten und Rechte ist ein absolutes Muss für das Personal des Hauses. Die Beamtenschaft beherrscht diese Materie auch in ausreichendem Maß, nur die Politiker selbst und vor allem ihre Büromitarbeiter haben immer wieder Verständnisschwierigkeiten mit allen daraus resultierenden Konsequenzen. Manche Kabinettsmitarbeiter verstehen auch nach Jahren nicht wirklich, wo und in welcher Position sie sich hier befinden – was der Verwaltung den Umgang mit ihnen schwer, bei geschickter Nutzung des Wissensvorsprungs mitunter aber auch leichter macht.

Der Begriff des Kanzleramtsministers ist ein umgangssprachlicher, das B-VG spricht davon, dass „die sachliche Leitung bestimmter, zum Wirkungsbereich des Bundeskanzleramtes gehörender Angelegenheiten […] unbeschadet des Fortbestands ihrer Zugehörigkeit zum BKA eigenen Bundesministern übertragen werden" kann. Ein derartiger Bundesminister ist dem Bundeskanzler nicht unterstellt, er ist ihm in seinen Ressortangelegenheiten gleichgestellt. Der Aufgabenumfang bestimmt sich durch eine Entschließung des Bundespräsidenten, die einen Vorschlag der Bundesregierung voraussetzt. Da seine Aufgaben aber im Zuständigkeitsbereich des Bundeskanzleramtes liegen, verfügt er über keinen eigenen Ministeriumsapparat, sondern greift auf Personen, Budgetmittel und Ressourcen des Bundeskanzleramtes zu. Das hat zur Folge, dass eine Reihe von Schreibtischen im Amt gewissermaßen „zweigeteilt" sind: Die dort tätigen Funktionsträger arbeiten und unterschreiben in manchen Angelegenheiten „für den Bundeskanzler", in anderen „für den Bundesminister". Mitunter ist gar nicht so klar, wem ein konkreter Akt zuzurechnen ist – wie dies etwa bei der Abberufung des Burgtheaterdirektors 2014 deutlich wurde.

Ganz anders ist die Stellung von Staatssekretären im Haus: Sie sind dem Bundeskanzler „beigegeben", also ihm unterstellt und haben daher im Ministerrat keine Stimme. Ihr Aufgabenbereich wird allein durch den Ressortchef bestimmt, der ihnen auch Kompetenzen und Organisationseinheiten des Hauses zuweisen kann oder nicht. Diese Zuweisung ist von ihm jederzeit abänderbar – die eines Kanzleramtsministers ist es nicht, denn dazu benötigt man wieder eine Entschließung des Bundespräsidenten. Hat ein Staatssekretär einen eigenen Aufgabenbereich, hat das zur Folge, dass die Beamtenschreibtische nochmals geteilt werden, da der Beamte in den dem Staatssekretär zugewiesenen Aufgaben an dessen fachliche Weisungen gebunden ist. Er approbiert allerdings auch in diesen Angelegenheiten nicht für den Staatssekretär, sondern für den Bundeskanzler und ist auch nur diesem dienstrechtlich unterstellt.

Diese mehrfache Hierarchie, das komplexe Nebeneinander von Strukturen und die sich daraus ergebenden taktischen und juristischen Möglichkeiten werden von der schwarz-blauen Bundesregierung der Jahre ab 2000 nicht ausgereizt. Im Gegenteil entwickelt Schüssel nahezu ein System der Doppelspitze der Bundesregierung, indem nach den Ministerratssitzungen Bundeskanzler und Vizekanzlerin gemeinsam vor die Presse treten und auch sonst die beiden gleich starken Regierungsparteien immer möglichst gemeinsame Auftritte suchen. In späteren Jahren wird dieses System noch durch das sogenannte Spiegelprinzip weiterentwickelt werden, nach dem jeder Ressortchef einen Minister der jeweils anderen Couleur zugewiesen erhält, an dessen Zustimmung er bei nahezu allen wesentlichen Entscheidungen, die nach außen gehen, gebunden ist. Dies gilt sogar für den Bundeskanzler, der sich so politisch an den Vizekanzler fesselt.

Die Nationalratswahlen vom 1. Oktober 2006 gehen schlecht für die bisherige Regierungskoalition aus. Die SPÖ wird stärkste Partei und ihr Vorsitzender Alfred Gusenbauer mit der Regierungsbildung betraut. Wieder, zum dritten Mal in diesem Jahrzehnt, herrscht am Ballhausplatz die bereits bekannte diffuse Übergangsstimmung. Es ist anzunehmen, dass der bisherige Ressortchef nicht mehr lange im Haus sein wird, aber sicher ist es nicht. Die Verhandlungen dauern mehr als drei Monate von Oktober bis Jänner und produzieren immer wieder unterschiedliche Gerüchte. Von der Politik kommen aber keine politischen Impulse mehr ins Haus, und es ist wieder einmal so, dass die Beamtenschaft mit ihrer Routine und Erfahrung die eigentliche Arbeit und damit die Funktionsfähigkeit der Republik trägt. Die Maschinerie läuft klaglos, und manche Medien fragen bereits im Scherz, ob man denn überhaupt eine Regierung brauche, da das Staatswesen ohnedies funktioniere.

Derartige Fragen sind nicht völlig unberechtigt, denn in der Tat ist die österreichische Verwaltung in der Lage, den Staat klaglos zu managen. Dies hat allerdings dort Grenzen, wo es um die Gestaltung notwendiger politischer Initiativen geht und dort, wo politische Grundentscheidungen – etwa über ein Budget – notwendig sind. Das bedeutet, dass in den Interimsphasen rasch und merkbar Dynamik verloren geht, immer mehr ungelöste Probleme anstehen, die Gesetzesproduktion versiegt, daher auch in den Amtsstuben immer weniger gearbeitet wird und Kreativität sowie Motivation deutlich und rasch leiden.

Amtsraum im Staatssekretariat, ehemalige Gästewohnung der Kaiserin Elisabeth in der Amalienburg

So wird es am Ballhausplatz geradezu als Erleichterung empfunden und begrüßt, dass am 11. Jänner 2007 die neue Bundesregierung angelobt wird. Wieder erfolgt ein politischer Wechsel in der Ressortleitung, wieder gibt es Emotionen, diesmal aber weit weniger theatralische als im Jahr 2000. Schüssel verabschiedet sich sehr sachlich, der neue Bundeskanzler Alfred Gusenbauer begrüßt die Mitarbeiterinnen und Mitarbeiter in einer kurzen und herzlichen Versammlung im Kongresssaal, und danach wird unverzüglich die Arbeit in den politischen Büros aufgenommen. Auch diesmal gibt es einen kultivierten Übergang von einem Team auf das nächste – wobei insbesondere die Ministerbüros wiederum an der Personenzahl und der Aufgabenaufteilung der Vorgänger orientiert werden. Eine räumliche Änderung allerdings wird vorgenommen: Das alte, holzvertäfelte Kanzlerzimmer im Nordtrakt wird wieder vom zwischenzeitlich angelagerten Sammelsurium an Referentenschreibtischen befreit, in Kreisky-Zimmer umbenannt und mit den historischen Haerdtl-Möbeln als Sitzungszimmer adaptiert; das angrenzende alte Kanzlersekretariat wird in den kleinen Ministerratssaal verlegt und der nun freie Raum Haerdtl-Zimmer getauft; damit steht eine geschlossene Reihe an Sitzungs- und Veranstaltungsräumen in der Beletage zur Verfügung. Auch Symbolik muss sein: Das Porträt Metternichs

Feststiege des Palais, an den Wänden Objekte der Ausstellung
zu 200 Jahren Wiener Kongress

muss seinen angestammten Platz im kleinen Ministerratssaal ebenso verlassen wie das Dollfuß-Bild den Marmorecksalon. Beide Personen sind den jungen Sozialdemokraten offenbar zu sehr Symbolfiguren der Repression und des Rückschritts.

Die neue Regierungsperiode ist aber relativ kurz. Zunächst zeigt eine ziemlich motivierte sozialdemokratische Mannschaft, die sich weitgehend aus ihrer gemeinsamen Jungsozialistenzeit kennt, Initiative, und regelmäßig finden fraktionelle Ministerratsvorbesprechungen statt, in denen auch inhaltlich diskutiert wird. Verwaltungsreform, Beschäftigungssicherung, Bildungsschwerpunkte, Europapolitik sind die großen Vorhaben. Doch rasch verhaken sich die Initiativen wieder in kleinlichen Konflikten zwischen den Koalitionsparteien, die nicht lösbaren Probleme werden immer banaler, die Junktims immer skurriler, die Blockaden immer häufiger und die Stimmung immer schlechter. Als Folge davon geraten insbesondere die beiden Parteichefs Alfred Gusenbauer und Wilhelm Molterer unter internen Druck. Insbesondere die Bildungsreform gerät ins Stocken, und es gelingt nicht, das Schlagwort von der solidarischen Hochleistungsgesellschaft mit klarem Inhalt zu erfüllen; lediglich das Großereignis der Fußball-Europameisterschaft kann vom „Sportressort" Bundeskanzleramt öffentlichkeitswirksam genutzt werden.

Als im Frühsommer des Jahres 2008, nach nur 18 Monaten Regierungsarbeit, gar nichts mehr geht, sucht die ÖVP im Vertrauen auf für sie günstige Umfragewerte und angesichts großer Unzufriedenheit in der SPÖ mit dem Kanzler ihr Heil in Neuwahlen. Das Experiment misslingt gründlich, denn die SPÖ kann mit einem Wechsel des Kanzlerkandidaten punkten und gewinnt abermals die Wahl.

Massive Verluste der beiden Regierungsparteien – die ÖVP verliert etwas mehr als die SPÖ – zwingen sie aber zu einer Neuauflage der ungeliebten Regierung, und nach nur zwei Monaten steht am 2. Dezember 2008 das Kabinett Faymann.

Diesmal ist das „Interregnum" am Ballhausplatz kaum wirklich spürbar – hier agieren vorher wie nachher trotz des Kanzlerwechsels weitgehend dieselben Personen, die inhaltlichen Linien sind bekannt, große Teile der politischen Büros bleiben ident, und in der Verwaltung herrscht personelle und inhaltliche Kontinuität. Aufgrund der allgemeinen Tendenz der Erosion von ÖVP und SPÖ und der Tatsache, dass in beiden Lagern die Bundesparteien Macht gegenüber den Landesparteien verlieren, schwächt sich die Dynamik des Regierens aber erkennbar ab – insbesondere auch am Ballhausplatz. Dazu kommt noch die Weltwirtschaftskrise, welche die Handlungsmöglichkeiten des Staates und insbesondere Reforminitiativen, die Kosten verursachen, ohnedies generell stoppt. Damit verkümmern allerdings gerade jene Bereiche, in denen das Bundeskanzleramt – die Regierungszentrale für Strategie und Steuerung – seine großen Stärken haben könnte. Routine dominiert stärker als zuvor das Haus,

reagieren statt agieren prägt die Handlungsmuster, weiterhin geht sehr viel an Energie für die Lösung selbst verursachter kleiner Koalitionsquerelen auf. Große und prägende Initiativen des Ballhausplatzes bleiben aus. Erfolgreich können nur eine Steuerreform, eine gewisse Konsolidierung des Budgets, eine kleine Bildungs- und Gesundheitsreform, die Neuordnung der Verwaltungsgerichtsbarkeit und eine tragfähige Kärntner Ortstafellösung abgeschlossen werden.

In den ersten beiden Jahrzehnten des 21. Jahrhunderts zeigt sich am Ballhausplatz wie in allen anderen Ministerien eine Änderung der Verwaltungsstrukturen und des Stils der Regierungsarbeit, der eine eingehendere Betrachtung verdient: Die Ministerkabinette wachsen quantitativ an, sie übernehmen

Unterzeichnung des Arbeitsübereinkommens 2008 im Ministerratssaal

neue Funktionen, isolieren das Haus von den Ressortchefs, versuchen in die operative Arbeit hineinzuwirken und werden zunehmend zu Rekrutierungsfeldern für die Spitzenpositionen in der Ministerialverwaltung. Für Letzteres ist das Bundeskanzleramt ein durchaus signifikantes Beispiel. Von den acht nach 2010 bestellten Sektionschefs sind sieben ehemalige Kabinettschefs oder Leiter von Ministerbüros, fünf davon wechselten praktisch direkt aus dem politischen Büro in die administrative Spitzenposition.

Dass eine solche Entwicklung Auswirkungen auf die Verwaltung hat, ist evident: Das Bundeskanzleramt war immer ein Ressort, das durch die besondere Qualifikation seiner Beamten und deren Einfluss auf die jeweiligen Ressort-

Steinsaal mit Objekten der Ausstellung zu 200 Jahren Wiener Kongress

chefs und Bundesregierungen hervorstach. Seine Führungskräfte und ein beträchtlicher Teil der Mitarbeiter der politischen Büros rekrutierten sich aus dem Haus, die parteipolitische Neutralität der Verwaltung wurde geschätzt. Das scheint nun an ein Ende gekommen zu sein, was nicht nur die Stärke des Ressorts unterminiert, sondern auch seine Kraft, aus eigenem Vermögen und unterhalb der Ebene der großen politischen Entscheidungen die Verwaltung des ganzen Landes zu steuern, sich mit neuen Ideen zu befassen, strategische und planerische Initiativen zu setzen, leise, aber nachhaltig Verwaltungsentwicklung zu betreiben. Da sich Ressortchefs aber immer mehr nur mehr auf kurzfristig verwertbare Themen und Projekte konzentrieren, geht in Österreich auf Bundesebene die Dimension strategischer Planung des Regierens und Verwaltens zunehmend verloren. Damit wird Politik reaktiv statt aktiv, sie verliert das Vertrauen der Bevölkerung in ihre Problemlösungskapazität, langfristig stabilisierende politische Bewegungen versanden und populistische, einzelprojektbezogene Gruppen übernehmen die Politik.

Hand in Hand damit geht eine für hoch entwickelte Staatswesen essenzielle Arbeitsteilung verloren: die zwischen Steuerung und operativem Handeln, zwischen Politik und Verwaltung, zwischen fantasievollem Reformimpuls und erfahrener Routine. In dem Maß, in dem dies der Fall ist, wird auch die Verwaltung in den Strudel der Vertrauenskrise hineingezogen, in dem sich die Politik und ihre Repräsentanten befinden. Man vertraut nicht nur den Ministern nicht mehr, man misstraut auch der Verwaltung. Dies bleibt auch dem Ballhausplatz, in dessen 300-jähriger Geschichte es zumeist eine positive Dualität zwischen Spitzenverwaltung und Spitzenpolitik gab, nicht erspart.

In den neuen großen Koalitionen nach 2007 versuchen die Parteien mehrfach, mit PR-Maßnahmen, wie etwa kleineren Regierungsumbildungen, Schwung zu gewinnen und das Vertrauen der Wähler zurückzuholen, was allerdings – wie sich in den Umfragen zeigt – nur unzureichend gelingt. Bereits vor der Wahl des Jahres 2013 scheinen für beide Parteien weitere Verluste programmiert. Diese treten auch tatsächlich ein, jedoch bleibt wieder die SPÖ klar an erster Stelle, sodass Bundespräsident Heinz Fischer den amtierenden Bundeskanzler Faymann nochmals mit der Regierungsbildung betraut, die im Dezember 2013 abermals in jene große Koalition mündet, die schon zuvor nicht mehr wirklich funktioniert hat.

Für den Aufgabenbereich des Bundeskanzleramtes bedeutet das eine kleine, aber motivierende Veränderung: Das Ressort wird um die Kunst- und Kulturagenden erweitert, der Kanzleramtsminister ist jetzt auch Kulturminister. Dies führt am Rande fast zur Wiederholung einer legendären Szene aus der Kreisky-Ära. Als der von den Medien und insbesondere vom ORF gehypte Sieger des Eurovision Song Contest 2014 Conchita Wurst im Bundeskanzleramt mit großem Aufwand empfangen wird, sind wieder Medienberater drauf und dran, einen Auftritt des Stars gemeinsam mit dem Bundeskanzler auf dem Balkon zu inszenieren, es kommt allerdings diesmal nicht dazu. Ob aufgrund der politischen Zurückhaltung des Kanzlers oder einfach nur deshalb, weil der zuständige Beamte vorsorglich die Schlüssel zur Balkontür nicht dabeihat, wird sich wohl nicht eindeutig klären lassen.

In der Folge zeigt sich, dass die Besorgung der Kulturverwaltung einem ersten Ministerium sehr gut ansteht, zumal im Kulturland Österreich. Das Bild der Gesamtregierung braucht auch Symbole, die über den Alltag hinausgehen und muss aktiv einen Dialog mit wichtigen, meinungsbildenden nicht staatlichen Entscheidungsträgern führen – und hier gehört die Kulturwelt besonders prominent dazu. Es ist daher durchaus folgerichtig, dass das Haus sofort wieder eine gewisse Dynamik in diesem Feld zeigt, die sich in großen Ausstellungen zum hundertsten Jahrestag des Beginns des Ersten Weltkrieges (und zwar zur Rolle des Kriegspressedienstes) und insbesondere zum Zweihundertjahrjubiläum des Wiener Kongresses im Sommer 2015 zeigt. Letztere bringt immerhin 60.000 Besucher ins Palais am Ballhausplatz – eine Öffnung des Hauses, wie es sie in seiner 300-jährigen Geschichte noch nie gegeben hat.

Und noch etwas prägt diese achtjährige Regierungszeit Faymanns: War er seinerzeit mit sehr europakritischen Aussagen angetreten, so entwickelt er sich im Lauf der Jahre zu einem überzeugenden EU-Befürworter und erreicht damit auch wieder eine solide Positionierung Österreichs bei den Entscheidungsträgern der EU. Dies gilt insbesondere für das Feld der Sozialpolitik und speziell für die Jugendbeschäftigung. Doch die Kritik der Öffentlichkeit am Regierungschef und der Verlust des Rückhalts innerhalb der eigenen Partei nehmen ständig zu, eine lange Serie von schlechten Wahlergebnissen und eine nicht zu übersehende innere Erosion der Parteiorganisation der SPÖ tun ein Übriges.

So muss im Mai 2016 infolge des katastrophalen Abschneidens des SPÖ-Kandidaten bei der Bundespräsidentenwahl der seit Längerem umstrittene Bundeskanzler zurücktreten. Sein Nachfolger, der 50-jährige bisherige ÖBB-CEO Christian Kern – in den 1990er-Jahren bereits als Pressesprecher des Staatssekretärs Kostelka im Haus tätig –, bildet die Regierung um und ersetzt dabei unter anderem auch den bisherigen Kanzleramts- und Kulturminister Ostermayer durch Thomas Drozda (der vor seiner langjährigen Managementtätigkeit im Kulturbereich ebenfalls einmal Mitarbeiter im Kanzlerkabinett war) und die für den öffentlichen Dienst zuständige Staatssekretärin durch die Wiener Gemeinderätin Muna Duzdar.

Die Grundprobleme der großen Koalition sind damit aber nicht gelöst. Wie in den vergleichbaren Episoden der Vergangenheit prägen – nach einer kurzen Phase positiver Aufbruchsstimmung – wiederum Junktims, Blockaden, öffentliche Attacken auf den Koalitionspartner, eine seltsame Verliebtheit in das Trennende und eine nicht erklärbare Scheu, das Gemeinsame herauszustreichen und dem Partner Erfolge zu gönnen, das Bild. Unter diesen Voraussetzungen konnte in der Vergangenheit und kann auch in Zukunft der Ballhausplatz keine große Dynamik entwickeln.

Heute hat der Ballhausplatz ohne Zweifel nicht jene herausragende Bedeutung in der österreichischen Politik, die er in seinen stärksten Zeiten hatte. Die Gründe dafür sind vielfältig. Ein Grund liegt sicher darin, dass frühere Hausherren in ihrer Partei oder in der von ihr repräsentierten gesellschaftlichen Organisation unbestritten die Nummer eins waren und daher hier im Palais eine absolute Machtposition einbringen konnten. Dies ist seit einiger Zeit anders – die beiden ehemals großen staatstragenden Parteien sind erodiert und relativ klein geworden, und intern ist die gesamte Macht der Landesorganisationen deutlich größer als die der Bundesorganisation. Letzteres hat auch damit zu tun, dass die Verfassungsentwickler am Ballhausplatz immer mehr Kompetenzen und Gestaltungsmöglichkeiten an die Länder abgaben bzw. abgeben mussten. Ein weiterer Grund ist darin zu finden, dass den Strategen am Ballhausplatz eine mitreißende Orientierung an Grundsätzen, an großen politischen Linien, an festen und konturierten Überzeugungen abhandengekommen ist. Dies ist Resultat und Ursache der zunehmenden Entpolitisierung der Parteien und der Gesellschaft. Wer aber nur mehr irgendwie über die Runden kommen will, wer nur mehr Kanzler sein will, um eben Kanzler zu sein und nicht, um Österreich zu verändern, besser zu machen, weiterzuentwickeln, Chef des Regierens zu sein, verliert Vertrauen, Unterstützung und Macht. Wenn am Ballhausplatz nicht die große Politik gemacht wird, nicht die großen Strategien entwickelt werden, ver-

Tag der Offenen Tür 2016 im Amtszimmer von Bundeskanzler Christian Kern

kommt er zu einer Verwaltungszentrale – diese aber ist nur mehr ein Player unter vielen staatlichen Playern. Und schließlich hat man sich hier im Haus wohl auch zu sehr den Medien ausgeliefert, den Pressedienst des Bundes zu ihrem Dienstleister gemacht, von Inseratenkampagnen eine wohlwollende Berichterstattung erhofft und Entscheidungen kurzfristig auf die Schlagzeile von morgen hin ausgerichtet. Dabei ging völlig verloren, dass es ja auch eine wirkliche Regierung gibt, einen wirklichen Kanzler, wirkliche Politik und politische Substanz – nicht nur die medialen Berichte darüber mit ihren willkürlichen Färbungen und eklektizistischen Ausschnitten der Berichtenden. Wenn es aber keinen Inhalt und kein Produkt mehr gibt, sondern nur mehr Verpackung, wird auch die Stätte, an der das Produkt erzeugt wird, uninteressant und bedeutungslos.

Es ist fraglich, ob sich diese Entwicklung, zu der die Bundeskanzler der letzten zwanzig Jahre entscheidend beigetragen haben, auch wieder umkehren lässt. Innerhalb unveränderter Rahmenbedingungen wohl nicht, aber die Geschichte des Hauses zeigt deutlich genug, dass hier noch nie alles so blieb, wie es war und dass das Palais noch nach jeder schwachen und uninteressanten Phase auch eine starke und interessante erlebt hat.

Nachwort

W enn es in Österreich ein wirkliches „Haus der Geschichte" – nicht als Museum und Vermittlungsstätte, sondern als realen Ort historischen Geschehens – gibt, dann ist es das Palais am Ballhausplatz. Nirgendwo sonst spiegeln sich die letzten 300 Jahre der politischen Entwicklung des Landes so deutlich wider wie hier. Nirgends sonst ist die Zahl und Aussagekraft von Symbolen, von Szenen so dicht wie hier, nirgendwo sonst sind die bedeutendsten Persönlichkeiten des Gangs durch die Geschichte und ihre Spuren so gegenwärtig wie hier. Die Kontraste zwischen den Akteuren könnten größer nicht sein: Kaunitz, Metternich, Schwarzenberg, Berchtold, Renner, Bauer, Seipel, Dollfuß, Schirach, Figl, Raab, Kreisky etc. polarisieren, fesseln. Einige überzeugen mit positiven Leistungen für das Land, einige entsetzen durch ihre verhängnisvollen Fehler. Wenn aber jemand Österreich verstehen will, muss er sich mit ihnen und ihrer Wirkungsstätte auseinandersetzen. Auch die Koordinatensysteme der Politik in diesem Haus könnten breiter nicht sein: Feudalherrschaft, Aufklärung, kaiserlich-königliche Endzeit, Imperialismus, revolutionäre Republik, Faschismus, konservative Kleinbürgerlichkeit, sozialdemokratische Reformen, technokratisches Management – es ist ein Lehr- und Anschauungsbuch europäischer politischer Geschichte, das sich hier leicht lesbar öffnet. Und auch der Bogen, der die Verwaltungsentwicklung in diesen drei Jahrhunderten darstellt, kann in seiner Spannweite größer nicht sein: Er lässt im Detail erkennen, wie der moderne Staat europäischer Prägung entstanden ist, sich entwickelt und Krisen durchgemacht hat.

Die Geschichte des Hauses ist wie ein monumentaler Film, in dem sich bestimmte Schlüsselszenen mehrfach und geradezu unerträglich für den späteren Betrachter, der schon weiß, wie es ausgehen wird, wiederholen: Die Gleichzeitigkeit des Zusammenbruchs eines alten und des Entstehens eines neuen Regimes mit ganz merkwürdigen Kontinuitäten und Überlappungen finden wir im Jahr 1848, im Herbst 1918 und im Frühjahr 1945. Es gibt eine schreckliche Szenenidentität bis in die Details der Schauplätze zwischen dem Juliputsch 1934 und der Machtübernahme der Nazis 1938, weil sich in beiden Nachmittags- und Abendstunden dieselben Gruppen in denselben Zimmern verschanzt hatten (die Nationalsozialisten im Säulensaal und die Regierung im kleinen Ministerratssaal) und die Verhandlungen in derselben Weise über den schmalen Gang des ehemaligen Vorzimmers der Fürstenwohnung geführt wurden. Es gibt auch eine Kette von Balkonszenen über dem Eingangstor des Palais, die äußerlich nicht ähnlicher, in ihrer Bedeutung aber unterschiedlicher nicht sein könnten: Andrássy der Jüngere, der Ende Oktober 1918 bei seinen Hochrufen auf den Kaiser von der Volksmasse ausgebuht wird – Otto Bauers anscheinend mitreißender Appell für einen Anschluss seines nicht lebensfähigen Landes an Deutschland, den die Demonstranten am 9. Februar 1919 bejubeln – Seyß-Inquarts Vollzugsmeldung der Übernahme der Staatsmacht durch Nazideutschland und die Präsentation seiner Eintagesregierung am 12. März 1938, die ein organisierter Aufmarsch von Braunhemden brüllend feiert – die Parallelszene zum Belvedere-Balkon, bei der auch am Ballhausplatz 1955 der Staatsvertrag präsentiert wird – und der Auftritt des Sport-„Märtyrers" Karl Schranz mit einem sichtlich unwilligen Kanzler Kreisky unter frenetischem Applaus am 8. Februar 1972.

Es wiederholen sich auch andere, weniger gut sichtbare Erscheinungen und Entwicklungen im Lauf der Geschichte in diesem Haus:

Frappant ist die immer wiederkehrende Abfolge von Phasen des Retardierens und Stillstands und von Phasen der Bewegung, ja der Hektik in dieser Regierungszentrale. Diese Perioden sind von unterschiedlicher Länge, der Zyklus aber scheint geradezu zwingend. Dynamik unter Kaunitz, dann eine Phase des sich Zurückziehens und der Aktionsschwäche; Zentrum der europäischen Entwicklung zur Zeit des Wiener Kongresses und danach bleierne Reaktion bis 1848; Verzetteln in Petitessen in der zweiten Hälfte des 19. Jahrhunderts und schließlich die Explosion zum Ersten Weltkrieg; ein kurzer Reformschub und ein revolutionäres Krisenmanagement nach dem Zusammenbruch der Monarchie und dann eine Phase des rückwärtsgewandten Verfalls bis zur Dramatik der austrofaschistischen und schließlich der nationalsozialistischen Machtübernahme. Wieder eine herzergreifende und dramatische Katastrophenbewältigung 1945 und danach der Übergang in eine immer lähmendere Kleinkariertheit, in Blockade und Bewegungslosigkeit; aus dieser brechen dynamische Alleinregierungen heraus, die sich nach zwei Jahrzehnten überleben und wieder in Langsamkeit und Zähigkeit übergehen, eine Entwicklung, die sich in den ersten beiden Jahrzehnten des dritten Jahrtausends wiederholt. Man sieht, wie Geschichte verläuft und kann daraus die Gewissheit ableiten, dass keine Konstellation der politischen Machtausübung und des Regierens hier in diesem Haus und wohl auch anderswo ewig andauert, sondern dass – bei kürzer werdenden Halbwertszeiten – immer mit Sicherheit bald das Gegenteil dessen kommen wird, was gerade ist.

Wie ein roter Faden zieht sich eine Facette der inneren Organisation und Dynamik durch die Geschichte des Hauses: die (erfolgreichen) Intrigen der Nummer zwei gegen die Nummer eins. Bereits Sinzendorf musste das in seinem Nachfolger Kaunitz erkennen, Stadion wurde von Metternich ebenso abgesägt wie bereits zuvor Cobenzl von Thugut. Im späteren 19. Jahrhundert wurde die gezielte Schwächung des jeweiligen Amtsinhabers durch eine Clique potenzieller Nachfolger geradezu ein Sport im Ministerium, in der Regierung und im Verhältnis zwischen Österreich und Ungarn. Aber auch im Austrofaschismus zeichnet sich ein solches Muster in der schwierigen Beziehung von Seipel und Schober ab. Die Zweite Republik bringt derartige „unfriendly take-overs" beim Wechsel von Figl zu Raab, bei der Amtsübernahme durch Klaus und beim Antritt von Kreisky, bei der „Wende" des Jahres 2000 und bei den Kanzler-wechseln 2008 und 2016. Man kann davon ausgehen, dass sich das auch in Zu-kunft fortsetzen wird – wie auch immer der jeweils aktuelle Amtsinhaber einer solchen Entwicklung vorbeugen mag, er wird nicht dauerhaft erfolgreich sein. Jede Funktionsperiode geht zu Ende, die meisten früher und anders, als der Amtsinhaber wahrhaben will.

Lange andauernde Amtsperioden zeigen auch immer eine weitere Parallele: den Hang der in ihrem Denken müde gewordenen Funktionsträger, ihren Kreis von Beratern und Vertrauten immer mehr zu verengen sowie den Hang, die un-mittelbare Arbeitsumgebung umzugestalten, zu renovieren, sich mit architekto-nischen und organisatorischen Kleinigkeiten zu verlustieren. So holt Kaunitz Pacassi, gestaltet Metternich in den 1820er-Jahren pingelig um, bauen die schwä-chelnden Barone der späten Monarchie das Haus überdimensional aus, schwel-gen die Austrofaschisten in Denkmalverbrämungen und verlängert der eitle Schirach den Anmarschweg zu seinem Amtszimmer von Monat zu Monat. In der Zweiten Republik haben die Umgestaltungen kleinere Dimensionen, das Muster, dass ein Kanzler nach ein paar Jahren anfängt, ein wenig umzubauen, setzt sich aber fort.

Der Ballhausplatz wird als Haus der Männer wahrgenommen. Dies nicht zu Unrecht, waren doch bisher alle Regierungschefs Männer, und der Anteil der Frauen in Ministerfunktionen in diesem Haus ist verschwindend gering und auf die letzten Jahrzehnte beschränkt. Die erste Frau im höheren diplomatischen Dienst wurde erst 1947 aufgenommen. Das Staatsvertragsbild im Marmorecksa-lon kann hier als symbolträchtig gelten – noch 1955 hat keine Frau in der Repu-blik eine derart wichtige Funktion, dass sie für die Teilnahme an dieser Feier für würdig befunden worden wäre. Die Männerfiguren sind allgegenwärtig, und sie sind unterschiedlich: prächtige und dicke Feudalherren wie Sinzendorf, schmächtige Hagestolze wie Thugut, Womanizer wie Metternich, osteuropäi-sche Magnaten wie Kálnoky, weltläufige Intellektuelle wie Bauer und Kreisky, eiskalte Typen wie Schwarzenberg oder Seipel, einsame Männer wie Renner oder Schärf, schollenverbundene Konservative wie Figl und Klaus, intellektuel-le Blender wie Schüssel und Gusenbauer … Dennoch täuscht das Bild, denn es gibt sie auch hier, die bedeutsamen und großen Frauenfiguren: Steht doch am Beginn der Entwicklung der modernen Form der Staatsverwaltung Maria The-resia mit ihrer klugen und weitsichtigen Reformpolitik; hat doch Lorel Metter-nich einen wesentlichen und bis heute nicht aufgearbeiteten Einfluss auf Öster-reichs Außenpolitik und ihre Erfolge in Paris und am Wiener Kongress; ist doch mit Johanna Dohnal eine neue Phase der Frauenpolitik und der gesellschaftli-chen Stellung der Frau in diesem Land hier im Palais entwickelt worden; hat doch Barbara Prammer vom Ballhausplatz aus ihren Weg zur wirklich allseits akzeptierten Nationalratspräsidentin angetreten.

Irgendwann in den Jahren der Ersten Republik entsteht ein auffälliges Phänomen der österreichischen Innenpolitik: die Überzeugung des konservativen Lagers, dass „der Ballhausplatz" eigentlich ihm gehöre. Sie manifestiert sich im konsequenten Fernhalten der Sozialdemokratie von der Regierungsmacht nach 1920 – auch dann, wenn man dafür einen exorbitant hohen politischen Preis zahlen muss. Sie zeigt sich in karussellartigen Personalrochaden der Christlichsozialen in der Kanzler- und Außenministerfunktion der Ersten Republik. Sie wird am Beginn der Zweiten Republik spürbar, als die im Haus residierenden sozialdemokratischen Vizekanzler geradezu als Eindringlinge behandelt und auf den Katzentisch des Palais beschränkt werden. Sie wird im langen Abwehrkampf gegen einen möglichen roten Außenminister in den 1950er-Jahren erkennbar, und man spürt das blanke Entsetzen um den „verspielten Ballhausplatz" im Jahr 1970. Und als 2000 nach dreißig Jahren wieder ein ÖVP-Kanzler das Haus übernimmt, inszeniert man das nicht als normalen Regierungswechsel, sondern als legitimes „Heimkommen" nach einer Zeit ungerechter Vertreibung.

Schließlich: Das ist das Haus großer Verwaltungsexperten, brillanter Gestalter des Staatswesens und der Maschinerie zu seiner Steuerung und Lenkung. Die zweite Ebene hat die Institution zu einem Gutteil getragen, für den Staat und das Land gesorgt, Katastrophen vermieden, Fortschritt gesichert – oder mitunter auch Katastrophen herbeigeführt. Nur wenige Namen sind dem Publikum bekannt, aber sie stehen für viele andere mit gleicher Bedeutung: die Hofräte Sonnenfels und Gentz, Hudelist und Binder-Krieglstein, Hammer-Purgstall und Grillparzer, die Diplomaten Alexander Hoyos und Alfred Verdross, die Juristen Hans Kelsen, Robert Hecht, Ludwig Adamovich und Gerhart Holzinger sowie eine ganze Reihe legendärer Präsidialchefs des Amtes. Es hat sich 300 Jahre lang bewährt, dass es diese Kontinuität der Verwaltungsprofis gibt, und sie sind für Österreich wichtiger als ihre Kollegen in anderen Ländern. Es ist zu wünschen, dass das politische System weiter auf diese Qualität setzt.

Der Reigen von ganz spezifischen Entwicklungslinien in diesem Haus ließe sich durchaus fortsetzen. Doch auch die wenigen Beispiele zeigen deutlich, was die vorangegangene Darstellung der Geschichte des Palais am Ballhausplatz eigentlich bezweckt: Man kann an ihr die Begrenztheit der scheinbar so großen und bedeutenden Funktionen erkennen, die hier von Einzelpersonen ausgeübt werden, und man kann daraus lernen, dass es Sinn macht, sich auch als oberster Repräsentant in einer gewissen Demut vor der Geschichte des Hauses zu üben. Und sei es auch nur aus dem vernünftigen Kalkül, zumindest die Fehler zu vermeiden, die hier schon einmal jemand gemacht hat. Tut man das, wird man sichtbarere Spuren in der Geschichte hinterlassen und Positiveres zur Entwicklung Österreichs und zum Leben der Menschen in diesem Land beitragen können.

Literaturhinweise

Für das gesamte Buch

Andrea Brait: „Gedächtnisort und Gedächtnisraum – Der Ballhausplatz", in: Wiener Geschichtsblätter 1/2011.

Bundesdenkmalamt (Hg.): DEHIO-Handbuch – Die Kunstdenkmäler Österreichs. Wien, I. Bezirk – Innere Stadt. Wien 2003, insbes. S. 308 ff.

Bundespressedienst (Hg.): Schicksal eines Hauses. Wien – Ballhausplatz 2. Mit Beiträgen von Hans Aurenhammer, Friedrich Walter, Rudolf Neck und Ludwig Jedlicka. Wien 1973.

Dokumentationsarchiv des österreichischen Widerstandes/ Österreichische Gesellschaft für historische Quellenstudien (Hg.), Rudolf Agstner/Gertrude Enderle-Burcel/Michaela Follner: Österreichs Spitzendiplomaten zwischen Kaiser und Kreisky. Biografisches Handbuch der Diplomaten des höheren auswärtigen Dienstes 1918 bis 1959. Wien 2009.

Friedrich Engel-Janosi: Geschichte auf dem Ballhausplatz. Graz 1963.

Kayserlicher Und Königlicher Wie auch Ertz-Hertzoglicher Und Dero Residentz-Stadt Wien Staats- und Stands-Calender; Hof- und Staats-Schematismus des österreichischen Kaiserthums; Hof- und Staatshandbuch des österreichischen Kaiserthumes; Hof- und Staatshandbuch der österreichisch-ungarischen Monarchie. (http://alex.onb.ac.at/shb.htm)

Erwin Matsch: Der Auswärtige Dienst von Österreich(-Ungarn) 1720–1920. Wien 1986.

Adam Wandruszka/Mariella Reininghaus: Der Ballhausplatz. Wiener Geschichtsbücher 33. Wien/Hamburg 1984.

Thomas Winkelbauer (Hg.): Geschichte Österreichs. Mit Beiträgen von Christian Lackner, Brigitte Mazohl, Walter Pohl und Oliver Rathkolb. Stuttgart 2015.

Kapitel 1

Victor von Renner: Wien im Jahre 1683. Wien 1883.

Johannes Sachslehner: Wien – Geschichte einer Stadt. Wien 2006.

Kapitel 2 und 3

Árpád Győry von Nádudvar: „Sinzendorf, Philipp Ludwig", in: Allgemeine Deutsche Biographie (ADB), Band 34. Leipzig 1892.

Michael Hochedlinger: Krise und Wiederherstellung – Österreichische Großmachtpolitik zwischen Türkenkrieg und „Zweiter Diplomatischer Revolution" 1787–1791. Berlin 2000.

Grete Klingenstein: „Institutionelle Aspekte der österreichischen Außenpolitik im 18. Jahrhundert", in: Erich Zöllner (Hg.): Diplomatie und Außenpolitik Österreichs – 11 Beiträge zu ihrer Geschichte. Schriften des Instituts für Österreichkunde 30. Wien 1977.

Manfred Matzka: Vieler Herren Häuser – 20 Wiener Palais. Wien 2005.

Constantin von Wurzbach: „Sinzendorf, Philipp Ludwig Wenzel", in: Biographisches Lexikon des Kaiserthums Oesterreich, 35. Theil. Wien 1877.

Constantin von Wurzbach: „Ulfeldt, Corfiz Anton Graf", in: Biographisches Lexikon des Kaiserthums Oesterreich, 48. Theil. Wien 1883.

Heinrich von Zeißberg: „Thugut, Johann Amadeus Franz de Paula", in: Allgemeine Deutsche Biographie (ADB), Band 38. Leipzig 1894.

Kapitel 3

Lorenz Mikoletzky: Kaiser Joseph II. – Herrscher zwischen den Zeiten. Wien 1979.

Kapitel 4

Hellmuth Rößler: „Cobenzl, Johann Ludwig Joseph Graf von", in: Neue Deutsche Biographie 3. Berlin 1957.

Kapitel 5, 6 und 7

Thomas Just/Wolfgang Maderthaner/Helene Maimann (Hg.): Der Wiener Kongress – Die Erfindung Europas. Wien 2014.

Josef Karl Mayr: Geschichte der österreichischen Staatskanzlei im Zeitalter des Fürsten Metternich. Wien 1935.

Wolfram Siemann: Metternich – Stratege und Visionär. München 2016.

Adam Zamoyski: 1815 – Napoleons Sturz und der Wiener Kongress. München 2014.

Kapitel 6

Pauline Metternich: Geschehenes, Gesehenes, Erlebtes. Wien 1920.

Adam Wandruszka/Peter Urbanitsch: Die Habsburgermonarchie 1848–1918, Band VI, 1. Teilband. Wien 1993.

Kapitel 7

Leopold Auer/Manfred Wehdorn (Hg.): Das Haus-, Hof- und Staatsarchiv. Geschichte – Gebäude – Bestände. Wien 2003.

Kapitel 9

Rudolf Agstner: Handbuch des Österreichischen Auswärtigen Dienstes, Band 1: 1918–1938. Zentrale, Gesandtschaften und Konsulate. Wien 2015.

Otto Bauer: Die österreichische Revolution. Wien 1923.

Ernst Hanisch: „Im Zeichen von Otto Bauer", in: Helmut Konrad/ Wolfgang Maderthaner (Hg.): … der Rest ist Österreich. Das Werden der Ersten Republik. Wien 2008.

Kapitel 10 und 11

Eva M. Csáky/Franz Matscher/ Gerald Stourzh (Hg.): Josef Schöner – Wiener Tagebuch 1944/1945. Wien 1992.

Gerhard Jagschitz: Der Putsch – Die Nationalsozialisten 1934 in Österreich. Graz/Wien/Köln 1976. *(mit zahlreichen weiteren Belegen und Hinweisen auf andere Publikationen)*

Peter Schwarz: Der Ballhausplatz 2 im Brennpunkt der NS-Diktatur 1938–1945. Manuskript. Wien 2014.

Kapitel 12

Bundesministerium für Europa, Integration und Äußeres (Hg.): Das Tagebuch von Heinrich Wildner 1945, 1946, 1947. Wien 2010.

Helmut Wohnout: Leopold Figl und das Jahr 1945 – Von der Todeszelle auf den Ballhausplatz. Wien 2015.

Kapitel 13

Josef Klaus: Macht und Ohnmacht in Österreich. Wien 1971.

Kapitel 14

Oliver Rathkolb: Die paradoxe Republik – Österreich 1945 bis 2015. Wien 2015.

Alexander Vodopivec: Der verspielte Ballhausplatz – Vom schwarzen zum roten Österreich. Wien 1970.

Manfried Welan/Heinrich Neisser: Der Bundeskanzler im österreichischen Verfassungsgefüge. Wien 1971.

Bildquellen

Albertina: 22; APA-picturedesk: 125 (Sammlung Rauch), 263 (Günter Artinger); Bundeskanzleramt/Bundespressedienst: Einband Vorderseite, 29, 30, 33 (Hubert Dimko), 34, 40, 64 (Andy Wenzel), 83, 90, 95, 110, 142, 152, 188 (2), 219, 222, 230 (Dimko), 232, 244, 264 (Wenzel), 267 (Christopher Dunker), 268 (Mahmoud-Ashraf), 270 (Ronald Böhme), 272 (Valerie Alwasiah), 274/275, 276, 279 (Wenzel); Dokumentationsarchiv des Österreichischen Widerstands: 178; Getty Images: 66 (De Agostini Picture Library), 70 (Ann Ronan Picture Library/Heritage Images); IMAGNO/Austrian Archives: 19, 36, 52/53, 76, 80, 98, 158, 199; IMAGNO/ÖNB: 16, 20/21, 72, 113, 118, 131, 133, 136, 146, 147, 150, 160, 161, 162, 203, 206, 210/211 (VGA), 213 (ORF), 233, 236 (Harry Weber), 237, 254 (ORF); IMAGNO/Barbara Pflaum: 242; IMAGNO/Österreichische Nationalbibliothek: Einband Rückseite; IMAGNO/Süddeutsche Zeitung: 181; IMAGNO/Wien Museum: 13, 88/89, 112, 138; Österreichisches Staatsarchiv/Haus-, Hof- und Staatsarchiv: 108, 122, 141, 145; KHM – Kunsthistorisches Museum Wien: 39, 56; Louvre Abu Dhabi: 43; MAK – Österreichisches Museum für angewandte Kunst/Gegenwartskunst: 14 (Georg Mayer); Österreichische Akademie der Wissenschaften: 55; Österreichische Nationalbibliothek/Anno: 139, 154, 168; vyhnalek.com: Einband hintere Klappe; Wolfgang Pauser: 238; Heinrich Reschenbauer: Das Jahr 1848, Geschichte der Wiener Revolution, Band 1, Wien 1876, S. 225: 121; Verein für Geschichte der Arbeiterbewegung: 171, 190, 200, 220, 224, 227, 228, 231, 234 (Walter Henisch), 240, 247 (Votava); Adam Wandruszka, Mariella Reininghaus: Der Ballhausplatz. Wiener Geschichtsbücher 33. Wien/Hamburg 1984: 15, 26, 177, 214; Wien Museum: 10 (M. Klein, 7reasons, Stadtarchäologie, 2004); Wikimedia: 23, 25, 46, 55, 61, 109 (Bonhams), 117

Impressum

Bibliografische Information der Deutschen Nationalbibliothek
Die Deutsche Nationalbibliothek verzeichnet diese Publikation in der Deutschen
Nationalbibliografie; detaillierte bibliografische Daten sind im Internet über
http://dnb.d-nb.de abrufbar.

1. Auflage 2017

COVERGESTALTUNG: Peter Manfredini
GRAFIK & SATZ: brandlgrafik.com
BILDREDAKTION: Helmut Maurer
LEKTORAT: Gudrun Likar
SCHRIFTEN: Book Antiqua, OfficinaSansITC, Amazone BT

Gedruckt in der EU

ISBN 978-3-7106-0143-9

Christian Brandstätter Verlag
GmbH & Co KG
A-1080 Wien, Wickenburggasse 26
Telefon (+43-1) 512 15 43-0
Telefax (+43-1) 512 15 43-231
E-Mail: info@brandstaetterverlag.com
www.brandstaetterverlag.com

Designed in Austria, printed in the EU